本书得到中国科学院重点部署项目"东北地区全面振兴关键基础能力评估与战略研究"（KFZD-SW-314）资助

东北地区创新与产业发展研究

王姣娥 等 著

科 学 出 版 社

北 京

内 容 简 介

经过十年转型发展，东北老工业基地正处于从要素驱动、投资驱动向创新驱动发展转变的关键时期，创新成为转变东北经济发展方式的首要驱动力。在中国科学院重点部署项目"东北地区全面振兴关键基础能力评估与战略研究"支持下，中国科学院地理科学与资源研究所的区域可持续发展研究团队对东北产业转型升级发展过程中面临的创新驱动问题进行了系统研究，并总结成此书。本书在深刻剖析东北地区创新资源与产业发展的基础上，从人力资本评估与流动、创新资源空间与行业分布及演化、创新资源与产业协同发展、创新资源转移的空间-行业路径与机制等方面阐述了东北地区创新资源发展现状、存在问题及对产业发展转型的支撑能力，根据东北未来产业发展方向，提出创新需求及战略途径，并对科技成果转化路径提出对策建议。

本书可供政府相关部门的管理者，地理学、经济学、管理学的研究人员、管理人员和高校教师、研究生使用。

审图号：GS(2019)4588 号

图书在版编目(CIP)数据

东北地区创新与产业发展研究 / 王姣娥等著. —北京：科学出版社，2019.10
ISBN 978-7-03-061167-3

Ⅰ. ①东⋯　Ⅱ. ①王⋯　Ⅲ. ①产业发展–研究–东北地区　Ⅳ. ①F127.3

中国版本图书馆 CIP 数据核字（2019）第 086690 号

责任编辑：李　敏　杨逢渤 / 责任校对：樊雅琼
责任印制：吴兆东 / 封面设计：无极书装

科学出版社 出版
北京东黄城根北街 16 号
邮政编码：100717
http://www.sciencep.com

北京虎彩文化传播有限公司 印刷
科学出版社发行　各地新华书店经销

*

2019 年 10 月第　一　版　开本：720×1000　1/16
2019 年 10 月第一次印刷　印张：18
字数：400 000

定价：**218.00 元**
（如有印装质量问题，我社负责调换）

作者简介

王姣娥，中国科学院地理科学与资源研究所研究员，博士生导师，经济地理与区域发展研究室主任，中国科学院大学岗位教授。入选国家自然科学优秀青年基金和第十二届全国青年地理科技奖获得者，曾获国务院振兴东北办特殊贡献荣誉证书、中国科学院启明星优秀人才计划、中国科学院青年创新促进会优秀会员、国家知识产权局三等奖等。目前兼任中国地理学会经济地理专业委员会副主任、国际区域协会中国分会常务理事、国家知识产权局知识产权区域布局专家组成员、世界交通大会 TOD 技术委员会委员，*Journal of Transport Geography*、*Journal of Transport and Land Use* 和《热带地理》编委等。主要从事经济地理与区域发展、交通地理与城市交通、知识产权与产业布局等研究，长期关注东北地区可持续与创新发展。

本书撰写分工

第一章　导论
王姣娥

第二章　创新资源与产业发展基础
王姣娥、杜方叶

第三章　人力资本评估与流动分析
戚伟

第四章　创新资源空间分布及演化
孙玮、陈燕、孙全亮

第五章　创新资源产业分布及演化
孙玮、孙全亮、陈燕

第六章　创新资源与产业发展协同性
焦敬娟、王姣娥

第七章　创新资源转移的空间-行业路径与机制
王姣娥、景悦、杜方叶

第八章　产业发展与创新需求
李佳洺、许婧雪、裴杰

第九章　创新能力评估与战略途径
宋周莺、戚伟、王姣娥

第十章　科技成果转化路径与对策
李振国、温珂

总体设计：王姣娥
地图绘制：刘梅
文字排版和插图绘制：杜方叶、王美容

前　言

中国科学院区域可持续发展分析与模拟重点实验室在东北地区可持续发展及振兴战略等方面进行了20余年的研究工作,并陆续出版了《东北地区振兴与可持续发展战略研究》(2006年)、《东北地区振兴规划研究》(2008年)、《东北地区发展的重大问题研究》(2012年)、《新时期东北地区"创新与发展"研究》(2018年),这些著作重点针对东北地区发展的资源环境基础、社会经济发展状态、产业结构调整与优化、城镇化发展、现代农业发展等方面进行了系统阐述与归纳,并针对单一城市结构、国有企业、人力资本、政府职能改革等问题进行了专题探讨,有助于政府、学界和社会对东北地区的历史成就与贡献、发展现状与问题、面临机遇与挑战有更加深刻的认识与了解。

近年来,随着经济发展进入新常态,东北经济发展增速下滑明显,引起了国家领导人的关注。2014年7月31日李克强主持召开国务院振兴东北地区等老工业基地领导小组工作会议,审议并原则通过了《中共中央 国务院关于全面振兴东北地区等老工业基地的若干意见》和《国务院关于近期支持东北振兴若干重大政策举措的意见》。2014年8月8日,国务院正式发布了《国务院关于近期支持东北振兴若干重大政策举措的意见》(国发〔2014〕28号),这标志着国家新一轮振兴东北老工业基地战略出台。2015年两会期间,习近平总书记要求吉林要适应经济发展新常态,深入推进东北老工业基地振兴,抓住创新驱动发展和产业优化升级。2016年4月26日,国务院发布《中共中央 国务院关于全面振兴东北地区等老工业基地的若干意见》,2016年11月国务院发布《国务院关于深入推进实施新一轮东北振兴战略加快推动东北地区经济企稳向好若干重要举措的意见》,为经济发展新常态下东北地区全面振兴指明了方向。当前东北老工业基地振兴发展的严峻形势,除了体制机制问题,创新驱动动力不足问题最为明显。因此,新一轮东北振兴文件均把加强自主创新能力、培育发展新动能、推动产业转型升级作为新时期东北实现全面振兴的重要着力点。

为加强学术界对东北地区的研究,为东北老工业基地振兴建言献策,中国科学院于2017年设立了重点部署项目"东北地区全面振兴关键基础能力评估与战略研究"(KFZD-SW-314),笔者有幸在其中承担了课题"东北产业创新驱动途径研究"。经过两年的研究,在发表论文、完成咨询报告的基础上,形成了本书。

本书的大纲由王姣娥设计，全书共十章。针对性地评述了东北地区科教资源基础和产业发展基础，阐述了人力资本评估与流动格局，刻画了创新资源的空间格局、行业分布及其演化，并揭示了创新资源与产业发展的协同性、创新资源转移的空间与行业路径，基于产业发展的创新需求，提出了创新战略途径及科技成果转化路径与对策。

本书撰写过程中，得到了中国科学院科技促进发展局、国家发展和改革委员会东北等老工业基地振兴司、国家知识产权局、东北各地有关部门的大力支持，特表感谢。

王姣娥

2019 年 1 月

目　　录

前言
第一章　导论 ………………………………………………………………… 1
第二章　创新资源与产业发展基础 ………………………………………… 4
　　第一节　教育资源 ……………………………………………………… 4
　　第二节　科技资源 ……………………………………………………… 6
　　第三节　产业资源 ……………………………………………………… 15
　　第四节　创新资源综合评价 …………………………………………… 21
　　参考文献 ………………………………………………………………… 31
第三章　人力资本评估与流动分析 ………………………………………… 32
　　第一节　人力资本概况及空间分布 …………………………………… 32
　　第二节　人力资本行业结构 …………………………………………… 43
　　第三节　人力资本空间转移格局 ……………………………………… 52
　　第四节　对策建议 ……………………………………………………… 67
　　参考文献 ………………………………………………………………… 68
第四章　创新资源空间分布及演化 ………………………………………… 70
　　第一节　专利资源基础状况 …………………………………………… 70
　　第二节　专利资源的区域分布特征 …………………………………… 77
　　第三节　专利资源的城市分布特征 …………………………………… 83
　　第四节　重点行业专利资源的空间分布格局 ………………………… 89
　　参考文献 ………………………………………………………………… 96
第五章　创新资源产业分布及演化 ………………………………………… 98
　　第一节　专利资源行业分布基础状况 ………………………………… 98
　　第二节　专利资源行业分布特征及演化 ……………………………… 106
　　第三节　重点城市专利资源的行业分布特征及演化 ………………… 120
　　第四节　专利资源分布新趋势与对策建议 …………………………… 126
　　参考文献 ………………………………………………………………… 129
第六章　创新资源与产业发展协同性 ……………………………………… 130
　　第一节　产业发展的空间与行业特征 ………………………………… 130

第二节　创新资源的空间与行业分布特征 ……………………………… 140
　　第三节　创新资源与产业协同发展分析 …………………………………… 151
　　第四节　政策建议 ………………………………………………………… 159
　　参考文献 …………………………………………………………………… 161
第七章　创新资源转移的空间-行业路径与机制 …………………………… 163
　　第一节　专利资源转让的空间格局 ……………………………………… 163
　　第二节　专利转移网络的结构与空间格局 ……………………………… 172
　　第三节　专利转移网络的行业分布与转移路径 ………………………… 181
　　第四节　专利资源流动的影响机制 ……………………………………… 187
　　参考文献 …………………………………………………………………… 189
第八章　产业发展与创新需求 ………………………………………………… 191
　　第一节　产业发展演化的历史过程 ……………………………………… 191
　　第二节　优势产业识别 …………………………………………………… 200
　　第三节　产业发展的创新需求与政策建议 ……………………………… 222
　　参考文献 …………………………………………………………………… 228
第九章　创新能力评估与战略途径 …………………………………………… 230
　　第一节　区域创新能力评价指标体系构建 ……………………………… 230
　　第二节　区域创新能力格局及横向比较 ………………………………… 238
　　第三节　区域创新能力发展战略途径 …………………………………… 249
　　参考文献 …………………………………………………………………… 252
第十章　科技成果转化路径与对策 …………………………………………… 254
　　第一节　科技成果转化现状 ……………………………………………… 254
　　第二节　科技成果转化影响因素分析 …………………………………… 261
　　第三节　国内外科技成果转化和转型发展经验借鉴 …………………… 266
　　第四节　推进东北科技成果转化的路径与建议 ………………………… 272
　　参考文献 …………………………………………………………………… 274
附录 ……………………………………………………………………………… 276

第一章 导 论

一、研究背景

东北地区作为我国最早形成并在结构上相对完整的经济区,被称作新中国工业文明的摇篮,为我国形成独立、完整的工业体系和国民经济体系做出了不可磨灭的贡献。然而,随着改革开放的不断深入,尤其是20世纪90年代以后,东北地区的经济增速开始放缓,产品竞争力开始下降,面临着产业结构不合理、技术设备严重老化、社会保障不齐全等诸多困难和问题。进入21世纪以来,国家和地方政府为了促进东北地区的经济发展进行了很多积极的探索,并于2003年明确提出振兴东北老工业基地战略。之后,中央政府和东北地区各级政府出台了一系列促进老工业振兴的政策措施,并取得了一系列成绩。经过十多年的振兴发展,东北地区经济振兴与社会发展取得了重大成绩,扭转了有着巨大失落感的社会氛围,传统产业发展活力显著提升,民生问题改善明显,现代农业实现了稳步发展;东北地区经济实力与过去相比有了显著的提升。

尽管2003年以来东北老工业基地经济社会发展取得了显著成绩,但是深层次的结构性和体制性问题没有得到彻底解决。工业结构仍以重化工业为主,国有企业主导区域经济发展,新兴产业乏善可陈,市场经济体制发展不完善,在我国经济整体转型升级的背景下,依靠投资和原材料需求拉动的东北经济表现出比其他地区更加明显的不适应,存在着支柱产业快速下滑、新培育产业夭折、资源型城市转型停止、政府债务、金融、人才流失、创新乏力及社会稳定等诸多风险点。在我国经济发展速度整体开放的形势下,东北老工业基地经济增速快速下滑。继2013年经济增长明显减速后,2014年东北三省的经济增速位列全国后五位,滑出经济合理区间;2016年,辽宁省、黑龙江省的经济增速位列全国后三位,吉林省的经济增速排名靠后;2017~2018年,东北三省经济增速虽有所攀升,但主要受国际上能源、基础原材料等价格攀升的影响,经济发展活力仍有待加强。究其原因,内生增长动力、创新驱动机制发展不足是东北振兴最大的瓶颈。

2016年底,国务院下发了《中共中央 国务院关于全面振兴东北地区等老工业基地的若干意见》，明确提出争取再用10年左右时间，东北地区实现全面振兴，走进全国现代化建设前列，成为全国重要的经济支撑带。新一轮东北振兴自此全面启动。从近几年党中央、国务院制定的东北振兴政策可以看出，其主要目标是转换地区发展动力从而实现产业转型升级，这意味着创新及产业转型将成为此次振兴措施的核心。因此，新时期的东北地区全面振兴，必须从创新驱动机制方面探索新的发展思路、发展模式，适应经济发展新常态，如此才能探索出新的振兴之路。

基于此，本书旨在剖析东北地区创新资源与产业发展，以专利资源为依托，分析区域创新资源的空间格局与行业配置，对指导东北地区合理配置专利资源，寻求新的区域创新发展模式，从而为社会经济发展转型提供新动力，实现振兴具有重要意义。

二、研究目标

1）全面梳理东北地区的教育资源、科技资源、产业资源、人力资本、专利资源现状及演化趋势，进而对东北地区的创新能力进行综合评估，并提出其未来发展战略途径。

2）摸清东北地区创新资源的产业分布特征，对创新资源与产业发展的空间和行业协同性进行研究，并对汽车制造业、医药制造业、通用设备制造业、专用设备制造业等进行案例分析，这对实现东北地区产业持续健康发展具有重要的指导意义。

3）从全国尺度，研究东北地区创新资源流动的空间格局和行业分布特征，并探索其流动的驱动机制。

三、研究内容

本书以揭示东北地区产业转型升级发展过程中面临的创新驱动问题、提出东北地区产业创新驱动发展促进政策的具体建议为目标，研究着重于阐明东北老工业基地创新资源发展现状、存在问题，创新资源与产业发展的空间和行业协同性，以及产业发展的创新政策需求。重点内容包括：

一是创新资源和产业发展基础分析。其中，创新资源包括教育资源与科技资源，产业资源包括工业和高技术产业发展基础。

二是人力资本评估与流动分析。重点考察了东北地区人力资本的空间分布、行业特征及空间转移格局，采用五年间人口迁移、人户分离迁移两种途径，全面解读东北人口的净迁移状态，并与全国其他地区作对比。

三是创新资源空间与行业分布及演化分析。以专利为代表进行研究，依据国家知识产权局最新公布的《国际专利分类与国民经济行业分类参照关系表(2018)》，将东北地区的发明专利资源匹配至行业，阐述了2002年以来东北地区专利资源的规模、结构和质量、空间分布、行业分布及演化，并重点对装备制造业等行业进行了具体分析。

四是创新资源与产业协同发展研究。以发明专利授权量为代表，分析东北地区创新资源与产业发展的协同性，并重点剖析汽车制造业、医药制造业、通用设备制造业，专用设备制造业等重点行业与专利布局的协调性。

五是创新资源转移的空间-行业路径与机制分析。以专利转让行为为切入点，分别从空间、行业、空间-行业三个维度对全国及东北地区创新资源的流动格局与行业分布特征进行了剖析。

六是产业发展与创新需求。在剖析东北产业体系形成的历史过程基础上，对东北地区的优势产业进行识别，并在解读了其未来产业发展趋势及对创新资源的需求趋势的基础上，提出促进产业创新发展的政策建议。

七是创新能力评估与战略途径分析。重点从创新投入、创新环境、创新产出等方面对东北地区的综合创新能力进行评估，并与全国其他地区进行比较，最终提出东北地区创新能力发展战略途径。

八是科技成果转化路径与对策分析。从宏观、中观、微观三个层面总结分析东北地区制约科技成果转化的深层次原因，并对国外老工业基地转型经验和国内促进科技成果转化的经验进行了总结，以此提出推进东北地区科技成果转化的路径和政策建议。

四、研究对象

2007年发布的《东北地区振兴规划》的规划范围为辽宁省、吉林省、黑龙江省和内蒙古自治区呼伦贝尔市、兴安盟、通辽市、赤峰市、锡林郭勒盟（蒙东地区）。东北三省与蒙东四盟市（呼伦贝尔市、兴安盟、通辽市、赤峰市）构成了一个完整的自然地理单元，也是历史上研究东北地区的完整区域，因此本书在统一制图的过程中，空间范围为东北三省与蒙东四盟市。但考虑到统计数据使用的系统性和完整性，本书对东北老工业基地的定量分析主要采用东北三省（辽宁省、吉林省和黑龙江省）的数据，在讨论中不对东北地区和东北老工业基地进行严格区分。

第二章 创新资源与产业发展基础

近年来，科技、创新等新型要素为社会生产提供了更高效的生产方式，逐渐替代了传统的自然要素、劳动力要素、资本要素在区域发展中的作用，成为拉动经济增长的核心动力。创新资源指企业技术创新需要的各种投入，包括人力、物力、财力等要素。随着科学技术的发展，创新资源的保有量也成为区域在未来国际市场竞争中抢占制高点的重要砝码。区域创新资源包含教育资源和科技资源等方面。教育资源是培养优秀人才和发展后备力量的基础，科技资源是决定区域兴衰的第一要素和持久发展的战略聚焦点。产业发展基础在区域发展中占据着不可替代的地位。本章将从教育资源、科技资源和产业资源三个方面梳理东北地区的创新资源与产业发展基础。其中，教育资源包含高校和师资资源，重点学科及硕士点、博士点建设基础等方面；科技资源包含科技人力资源、研发经费投入，以及创新载体和平台建设；产业资源包含工业和高技术产业。

第一节 教育资源

一、高校和师资资源

东北三省拥有丰富的高校资源，2016年东北三省总共拥有普通高校258所，其中，本科院校有141所，专科院校有117所。在258所普通高校中，"211工程"高校和"985工程"高校分别有11所和4所。在11所"211工程"学校中，辽宁省有4所，吉林省有3所，黑龙江省有4所；在4所"985工程"高校中，辽宁省有2所，吉林省和黑龙江省分别有1所。2016年东北三省高校中具有研究生招生资格的高校共90所，占高校总数的34.9%，其中，辽宁省有45所，吉林省有18所，黑龙江省有27所。

东北三省的高校拥有雄厚的师资资源。2008年东北三省的普通高校中共有专任教师12.76万人，其中，中级以上职称教师约9.64万人，占专任教师总数的75.5%，高级以上职称教师占专任教师总数的42.9%；2016年末，东北地区的专任教师总数增加到15.15万人，是2008年的1.2倍，其中，中级以上职称教师增加到13.27万人，占专任教师总数的87.6%，较2008年增加12.1个百分点，高级以上职称教师增加到7.18万人，占专任教师总数的47.4%（图2-1）。从专任教师数量、专任教师职称等指标上看，2008~2016年东北三省的师资力量在整体上是提升的。

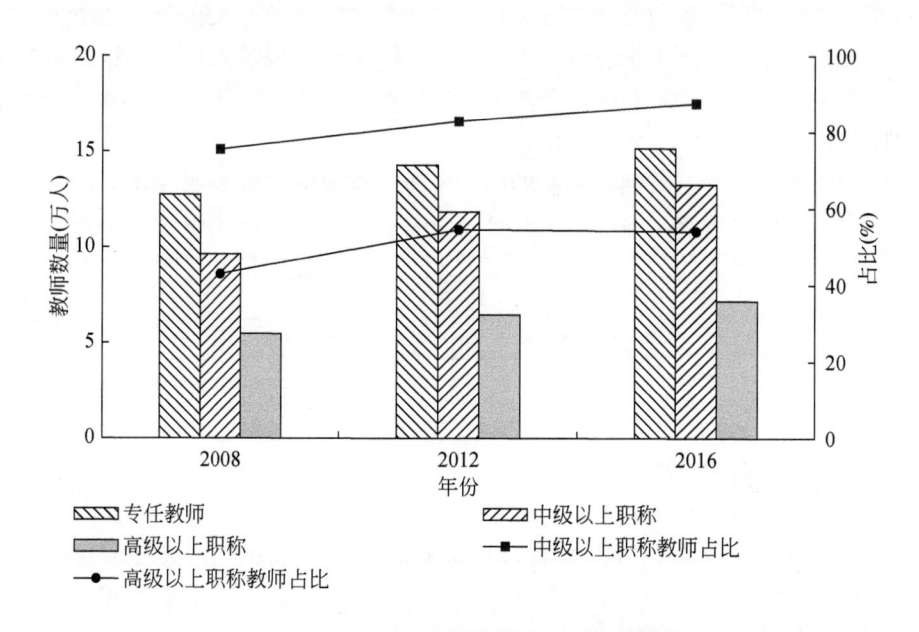

图2-1　东北三省教师资源及职称分布变化
资料来源：国家数据网站（http://data.stats.gov.cn/）

此外，东北三省普通高校拥有较多的在校本科生、在校研究生（硕士和博士）和毕业研究生（硕士和博士），为东北地区的社会经济发展提供了良好的人才资源储备。2016年东北三省的普通高校在校学生共260.1万名，其中，在校研究生22.4万名，占在校学生总数的8.6%。从东北三省内部来看，辽宁省、吉林省和黑龙江省分别有10万名、6万名和6.4万名在校研究生。

二、重点学科及硕士点、博士点建设基础

东北地区拥有一批国家重点学科。2018年6月东北三省共有国家重点一级学科19个，包含化学、力学、机械工程、光学工程、仪器科学与技术、材料科学与工程、冶金工程、动力工程及工程热物理、控制科学与工程、计算机科学与技

术、土木工程、水利工程、化学工程与技术、地质资源与地质工程、船舶与海洋工程、林业工程、林学、中药学及管理科学与工程。其中，工学领域有国家重点一级学科15个，占东北三省国家重点一级学科总数的78.9%，表明东北三省的高校具有较强的工学实力，为高素质人才培养奠定了基础。

此外，东北地区还建设有一批硕士、博士学位授予点。截至2018年，中共建设有一级学科硕士学位授予点1068个，博士学位授予点359个。其中，辽宁省的高校拥有496个硕士学位授予点和149个博士学位授予点；吉林省的高校拥有282个硕士学位授予点和107个博士学位授予点；黑龙江省的高校拥有290个硕士学位授予点和103个博士学位授予点。

综上所述，东北三省拥有丰富的高校资源、雄厚的师资资源、素质优良的学生，拥有一批国家重点一级学科，并且建设有一批硕士、博士学位授予点，具有良好的教育资源和人才培养条件，为高技术产业发展奠定了良好的基础。

第二节　科技资源

一、科技人力资源

科技人力资源的数量和质量对科技成果产出及经济社会发展具有重要的影响。R&D人员全时当量是国际上通用的、用于比较科技人力资源投入的主要指标。本部分将从R&D人员全时当量、规模以上工业企业R&D人员全时当量、高技术产业企业R&D人员全时当量等方面梳理东北地区的科技人力资源投入基础。

R&D人员全时当量反映了东北三省科技人力资源投入的规模大小。2003年以来，东北三省R&D人员全时当量平均水平逐渐增加，科技人力资源投入规模逐渐变大，2003年东北三省平均R&D人员全时当量为36 715人年，到2016年增加到63 678人年，约是2003年的1.7倍。此外，东北三省之间的科技人力资源投入规模存在差异，2003~2016年辽宁省的科技人力资源投入规模始终最大；其次是黑龙江省；吉林省的科技人力资源投入规模最小（图2-2）。

◎ 第二章 创新资源与产业发展基础

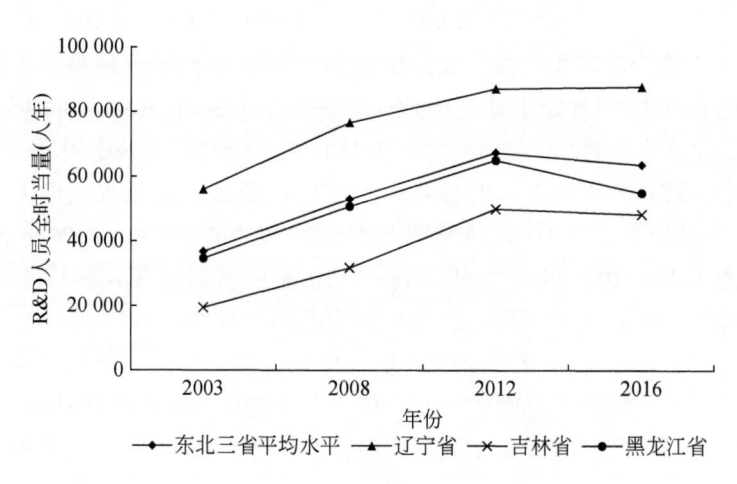

图 2-2 东北三省科技人力资源投入变化

资料来源：《中国科技统计年鉴》（2004～2017 年）

规模以上工业企业 R&D 人员全时当量是反映规模以上工业企业科技人力资源投入的绝对规模的指标。2003 年以来东北三省规模以上工业企业 R&D 人员全

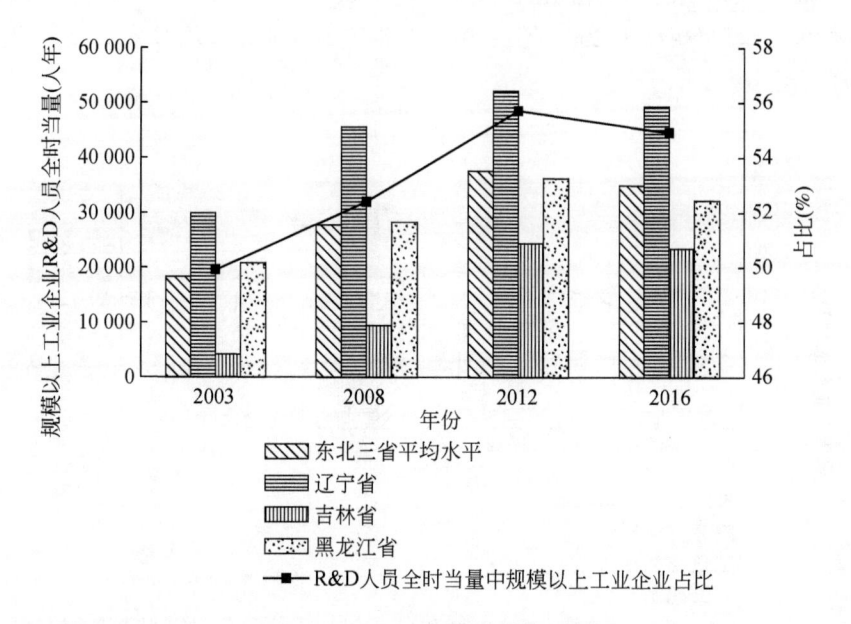

图 2-3 东北三省企业研发投入变化

资料来源：国家数据网站（http://data.stats.gov.cn/）、《中国科技统计年鉴》（2004～2017 年）

时当量逐渐增加，由 2003 年的 54 990 人年，增加到 2016 年的 104 943 人年，是 2003 年的 1.9 倍。从东北三省来看，在 2003~2016 年辽宁省规模以上工业企业 R&D 人员全时当量一直处于领先的地位，并且始终高于东北三省的平均水平。规模以上工业企业 R&D 人员全时当量占 R&D 人员全时当量的比例反映了规模以上工业企业科技人力资源投入的相对规模。2003 年东北地区规模以上工业企业 R&D 人员全时当量占 R&D 人员全时当量的比例为 49.9%，到 2016 年增加到 54.9%（图 2-3）。由此可以看出，2003~2016 年东北地区规模以上工业企业 R&D 人员全时当量的绝对规模和相对规模均逐渐增加。

高技术产业企业 R&D 人员全时当量是反映高技术产业企业对科技人力资源投入绝对规模大小的指标。2003~2016 年，东北地区的高技术产业企业 R&D 人员全时当量波动上升，2003 年东北三省高技术产业企业 R&D 人员全时当量仅为 3230 人年，到 2016 年增长为 5677 人年，是 2003 年的 1.8 倍（图 2-4）。东北三省高技术产业企业科技人力资源投入不均衡，辽宁省高技术产业企业科技人力资源投入处于领先地位，高于东北三省的平均水平，其次是黑龙江省。从高技术产业企业科技人力资源投入占科技人力资源总投入的比例来看，2003 年高技术产业企业 R&D 人员全时当量占 R&D 人员全时当量的比例为 8.8%，2016 年该比例变为 8.9%，表明相比于 2003 年，2016 年高技术产业企业科技人力资源投入的相对规模基本不变。

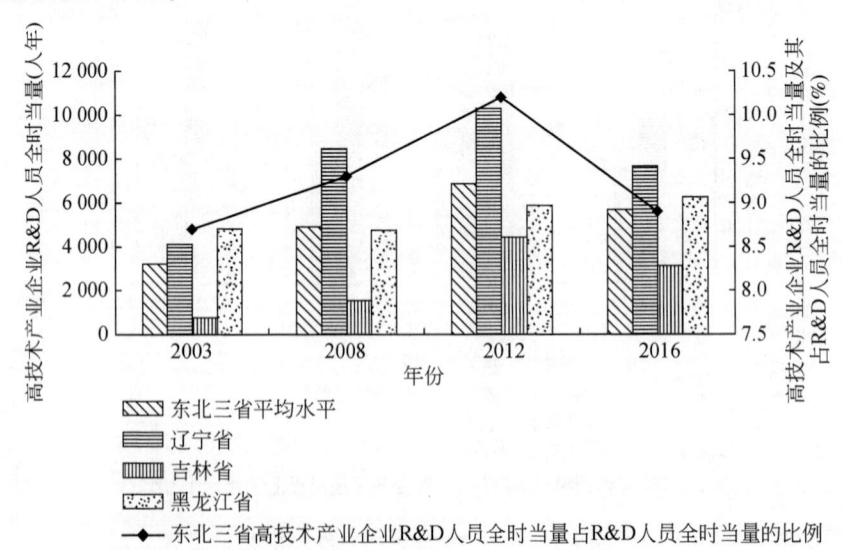

图 2-4　高技术产业企业研发投入变化
资料来源：《中国高技术产业统计年鉴》（2004~2017 年）

综上所述，2003年以来东北三省科技人力资源总投入、规模以上工业企业和高技术产业企业科技人力资源投入均逐渐增加，并在东北三省之间分布不均衡，辽宁省的科技人力资源总投入、规模以上工业企业和高技术产业企业科技人力资源投入在东北三省中处于优势地位，其次为黑龙江省。从规模以上工业企业、高技术产业企业科技人力资源投入的相对规模来看，2003年以来规模以上工业企业的科技人力资源投入的相对规模略有增加，而高技术产业企业科技人力资源投入的相对规模基本不变。

二、研发经费投入

研发经费投入是增加国家原始技术创新供给、提升企业创新能力的重要保障。本部分将从R&D内部经费支出及R&D内部经费投入强度、规模以上工业企业R&D内部经费支出、高技术产业企业R&D内部经费支出方面对东北三省的研发经费投入基础进行梳理。

1. R&D内部经费支出

R&D内部经费支出是反映研发经费投入绝对规模大小的指标，2003年以来东北三省平均R&D内部经费支出逐渐增加，2003年东北三省平均每省的R&D内部经费支出为47.8亿元，到2016年增加到221.6亿元，是2003年的4.6倍。2003~2016年东北三省的研发经费投入不均衡，且这种不均衡的趋势逐渐增加（图2-5）。辽宁省的研发经费投入始终处于优势地位，2003年辽宁省R&D内部经费支出比吉林省多55.2亿元，2016年比吉林省多233.0亿元。

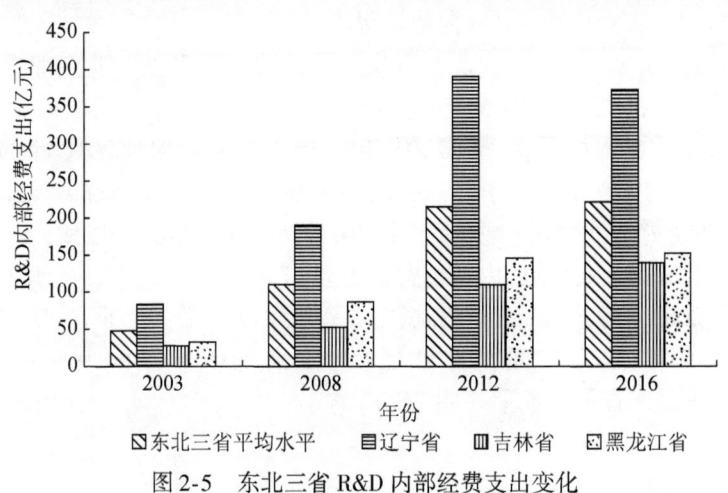

图2-5 东北三省R&D内部经费支出变化

资料来源：《中国科技统计年鉴》（2004~2017年）

从R&D内部经费投入强度来看，2003~2016年东北三省经费投入强度略有增加，由2003年的1.13%增加到2016年的1.27%，增加了0.14个百分点。从东北三省内部来看，2003年辽宁省R&D内部经费投入强度最大，为1.38%；吉林省次之，为1.04%；黑龙江省R&D内部经费投入强度最小，比辽宁省低0.32个百分点；2003~2016年辽宁省和黑龙江省的R&D内部经费投入强度增大，分别增加至1.69%和0.99%；而吉林省R&D内部经费投入强度减小，减小至0.94%（图2-6）。

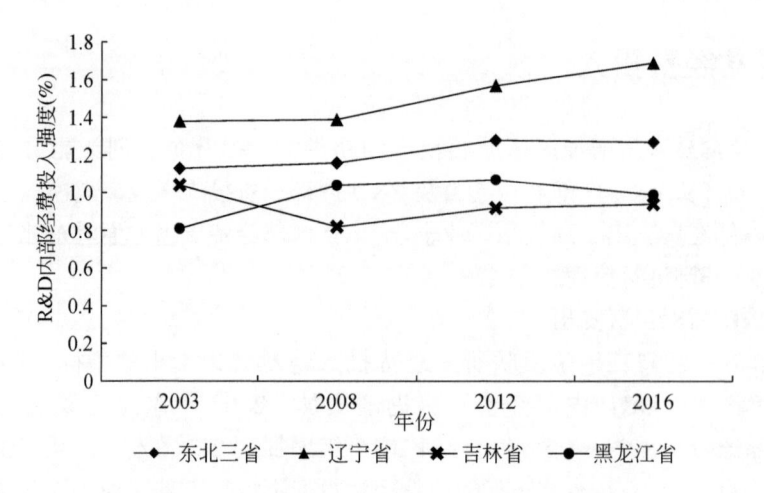

图2-6　东北三省R&D内部经费投入强度变化

资料来源：《中国科技统计年鉴》（2004~2017年）

2. 规模以上工业企业R&D内部经费支出

规模以上工业企业R&D内部经费支出是反映规模以上工业企业研发经费投入绝对规模大小的指标。2003年以来，东北三省平均每省规模以上工业企业R&D内部经费支出增加迅速，由2003年的26.1亿元增加到2016年的140.5亿元，是2003年的5.9倍。从东北三省内部来看，2003年辽宁省规模以上工业企业R&D内部经费支出为53.2亿元，到2016年增加到242.1亿元，分别占东北三省规模以上工业企业R&D内部经费支出的57.8%和56.1%，高于东北三省平均水平。而2003~2016年吉林省和黑龙江省规模以上工业企业R&D内部经费支出分别由2003年的6.9亿元和18.9亿元增加到2016年的90.9亿元和88.5亿元，均低于东北三省平均水平（图2-7）。

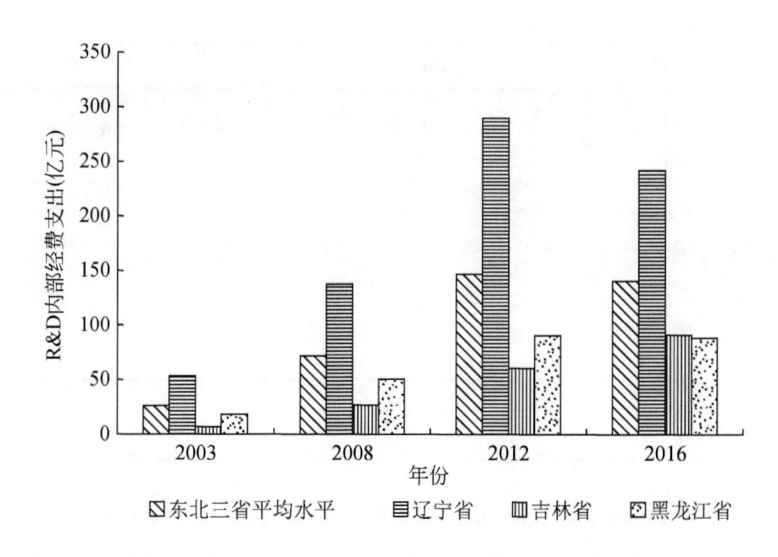

图 2-7　东北三省规模以上工业企业 R&D 内部经费支出变化
资料来源：国家数据网站（http://data.stats.gov.cn/）、《中国科技统计年鉴》（2004~2017 年）

R&D 内部经费支出中规模以上工业企业占比反映了规模以上工业企业研发经费投入的相对规模。2003 年东北三省 R&D 内部经费支出中规模以上工业企业占比为 54.6%，到 2016 年增加到 63.4%。此外，三省内部规模以上工业企业研发经费投入规模占比存在差异，2003 年辽宁省 R&D 内部经费支出中规模以上工业企业占比为 64.1%，而吉林省仅为 24.8%，比辽宁省低 39.3 个百分点。2003 年以后，吉林省 R&D 内部经费支出中规模以上工业企业占比增加迅速，到 2016 年超越辽宁省成为三省中比例最高的省份，分别比辽宁省和黑龙江省高 0.2 和 7.1 个百分点（图 2-8）。

3. 高技术产业企业 R&D 内部经费支出

高技术产业企业 R&D 内部经费支出是反映高技术产业企业研发经费投入绝对规模大小的指标。2003 年以来，东北三省高技术产业企业 R&D 内部经费支出逐渐增加，2003 年东北三省高技术产业企业 R&D 内部经费支出为 12.8 亿元，到 2016 年增加到 72.197 亿元，是 2003 年的 5.6 倍（图 2-9）。从东北三省内部来看，辽宁省高技术产业研发经费投入整体上是增加的，2003 年辽宁省高技术产业企业 R&D 内部经费支出为 5.5 亿元，2012 年增长至 47.1 亿元，是 2003 年的 8.6 倍，而 2016 年减少至 36.1 亿元，比 2012 年减少 11.0 亿元，但仍然是 2003 年的 6.6 倍。2003 年黑龙江省高技术产业企业 R&D 内部经费支出占东北三省高

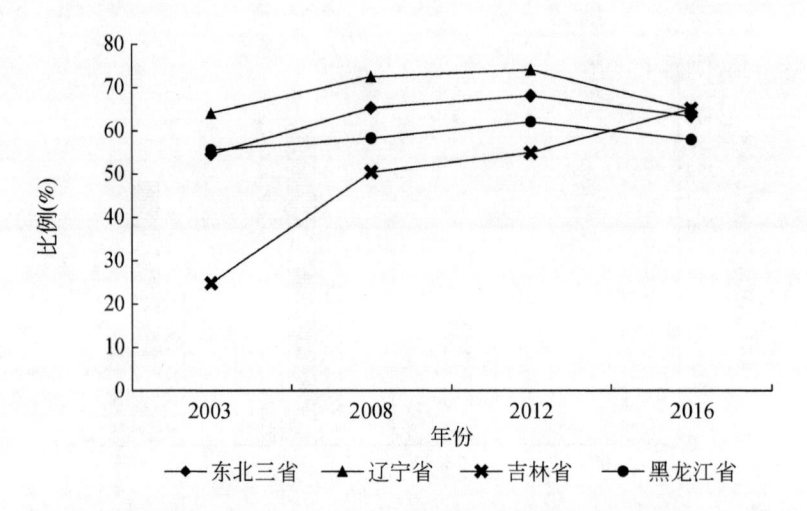

图 2-8　东北三省规模以上工业企业 R&D 内部经费支出占 R&D 内部经费支出比例变化

资料来源：国家数据网站（http://data.stats.gov.cn/）、《中国科技统计年鉴》（2004~2017 年）

技术产业企业 R&D 内部经费支出的 48.4%；2003 年之后，辽宁省高技术产业企业 R&D 内部经费支出呈现出先增后降的趋势，而黑龙江省和吉林省的 R&D 内部经费支出逐渐增加。

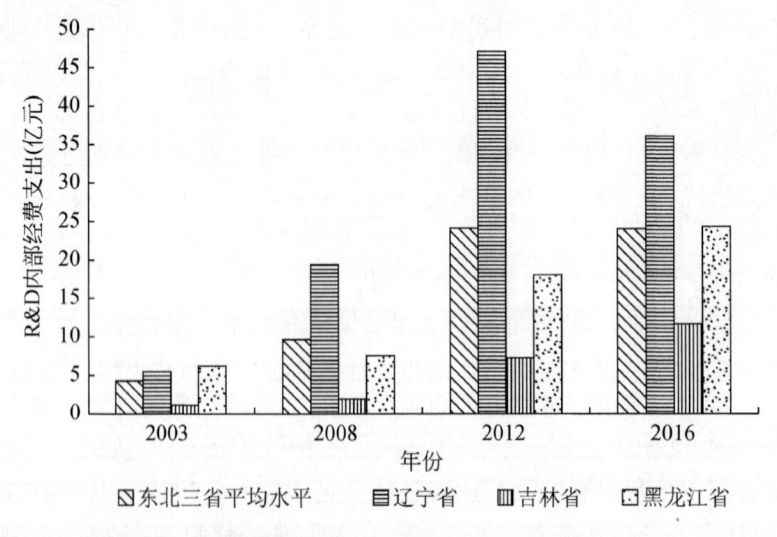

图 2-9　东北三省高技术产业企业 R&D 内部经费支出变化

资料来源：《中国高技术产业统计年鉴》（2004~2017 年）、《中国科技统计年鉴》（2004~2017 年）

R&D 内部经费支出中高技术产业企业的占比反映高技术产业企业研发经费投入的相对规模。2003 年以来，东北三省高技术产业企业所占比例略有增加，由 2003 年的 8.9% 增加到 2016 年的 10.9%。但与规模以上工业企业相比所占比重较小，2003 年东北三省 R&D 内部经费中规模以上工业企业占比为 54.6%，而高技术产业企业仅为 8.9%，较规模以上工业企业低 45.7 个百分点。2016 年规模以上工业企业占比增加到 63.4%，但高技术产业企业仅增加到 10.9%，与规模以上工业企业占比差距扩大。从三省内部来看，东北三省 R&D 内部经费支出中高技术产业企业的占比存在差距，且此差距呈现减少的趋势。2003 年黑龙江省和吉林省的差距最大，差值达到 14.9%，到 2016 年减少为 7.6%。

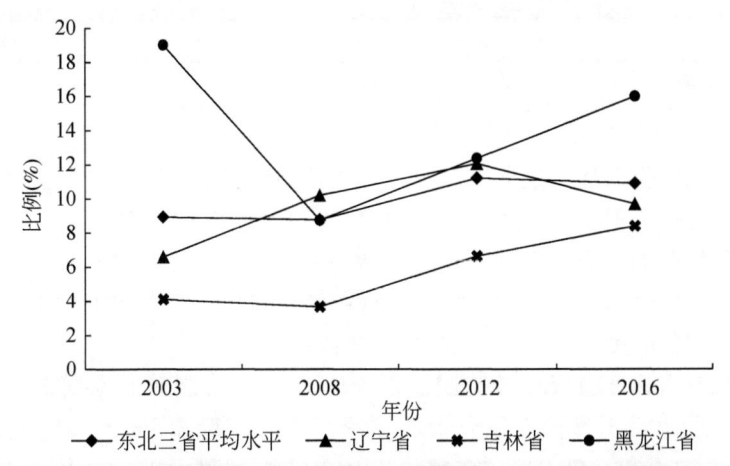

图 2-10 2003~2016 年高技术产业企业 R&D 内部经费支出占 R&D 内部经费支出的比例

综上所述，2003 年以来东北三省研发经费总投入、规模以上工业企业和高技术产业企业研发经费投入的绝对规模和相对规模均呈现增加的态势。从东北三省内部来看，辽宁省在研发经费总投入、规模以上工业企业和高技术产业企业研发经费投入的绝对规模、R&D 内部经费投入强度、规模以上工业企业研发经费投入的相对规模等方面均处于优势地位，高于东北三省平均水平；而黑龙江省在高技术产业企业研发经费投入的相对规模方面占优势；吉林省研发经费投入增加迅速。东北三省具有一定的研发经费投入基础，并且投入规模逐渐增加，为优秀科技成果的产出奠定了良好的基础。

三、创新载体和平台建设

创新载体和平台作为创新活动发生的场所，其建设是创新活动实施的基础，为创新活动提供了良好的外部环境。为此，各地区依托企业、转制科研机构、科研院所或高校等设立了诸多研究开发实体。本部分从国家级重点实验室、国家级工程实验室、国家级工程技术研究中心、国家级企业技术中心、研究与开发机构、高新区、大学科技园及科技企业孵化器等实体的建设来梳理东北三省创新载体和平台建设基础（表2-1）。

表 2-1　2016 年东北三省创新载体和平台数量　　　　（单位：家）

地区	研究与开发机构	大学科技园	科技企业孵化器
东北三省	418	14	289
辽宁省	158	6	73
吉林省	106	3	87
黑龙江省	154	5	129

资料来源：《2017中国科技统计年鉴》

在实施创新驱动战略推动下，东北三省各类创新平台建设顺利推进。到2018年，东北三省依托重点高校及科研院校共建国家重点实验室22家；依托企业、科研机构和高校等机构建立国家工程实验室11家；国家工程技术研究中心的建立依托于实力雄厚的科研机构、科技型企业及重点高校等实体单位，需要高端的人才条件及完备的硬件条件，到2018年共建设有15家。

从东北三省内部来看，到2016年末黑龙江省的工程技术研究中心达285家，其中，国家级工程技术研究中心7家；重点实验室98家，国家级重点实验室10家；企业院士工作站50家。吉林省的中国科学院和中国工程院院士、国家级重点实验室、省部（吉林省与科学技术部）共建重点实验室及省级科技创新中心（工程技术研究中心）的数量整体上呈现逐年增加的态势。2017年末吉林省共有中国科学院和中国工程院院士24人。已建成国家级重点实验室11家，省部（吉林省与科学技术部）共建重点实验室3家，省级重点实验室78家，比2016年增加21家，省级科技创新中心（工程技术研究中心）145家，比2016年增加29家。与2011年相比，2017年中国科学院和中国工程院院士增加6人，国家级重点实验室减少1家，省部（吉林省与科学技术部）共建重点实验室的数量没变化，省级重点实验室增加47家，工程技术研究中心增加了65家。

此外，东北三省也建立了一批其他类型的创新载体和平台，如研究与开发机构、大学科技园及科技企业孵化器等。2016年东北三省共建有418家研究与开发机构，占全国研究与开发机构总数的11.6%；在大学科技园建设方面，2016年东北三省共建设有大学科技园14家，占全国总数的12.3%；在科技企业孵化器建设方面，2016年东北三省共建设科技企业孵化器289家。分省来看，研究与开发机构、大学科技园及科技企业孵化器在三省分布不均衡，辽宁省和黑龙江省研究与开发机构、大学科技园的数量明显多于吉林省。黑龙江省科技企业孵化器数量（129家）在东北三省中占有绝对的优势地位。

综上所述，东北三省具有良好的科技人力资源投入和研发经费投入基础，建设有一批创新载体和平台，具有丰富的科技资源基础，提供了创新人力、经费和平台等方面的保障。并且2003年以来，东北三省科技人力资源投入、研发经费投入及创新载体和平台的数量呈现逐渐增加的趋势，为东北三省产业的发展和科技进步创造了良好的发展条件。

第三节　产业资源

一、工业

东北三省作为我国老工业基地，具有一定的工业发展基础，总量规模持续增长。近年来，东北三省规模以上工业企业数量呈现先增后降的趋势，2003年东北三省共有规模以上工业企业11 693家，2008年增加到30 525家，是2003年的2.6倍，其中辽宁省有21 876家，占东北地区规模以上工业企业数量的71.7%；吉林省次之，有5257家，黑龙江省最少，有4392家；2008年之后规模以上工业企业数量减少，2016年减少到17 974家，仍比2003年多6281家。2003年东北三省规模以上工业企业主营业务收入为9570.3亿元，到2016年增加为56 800.3亿元，是2003年的5.9倍；东北三省规模以上工业企业经济效益也不断提升，2003年规模以上工业企业利润为1737.5亿元，到2016年增加到2139.7亿元，是2003年的1.2倍。

随着创新驱动发展战略的实施，创新在企业发展中扮演着越来越重要的角色，科技研发环节受到越来越多的重视。2008～2016年，东北三省工业企业不断提高研发能力，有R&D活动的规模以上工业企业数量不断增加，占规模以上工业企业数量的比例也持续上涨。2008年东北三省有R&D活动的规模以上工业企业有1737家，2016年增加到1880家，比2008年增加143家（图2-11）。规模以上工业企业中有R&D活动的企业数量增加，由2008年的5.5%增加到2016年的10.1%（图2-12）。

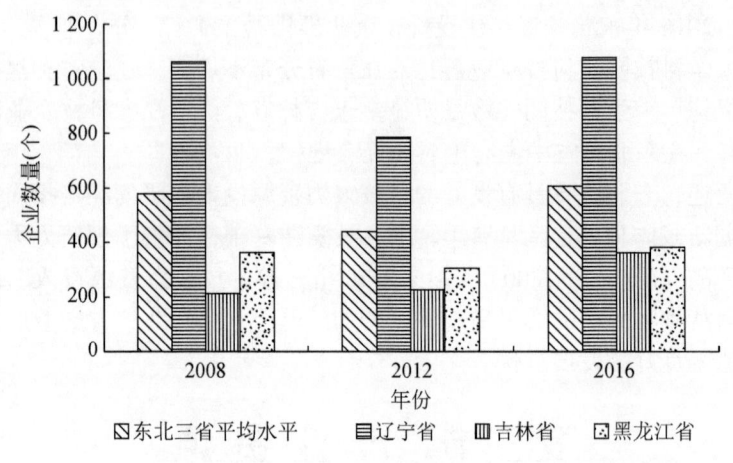

图 2-11　东北三省有 R&D 活动的规模以上工业企业数量变化

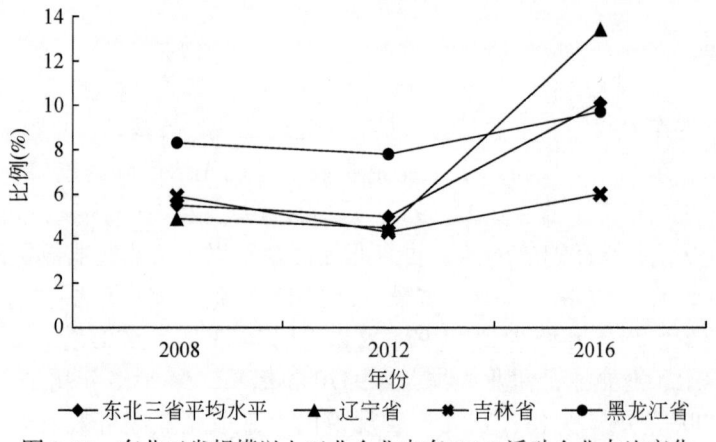

图 2-12　东北三省规模以上工业企业中有 R&D 活动企业占比变化

二、高技术产业

1. 企业载体和人力基础

作为高技术产业发展的支撑，东北三省建设有一批国家级高新区，2016 年东北三省共建设有国家级高新区 16 家，占全国总数的 11.0%，其中，辽宁省有 8 家，吉林省有 5 家，黑龙江省有 3 家（表2-2）。此外，拥有一批高技术产业企业、大量的高技术产业从业人员，并建有一批研发机构，为东北三省高技术产业企业发展提供了基础平台。2016 年共拥有高技术产业企业 1076 家，占全国高技术产业企业总数的 3.5%；拥有高技术产业从业人员 38.8 万人，占全国高技术产业从业人员总数的 2.9%；拥有 220 家研发机构；占全国研发机构总数的 1.6%。

表 2-2　2016 年东北三省高技术产业载体和人力基础

项目	高新区（家）	高技术产业企业数（家）	高技术产业从业人员（万人）	研发机构（家）
全国	146	30 798	1 341.8	13 741
东北三省	16	1 076	38.8	220
辽宁省	8	460	17.0	100
吉林省	5	442	15.4	57
黑龙江省	3	174	6.3	63

资料来源：《2017 中国高技术产业统计年鉴》

2. 产业规模与经济效益

近年来，东北三省高技术产业综合实力不断提升。一方面，产业规模不断壮大，主营业务收入持续增加。2003 年东北三省高技术产业的主营业务收入为 2596.6 亿元；2016 年增加到 4014.9 亿元，约是 2003 年的 1.5 倍（图 2-13）。从高技术产业的各行业来看，2016 年东北三省高技术产业中医药制造业规模最大，占高技术产业主营业务收入的 65.6%，其次是电子及通信设备制造业，占高技术产业主营业务收入的 16.7%；辽宁省高技术产业各行业之间的主营业务收入相对均衡，医药制造业、航空、航天器及设备制造业和电子及通信设备制造业的主营业务收入所占比例分别为 27.2%、21.2% 和 35.6%；吉林省和黑龙江省同样是医药制造业的规模最大，分别占其高技术产业主营业务收入的 89.5% 和 79.0%。

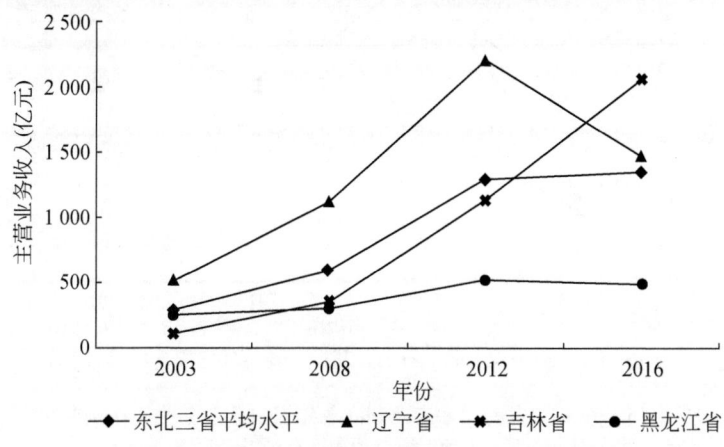

图 2-13　东北三省高技术产业主营业务收入变化

资料来源：《中国高技术产业统计年鉴》（2004～2017 年）

另一方面，东北三省高技术产业的经济效益不断提升，主要表现为高技术产业利润总额的增加及高技术产业利润总额占主营业务收入的比例的上升（图2-14、图2-15）。2003年东北三省平均高技术产业利润总额为12.1亿元，占主营业务收入的比例为4.2%；2003年之后高技术产业利润总额及其占主营业务收入的比例迅速增加，到2016年高技术产业利润总额增加至133.4亿元，是2013年的11.0

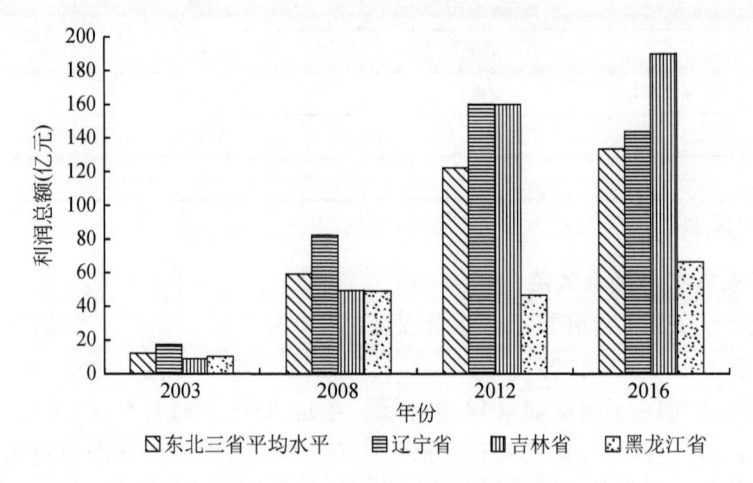

图2-14 东北三省高技术产业利润总额变化

资料来源：《中国高技术产业统计年鉴》（2004～2017年）

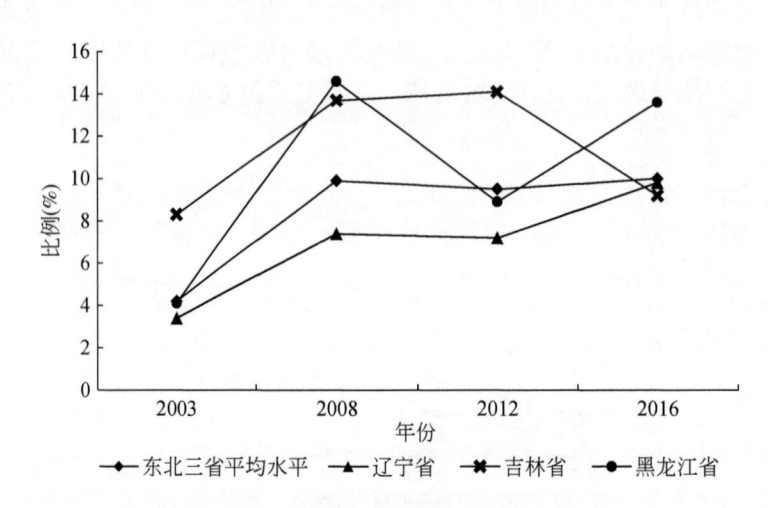

图2-15 东北三省高技术产业利润总额占主营业务收入比例变化

资料来源：《中国高技术产业统计年鉴》（2004～2017年）

倍；高技术产业利润总额占比上升到10.0%，比2003年高出5.8个百分点。从东北三省内部来看，其经济效益在整体上分别呈现出增加的态势；2003年辽宁省高技术产业利润总额为17.2亿元，其利润总额占主营业务收入的比例为3.2%，到2016年利润总额增加至143.7亿元，其利润总额占主营业务收入的比例增加至10.0%；吉林省和黑龙江省高技术产业利润总额分别由2003年的8.8亿元和10.29亿元增加至2016年的190.0亿元和66.4亿元，利润总额占主营业务收入的比例分别由8.3%和4.1%增加至9.2%和13.6%。

从不同行业来看，2016年东北三省医药制造业的利润总额所占比例最高，占高技术产业利润总额的74.9%，其次是电子及通信设备制造业，所占比例为17.6%；相比较于其他行业，辽宁省医药制造业和电子及通信设备制造业规模较大，分别占高技术产业利润总额的45.0%和40.0%；而在吉林省和黑龙江省，医药制造业处于绝对的优势地位，其利润总额分别占两省高技术产业利润总额的92.0%和90.8%。从经济效益优势行业来看，辽宁省医药制造业、航空、航天器及设备制造业、电子及通信设备制造业和医疗仪器设备及仪器仪表制造业的利润总额占主营业务收入的比例均大于全国平均水平；吉林省计算机及办公设备制造业的利润总额占主营业务收入的比例高于东北三省平均水平；而黑龙江省的医药制造业、计算机及办公设备制造业、信息化学品制造业具有一定的优势。

2003年以来，东北三省高技术产业新产品生产转化能力逐渐增加，但慢于主营业务收入增加速度。2003年东北三省高技术产业新产品销售收入为288.1亿元，到2016年增加至726.0亿元，是2003年的2.5倍（图2-16）。从高技术产业新产品销售收入占主营业务收入的比例来看（图2-17），2003年以来呈现先降后升的趋势，由2003年的33.3%下降到2012年的13.1%，降低20.2个百分点，到2016年回升到18.1%，但仍比2003年降低15.2个百分点。2003年辽宁省高技术产业新产品销售收入为177.9亿元，占主营业务收入的比例为35.5%，高于东北三省平均水平，2016年新产品销售收入增加至439.4亿元，是2003年的2.5倍，但其占主营业务收入的比例下降至30.1%；吉林省高技术产业新产品销售收入增加快速，由2003年的7.6亿元增加到2016年的189.8亿元，是2003年的25.0倍，新产品销售收入占主营业务收入的比例由2003年的7.2%增长到2016年的9.1%，增长1.9个百分点；黑龙江省高技术产业新产品销售收入呈减少的发展态势，由2003年的102.6亿元减少至2016年的96.8亿元，占主营业务收入的比例由2003年的40.8%减少至2016年的19.8%，降低21个百分点。从不同行业来看，2016年东北地区航空、航天及设备制造业的新产品销售收入占高技术产业新产品销售收入的比例最大，为43.4%；其次是医药制造业，其占东北地区高技术产业新产品销售收入的32.9%。

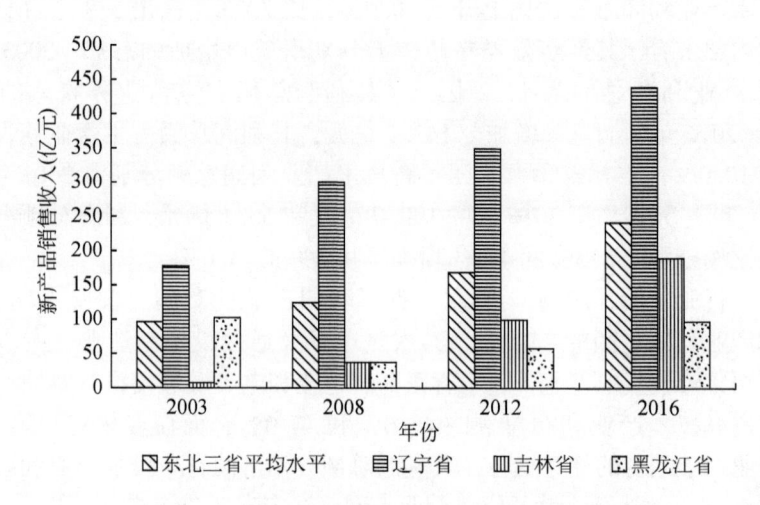

图 2-16　东北三省高技术产业新产品销售收入变化
资料来源：《中国高技术产业统计年鉴》（2004～2017年）

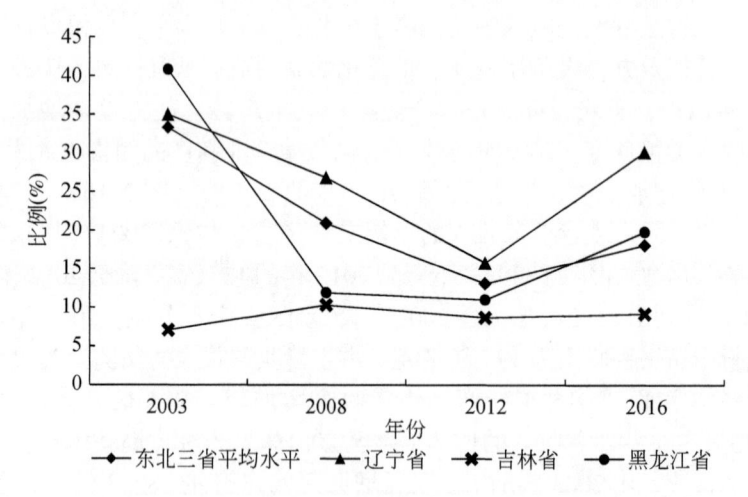

图 2-17　东北三省高技术产业新产品销售收入占主营业务收入的比例变化
资料来源：《中国高技术产业统计年鉴》（2004～2017年）

3. 产品出口与技术交易

2008 年以来东北三省与外界技术交换的交易额不断增加，到 2016 年输出技术合同交易金额增加至 565.4 亿元，是 2008 年的 3.5 倍；2016 年东北三省的输出技术合同交易金额比吸纳技术合同交易金额高 96.7 亿元（图 2-18）。

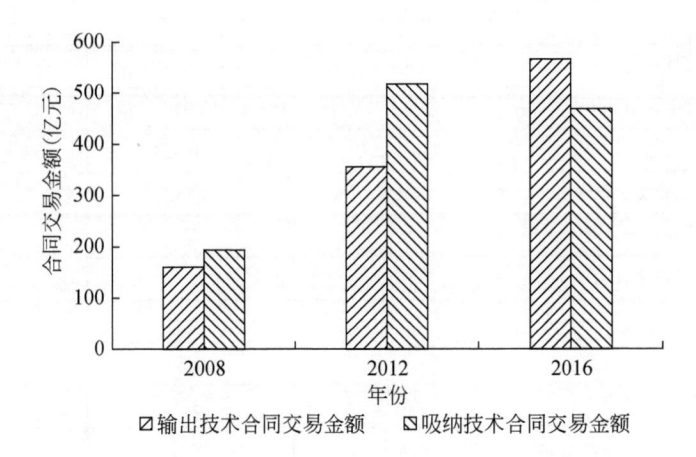

图 2-18　东北三省吸纳和输出技术合同交易金额变化
资料来源：《中国科技统计年鉴》（2009～2017 年）

近年来，在创新驱动战略推动下，东北三省各类创新平台建设顺利推进，高技术产业创新能力逐步增强，创新成果转化有效。在科技进步的不断推动、市场需求的持续拉动及振兴政策的不断扶持下，东北三省高技术产业新建一批高新技术开发区、高技术企业及研发机构，产业规模不断壮大，经济效益持续增加，综合实力不断提升。

第四节　创新资源综合评价

一、教育资源发展评价

1. 教育资源在全国的地位

东北三省教育资源丰富。2016 年共拥有普通高校 258 所，其中，研究生培养机构 90 所，平均每省拥有普通高校 86 所和研究生培养机构 30 所，高于全国平均水平（84 所和 25 所）。在东北三省的普通高校中，有 11 所"211 工程"院校和 4 所"985 工程"院校，与全国平均水平持平。在学生培养方面，东北三省合计拥有普通高校在校生 260.1 万人，占全国的比例为 9.0%，高于东北三省人口规模占全国人口规模的比例；在师资资源方面，东北三省的专任教师数量占全国专任教师总数的 8.4%，高于东北三省总人口占全国总人口的比例（7.9%），其专任教师负担学生人数为 19.3 人，与全国平均水平存在一定差距（表 2-3）。

表 2-3　2016 年东北三省教育资源情况

项目	全国	东北三省	占比（%）
人口数量（万人）	138 271	10 910	7.9
GDP（亿元）	740 598.7	52 409.8	7.1
普通高校数量（所）	2 604	258	9.9
研究生培养机构（个）	806	90	11.2
普通高校在校生（万人）	2 895.4	260.1	9.0
研究生在校生（万人）	198.4	22.5	11.3
研究生毕业生（万人）	55.8	6.6	11.8
专任教师数量（万人）	161.2	13.5	8.4
专任教师负担学生人数（人）	18.0	19.3	

资料来源：国家数据网站

区位熵本是用于衡量地域分工深度或地区专门化程度的指标，区位熵越大，其专业化程度越高。本书采用区位熵的方法进一步分析东北三省的教育资源整体发展水平。与教育资源水平进行比较的区位熵指标为人口规模，用人口总数来表示。教育资源使用普通高校数量、普通高校在校生数量、研究生在校生数量、专任教师数量四个指标衡量，分别赋予 0.25 的权重。结果表明了东北三省的教育资源在全国的地位，公式如下：

$$Q = \frac{X/Y}{\sum X / \sum Y}$$

式中，X 表示东北三省的教育资源整体发展水平；Y 表示东北三省的总人口数量。一般而言，区位熵大于 2，表示该教育资源整体发展水平在全国地位较高；区位熵大于 1，表示该教育资源整体发展水平在全国地位一般；区位熵小于 1，表示该教育资源整体发展水平在全国地位较低。

结果显示，教育资源整体发展水平的区位熵为 1.20，表明东北三省的教育资源较其人口规模在全国占有更重要的地位。

2. 与长江三角洲、珠江三角洲地区比较

2016 年东北三省教育资源整体发展水平相较于长江三角洲（指上海市、江苏省和浙江省）、珠江三角洲（指广东省）地区仍然存在一定的差距（表 2-4）。长江三角洲、珠江三角洲地区在普通高校数量、普通高校在校生数量、研究生在校生数量、研究生毕业生数量及专任教师数量等方面要明显优于东北三省。2016年，长江三角洲、珠江三角洲平均每省的普通高校数量分别为 123 所和 149 所，分别为东北三省平均每省普通高校数量的 1.4 倍和 1.7 倍。此外，长江三角洲和珠江三角洲地区平均每省的普通高校在校生数量分别是东北三省平均每省在校生数量的1.4倍和2.3倍，其中研究生在校生数量分别是东北三省的1.7倍和1.24倍。从专任教师负担学生人数方面来看，东北三省专任教师负担学生人数仅为19.3人，高于长江三角洲，但略低于珠江三角洲。

表2-4　2016年东北三省教育资源与长江三角洲、珠江三角洲地区省平均水平比较

项目	东北三省	长江三角洲	珠江三角洲
普通高校数量（所）	86	123	149
研究生培养机构（个）	30.0	—	—
普通高校在校生（万人）	86.7	121.0	198.6
研究生在校生（万人）	7.5	12.5	9.3
研究生毕业生（万人）	2.2	3.4	2.7
专任教师数量（万人）	4.5	7.1	10.1
专任教师负担学生人数（人）	19.3	17.0	19.7

资料来源：国家数据网站

二、科技资源发展评价

1. 科技资源在全国的地位

东北三省的科技人力资源和经费投入占全国的比例较小，其R&D人员全时当量、规模以上工业企业R&D人员全时当量、高技术企业R&D人员全时当量、R&D内部经费支出、规模以上工业企业R&D内部经费支出和高技术产业企业R&D内部经费支出占全国的比例均小于其人口和经济规模占全国的比例（表2-5）。

表2-5　2016年东北三省科技人力资源和经费投入情况

项目	全国	东北三省	占比（%）
人口数量（万人）	138 271	10 910	7.9
GDP（亿元）	740 598.7	52 409.8	7.1
R&D人员全时当量（人年）	3 878 057	191 034	4.9
规模以上工业企业R&D人员全时当量（人年）	2 702 489	104 943	3.9
高技术企业R&D人员全时当量（人年）	730 681	17 030	2.3
R&D内部经费支出（亿元）	15 676.8	664.9	4.2

续表

项目	全国	东北三省	占比（%）
规模以上工业企业R&D内部经费支出（亿元）	10 944.7	421.4	3.9
高技术企业R&D内部经费支出（亿元）	2 915.7	72.2	2.5

资料来源：《2017中国科技统计年鉴》

相比于全国平均水平，东北三省的科技人力资源投入不足（表2-6）。2016年其规模以上工业企业R&D人员全时当量占R&D人员全时当量的比例为54.9%，比全国平均水平低14.8个百分点。规模以上工业企业R&D人员全时当量的区位熵为0.49，说明东北三省规模以上工业企业R&D人员全时当量在全国的地位较低。东北三省高技术产业企业R&D人员全时当量占R&D人员全时当量的比例仅为8.9%，低于全国平均水平9.9个百分点；高技术产业企业R&D人员全时当量相对于人口规模的区位熵为0.30，表明东北三省高技术产业企业R&D人员全时当量在全国的地位同样低于人口规模在全国的地位。

表2-6　2016年东北三省与长江三角洲、珠江三角洲科技资源比较

（单位：%）

项目	全国	东北三省	长江三角洲	珠江三角洲
R&D人员全时当量中规模以上工业企业占比	69.7	54.9	79.0	82.2
R&D人员全时当量中高技术产业企业占比	18.8	8.9	19.4	39.0
R&D内部经费投入强度	2.11	1.27	2.8	2.5
R&D内部经费支出中规模以上工业企业占比	69.8	63.4	73.3	82.4
R&D内部经费支出中高技术产业企业占比	18.6	10.9	17.5	45.2

资料来源：《2017中国科技统计年鉴》

东北三省的科研经费投入同样低于全国平均水平。2016年其R&D内部经费投入强度为1.27%，比全国平均水平低0.84个百分点，其R&D内部经费支出相对于经济发展水平的区位熵为0.54，说明相比于经济发展水平在全国的地位，东北三省R&D内部经费支出在全国的地位较低。2016年东北三省R&D内部经费支出中，规模以上工业企业占63.4%，比全国平均水平低6.4个百分点，高技术产业企业占比为10.9%，比全国平均水平低7.7个百分点。因此，相比于全国平均水平，东北三省R&D人员和经费投入不足，企业科技研发能力不足。

2. 与长江三角洲、珠江三角洲地区比较

东北三省科技资源投入与长江三角洲地区和珠江三角洲地区存在较大的差距（表2-6）。相比于长江三角洲和珠江三角洲，东北三省的科技人力资源投入较

少。2016年东北三省平均每省R&D人员全时当量为63 678人年，而长江三角洲的平均水平是其5.8倍，珠江三角洲的平均水平是其8.1倍；东北三省规模以上工业企业科技人力资源占科技人力资源总投入的比例也较低，2016年，R&D人员全时当量中规模以上工业企业占比仅为54.9%，比长江三角洲低24.1个百分点，比珠江三角洲低27.3个百分点；高技术产业企业科技人员投入占科技人力资源总投入的比例也低于长江三角洲和珠江三角洲，2016年高技术产业企业R&D人员全时当量占比为8.9%，比长江三角洲低10.5个百分点，比珠江三角洲低30.1个百分点。

东北三省的科研经费投入强度较长江三角洲和珠江三角洲低，2016年R&D内部经费投入强度为1.3%，比长江三角洲和珠江三角洲分别低1.5个百分点和1.2个百分点。此外，相比于长江三角洲和珠江三角洲，东北三省规模以上工业企业和高技术产业企业科技研发经费投入均不足，2016年规模以上工业企业R&D内部经费支出占R&D内部经费总支出的比例为63.4%，比长江三角洲低9.9个百分点，比珠江三角洲低19.0个百分点；高技术企业R&D内部经费支出占比仅为10.9%，比长江三角洲低6.6个百分点，比珠江三角洲低34.3个百分点。

三、产业资源发展评价

1. 产业资源在全国的地位

与东北三省人口规模和经济规模在全国的地位相比，其高技术产业规模在全国的地位较低（表2-7）。2016年其从业人员数量、主营业务收入、利润总额、出口交货值及新产品销售收入占全国的比例分别为2.9%、2.6%、3.9%、0.6%、5.2%，均低于人口规模和经济规模在全国占比，表明2016年东北地区高技术产业规模在全国的地位相比于其人口和经济规模在全国的地位较低。但从高技术产业的经济效益来看，东北三省高技术产业的经济效益高于全国平均水平，2016年其利润总额占主营业务收入的比例为10.0%，比全国平均水平高出3.3个百分点。从不同行业来看，其高技术产业各行业的从业人员数量、主营业务收入、利润总额、出口交货值及新产品销售收入占全国的比例均低于人口规模和经济规模占全国的比例。2016年医药制造业和航空、航天器及设备制造业的从业人口数量和主营业务收入占全国的比例高于高技术产业从业人口数量和主营业务收入所占比例；医药制造业、电子及通信设备制造业、计算机及办公设备制造业利润总额占主营业务收入的比例分别为11.4%、10.5%和6.5%，分别比全国平均水平高0.4个百分点、5个百分点和2.4个百分点，其经济效益高于全国平均水平；而航空、航天器及设备制造业，医疗仪器设备及仪器仪表制造业、信息化学品制造业的经济效益低于全国平均水平。

表2-7　2016年东北三省高技术产业生产经营情况

项目		全国	东北三省	占比
人口总数（万人）		138 271.0	10 910.0	7.9%
GDP（亿元）		740 598.7	52 409.8	7.1%
从业人员（万人）	高技术产业	1 341.8	38.8	2.9%
	医药制造业	225.7	7.3	3.2%
	航空、航天器及设备制造业	40.2	1.4	3.5%
	电子及通信设备制造业	812.3	2.6	0.3%
	计算机及办公设备制造业	130.2	0.3	0.2%
	医疗仪器设备及仪器仪表制造业	115.5	1.2	1.0%
	信息化学品制造业	17.9	0.1	0.6%
主营业务收入（亿元）	高技术产业	153 796.3	4 014.8	2.6%
	医药制造业	28 206.1	877.7	3.1%
	航空、航天器及设备制造业	3 801.7	107.0	2.8%
	电子及通信设备制造业	87 304.7	223.7	0.3%
	计算机及办公设备制造业	19 760.1	23.0	0.1%
	医疗仪器设备及仪器仪表制造业	11 651.9	100.2	0.9%
	信息化学品制造业	3 071.9	6.7	0.2%
利润总额（亿元）	高技术产业	10 301.8	400.1	3.9%
	医药制造业	3 115.0	99.9	3.2%
	航空、航天器及设备制造业	224.4	1.3	0.6%
	电子及通信设备制造业	4 821.7	23.5	0.5%
	计算机及办公设备制造业	819.3	1.5	0.2%
	医疗仪器设备及仪器仪表制造业	1 099.0	7.7	0.7%
	信息化学品制造业	222.3	-0.5	—
利润总额占主营业务收入的比例（%）	高技术产业	6.7%	10.0%	—
	医药制造业	11.0%	11.4%	—
	航空、航天器及设备制造业	5.9%	1.2%	—
	电子及通信设备制造业	5.5%	10.5%	—
	计算机及办公设备制造业	4.1%	6.5%	—
	医疗仪器设备及仪器仪表制造业	9.4%	7.7%	—
	信息化学品制造业	7.2%	-7.5%	—

续表

项目		全国	东北三省	占比
出口交货值（亿元）	高技术产业	52 444.6	311.1	0.6%
	医药制造业	1 460.4	11.8	0.8%
	航空、航天器及设备制造业	541.1	8.7	1.6%
	电子及通信设备制造业	36 296.5	63.4	0.2%
	计算机及办公设备制造业	12 157.4	8.1	0.1%
	医疗仪器设备及仪器仪表制造业	1 464.7	11.1	0.8%
	信息化学品制造业	524.4	0.7	0.1%
新产品销售收入（亿元）	高技术产业	7 959.9	417.4	5.2%
	医药制造业	5 422.8	79.6	1.5%
	航空、航天器及设备制造业	1 533.7	105.1	6.9%
	电子及通信设备制造业	31 820.6	43.2	0.1%
	计算机及办公设备制造业	5 464.1	1.3	0.0%
	医疗仪器设备及仪器仪表制造业	2 501.4	10.9	0.4%
	信息化学品制造业	1 181.6	1.8	0.2%

资料来源：《2017中国高技术产业统计年鉴》

本书采用区位熵的方法进一步分析东北三省的产业发展水平在全国的地位。区位熵可用于衡量地域分工深度或地区专门化程度，区位熵越大，其专业化程度越高。公式如下：

$$Q = \frac{X_i/Y_i}{\sum X_i / \sum Y_i}$$

式中，X_i表示东北三省某一产业的发展水平（主营业务收入或从业人员数量），Y_i表示该产业全国总主营业务收入或从业人员数量。一般而言，区位熵大于2，表示该产业在全国具有较强的竞争力；区位熵大于1，表示该产业在全国的竞争力一般；区位熵小于1，表示该产业在全国不具有竞争力。

相对于经济发展在全国的地位，东北三省高技术产业的区位熵仅为0.37；相对于人口规模在全国的地位，东北三省高技术产业从业人员的区位熵同样为0.37，说明东北三省的高技术产业的经济和从业人员规模在全国的地位较低。

东北三省高技术产业不同行业的产业规模、经济效益及人员规模差异较大，因此不同行业在全国的地位不一。从不同行业来看，相对于东北三省经济发展在全国的地位，其医药制造业主营业务收入的区位熵为1.32，从业人员相对于人口规模的区位熵为1.24，说明东北三省医药制造业在全国具有一定的竞争力；航空、航天器及设备制造业主营业务收入相对于其经济发展的区位熵为1.19，从业人员相对于人口规模的区位熵为1.35，表明东北三省航空、航天器及设备制造业在全国具有一定的竞争力，且航空、航天器及设备制造业主营业务收入的地位略低于从业人员的地位；电子及通信设备制造业、计算机及办公设备制造业、医疗仪器设备及仪器仪表制造业、信息化学品制造业主营业务收入和从业人员的区位熵均低于1，说明电子及通信设备制造业、计算机及办公设备制造业、医疗仪器设备及仪器仪表制造业、信息化学品制造业在全国不具备竞争力。

2. 与长江三角洲、珠江三角洲比较

东北三省的高技术产业发展与长江三角洲和珠江三角洲相比存在一定的差距（表2-8）。2016年其高技术产业从业人员数量明显低于长江三角洲和珠江三角洲。从高技术产业各行业来看，医药制造业从业人员规模最大，平均每省7.3万人，仍比长江三角洲的平均水平少5.9万人，比珠江三角洲的平均水平少6.1万人；航空、航天器及设备制造业的从业人员有1.4万人，与长江三角洲和珠江三角洲从业人员数量差距较小；而其电子及通信设备制造业、计算机及办公设备制造业、医疗仪器设备及仪器仪表制造业的从业人员规模甚至不足珠江三角洲的1/10。

表2-8　2016年东北三省与长江三角洲、珠江三角洲高技术产业生产经营情况比较

项目		东北三省	长江三角洲	珠江三角洲
从业人员（万人）	高技术产业	12.9	118.4	389.4
	医药制造业	7.3	13.2	13.4
	航空、航天器及设备制造业	1.4	1.4	1.5
	电子及通信设备制造业	2.6	72.7	313.0
	计算机及办公设备制造业	0.3	13.3	44.0
	医疗仪器设备及仪器仪表制造业	1.2	15.7	16.5
	信息化学品制造业	0.1	2.1	1.0
主营业务收入（亿元）	高技术产业	1 338.3	14 534.5	37 765.2
	医药制造业	877.7	1 945.1	1 553.0
	航空、航天器及设备制造业	107.0	176.9	193.5
	电子及通信设备制造业	223.7	7 907.8	30 802.3
	计算机及办公设备制造业	23.0	2 106.2	4 098.6
	医疗仪器设备及仪器仪表制造业	100.2	1 914.5	1 008.2
	信息化学品制造业	6.7	484.0	109.6

◎ 第二章 创新资源与产业发展基础

续表

项目		东北三省	长江三角洲	珠江三角洲
利润总额（亿元）	高技术产业	133.4	1 003.7	2 094.3
	医药制造业	99.9	242.8	223.3
	航空、航天器及设备制造业	1.3	10.4	29.4
	电子及通信设备制造业	23.5	454.5	1 517.2
	计算机及办公设备制造业	1.5	69.6	191.8
	医疗仪器设备及仪器仪表制造业	7.7	188.2	120.9
	信息化学品制造业	-0.5	38.2	11.7
利润总额占主营业务收入的比例（%）	高技术产业	10.0	6.9	5.5
	医药制造业	11.4	12.5	14.4
	航空、航天器及设备制造业	1.2	5.9	15.2
	电子及通信设备制造业	10.5	5.7	4.9
	计算机及办公设备制造业	6.5	3.3	4.7
	医疗仪器设备及仪器仪表制造业	7.7	9.8	12.0
	信息化学品制造业	-7.5	7.9	10.7
出口交货值（亿元）	高技术产业	103.8	5 980.7	17 334.0
	医药制造业	11.8	191.9	77.5
	航空、航天器及设备制造业	8.7	46.7	98.7
	电子及通信设备制造业	63.4	3 700.4	14 221.5
	计算机及办公设备制造业	8.1	1 634.4	2 645.7
	医疗仪器设备及仪器仪表制造业	11.1	286.7	279.2
	信息化学品制造业	0.7	120.6	11.4
新产品销售收入（亿元）	高技术产业	241.9	4 482.4	15 542.7
	医药制造业	79.6	542.9	421.6
	航空、航天器及设备制造业	105.1	71.0	62.3
	电子及通信设备制造业	43.2	2 415	14 028.6
	计算机及办公设备制造业	1.3	777.2	729.9
	医疗仪器设备及仪器仪表制造业	10.9	460.7	263.1
	信息化学品制造业	1.8	215.6	37.2

资料来源：《2017 中国高技术产业统计年鉴》

2016 年东北三省高技术产业的主营业务收入为 4014.9 亿元，平均每省 1338.3 亿元，是长江三角洲的 0.09 倍，珠江三角洲的 0.04 倍。从不同行业来看，其医药制造业的主营业务收入规模最大，2016年省均医药制造业主营业务收入为877.7亿元，但仍比长江三角洲省均水平低1067.4亿元，比珠江三角洲低675.3亿元；与高技术产业的其他行业相比，2016年其航空、航天器及设备制造业主营业务收入与长江三角洲和珠江三角洲差距相对较小，比长江三角洲低69.9亿元，比珠江三角洲低86.5亿元；而电子及通信设备制造业、计算机及办公设备制造业、医疗仪器设备及仪器仪表制造业、信息化学品制造业主营业务收入与长江三角洲和珠江三角洲差距较大，其主营业务收入不足长江三角洲或珠江三角洲的1/10。

2016年东北三省高技术产业的利润总额为400.2亿元，平均每省利润总额为133.4亿元，相比长江三角洲和珠江三角洲，其利润总额较低，是长江三角洲的0.13倍，珠江三角洲的0.06倍。但2016年其利润总额占主营业务收入的比例为10.0%，高于长江三角洲和珠江三角洲的利润总额占主营业务收入的比例，表明东北三省的高技术产业具有较好的经济效益。从不同行业来看，东北三省电子及通信设备制造业和计算机及办公设备制造业的利润总额占主营业务收入的比例分别为10.5%和6.5%，高于长江三角洲和珠江三角洲的利润总额占主营业务收入的比例，表明东北三省电子及通信设备制造业和计算机及办公设备制造业的经济效益优于长江三角洲和珠江三角洲，但医药制造业，航空、航天器及设备制造业，医疗仪器设备及仪器仪表制造业和信息化学品制造业的经济效益较长江三角洲和珠江三角洲低。

2016年东北三省高技术产业新产品销售收入为241.9亿元，平均每省139.1亿元。从不同行业来看，航空、航天器及设备制造业的新产品生产转化能力较强，其新产品销售收入高于长江三角洲和珠江三角洲；其他行业的新产品销售收入均低于长江三角洲和珠江三角洲。

从对外出口情况来看，东北三省高技术产业外向依存度相对较低。2016年其高技术产业的出口交货值为311.4亿元，远小于长江三角洲和珠江三角洲。从不同行业来看，其医药制造业、航空、航天器及设备制造业、电子及通信设备制造业、计算机及办公设备制造业、医疗仪器设备及仪器仪表制造业和信息化学品制造业的外向依存度均低于长江三角洲和珠江三角洲。

此外，东北三省技术交易成交额与长江三角洲和珠江三角洲也存在较大差距。2016年东北三省输出技术合同交易金额为188.5亿元，比长江三角洲输出技术成交额低349.8亿元，比珠江三角洲低569.5亿元；2016年其吸纳技术合同交易金额为156.2亿元，比长江三角洲低385.8亿元，比珠江三角洲低636.4亿元。

综上所述，东北三省教育资源在全国的地位略优于全国平均水平，但科技资源和产业资源发展地位低于全国平均水平；东北三省教育资源、科技资源和产业资源的发展水平与长江三角洲和珠江三角洲仍然存在较大的差距。因此，提升东北地区的创新能力，提高教育资源、科技资源对产业发展转型升级的支撑能力，仍任重道远。

参 考 文 献

郭连强.2017.2017年中国东北地区发展报告（东北蓝皮书）.北京：社会科学文献出版社.
国家统计局，国家发展和改革委员会.2016.2016工业企业科技活动统计年鉴.北京：中国统计出版社.
国家统计局工业司.2016.2016中国工业统计年鉴.北京：中国统计出版社.
国家统计局社会科技和文化产业统计司，科学技术部创新发展司.2016.2016中国高技术产业统计年鉴.北京：中国统计出版社.
国家统计局社会科技和文化产业统计司，科学技术部创新发展司.2016.2016中国科技统计年鉴.北京：中国统计出版社.
黑龙江省统计局，国家统计局黑龙江调查总队.2017.2017黑龙江统计年鉴.北京：中国统计出版社.
黑龙江省统计局.2018.2017年黑龙江省国民经济和社会发展统计公报.
黄群慧.2015.东北地区制造业战略转型与管理创新.经济纵横，(7)：1-6.
吉林省统计局.2018.2017吉林统计年鉴.北京：中国统计出版社.
吉林省统计局.2018.2017年吉林省国民经济和社会发展统计公报.
焦敬娟，王姣娥，刘志高.2016.东北地区创新资源与产业协同发展研究.地理科学，36(9)：1338-1348.
科技部火炬高技术产业开发中心.2017.2017中国火炬统计年鉴.北京：中国统计出版社.
辽宁省统计局.2018.2017辽宁统计年鉴.北京：中国统计出版社.
辽宁省统计局.2018.2017年辽宁省国民经济和社会发展统计公报.
刘凤朝，马荣康.2016.东北老工业基地创新驱动发展研究.北京：科学出版社.
易军，汤姿.2005.东北地区高新技术产业开发区发展状况评价研究.科学学与科学技术管理，26(3)：94-96.
郑文范.2015.创新驱动与东北老工业基地改造和振兴——关于科学、技术、工程、产业、社会五元论探索.沈阳：东北大学出版社.

第三章 人力资本评估与流动分析

本章重点考察东北地区人力资本的空间分布、行业特征及空间转移格局。首先，从全国各地区对比角度，对东北地区人口数量及其增长、年龄结构、受教育程度结构、就业结构进行系统分析，总结东北地区人力资本在全国的相对水平，并以县市为主，详细解析东北三省内部各县市人口密度、人口增长、老龄化、高等教育人口、第二和第三产业从业人口的空间分布，并对东北三省内部的人力资本进行综合评估。其次，细化到具体行业，采用区位熵等方法，评估东北三省各细化行业从业人口在全国的相对优势度，并以县市为基本单元，解析东北三省内部第二产业、第三产业中主要细化行业的空间分布。最后，从五年间人口迁移、人户分离迁移两个口径，全面解读东北人口的净迁移状态，并与全国其他地区作对比，采用人口迁移流图，刻画东北地区人口来源地和目的地的空间格局及其演变特征，以县市为单元，剖析东北三省人口空间转移的内部差异。考虑到数据获得性和完整性，本章东北地区主要研究对象为辽宁、吉林和黑龙江三省，以期为东北地区再振兴制定人口人才相关政策提供参考。

第一节 人力资本概况及空间分布

一、人力资本概况

为全面揭示东北地区人力资本的发展状况及其相对全国的优势状况，从人口数量、年龄结构、教育结构、就业结构等多个方面对东北地区人力资本及其演化特征进行系统梳理分析，为东北地区人口集聚和人才发展提供基础科学支撑。

1. 人口总量及其增长趋势

根据改革开放以来的四次全国人口普查汇总资料，1982 年、1990 年、2000 年、2010 年东北三省常住总人口分别为 0.91 亿人、0.99 亿人、1.05 亿人、1.10 亿人，长期保持常住人口正增长。东北三省的人口衰减"危机"出现在 2010 年以后。2010 年以后，东北三省常住人口年均增长率持续下降。2010~2015 年，辽宁省、吉林省、黑龙江省的常住人口年均增长率分别为 0.03%、0.04%、

-0.11%，居全国倒数后三位。2015 年，东北三省出现人口增长的"拐点"，人口从正增长转变为负增长，东北三省常住人口由 2014 年的 10 976 万人减少至 2015 年的 10 947 万人，累计减少 29 万人（图3-1）。

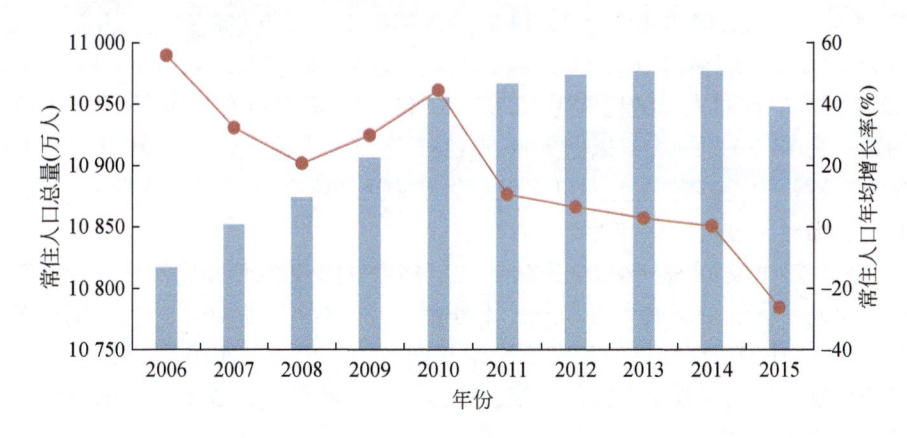

图 3-1　2006～2015 年东北地区常住人口变化态势

虽然从短期看，东北三省近年来常住人口增长率在全国垫底，2010 年以后人口衰减问题突出，2015 年甚至出现负增长。但是从长期来看，改革开放以来，1982～2015 年，辽宁省、吉林省、黑龙江省的常住人口年均增长率分别为 0.62%、0.61%、0.47%，在全国排序中相对较低，但并不是最低。1982～2015 年，重庆市、四川省的常住人口年均增长率居于全国最低水平，分别为 0.33%、0.37%。其中，2000～2010 年，重庆市、湖北省、四川省、贵州省的人口年均增长率分别为-0.56%、-0.38%、-0.23%、-0.13%，出现人口负增长的时期早于东北地区，负增长水平也高于现在的东北三省。

虽然近年来东北三省人口呈现衰退趋势，但是始终保持 1 亿人左右的常住人口总量。著名的"胡焕庸线"是从爱辉（今黑河市）到腾冲画了一条线，将中国划分为东南半壁和西北半壁两个部分，东南半壁人口稠密，而西北半壁人口稀疏。东北三省的绝大部分地区处于东南半壁，沿辽宁沿海和沿哈大走廊的东北平原是中国最大的平原，始终作为中国主要的人口稠密区，这一格局自 1982 年至今未发生改变。自然环境决定了人口生境的基本格局，东北三省拥有对中国粮食贡献最大的东北平原，这一地区作为中国主要的人口稠密区将长期稳定。

2. 人口年龄结构及其演化

年龄结构是人力资本的基本自然属性之一。进入 21 世纪以来，东北三省人口年龄结构的老龄化特征日益加剧，65 岁以上老龄人口数量和比例均持续增长。根据第五次人口普查，21 世纪初期，东北三省 0～14 岁人口有 1931 万人，占总人口的比例为18.41%；15~64岁人口有7862万人，占总人口的比例为74.98%；65岁以上人口有693万人，占总人口的比例为6.61%；2010年，东北三省0~14岁人口有1286万人，占总人口的比例为11.75%；15~64岁人口有8667万人，占总人口的比例为79.14%；65岁以上人口有998万人，占总人口的比例为9.12%；而根据2015年1%人口抽样调查资料，东北三省0~14岁人口有1202万人，占总人口的比例为10.94%；15~64岁人口有8498万人，占总人口的比例为77.39%；65岁以上人口有1281万人，占总人口的比例为11.67%。国际上一般认为，65岁以上人口比例超过7%就意味着处于老龄化社会，当前，东北三省已经超过这个标准近5个百分点。

另外，21世纪以来，东北三省处于0~15岁的少儿数量和比例呈现持续下降趋势，东北三省的后备人力资本条件不断地衰退。处于15~64岁的青壮年人口在2000~2010年呈现数量增长和比例增长的特征，但是，2010年以来，青壮年人口的数量和比例出现了下降的特征，东北三省的年轻人口资本也开始出现衰退特征。随之带来的是人口抚养比的压力，2000年，东北三省少儿抚养比为24.56，老年抚养比为8.82，总抚养比为33.38；2010年，东北三省少儿抚养比为14.84，老年抚养比为11.52，总抚养比为26.36；2015年，东北三省少儿抚养比为14.14，老年抚养比为15.08，总抚养比为29.22。可见，东北三省少儿抚养比下降，而老年抚养比增长，东北三省的人口抚养压力主要体现在老年人口，从全国各地区来看，东北三省的人口抚养压力也已经处于前列。

自然增长率偏低是影响东北三省人口年龄结构老龄化的重要因素之一。2010年以来，东北地区人口自然增长率始终在全国垫底，2015年，辽宁省、黑龙江省呈现人口自然负增长，出生率低于死亡率，自然增长率分别为-0.42‰、-0.60‰，吉林省具有0.34‰的人口自然正增长率，均低于全国4.96‰的自然增长水平，是中国人口自然增长率最低的地区。东北三省应当特别重视科学制定人口生育新政策和积极老龄化政策。

3. 人口教育结构及其演化

教育结构反映人力资本的素质水平，是衡量人力资本的最常用指标之一。21世纪以来，东北三省人口的受教育水平呈现不断提升的趋势。2000年，东北三省大学专科及以上的高等教育人口有565万人，占6岁以上总人口的5.68%，高于全国平均水平3.81%；2010年，东北三省高等教育人口增长至1144万人，占6岁以上总人口的10.94%，高于全国平均水平9.53%；2015年，东北三省高等教育人口达到1551万人，占6岁以上总人口的14.71%，高于全国平均水平13.33%。其中，2015年，辽宁省、吉林省、黑龙江省的高等教育人口分别达到713万人、348万人、490万人，分别占6岁以上总人口的16.93%、13.17%、

13.28%，分别位列全国第5名、第13名、第14名，均处于中上游位置。可见，从教育结构来看，东北三省具有良好的人力资本优势，东北三省的高等教育人口数量及其占比都处于持续增长态势，而且始终高于全国平均水平，其中，辽宁省人口的高等教育水平尤为突出，处于全国前列。

但是，从高等教育人口占全国的份额来看，近年来东北三省的相对优势出现了衰减特征。2010~2015年，东北地区占全国大学专科及以上高等教育人口比例累计下降了0.56%，辽宁省、吉林省、黑龙江省分别下降0.24%、0.25%、0.07%，三省相对全国均出现高等教育人口流失现象，吉林省、辽宁省相对较明显。中国本科生就业报告显示，2015年，东北三省本科生毕业生占全国的11.4%，但是全国本科生中就业地选择在东北三省的本科生仅占5.2%，前者与后者之比为2.19，东北三省具有本科毕业生净流出的特征。同期，泛珠江三角洲区域经济体、西部生态经济区、泛长江三角洲区域经济体、泛渤海湾区区域经济体、西南区域经济体、陕甘宁青区域经济体及中原区域经济体的比率分别为1.56、1.55、1.27、1.12、1.03、0.70及0.55，均高于东北三省的0.46。可见，当前东北三省高等教育人才面临着"本地培养人才难守、外地培养人才难引"的问题，急需制定人才顶层设计战略，吸引国内外创新创业人才。

4. 人口就业结构及其演化

人口就业结构反映了人力资本的经济属性。21世纪以来，东北三省第二、第三产业从业人口比例呈现持续上升态势，但是与全国平均水平的差距日益增大。2000年，东北三省就业人口为5460万人，三次产业从业人口比例为56∶17∶27，第二、第三产业从业人口合计比例为43.69%，高于全国平均水平35.62%；2010年，东北三省就业人口为5908万人，三次产业从业人口比例为52∶16∶32，第二、第三产业从业人口合计比例为48.27%，低于全国平均水平51.66%；2015年，东北三省就业人口为5516万人，三次产业从业人口比例为51∶14∶35，第二、第三产业从业人口合计比例为49.04%，低于全国平均水平63.29%。其中，2015年，辽宁省、吉林省、黑龙江省的就业人口分别为2203万人、1462万人、1851万人，三次产业从业人口比例分别为40∶19∶41、59∶11∶30、57∶12∶31，第二、第三产业从业人口合计比例分别为59.90%、40.65%、42.73%，均低于全国平均水平。由此可见，东北三省整体就业人口经历了从增长到衰减的过程，第二产业从业人口比例下降，第三产业有所上升，第二、第三产业从业人口比例整体呈现持续上升特征，但是，近年来与全国平均水平的差距日益增大，相较于2000年初期，东北三省第二、第三产业从业的相对优势呈现衰减特征。

与全国横向比较来看，2000年、2010年、2015年东北三省第一产业从业人口占全国第一产业从业人口的比例分别为6.78%、8.44%、10.79%，第二产业从业人口占全国第二产业从业人口的比例分别为7.99%、5.34%、4.09%，第三产业从业人口占全国第三产业从业人口的比例分别为10.79%、9.15%、7.49%，合计第二、第三产业从业人口占全国第二、第三产业从业人口的比例分别为9.51%、7.36%、6.02%。可见，东北三省仅有第一产业从业人口占全国从业人口的比例明显上升，而第二产业从业人口、第三产业从业人口占全国从业人口的比例均持续下降。2000年以来，在全国经济快速发展的浪潮中，东北三省并没能在第二产业和第三产业就业机会方面体现优势，人口就业结构在第二、第三产业上的优势衰退非常显著。

二、东北地区人力资本空间分布

以县市（包括设区的市和不设区的市、县等）为基本空间单元，细致分析东北内部人力资本的空间分布状况，分别采用人口密度、人口年均增长率表征人口数量空间集疏的静、动特征，并对年龄结构、教育结构、就业结构等空间格局系统梳理分析，为协调东北地区内部人力资本发展提供基础科学支撑。

1. 人口密度的空间分布

根据辽宁省、吉林省、黑龙江省2015年1%人口抽样调查资料及内蒙古统计资料，通过行政区划单元校核、人口抽样比换算和空间单元匹配构建，获取2015年东北地区（含东北三省和内蒙古自治区东部地区，本节下同）分县市人口空间数据集，按照行政区划面积测算东北地区分县市人口密度。如图3-2（a）所示，2015年，东北地区常住人口密度超过1500人/平方公里的县市共4个，依次是鞍山市、盘锦市、沈阳市和阜新市；人口密度为1000～1500人/平方公里的县市共4个，依次是锦州市、营口市、辽源市和抚顺市；人口密度为500～1000人/平方公里的县市共14个，包括大连市、丹东市、辽阳市、铁岭市、本溪市、哈尔滨市、通化市、长春市、吉林市、朝阳市、四平市、长海县、调兵山市和海城市；人口密度为100～500人/平方公里的县市共92个，主要分布在辽宁省中西部、吉林省西部及黑龙江省西南部；人口密度为0～100人/平方公里的县市共106个，主要分布在辽宁省东部、吉林省东部、黑龙江省北部及内蒙古自治区东部地区。其中，人口密度超过500人/平方公里的县市合计21个，仅占东北地区土地面积的3.73%，但是拥有东北地区常住人口的33.18%，超过1/3的人口集聚在这些少数县市。

采用G指数（即Getis-ord Gi*指数）识别人口密度的热点区和冷点区，反映东北地区人口分布的空间集聚特征［图3-2（b）］。东北地区存在人口集聚的热点区，集中分布在辽宁省，除了东西两侧少数县市，辽宁省多数地区均是人口密度相对稠密的集聚区。而吉林省、黑龙江省、内蒙古自治区东部人口稠密的热点区没有辽宁省显著，为-1.65~1.65。东北地区也未识别出明显的低人口密度集聚的冷点区。总的来看，东北地区人口密度呈现南密北疏的特征，辽中南地区和哈尔滨市—大连市的东北平原腹地是东北地区人口分布最为稠密的区域。

(a)人口密度　　　　　　　　(b)人口密度的热点区和冷点区

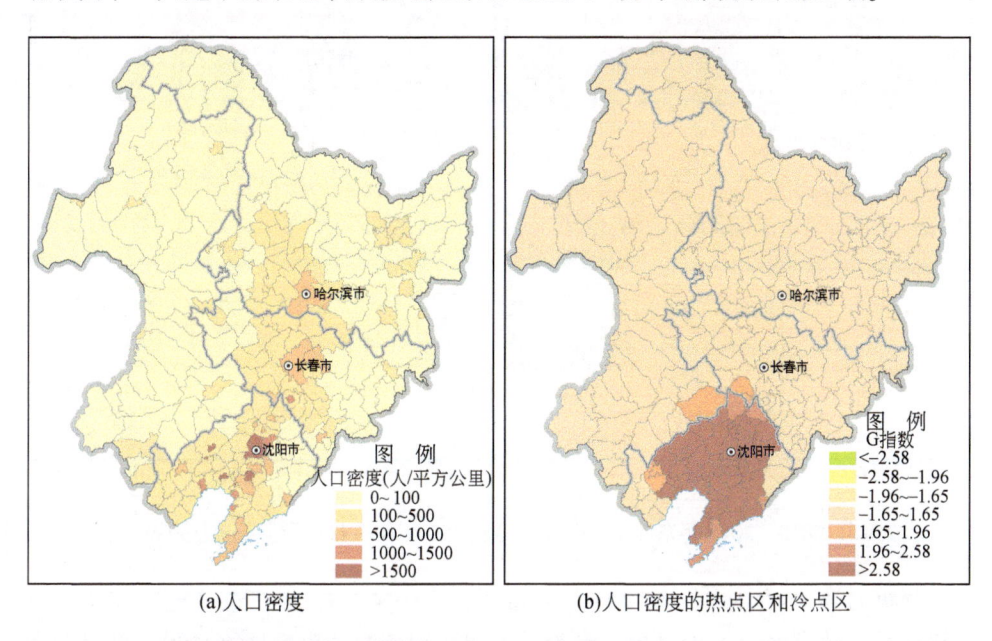

图3-2　2015年东北地区分县市人口密度及其热点区和冷点区

2. 人口增长的空间分布

以2015年行政区划单位为基准，构建2010~2015年单元一致的常住人口空间数据集，计算2010~2015年东北地区分县市常住人口年均增长率，绘制相应的空间分布格局图及热点图。如图3-3所示，2010~2015年，东北地区人口年均增长率超过1.0%的正增长县市共计32个，黑龙江省同江市最高，达到7%；人口年均增长率为0~1.0%的正增长县市共计32个，主要分布在沈阳市、长春市、大庆市及其周边地区，以及部分边境地区；人口年均增长率为-1.0%~0的负增长县市共计66个，包括白山市、五常市、丹东市、辽中县等，其人口负增长的程度相对较轻缓；人口年均增长率低于-1.0%的负增长县市最多，达90个，其中龙井市、抚顺县、和龙县、图们市、辽阳县等人口负增长突出，其人口年均增长率均低于-5%。可见，2010~2015年，东北地区大多数县市呈现负增长，156个人口负增长县市占据了东北地区土地面积的72.91%，但同时，沈阳市、长春市、哈尔滨市、大连市、吉林市、大庆市等主要城市保持人口正增长优势。

(a) 人口年均增长率

(b) 人口年均增长率的热点区和冷点区

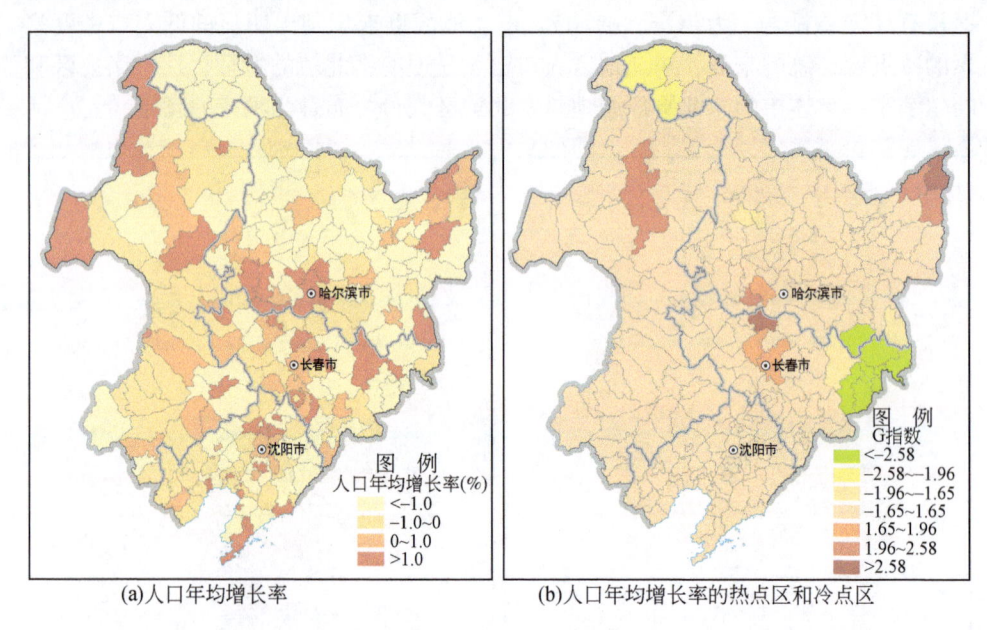

图 3-3 2010~2015 年东北地区分县市常住人口年均增长率及其热点区和冷点区

根据 G 指数的热点区和冷点区分布图，2010~2015 年，东北地区有 2 处人口正增长的热点区，一处是由长春市及其周边构成的都市圈区域，另一处是黑龙江省东北角中俄边境地区，而沈阳市、大连市、哈尔滨市等都市圈区域及其他边境地区人口正增长的集聚特征并不显著；同时，东北地区有 2 处人口负增长的冷点区，一处是位于延边朝鲜族自治州及其周边的边境地区；另一处是黑龙江省西北角的大兴安岭林区。不同时期人口增减的空间格局会存在分异，近期来看，东北地区以人口负增长区为主，并出现一些典型的人口负增长集聚区，同时也不乏部分人口正增长集聚区，部分地区仍然具有人口增长活力。

3. 人口老龄化的空间分布

2015 年 1% 人口抽样调查数据样本量较少，且不是所有省份都具有分县的人口结构汇总资料，以下采用 2010 年人口普查资料分析东北地区分县市人口结构格局。采用 65 岁以上人口占总人口比例测算老龄化率，反映各县市人口结构特征，老龄化率越低，少儿及年轻人口比例越高，人口结构越年轻化；反之，人口结构越老龄化。2010 年，东北地区人口老龄化率低于 7% 的县市仅有 43 个，其中，仅有霍林郭勒市、抚远县①、绥芬河市和新巴尔虎右旗低于5%；人口老龄化率为7%~10%的县市有125个，数量最多，广泛分布在吉林省、黑龙江省及辽宁省北部；人口老龄化率大于10%的县市有52个，主要分布在辽宁省南部、吉林省中朝边境地区等。总的来看，东北共计177个县市处于老龄化时代，占东北地区土地面积的73.86%，沈阳市、长春市、哈尔滨市、大连市等主要城市均处于老龄化时期（图3-4）。

(a)人口老龄化率

(b)人口老龄化率的热点区和冷点区

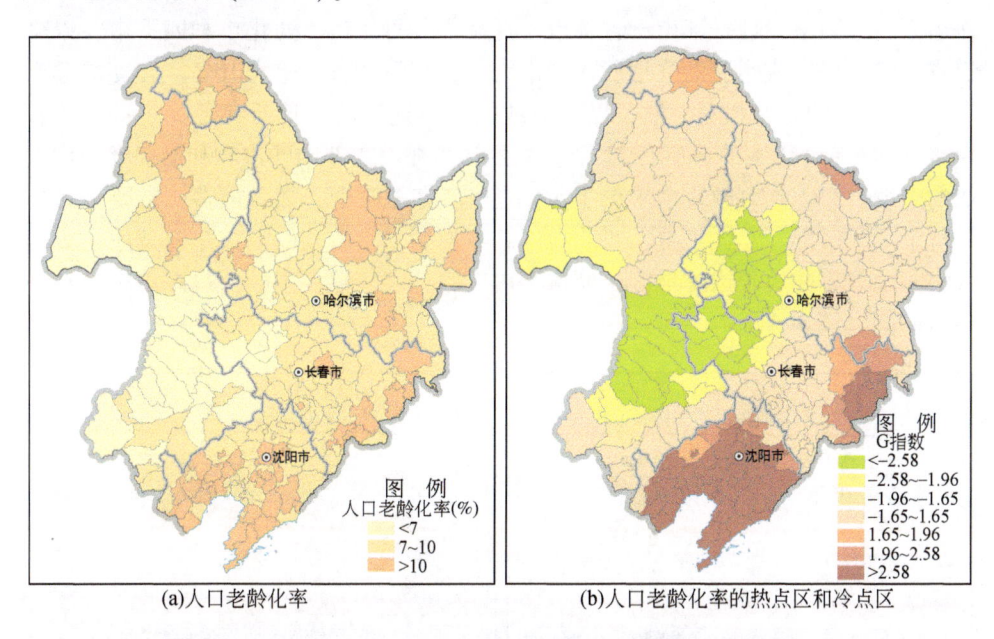

图3-4　2010年东北地区分县市人口老龄化率及其热点区和冷点区

根据G指数的热点区和冷点区的分析结果，2010年，东北地区已经形成多个人口老龄化率较高的热点区，其中，最大的连片热点区是辽宁省，除了北部少数县市，几乎全省属于东北地区的人口老龄化高值热点区；其次为吉林省东部中朝边境的高值热点区；黑龙江省北部也存在个别的热点区。同时，也存在人口老龄化率较低的冷点区，其中，最大连片冷点区分布在黑龙江省西南部、吉林省西部及内蒙古自治区东部区域。人口老龄化率较高的地方往往老人抚养比较高，养老压力较大，辽宁省是东北地区中人口老龄化最严重的地区，未来应该重视老龄化热点区的养老服务设施配置和养老政策扶持。

---

① 2016年，抚远县正式更名为抚远市。

4. 高等教育人口的空间分布

采用2010年人口普查分县数据，计算大专及大学本科以上教育人口占6岁以上人口的比例，核算东北地区各县市高等教育人口比例，反映人力资本的文化素质水平。2010年，东北地区高等教育水平超过20%的县市有6个，即沈阳市、长春市、大连市、哈尔滨市、呼伦贝尔市和盘锦市，以省会等大城市为主；高等教育水平为15%~20%的县市有12个，包括延吉市、锦州市、大庆市、黑河市、鞍山市、辽阳市、牡丹江市、吉林市、抚顺市、丹东市、通化市和四平市，以毗邻省会的地级市或州府的驻地所在城市为主；高等教育水平为10%~15%的县市有23个，空间分布相对分散，以一般地级市或地区的驻地所在地为主；高等教育水平为5%~10%的县市有72个，主要分布在沿东部中朝边境和沿北部中俄边境的边境县市；高等教育水平低于5%的县市有107个，数量最多，主要分布在各省中部和东部。总体来看，东北地区高等教育水平较高的地方主要集中主要的省会和地级市驻地及边境地区，而偏于内部腹地的多数县市的人口高等教育水平相对偏低（图3-5）。

(a)高等教育人口比例   (b)高等教育人口的热点区和冷点区

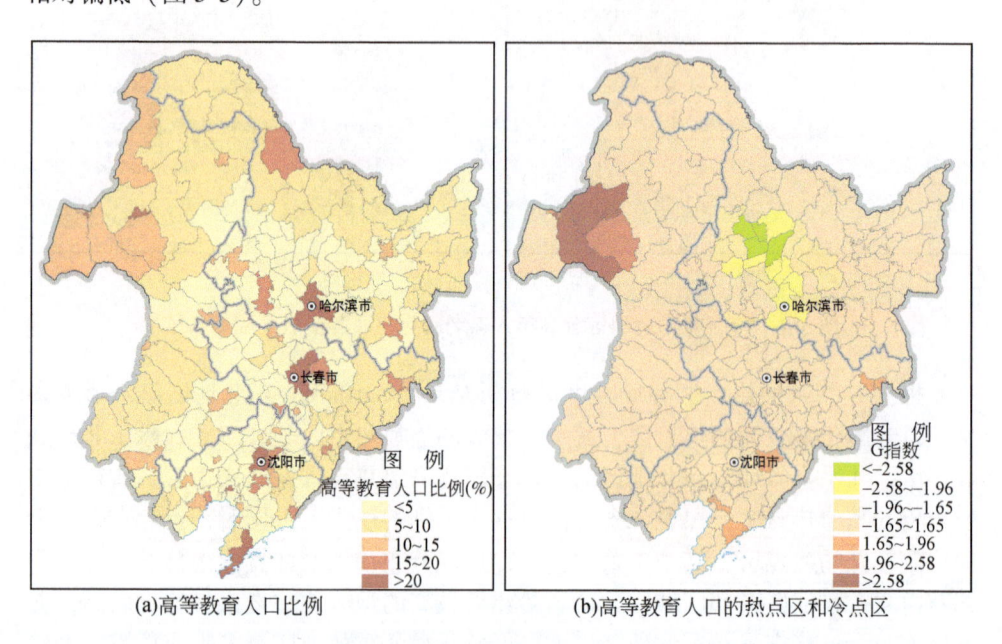

图3-5   东北地区2010年分县市高等教育人口比例及其热点区和冷点区

按照G指数的热点区和冷点区的分析结果，东北地区多数地区人口高等教育水平相对平均，只有少数的热点区和冷点区。高等教育水平高值集聚的热点区主要分布在内蒙古自治区东部满洲里市及周边、辽宁省东部和吉林省东北部，热点区范围都不大；高等教育水平低值集聚的冷点区主要分布在黑龙江省中部。总体来看，东北地区的高等教育水平的空间集聚特征并不突出，高等教育水平与城市等级水平的关系更强，省会及地级市驻地城镇化水平较高，教育资源相对丰富，人口文化教育水平相对较高。

5. 第二、第三产业从业人口的空间分布

采用2010年分县人口普查数据，计算第二、第三产业从业人口占全部就业人口（16岁以上）的比例，分析人力资本经济属性的空间差异。如图3-6所示，第二、第三产业从业人口比例超过75%的县市共35个，空间分布相对分散，以地级市或州府驻地为主，其中，盘锦市、满洲里市、绥芬河市、抚顺市、鞍山市、霍林郭勒市、辽阳市、本溪市、阜新市、延吉市、鹤岗市、呼伦贝尔市和通化市的比例超过90%；第二、第三产业从业人口比例为50%~75%的县市有28个，空间分布也相对分散，除了长春市、哈尔滨市等大城市，也包含漠河县、塔河县、珲春市、抚松县等县和县级市；第二、第三产业从业人口比例为25%~50%的县市有93个，主要分布在辽宁省、吉林省和黑龙江省东部；第二、第三产业从业人口比例小于25%的县市有64个，主要分布在辽宁省西部、吉林省中部和黑龙江省西南部。合计第二、第三产业从业人口比例低于50%的县市有157个，占东北地区土地面积的70.67%，东北地区多数地区常住人口从业仍然以第一产业为主。

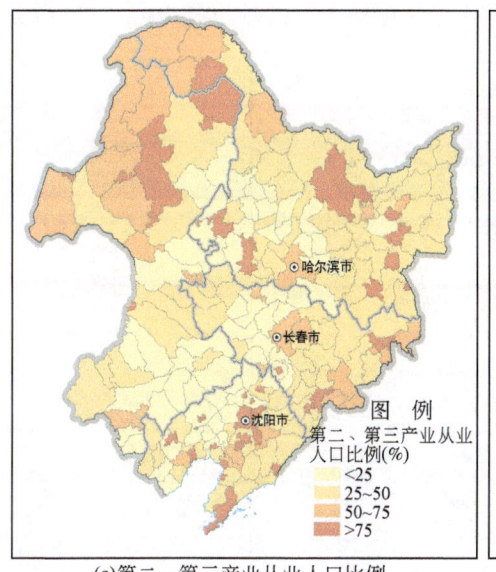

(a)第二、第三产业从业人口比例

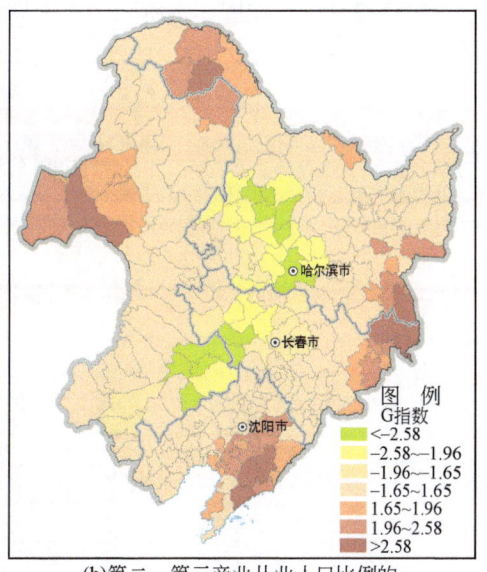

(b)第二、第三产业从业人口比例的热点区和冷点区

图3-6 2010年东北地区分县市产业从业人分布其热点区和冷点区

按照 G 指数的冷热点分析结果，东北地区第二、第三产业从业人口比例存在明显的高值集聚热点区和低值集聚冷点区。高值集聚热点区主要分布在辽宁省东部、吉林省东部中朝边境、满洲里市及周边地区、黑龙江省西部大兴安岭地区等，包括许多边贸型县市；低值集聚热点区主要分布在吉林省中部和黑龙江省西南部，存在大量农区，第一产业从业人口比例较高。总体来看，东北地区人口就业结构存在明显的空间分异特征，作为传统老工业基地和中朝、中俄接壤地区，东北地区部分地区以非农业从业人口为主，同时作为中国主要的农产品地区，东北地区也存在大量以第一产业从业人口为主的地区。

三、人力资本综合评估及空间格局

东北地区面临着人口低生育率、高老龄化、人才流失等突出问题，从数量上来看，自然增长人口不足以补偿净迁出人口，导致人口增速滞后；从质量上来看，本地人才外流，而外来人才流入率较低。可见，东北地区整体上人力资本存在较多问题，但是其内部不乏人力资本条件相对较好的区域。采用层次分析法，对人口密度，人口增长率，人口老龄化率（取负数），高等教育人口比例，第二、第三产业从业人口比例等进行标准化处理和加权综合评估，获取东北三省各县市人力资本综合评估分级结果。如图 3-7 所示，人力资本综合评估一级的县市共 16 个，包括沈

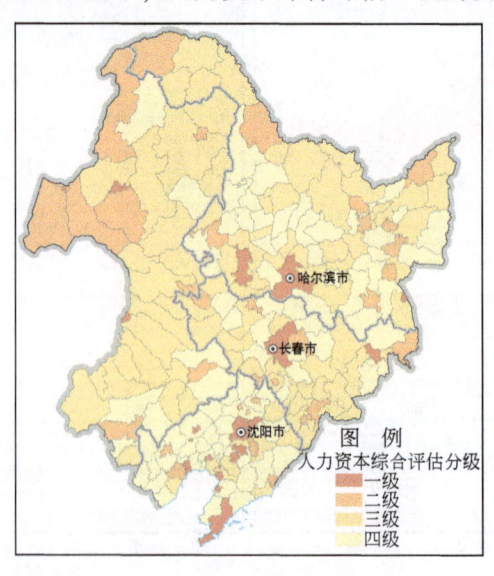

图 3-7 东北地区人力资本条件综合评估

阳市、长春市、哈尔滨市、大连市、盘锦市、鞍山市、大庆市、锦州市、延吉市、辽阳市、阜新市、营口市、绥芬河市、抚顺市、霍林郭勒市和呼伦贝尔市，涵盖了东北三省省会和主要大城市，是东北人力资本条件最好的地区；人力资本综合评估二级的县市共33个，以一般地级市驻地所在县市为主；人力资本综合评估三级的县市共88个，主要分布在黑龙江省北部和吉林省；人力资本综合评估四级的县市共83个，主要分布在辽宁省、吉林省西部、黑龙江省西部和内蒙古自治区东部。由此可见，东北地区人力资本存在显著的空间差异，和全国形势一致，主要大城市所在县市的人力资本条件相对较好，具有人口密度高、人口增长快、年轻人口比例高、高等教育人口比例高、非农业从业人口比例高的特征。

第二节　人力资本行业结构

一、从全国看东北人力资本的行业分布

行业分布指人力资本的各行业就业人口及其分布，体现了人口与经济的相互联系，与第一、第二、第三产业三次产业粗略划分不同，本节具体到各细类行业的人口分布状况。采用区位熵方法，计算各行业从业人口优势度，并从全国及东北地区各县市等尺度系统梳理分析人口行业分布特征，为东北地区人口就业发展提供基础科学支撑。

1. 数据处理及评价方法

人口普查长表10%抽样数据和人口1%抽样数据提供了各地区具体细化行业的从业人口数量，本研究采用2005年1%人口抽样调查、2010年人口普查、2015年1%人口抽样调查资料，分析2005~2015年东北三省人口的行业分布特征及其相对全国的特征，由于三次人口普查或人口抽样的行业分类系统均不一致，本研究根据第三级行业编码对三人口普查或人口抽样的第二级行业人口数据重新排列校正，获取第二级行业编码一致并具有可比性的2005年、2010年、2015年全国分省行业人口的标准数据集。

采用区位熵方法评价地区行业优势度：

$$Q_{ij} = (P_{ij}/P_i)/(P_j/P)$$

式中，Q_{ij}代表第i个地区第j个行业的区位熵；P_{ij}代表第i个地区第j个行业的从业人口数量；P_i代表第i个地区的全部从业人口数量；P_j代表第j个地区的全部从业人口数量；P代表全国全部的从业人口数量。据此测算2005年、2010年、2015年全国各地区各行业的区位熵，获取"地区-行业"的区位熵矩阵（图3-8）。

地区	农、林、牧、渔业	采矿业	制造业	电力、热力、燃气及水生产和供应业	建筑业	批发和零售业	交通运输、仓储和邮政业	住宿和餐饮业	信息传输、软件和信息技术服务业	金融业	房地产业	租赁和商务服务业	科学研究和技术服务业	水利、环境和公共设施管理业	居民服务、修理和其他服务业	教育	公共管理、社会保障和社会组织	文化、体育和娱乐业
北京市	0.08	0.28	0.75	1.70	0.94	1.28	1.72	1.51	7.98	3.70	3.44	5.23	6.05	3.31	1.38	1.85	1.79	5.96
天津市	0.31	1.23	1.56	1.40	2.37	0.92	1.53	0.72	1.25	1.68	2.33	1.23	2.37	1.46	0.85	1.11	1.18	1.11
河北省	1.06	1.18	1.06	1.05	0.98	0.97	1.11	0.68	0.56	0.73	0.76	0.75	0.65	0.78	0.92	0.95	1.00	0.57
山西省	1.14	6.33	0.50	1.65	0.69	0.82	1.34	1.04	0.61	1.22	0.60	0.69	0.78	1.03	0.95	1.22	1.27	0.88
内蒙古自治区	1.49	3.64	0.32	2.09	0.68	0.84	1.37	0.94	0.70	1.26	0.69	0.77	0.77	0.99	1.35	1.26	1.39	0.81
辽宁省	1.09	1.61	0.68	1.73	0.54	1.07	1.28	0.96	1.37	1.39	1.21	0.93	1.27	1.05	1.21	1.14	1.17	0.99
吉林省	1.62	0.29	0.32	1.29	0.39	0.91	0.81	0.61	0.99	0.64	0.66	0.99	0.72	1.05	1.03	0.95	0.79
黑龙江省	1.56	2.26	0.29	1.40	0.77	0.87	0.82	0.80	0.80	0.82	0.89	0.77	0.77	0.94	1.06	0.77	0.70
上海市	0.05	0.05	1.73	0.96	0.94	1.25	1.93	1.25	4.07	3.27	2.96	3.89	3.23	2.84	1.33	1.19	1.07	2.24
江苏省	0.57	0.22	1.84	0.99	1.16	0.95	1.05	0.98	1.42	1.06	1.21	1.13	1.37	1.07	1.05	0.89	0.84	1.15
浙江省	0.29	0.18	2.22	1.04	1.08	1.26	0.99	1.05	1.14	1.27	1.24	1.25	1.33	1.31	1.08	0.86	0.98	1.23
安徽省	1.09	1.34	0.77	0.80	1.38	1.02	0.99	0.73	0.72	0.77	0.83	0.63	0.80	0.95	1.02	1.25	1.00	0.75
福建省	0.52	0.49	1.40	0.90	1.24	1.20	1.11	1.24	1.25	0.78	1.25	1.19	1.25	0.97	1.25	0.93	1.27	1.42
江西省	0.98	0.81	1.18	0.91	1.35	0.91	0.95	0.66	0.84	0.67	0.78	0.66	0.92	0.61	1.01	1.02	1.25	0.55
山东省	1.15	0.81	1.02	1.01	0.84	0.94	0.89	0.66	0.61	0.84	0.87	0.89	0.70	1.01	1.05	0.90	1.02	0.80
河南省	1.18	0.99	0.80	0.71	1.19	1.10	0.82	0.47	0.56	0.47	0.49	0.65	0.80	0.86	0.83	0.80	0.76	0.50
湖北省	1.06	0.46	0.81	0.90	1.16	1.05	0.97	0.89	0.94	0.60	0.84	0.86	1.01	0.91	1.08	1.05	1.21
湖南省	1.04	0.63	0.74	0.64	1.10	0.97	0.86	0.81	1.06	0.83	0.68	0.88	1.23	1.12	1.27	1.21
广东省	0.46	0.14	1.85	0.68	0.75	1.23	0.88	1.13	1.21	1.06	1.07	0.79	0.79	0.75	0.77	0.72	1.02
广西壮族自治区	1.36	0.32	0.62	0.55	0.96	0.94	0.85	0.78	0.60	0.70	0.70	0.67	0.79	0.66	0.96	1.02	1.02	0.87
海南省	1.25	0.16	0.25	0.74	0.77	1.03	1.10	2.32	0.66	0.69	1.72	1.01	0.71	1.52	1.28	1.07	0.91	1.77
重庆市	0.96	0.83	0.87	1.30	1.20	0.94	0.86	0.75	0.88	0.88	1.16	1.16	1.52	1.43	0.96	1.06
四川省	1.25	0.70	0.52	0.84	1.20	0.91	0.84	1.33	0.80	0.88	0.85	1.35	0.80	0.73	0.82	1.25	1.14
贵州省	1.31	1.34	0.48	1.23	0.75	0.89	0.89	0.51	0.60	0.65	0.77	0.77	0.63	1.08	1.07	1.23	0.97
云南省	1.61	1.24	0.33	0.90	0.82	0.69	0.63	0.64	0.64	0.57	0.72	0.72	0.68	0.68	0.70	0.94	1.23	0.92
西藏自治区	1.80	0.32	0.10	0.22	0.67	0.62	0.41	1.06	0.31	0.33	0.32	0.57	0.40	0.41	0.84	0.71	1.52	1.11
陕西省	1.27	1.66	0.44	1.08	1.08	0.82	1.01	0.86	1.25	0.88	0.82	0.82	1.14	0.94	0.94	1.11	1.11	0.82
甘肃省	1.53	1.23	0.71	1.85	0.83	1.03	1.46	0.66	0.97	0.52	1.02	0.52	1.28	0.82	0.88	1.05	1.21	0.65
青海省	1.20	2.77	0.36	1.85	1.19	0.72	1.09	0.82	0.73	0.68	0.52	1.09	0.75	0.73	1.22	1.98	0.69
宁夏回族自治区	1.07	2.92	0.44	2.23	1.25	0.92	0.85	0.83	1.02	1.02	1.02	1.90	0.91	1.15	1.21	1.20
新疆维吾尔自治区	1.42	1.52	0.31	1.96	0.80	0.75	0.94	0.80	0.87	0.80	0.88	1.19	1.01	0.66	1.35	1.20	0.82

图 3-8 全国"地区–行业"区位熵矩阵（以 2015 年示例）

2. 各行业优势度分析

如图 3-9 所示，按照 2015 年各行业人力资本区位熵排序，绘制 2005～2015 年辽宁省各行业区位熵分布图。2015 年，辽宁省区位熵较高的行业依次是电力、热力、燃气及水生产和供应业，采矿业，金融业，信息传输、软件和信息技术服

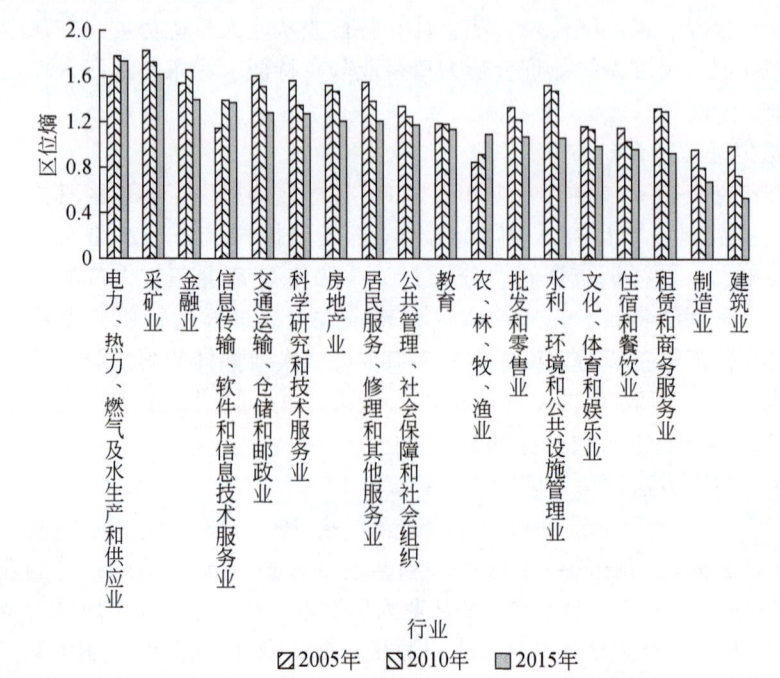

图 3-9 2005～2015 年辽宁省各行业人力资本区位熵分布

◎ 第三章 人力资本评估与流动分析

务业，交通运输、仓储和邮政业，而较低的依次是建筑业，制造业，租赁和商务服务业，住宿和餐饮业，文化、体育和娱乐业；2010 年，辽宁省区位熵较高的行业依次是电力、热力、燃气及水生产和供应业，采矿业，金融业，交通运输、仓储和邮政业，水利、环境和公共设施管理业，较低的是建筑业，制造业，农、林、牧、渔业，住宿和餐饮业，文化、体育和娱乐业；2005 年，辽宁省区位熵较高的行业依次是采矿业，交通运输、仓储和邮政业，电力、热力、燃气及水生产和供应业，科学研究和技术服务业，较低的行业依次是农、林、牧、渔业，制造业，建筑业，信息传输、软件和信息技术服务业，住宿和餐饮业。总体来看，2010 年和 2015 年，辽宁省的电力、热力、燃气及水生产和供应业区位熵最高，建筑业区位熵最低，而 2005 年采矿业的区位熵最高，农、林、牧、渔业区位熵最低；2005~2015 年，辽宁省仅有农、林、牧、渔业，信息传输、软件和信息技术服务业，电力、热力、燃气及水生产和供应业 3 个行业的区位熵提升，其他行业区位熵均有所下降，其中建筑业下降最大。

类似地，按照 2015 年各行业区位熵排序，绘制 2005~2015 年吉林省各行业人力资本区位熵分布图。如图 3-10 所示，2015 年，吉林省区位熵较高的行业依次是农、林、牧、渔业，电力、热力、燃气及水生产和供应业，居民服务、修理和其他服务业，教育，金融业，而较低的依次是制造业，建筑业，信息传输、软件和信息

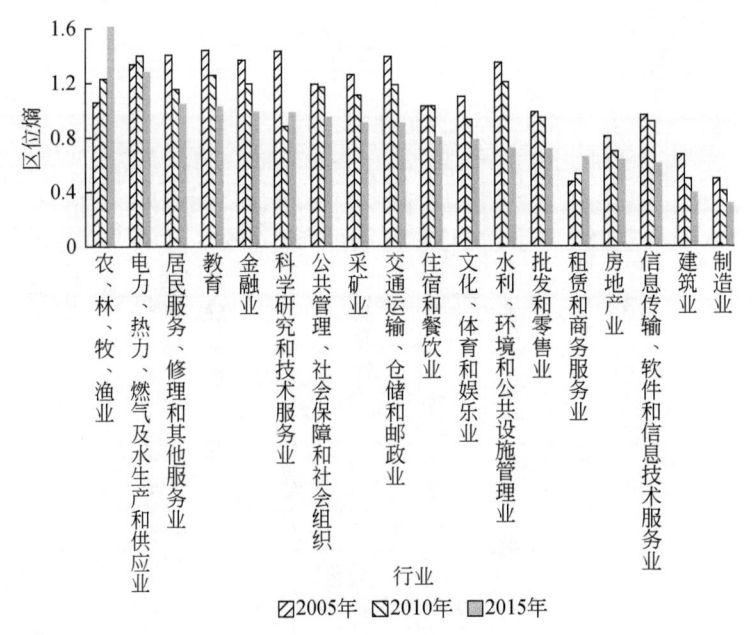

图 3-10 2005~2015 年吉林省各行业人力资本区位熵分布

技术服务业，房地产业，租赁和商务服务业；2010年，吉林省区位熵较高的行业依次是电力、热力、燃气及水生产和供应业，教育，农、林、牧、渔业，水利、环境和公共设施管理业，金融业，较低的是制造业、建筑业、租赁和商务服务业、房地产业、科学研究和技术服务业；2005年，吉林省区位熵较高的行业依次是教育，科学研究和技术服务业，居民服务、修理和其他服务业，交通运输仓储和邮政业，金融业，较低的行业依次是租赁和商务服务业，制造业，建筑业，房地产业，信息传输、软件和信息技术服务业。总体来看，2005年、2010年、2015年吉林省区位熵最高的行业均不同，2010年和2015年制造业最低；2005~2015年，吉林省仅有农、林、牧、渔业，租赁和商务服务业2个行业的区位熵呈现上升，其他行业区位熵均有所下降，其中水利、环境和公共设施管理业，居民服务、修理和其他服务业，交通运输、仓储和邮政业，科学研究和技术服务业，教育下降比例较大。

同样，按照2015年各行业人力资本区位熵排序，绘制2005~2015年黑龙江省各行业区位熵分布图。如图3-11所示，2015年，黑龙江省区位熵较高的行业依次是采矿业，农、林、牧、渔业，电力、热力、燃气及水生产和供应业，交通运输、仓储和邮政业，公共管理与社保业，而较低的行业依次是制造业，建筑业，租赁和商务服务业，信息传输、软件和信息技术服务业，房地产业；2010

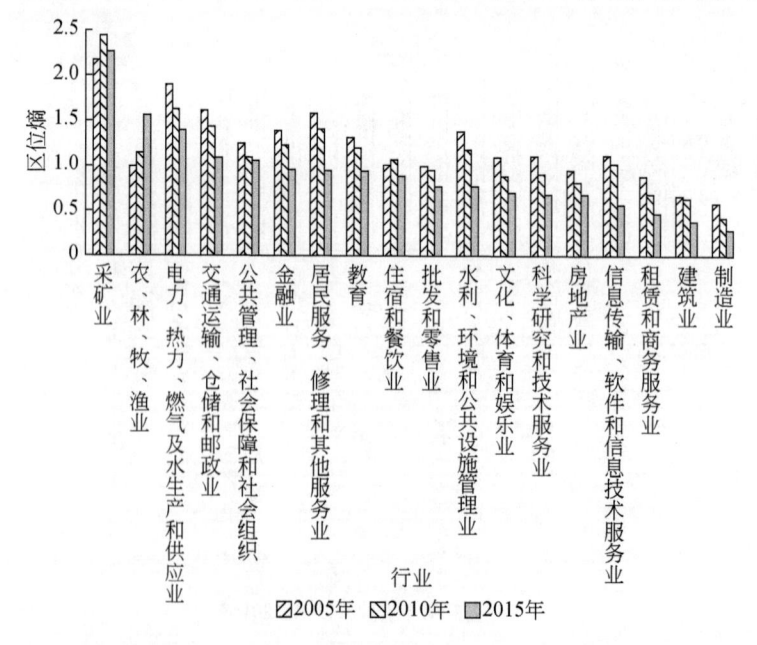

图3-11　2005~2015年黑龙江省各行业人力资本区位熵分布

年，黑龙江省区位熵较高的行业依次是采矿业，电力、热力、燃气及水生产和供应业，交通运输仓储和邮政业，居民服务、修理和其他服务业，金融业，较低的是制造业，建筑业，租赁和商务服务业，房地产业，文化、体育和娱乐业；2005年，黑龙江省区位熵较高的行业依次是采矿业，电力、热力、燃气及水生产和供应业，交通运输仓储和邮政业，居民服务、修理和其他服务业，较低的行业依次是制造业，建筑业，租赁和商务服务业，房地产业，农、林、牧、渔业。总体来看，2005年、2010年、2015年黑龙江省区位熵最高的行业始终是采矿业，最低的行业是始终是制造业；2005~2010年，黑龙江省仅有农、林、牧、渔业和采矿业2个行业的区位熵上升，其他行业区位熵均有所下降，其中居民服务、修理和其他服务业、水利、环境和公共设施管理业、信息传输、软件和信息技术服务业，交通运输、仓储和邮政业、电力、热力、燃气及水生产和供应业下降比例较大。

3. 从全国看东北各行业人口优势度

表 3-1 列出了 2005 年、2010 年、2015 年东北三省各行业从业人口区位熵的全国排序。2005 年，辽宁省有 14 个行业的从业人口区位熵排名全国前 10 位，其中采矿业、金融业、房地产业、科学研究和技术服务业的从业人口区位熵均排名全国前 5 位；吉林省仅有 5 个行业的从业人口区位熵排名全国前 10 位，其中仅有教育排名全国前 5 位；黑龙江省有 10 个行业的从业人口区位熵排名全国前 10 位，其中采矿业，电力、热力、燃气及水生产和供应业均排名全国第 3 位。2010 年，辽宁省有 15 个行业的从业人口区位熵排名全国前 10 位，其中采矿业，电力、热力、燃气及水生产和供应业，信息传输、软件和信息技术服务业，金融业，水利、环境和公共设施管理业的从业人口从业区位熵均排名全国前 5 位；吉林省仅有 5 个行业的从业人口区位熵排名全国前 10 位，即教育，电力、热力、燃气及水生产和供应业，农、林、牧、渔业，交通运输、仓储和邮政业，金融业；黑龙江省有 6 个行业的从业人口区位熵排名全国前 10 位，其中，采矿业排名第 2 位，居民服务、修理和其他服务业排名第 5 位，电力、热力、燃气及水生产和供应业排名第 6 位，交通运输、仓储和邮政业排名第 7 位，金融业和教育并列第 8 位。2015 年，辽宁省有 11 个行业的从业人口区位熵排名全国前 10 位，其中电力、热力、燃气及水生产和供应业，信息传输、软件和信息技术服务业，金融业，科学研究和技术服务业的从业人口区位熵均排名全国前 5 位；吉林省仅有 1 个行业的从业人口区位熵排名全国前 10 位，即农、林、牧、渔业；黑龙江省有 2 个行业的从业人口区位熵排名全国前 10 位，农、林、牧、渔业排名第 4 位，采矿业排名第 5 位。

表 3-1　2005~2015 年东北三省各行业从业人口区位熵在全国的排名

行业	2005 年 辽宁省	2005 年 吉林省	2005 年 黑龙江省	2010 年 辽宁省	2010 年 吉林省	2010 年 黑龙江省	2015 年 辽宁省	2015 年 吉林省	2015 年 黑龙江省
农、林、牧、渔业	24	19	21	24	10	14	17	2	4
采矿业	4	7	3	5	15	2	7	16	5
制造业	9	20	14	10	23	22	16	25	28
电力、热力、燃气及水生产和供应业	6	10	3	4	8	6	5	10	9
建筑业	12	22	24	22	30	28	29	30	31
批发和零售业	7	13	12	7	16	15	9	27	24
交通运输、仓储和邮政业	7	8	6	6	10	7	7	22	12
住宿和餐饮业	9	12	14	18	16	14	17	27	24
信息传输、软件和信息技术服务业	8	12	10	4	14	11	5	23	26
金融业	5	11	9	4	10	8	4	12	13
房地产业	5	14	11	7	20	15	8	27	23
租赁和商务服务业	7	28	13	6	26	18	5	27	31
科学研究和技术服务业	5	6	6	6	17	15	5	14	26
水利、环境和公共设施管理业	7	11	9	5	11	12	9	26	23
居民服务、修理和其他服务业	7	8	6	6	11	5	8	13	18
教育	14	4	7	9	5	8	9	17	22
卫生和社会工作	8	11	10	9	12	13	12	22	16
文化、体育和娱乐业	11	13	14	10	18	21	15	22	24

总体来看，2005~2015 年，东北三省在全国具有相对优势的产业明显减少，吉林省、黑龙江省尤为突出。东北三省农、林、牧、渔业，采矿业等传统行业的从业人口优势度却有所抬升，制造业、建筑业等对地区生产总值贡献度较大的产业的从业人口优势度在全国一直保持较低的水平。不过，东北三省还是存在一些具有行业相对优势的地区和产业。东北三省中，辽宁省拥有的相对优势产业数量最多，即使在 2015 年，仍然有 11 个行业的区位熵位列全国前 10 位，此外，

2015年辽宁省信息传输、软件和信息技术服务业，金融业，科学研究和技术服务业等活力智力密集型从业人口的优势度较高。

二、第二产业从业人员内部差异

采用区位熵方法，根据2010年第六次人口普查分县行业人口数据，以东北三省分县市各行业为研究对象，评价东北三省各县市各行业的相对优势度，并遴选重点行业分析其在东北三省的内部差异。本部分重点评价第二产业从业的优势度及其空间集聚特征。

1. 第二产业从业内部分异的总体特征

测算区位熵的变异系数，第二产业相关行业的变异系数如下：采矿业为2.37，制造业为0.90，电力、热力、燃气及水生产和供应业为0.96，建筑业为0.58，可见采矿业的区域发展差距最大，其次为电力、燃气及水生产和供应业与制造业，建筑业最低。下面重点分析变异系数较大的采矿业、对地区生产总值影响较大的制造业的内部差异（表3-2）。

表3-2　东北三省第二产业县市分布的区位熵变异系数

行业	从业人口区位熵的变异系数
采矿业	2.37
制造业	0.90
电力、热力、燃气及水生产和供应业	0.96
建筑业	0.58

2. 采矿业从业人员内部差异

如图3-12（a）所示，东北三省采矿业区位熵大于3的县市共15个，其中，鹤岗市、七台河市、调兵山市、双鸭山市、盘锦市、鸡西市较高，区位熵超过10，也是采矿业区位熵变异系数较大的原因，从空间上，主要分布在辽宁省西部和黑龙江省西部；采矿业区位熵为2~3的县市共6个，包括黑河市、松岭区、灯塔市、辽源市、抚顺市、葫芦岛市；采矿业区位熵为1~2的县市共21个，为0~1的县市共141个，这些地区采矿业从业人口比例相对较低，其中，呼中区、绥滨县、长海县为0。

3. 制造业从业人员内部差异

如图3-12（b）所示，制造业区位熵大于3的县市仅有1个，即新林区；制造业区位熵为2~3的县市共12个，包括大连市、鞍山市、营口市、抚顺市、本溪市、齐齐哈尔市、伊春市、丹东市、通化市、辽阳市、绥芬河市和沈阳市，大多数位于辽宁省；制造业区位熵为 1~2 的县市共 33 个，主要分布在辽宁省东部、沿哈大走廊、大兴安岭地区等；制造业区位熵小于 1 的县市共 137 个，可见东北三省多数地区从事制造业的人口比例并不高，这部分县市在东北三省广泛分布，特别是在吉林省、黑龙江省。

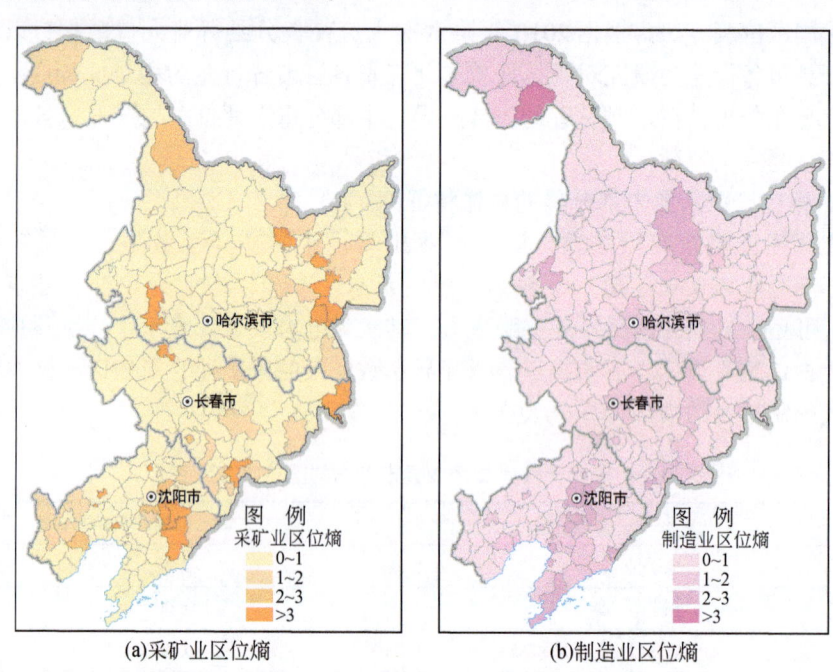

(a)采矿业区位熵

(b)制造业区位熵

图 3-12　2010 年东北三省采矿业和制造业区位熵空间分布

三、第三产业从业内部差异

按照区位熵的计算结果，评价东北三省第三产业各县市各行业的相对优势度，并遴选重点行业分析其在东北三省的内部差异及其空间集聚特征。

1. 第三产业从业人员内部分异总体特征

测算区位熵的变异系数，第三产业各行业中，变异系数最大的为国际组织，达到 5.65，其次为科学研究和技术服务业、租赁和商务服务业、房地产业，均超过 1。变异系数相对较小的为教育，卫生和社会工作，交通运输、仓储和邮政业等。国际组织从业人口主要在沈阳市、长春市、大连市等少数县市分布，而大多数县市从业人口为 0，因而变异系数最大。下面重点分析变异系数较大的科学研究和技术服务业，以及对当前信息经济影响较大的信息传输、软件和信息技术服务业的内部差异（表3-3）。

表3-3 第三产业的区位熵变异系数

行业	从业人口区位熵的变异系数
交通运输、仓储和邮政业	0.57
信息传输、软件和信息技术服务业	0.88
批发和零售业	0.62
住宿和餐饮业	0.64
金融业	0.77
房地产业	1.46
租赁和商务服务业	1.55
科学研究和技术服务业	1.58
水利、环境和公共设施管理业	0.91
居民服务、修理和其他服务业	0.66
教育	0.40
卫生和社会工作	0.57
文化、体育和娱乐业	0.88
公共管理、社会保障和社会组织	0.66
国际组织	5.65

2. 科学研究和技术服务业从业内部差异

如图3-13（a）所示，科学研究和技术服务业区位熵>3的县市共4个，即盘锦市、松岭区、沈阳市和鞍山市，多处于辽宁省；科学研究和技术服务业区位熵为2~3的县市共7个，包括加格达奇区、长春市、大庆市、锦州市、哈尔滨市、抚顺市、大连市，东北三省主要的大城市都涵盖在内；科学研究和技术服务业区位熵为1~2的县市共20个，以地级市驻地为主；科学研究和技术服务业区位熵为0~1的县市共152个，也就是说东北三省大多数县市从事研发的人口比例较小。

3. 信息传输、软件和信息技术服务业从业内部差异

如图3-13（b）所示，信息传输、软件和信息技术服务业区位熵大于3的县市共3个，即图们市、大连市、延吉市；信息传输、软件和信息技术服务业区位熵为2~3的县市共3个，包括沈阳市、加格达奇区、铁岭市；制造业区位熵为1~2的县市共35个，制造业区位熵为0~1的县市共142个，在东北三省广泛分布。可见东北三省多数地区从事信息传输、软件和信息技术服务业的人口比例并不高，只有个别地区信息传输、软件和信息技术服务业相对发达。

(a) 科学研究和技术服务业区位熵

(b) 信息传输、软件和信息技术服务业区位熵

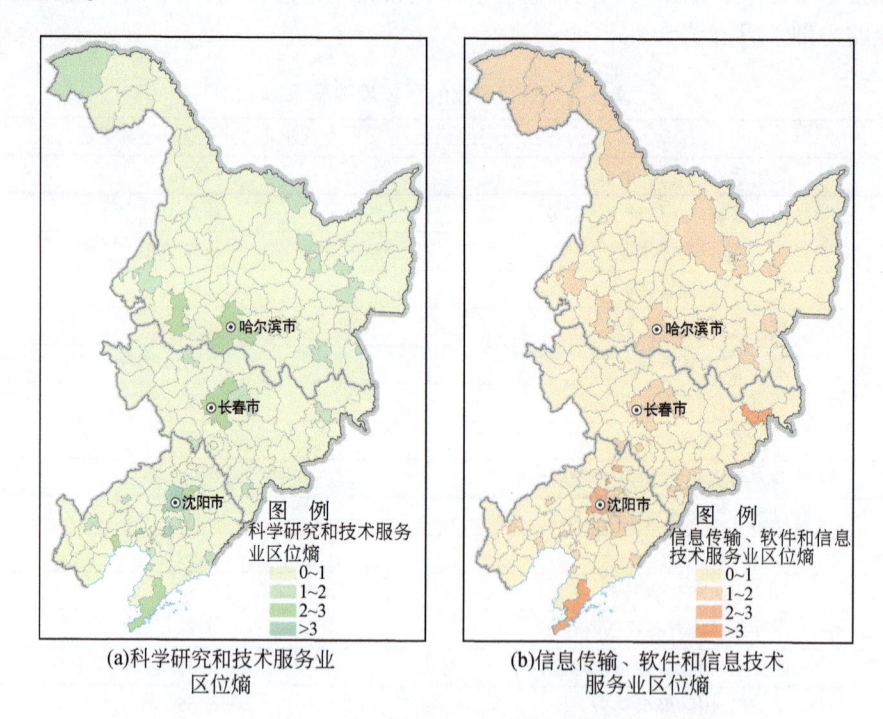

图 3-13　2010 年东北三省第三行业代表性行业的区位熵空间分布

第三节　人力资本空间转移格局

一、从全国看东北人口空间转移

近年来东北三省"人口流失"问题受到广泛关注，人口流失指人口空间转移造成迁出人口大于迁入人口，从而产生人口净迁出的现象。为了全面而客观地反映东北地区人口流失状况及其在全国的相对程度，本研究从五年间人口迁移和人户分离人口迁移两个口径反映东北地区跨省及省内人口迁移的空间格局。其中，五年间人口迁移反映了五年间的人口迁移流量，是一个时段的迁移增量；而人户分离人口迁移是中国特有户籍制度下形成的户口登记地与实际常住地不一致的现象，反映了一个具体时点的迁移存量。以上两方面的分析可以为科学认知东北人口迁移及制定相关政策提供基础科学支撑。

1. 基于五年间人口迁移总量测算东北地区人口空间转移

五年间人口迁移是根据"当前常住地与五年前常住地不一致"界定的人口迁移，可以从人口普查长表抽样数据和1%人口抽样调查数据获取，人口普查或人口抽样每五年一次，可以保证五年间人口迁移数据的连贯性。

1) 2000~2005年，东北三省累计净迁出881 891人。其中，从其他地区累计迁入东北三省569 808人，从东北三省累计迁入其他地区1 451 699人。东北三省内部之间迁移517 056人（表3-4）。2000~2005年，中国人口净迁出量较大的地区包括四川省（318万人）、安徽省（317万人）、河南省（315万人）、湖南省（283万人）、湖北省（221万人）等，人口净迁出最严重的地区并非东北三省（图3-14）。

表3-4　2000~2005年五年间省际人口迁移矩阵　　（单位：人）

2005年常住地	2000年常住地			
	辽宁省	吉林省	黑龙江省	其他地区
辽宁省	0	124 830	219 245	329 737
吉林省	33 434	0	68 226	116 149
黑龙江省	23 623	47 698	0	123 922
其他地区	359 396	359 925	732 378	

资料来源：根据《2005年全国1%人口抽样调查数据》第十二卷 迁移和户口登记地"表12-8　全国按现住地和五年前常住地分的人口"汇总。所有数据按照抽样比1.325%换算

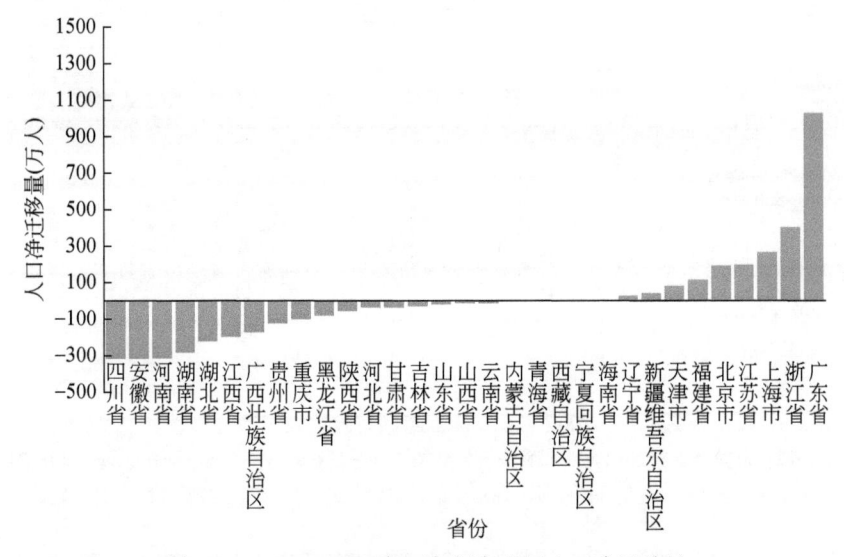

图3-14　2000~2005年五年间各地区人口净迁移量

资料来源：根据《2005年全国1%人口抽样调查数据》第十二卷 迁移和户口登记地"表12-8　全国按现住地和五年前常住地分的人口"汇总。所有数据按照抽样比1.325%换算

2）2005～2010年，东北三省累计净迁出1 170 380人。其中，从其他地区累计迁入东北三省1 080 160人，从东北三省累计迁入其他地区2 250 540人。东北三省内部之间迁移751 980人（表3-5）。2005～2010年，中国人口净迁出量较大的地区包括河南省（500万人）、安徽省（470万人）、四川省（393万人）、湖南省（390万人）、湖北省（296万人）等。人口净迁出最严重的地区并非东北三省（图3-15）。

表3-5　2005～2010年五年间省际人口迁移矩阵　　　　（单位：人）

2005年常住地	2000年常住地			
	辽宁省	吉林省	黑龙江省	其他地区
辽宁省	0	190 280	339 590	642 000
吉林省	46 590	0	78 410	213 420
黑龙江省	39 020	58 090	0	224 740
其他地区	599 810	605 520	1 045 210	

资料来源：根据《中国2010年人口普查资料》第二部分长表数据资料第七卷迁移和户口登记地"表7-8　全国按现住地和五年前常住地分的人口"汇总。所有数据按照抽样比10%换算

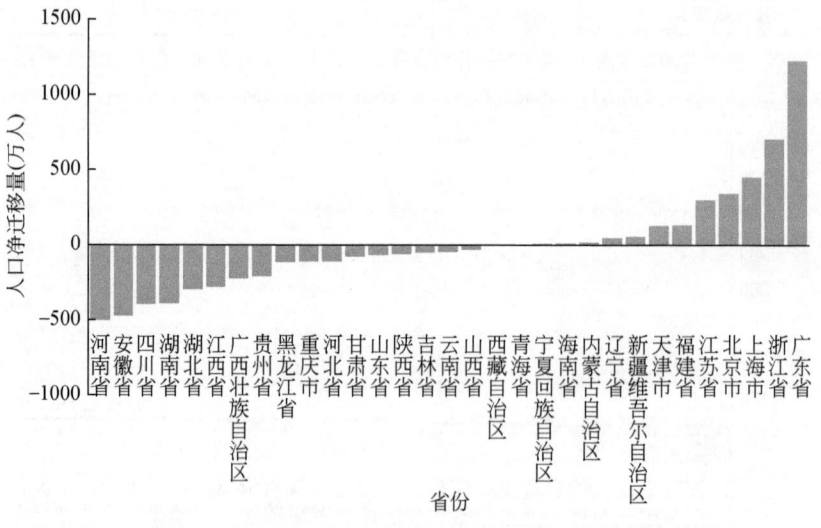

图3-15　2005～2010年五年间各地区人口净迁移量

资料来源：根据《中国2010年人口普查资料》第二部分长表数据资料第七卷迁移和户口登记地"表7-8　全国按现住地和五年前常住地分的人口"汇总。所有数据按照抽样比10%换算

3）2010～2015年，近5年间东北三省累计净迁出1 369 290人。其中，从其他地区累计迁入东北三省1 041 161人，从东北三省累计迁入其他地区2 410 451人。东北三省内部之间迁移526 839人（表3-6）。2010～2015年，中国人口净迁出量较

大的地区包括河南省（406 万人）、安徽省（312 万人）、湖南省（248 万人）、四川省（205 万人）、江西省（178 万人）等。人口净迁出最严重的地区并非东北三省（图 3-16）。

表 3-6　2010～2015 年五年间省际人口迁移矩阵　　（单位：人）

2005 年常住地	2000 年常住地			
	辽宁省	吉林省	黑龙江省	其他地区
辽宁省	0	128 387	192 581	460 516
吉林省	49 097	0	63 806	201 871
黑龙江省	38 323	54 645	0	378 774
其他地区	720 645	633 419	1 056 387	

资料来源：根据《全国 2015 年 1% 人口抽样调查资料》第十二卷迁移和户口登记地"表 12-11　全国按现住地和五年前常住地分的人口"汇总。所有数据按照抽样比 1.55% 换算

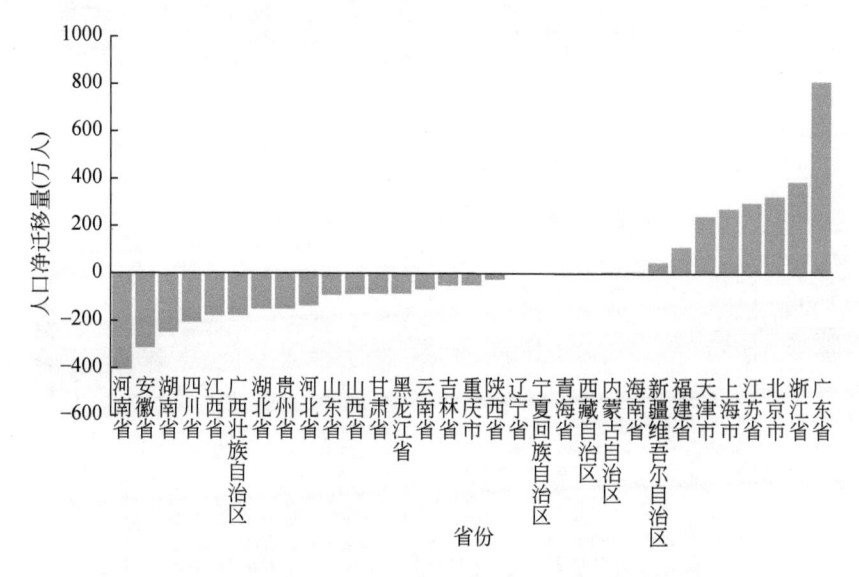

图 3-16　2010～2015 年五年间各地区人口净迁移量

资料来源：根据《全国 2015 年 1% 人口抽样调查资料》第十二卷迁移和户口登记地"表 12-11　全国按现住地和五年前常住地分的人口"汇总。所有数据按照抽样比 1.55% 换算

2. 基于人户分离人口迁移量测算东北地区人口空间转移

人户分离人口迁移是根据"实际常住地与户口登记地不一致"界定的人口迁移，可以从人口普查长表抽样数据和 1% 人口抽样调查数据获取。

1）2000 年，东北三省累计净流出 404 274 人。其中，户口登记地在外省、

实际常住地在东北三省的人口，即从其他地区累计流入东北三省976 052人；户口登记地在东北三省、实际常住地在外省的人口，即从东北三省累计流出到其他地区1 380 326人。东北三省内部之间流动764 359人（表3-7）。2000年，从人户分离角度，中国人口净流出量较大的地区包括四川省（640万人）、安徽省（410万人）、湖南省（396万人）、江西省（343万人）、河南省（259万人）等。人口净流出最严重的地区并非东北三省（图3-17）。

表 3-7　2000 年人户分离的迁移人口矩阵　　　　　　　　（单位：人）

流入地	流出地			
	辽宁省	吉林省	黑龙江省	其他地区
辽宁省	0	173 945	320 272	550 948
吉林省	40 621	0	91 027	176 957
黑龙江省	39 091	99 403	0	248 147
其他地区	282 232	335 345	762 749	

资料来源：根据《第五次人口普查数据（2000年）》第一部分 全部数据资料第七卷 迁移 "表7-2　全国按现住地、户口登记地在外省分的人口" 汇总

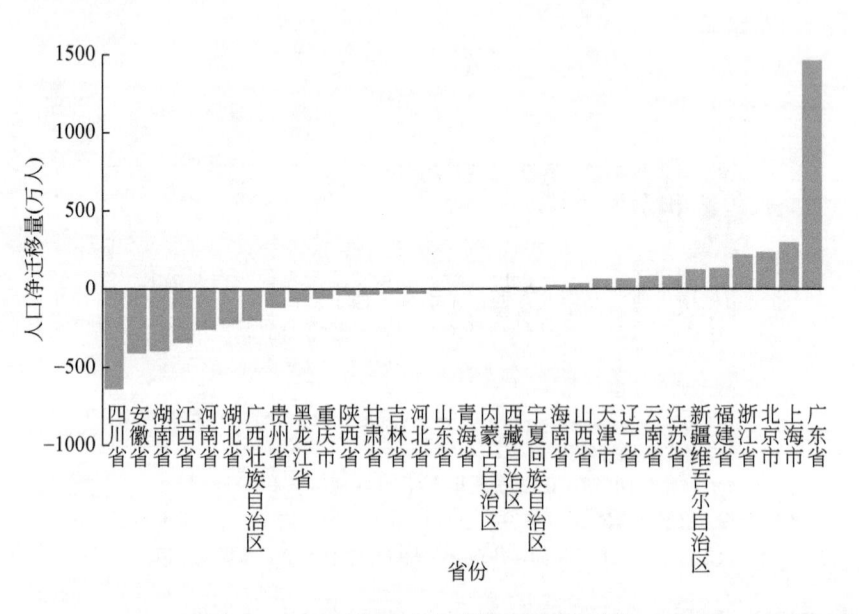

图 3-17　2000 年人户分离的人口净迁移量

资料来源：根据《第五次人口普查数据（2000年）》第一部分 全部数据资料第七卷 迁移 "表7-2　全国按现住地、户口登记地在外省分的人口" 汇总

2）2005年，东北三省累计净流出1 087 246人。其中，户口登记地外省、实际常住地在东北三省的人口，即从其他地区累计流入东北三省910 037人；户口登记地在东北三省、实际常住地在外省的人口，即从东北三省累计流出到其他地区1 997 283人。东北三省内部之间流动888 831人（表3-8）。2005年，从人户分离角度，中国人口净流出量较大的地区包括安徽省（540万人）、四川省（534万人）、湖南省（433万人）、河南省（423万人）、江西省（345万人）等。人口净流出最严重的地区并非东北三省（图3-18）。

表3-8　2005年人户分离的迁移人口矩阵　　　　（单位：人）

流入地	流出地			
	辽宁省	吉林省	黑龙江省	其他地区
辽宁省	0	199 925	391 698	512 981
吉林省	42 717	0	102 415	155 396
黑龙江省	36 906	115 170	0	241 660
其他地区	408 000	503 019	1 086 264	

资料来源：根据《2005年全国1%人口抽样调查数据》第十二卷 迁移和户口登记地"表12-6　全国按现住地、户口登记地类型分的迁移人口"汇总

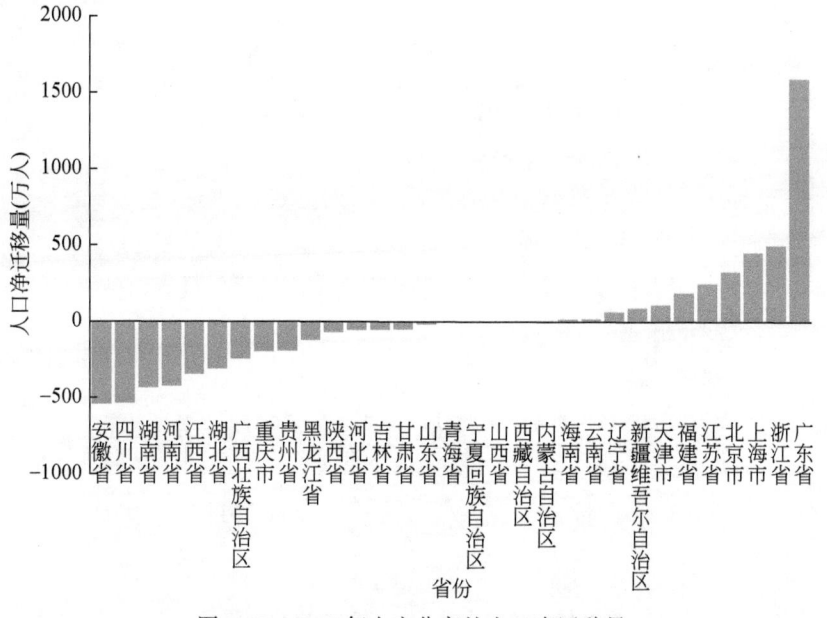

图3-18　2015年人户分离的人口净迁移量

资料来源：根据《2005年全国1%人口抽样调查数据》第十二卷 迁移和户口登记地"表12-6　全国按现住地、户口登记地类型分的迁移人口"汇总

3）2010年，东北三省累计净流出2 191 103人。其中，户口登记地外省、实际常住地在东北三省的人口，即从其他地区累计流入东北三省108万人；户口登记地在东北三省、实际常住地在外省的人口，即从东北三省累计流出到其他地区225万人。东北三省内部之间流动1 242 190人（表3-9）。2010年，从人户分离角度，中国人口净流出量较大的地区包括安徽省（891万人）、河南省（803万人）、四川省（778万人）、湖南省（650万人）、江西省（519万人）等。人口净流出最严重的地区并非东北三省（图3-19）。

表3-9 2010年人户分离的迁移人口矩阵 （单位：人）

流入地	流出地			
	辽宁省	吉林省	黑龙江省	其他地区
辽宁省	0	300 028	569 555	916 947
吉林省	63 868	0	130 578	262 053
黑龙江省	57 616	120 545	0	328 236
其他地区	892 544	952 280	1 853 515	

资料来源：根据《中国2010年人口普查资料》第一部分全部数据资料"7-3 全国按现住地、性别分的户口登记地在外省的人口"汇总

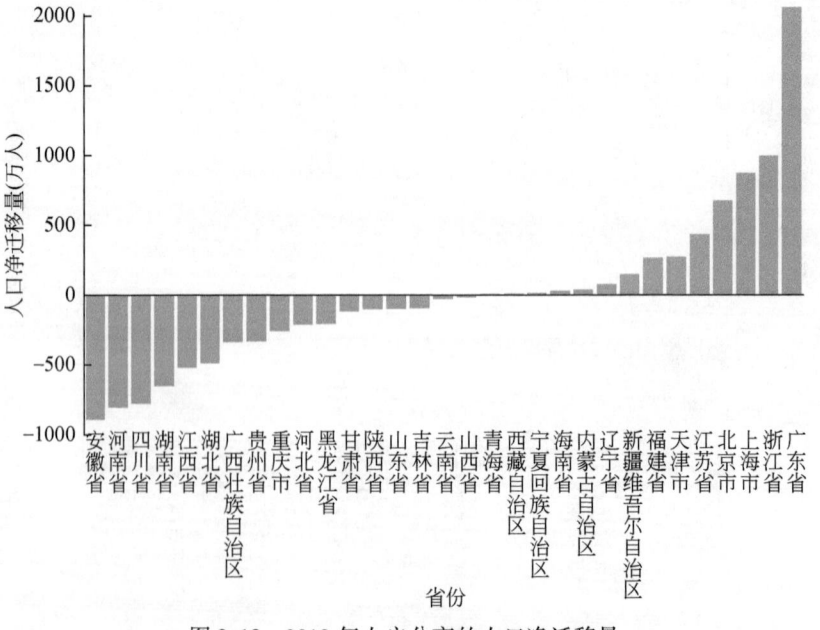

图3-19 2010年人户分离的人口净迁移量
资料来源：根据《中国2010年人口普查资料》第一部分全部数据资料
"表7-3 全国按现住地、性别分的户口登记地在外省的人口"汇总

4) 2015 年，东北三省累计净流出 2 832 967 人。其中，户口登记地在外省、实际常住地在东北三省的人口，即从其他地区累计流入东北三省 1 459 871 人；户口登记地在东北三省、实际常住地在外省的人口，即从东北三省累计流出到其他地区 4 292 838 人。东北三省内部之间流动 1 222 580 人（表 3-10）。2010 年，从人户分离角度，中国人口净流出量较大的地区包括安徽省（885 万人）、河南省（826 万人）、湖南省（703 万人）、四川省（657 万人）、江西省（519 万人）等。人口净流出最严重的地区并非东北三省（图 3-20）。

表 3-10   2015 年人户分离的迁移人口矩阵   （单位：人）

流入地	流出地			
	辽宁省	吉林省	黑龙江省	其他地区
辽宁省	0	285 935	506 516	822 903
吉林省	86 774	0	172 516	256 258
黑龙江省	60 645	110 194	0	380 710
其他地区	1 126 645	1 061 419	2 104 774	

资料来源：根据《全国 2015 年 1% 人口抽样调查资料》第十二卷 迁移和户口登记地 "表 12-6　全国按现住地、户口登记地类型分的迁移人口" 汇总

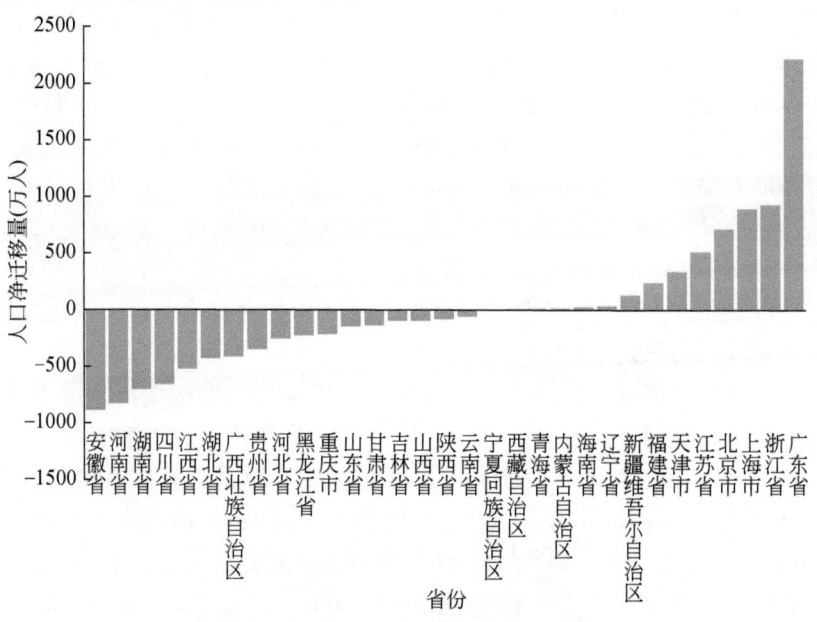

图 3-20   2015 年人户分离的人口净迁移量

资料来源：根据《全国 2015 年 1% 人口抽样调查资料》第十二卷 迁移和户口登记地 "表 12-6　全国按现住地、户口登记地类型分的迁移人口" 汇总

二、东北跨省人口空间转移流

人口空间转移流反映了人口的空间相互联系与相互作用，一个地区的人口迁移流包括人口迁入流和人口迁出流，反映了人口来源地与人口目的地的空间格局。人口普查和人口抽样提供了分省的人口迁移矩阵，本研究对辽宁省、吉林省和黑龙江省人口迁移矩阵进行合并计算，获取了东北三省与其他各地区的人口迁移矩阵。此外，为了全面反映东北地区跨省人口空间流特征，本研究从五年间人口迁移和人户分离人口迁移两个口径分别分析2000年以来东北地区跨省人口空间转移流及其演变特征。

1. 基于五年间人口迁移总量测算跨省人口空间转移流

从迁出目的地分析，2000～2005年东北三省五年间人口迁出目的地主要省市包括山东省（32万人）、北京市（28万人）、天津市（15万人）、河北省（13万人）、广东省（13万人），而迁出流量相对较少的省区市包括西藏自治区、宁夏回族自治区、青海省、贵州省、甘肃省、江西省、新疆维吾尔自治区、湖南省、山西省、广西壮族自治区、重庆市、云南省等，均不足10 000人；2005～2010年，东北三省五年间人口迁出目的地主要省区市包括北京市（45万人）、山东省（38万人）、河北省（20万人）、天津市（18万人）、广东省（16万人）、内蒙古自治区（15万人）、上海市（14万人）、江苏省（12万人）、浙江省（10万人），而迁出流量相对较少的省区包括西藏自治区、青海省、宁夏回族自治区等，均不足10 000人；2010～2015年，东北三省五年间人口迁出目的地主要省区市包括北京市（45万人）、天津市（29万人）、山东省（24万人）、河北省（21万人）、广东省（16万人）、江苏省（14万人）、内蒙古自治区（14万人）、上海市（11万人），而迁出流量相对较少的省区包括西藏自治区、宁夏回族自治区、青海省等，均不足10 000人。总体来看，2000～2015年，东北三省人口主要迁出地区包括近邻地区和经济发达地区，近年来经济发达地区的吸引力更强，特别是距离相对较近、人口引力较强的北京市、天津市等最为突出。

2000～2005年，东北三省五年间人口迁入来源地主要省区市包括内蒙古自治区（13万人）、山东省（9万人）、河南省（6万人）、河北省（4万人）、安徽省（4万人）、四川省（3万人）、江苏省（2万人）、湖北省（2万人）、浙江省（2万人）、江西省（1万人）、福建省（1万人）、北京市（1万人），而迁入流量相对较少的省区市包括西藏自治区、海南省、青海省、广西壮族自治区、宁夏回族自治区、贵州省、新疆维吾尔自治区、上海市、甘肃省等，均不足5000人；2005～2010年，东北三省五年间人口迁入来源地主要省区市包括内蒙古自

◎ 第三章 人力资本评估与流动分析

治区（17万人）、山东省（16万人）、河南省（11万人）、河北省（9万人）、安徽省（8万人）、四川省（6万人）、江苏省（5万人）、湖北省（4万人）、浙江省（4万人）、山西省（3万人）等，而迁入流量相对较少的省区市包括西藏自治区、海南省、青海省、广西壮族自治区、宁夏回族自治区、贵州省、新疆维吾尔自治区、上海市、甘肃省等，均不足10 000人；2010~2015年，东北三省五年间人口迁入来源地主要省区包括内蒙古自治区（13万人）、山东省（12万人）、河南省（9万人）、河北省（8万人）、安徽省（6万人）、四川省（5万人）、甘肃省（5万人）等，而迁入流量相对较少的省区包括西藏自治区、宁夏回族自治区、青海省、海南省等，均不足1000人。总体来看，2000~2015年，东北三省人口主要迁入来源地为近邻地区及相对较近的人口流出大省，来源地总体相对稳定，内蒙古自治区和山东省是最主要的两大人口迁入来源地（图3-21~图3-23）。

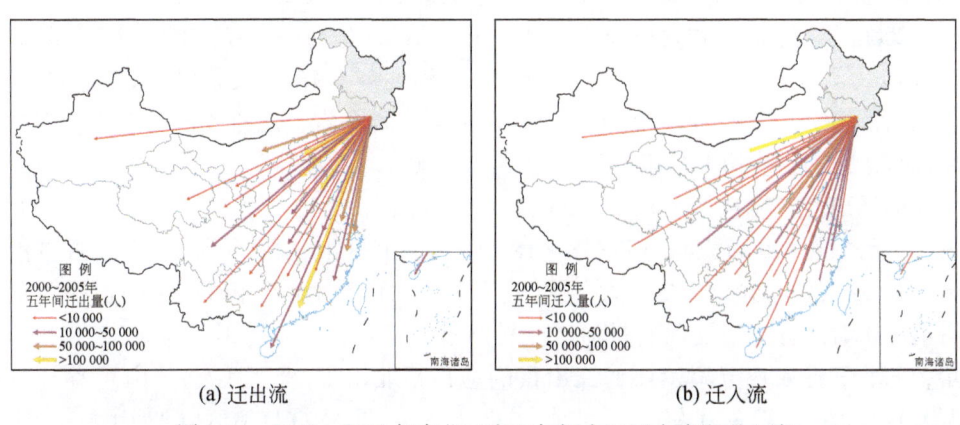

(a) 迁出流　　　　　　　　　　　(b) 迁入流

图 3-21　2000~2005 年东北三省五年间人口迁出流和迁入流

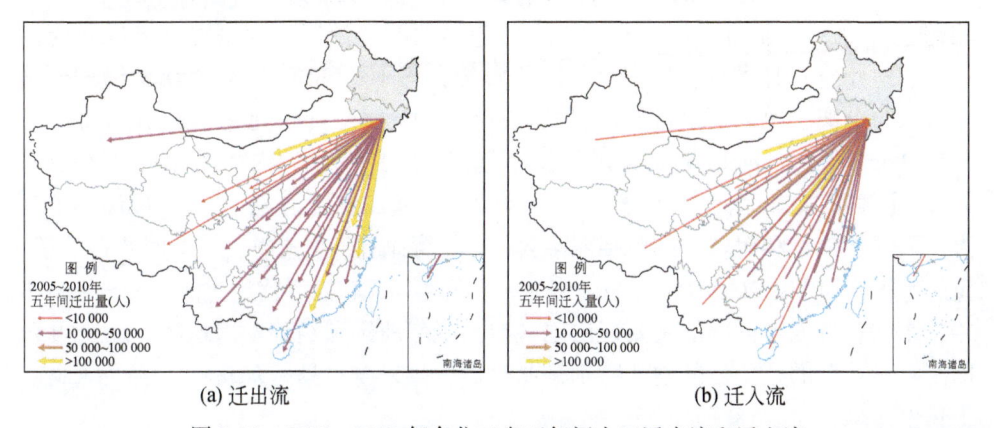

(a) 迁出流　　　　　　　　　　　(b) 迁入流

图 3-22　2005~2010 年东北三省五年间人口迁出流和迁入流

061

(a) 迁出流　　　　　　　　　　　(b) 迁入流

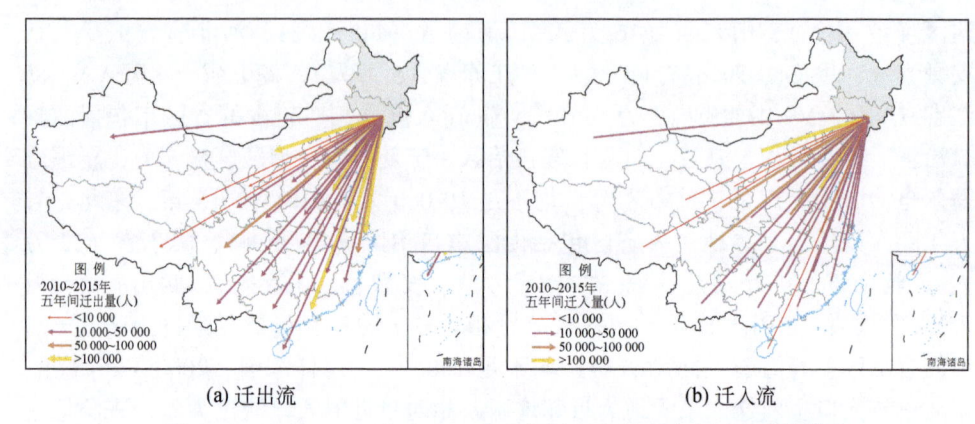

图 3-23　2010~2015 年东北三省五年间人口迁出流和迁入流格局

2. 基于人户分离人口迁移总量测算东北地区跨省人口空间转移流

2000 年，东北三省人户分离主要的迁出目的地包括山东省（36 万人）、北京市（19 万人）、内蒙古自治区（19 万人）、河北省（18 万人）、广东省（11 万人），而迁出流量相对较少的包括西藏自治区、青海省、江西省、贵州省、宁夏回族自治区、重庆市、甘肃省等，均不足 5000 人；2005 年，东北三省人户分离主要的迁出目的地包括山东省（53 万人）、北京市（40 万人）、河北省（21 万人）、天津市（19 万人）、广东省（18 万人）、上海市（11 万人）、内蒙古自治区（10 万人），均超过 10 万人（含 10 万人），而迁出流量相对较少的包括西藏自治区、青海省、宁夏回族自治区、贵州省、江西省等，均不足 5000 人；2010 年，东北三省人户分离主要的迁出目的地包括北京市（87 万人）、山东省（67 万人）、天津市（38 万人）、河北省（33 万人）、内蒙古自治区（28 万人）、广东省（25 万人）、上海市（22 万人）、江苏省（15 万人）、浙江省（12 万人），均超过 10 万人，而迁出流量相对较少的包括西藏自治区、青海省、宁夏回族自治区、贵州省、甘肃省、重庆市、江西省等，均不足 20 000 人；2015 年，东北三省人户分离主要的迁出目的地包括北京市（98 万人）、山东省（58 万人）、天津市（45 万人）、河北省（38 万人）、广东省（32 万人）、内蒙古自治区（29 万人）、上海市（26 万人）、江苏省（21 万人）、浙江省（14 万人），均超过 10 万人，而迁出流量相对较少的包括西藏自治区、青海省、贵州省、宁夏回族自治区、重庆市等，均不足 20 000 人。总体来看，和五年间人口迁移格局类似，2000~2015 年，东北三省人户分离的主要迁出地区包括近邻地区和经济发达地区，北京市和山东省是主要的迁出目的地，特别是北京市，越来越多具有东北户口的人向北京市集聚。

◎ 第三章 人力资本评估与流动分析

2000年，东北三省人户分离主要的迁入来源地包括山东省（22万人）、内蒙古自治区（15万人）、安徽省（9万人）、河南省（9万人）、四川省（8万人）、江苏省（7万人），而迁入流量相对较少的包括西藏自治区、海南省、宁夏回族自治区、青海省、广西壮族自治区、云南省、新疆维吾尔自治区、上海市、天津市、贵州省、甘肃省、北京市等，均不足5000人；2005年，东北三省人户分离主要的迁入来源地包括内蒙古自治区（21万人）、山东省（18万人）、河南省（10万人）、安徽省（6万人）、河北省（6万人），而迁入流量相对较少的包括西藏自治区、海南省、青海省、广西壮族自治区、宁夏回族自治区、上海市、贵州省、新疆维吾尔自治区、云南省、天津市等，均不足5000人；2010年，东北三省人户分离主要的迁入来源地包括内蒙古自治区（27万人）、山东省（23万人）、河南省（17万人）、安徽省（12万人）、河北省（12万人）、四川省（10万人）、江苏省（8万人）、湖北省（7万人），而迁入流量相对较少的包括西藏自治区、宁夏回族自治区、青海省、海南省、上海市、广西壮族自治区、新疆维吾尔自治区等，均不足10 000人；2015年，东北三省人户分离主要的迁入来源地包括内蒙古自治区（24万人）、山东省（21万人）、河南省（15万人）、河北省（13万人）、安徽省（11万人）、四川省（7万人）、江苏省（6万人）、湖北省（5万人），而迁入流量相对较少的包括西藏自治区、宁夏回族自治区、青海省、海南省、上海市等，均不足10 000人。总体来看，2000~2015年，常住东北三省而户口登记地在外省的人口主要来自临近地区及一些人口流出大省，和五年间人口迁移格局类似，来源地总体相对稳定，内蒙古自治区和山东省是最主要的两大人口来源地（图3-24~图3-27）。

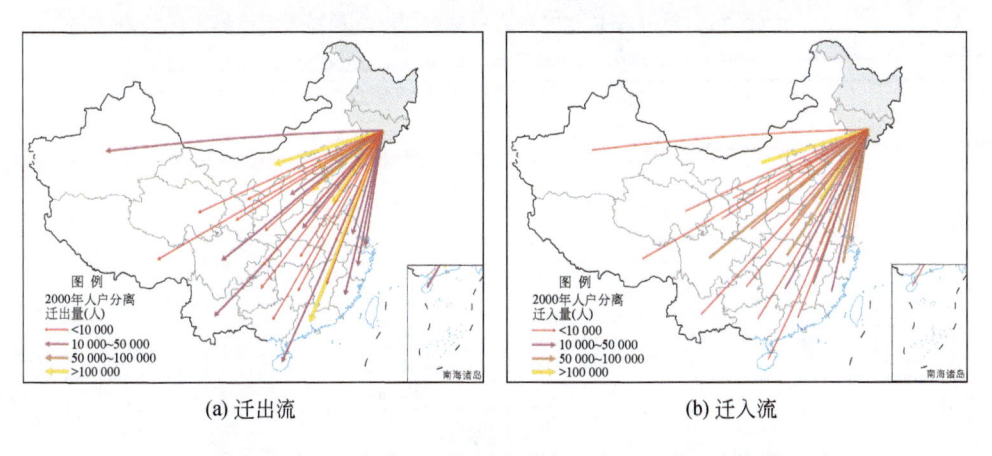

(a) 迁出流　　　　　　　　　　　(b) 迁入流

图3-24　2000年东北三省人户分离迁出流和迁入流格局

063

(a) 迁出流　　　　　　　　　　　(b) 迁入流

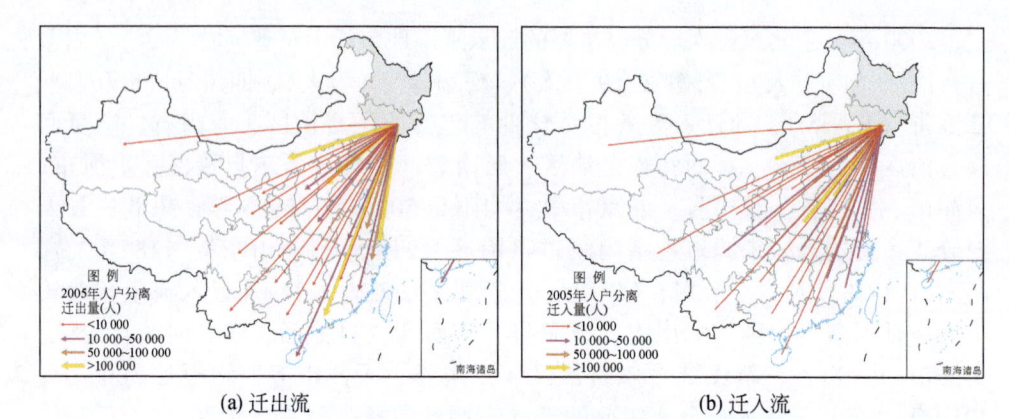

图 3-25　2005 年东北三省人户分离迁出流和迁入流格局

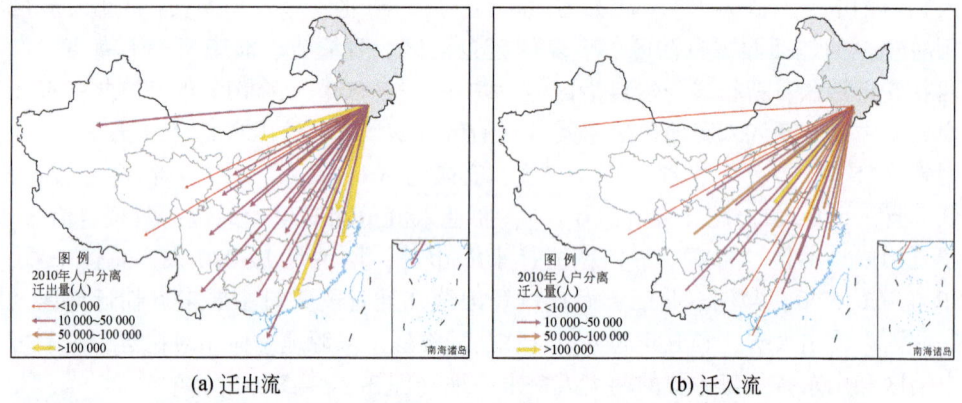

(a) 迁出流　　　　　　　　　　　(b) 迁入流

图 3-26　2010 年东北三省人户分离迁出流和迁入流格局

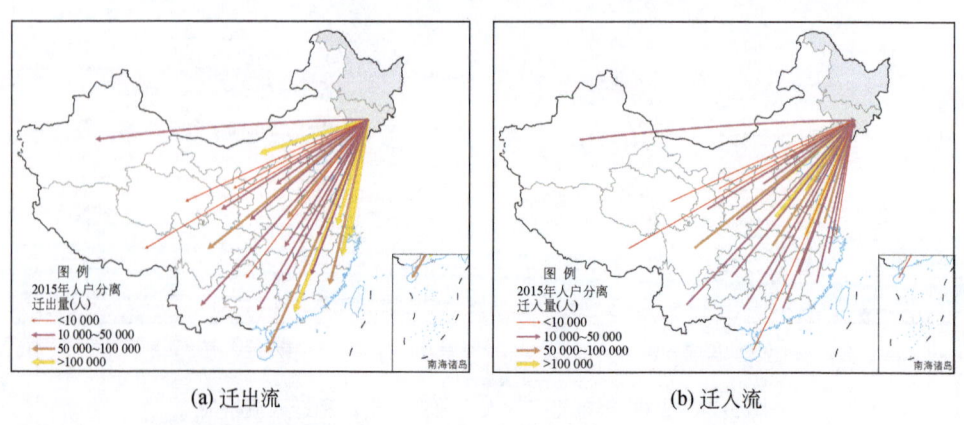

(a) 迁出流　　　　　　　　　　　(b) 迁入流

图 3-27　2015 年东北三省人户分离迁出流和迁入流格局

三、东北内部人口空间转移差异

采用分县市尺度分析东北地区人口空间转移的内部差异,由于人口普查或人口抽样资料没有汇总出分县市五年间人口迁移数据,本研究采用人户分离人口迁移口径分析分县市人口空间转移格局。此外,跨县市人口迁移流也无法直接获取,本研究采用(常住人口户籍人口)/常住人口核算跨县市人口净迁移率,并分别分析其2010年和2015年的空间格局。

1. 2010年人口空间转移的内部差异

2010年,人口净迁移率>10%的净迁入型县市共14个,占东北三省面积的6.05%,数量最少、占地面积最小,包括绥芬河市、抚远县、大连市、大庆市、沈阳市、哈尔滨市、通化市、本溪市、七台河市、营口市、锦州市、海城市、盘锦市和长春市,以省会或一般地级市驻地为主,其中,绥芬河市人口净迁移率比例最高,达50.19%,其次为抚远县,达到32.68%;人口净迁移率为0~10%的净迁入型县市共46个,占东北三省面积的22.19%,包含许多边境县市,其中,延吉市、黑河市、白山市、松原市、虎林市、丹东市、佳木斯市、齐齐哈尔市、吉林市、安图县、大洼县、牡丹江市、长海县、珲春市、友谊县的人口净迁移率超过5%;人口净迁移率为-10%~0的净迁出型县市共82个,占东北三省面积的50.90%,数量最多、占地面积最大,在东北三省境内广泛分布;人口净迁移率<-10%的净迁出型县市共41个,占东北三省面积的20.86%,人口净流失活跃度最高,主要分布在辽宁省西部、吉林省西北部、黑龙江省西部,以农区为主,其中,克山县、建昌县、昌图县、肇源县、巴彦县、兰西县的人口净迁出水平最高,超过20%。总体来看,2010年,东北三省多数地区以人口净迁出为主,但是和全国大多数地区一致,省会、地级市驻地等大城市仍然保持着较强的人口吸引力,同时边境地区也保持较强的人口吸引力[图3-28(a)]。

2. 2015年人口空间转移的内部差异

2015年,人口净迁移率>10%的净迁入活跃型县市共27个,占东北三省面积的13.01%,包括绥芬河市、抚远县、同江市、大庆市、哈尔滨市、大连市、延吉市、松原市、本溪市、沈阳市、加格达奇区、锦州市、吉林市、营口市、齐齐哈尔市、佳木斯市、七台河市、敦化市、长春市、通化市、盘锦市、大洼县、铁岭市、牡丹江市、集安市、海城市、黑河市,其中,绥芬河市、抚远县、同江市的人口净迁入率分别达到41.45%、34.28%、31.44%,人口净迁入活跃度较高;人口净迁移率为0~10%的净迁入型县市共37个,占东北三省面积的18.24%,其中,丹东市、白城市、东辽县、东港市、白山市、辽阳市、鞍山市、

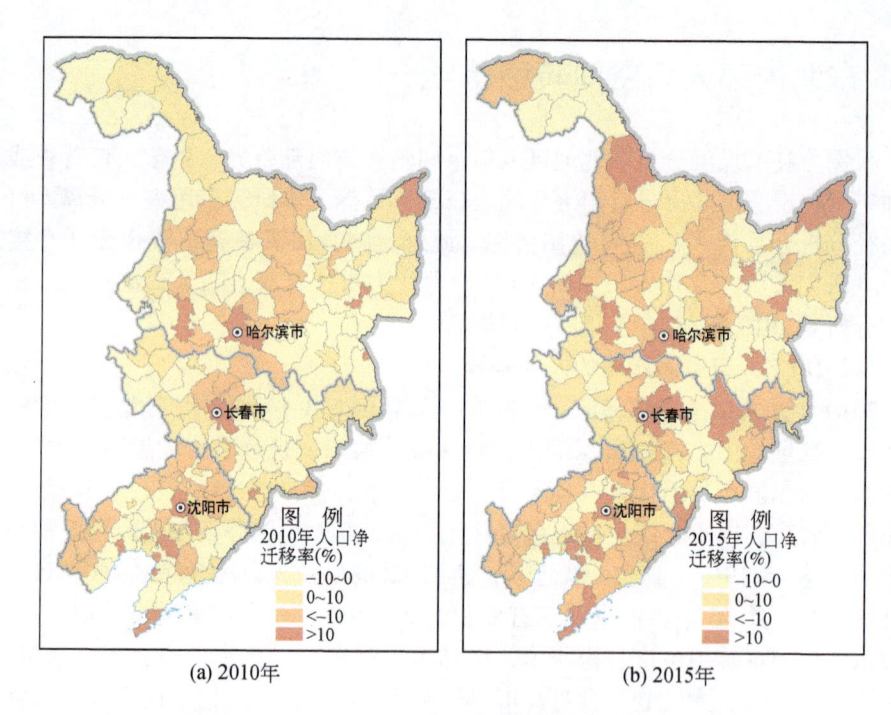

图 3-28　东北三省分县人户分离净迁移率格局及变化

镇赉县、梅河口市、阜新市、梨树县、前郭尔罗斯蒙古族自治县的人口净迁移率超过 5%；人口净迁移率为 -10% ~ 0 的净迁出型县市共 62 个，占东北三省面积的 36.10%；人口净迁移率 <-10% 的净迁出型县市共 57 个，占东北三省面积的 32.65%，其中，龙井市、和龙市、图们市、克山县、讷河市、昌图县、西丰县、拜泉县、新宾满族自治县、友谊县、彰武县、喀喇沁左翼蒙古族自治县、勃利县、建平县的人口净迁移率小于 -20%，人口流失程度最高［图 3-28（b）］。

3. 2010~2015 年人口空间转移的内部差异变化

一方面，相较于 2010 年，2015 年东北三省人口净迁移率 >10% 的净迁入活跃型县市数量有所增加，而人口净迁移率为 0~10% 的县市数量有所减少；另一方面，东北三省人口净迁移率 <-10% 的净迁出活跃型县市数量有所增加，而人口净迁移率为 -10%~0 的县市数量有所减少。可见，近年来，东北三省人口呈现两极分化，2010 年净迁出型县市更多地转化为人口净迁移率 <-10% 的净迁出活跃型县市，同时，2010 年净迁入型县市更多地转化为人口净迁移率 >10% 的净迁入活跃型县市。虽然东北三省绝大多数地区面临着人口净流出的流失特征，但是不乏人口净迁入的县市，仍然保持着较强的人口吸引力。

第四节 对策建议

面向未来，东北地区应当重视提升大城市战略定位，着力于人口收缩型城镇和农村人居环境整治，保障沿边地区的适度人口，积极配套养老设施，主动吸引海内外创新创业人才，全面优化东北三省人力资本质量与结构。

一、提升大城市战略定位，重视特色中小城镇建设

一是提升沈阳市、长春市、哈尔滨市、大连市等特大或大城市的战略定位，建设成为国家中心城市或区域中心城市，积极吸纳高等教育人才定居，加快推进外来流动人口的户籍城镇化和市民化进程；二是优化中小城镇体系，按照发展战略和地域特色，明确中小城市的职能分工，推进一批特色小城镇的建设，着力提升中小城镇的人口吸纳能力；三是以辽中南城市群和哈长城市群为主体形态，积极构建沿海、沿哈大线等人口集聚轴带，着力推进大城市与中小城镇的城际快速交通等基础设施共建和教育、医疗等公共服务设施共享。

二、加强农村人口流失区治理，改善农村居民点人居环境

一是适当建设一批农村新型社区，鼓励零散村落人口向农村新型社区集聚，加强人口空心村整治和人口贫困村的扶助，构建中国农村人口流失区治理的示范区；二是积极展开资源环境承载力评价，鼓励不宜人居的村庄进行生态移民，出台相关惠民政策保障生态移民的安居和就业；三是全面改善农村居民点的人居环境，特别重视人口大村、历史文化名村、少数民族聚居村的生活环境改造和基础设施升级，鼓励农村地区发展观光休闲农业和现代科技农业，在农村地区固化一批人口，建设具有东北地域文化特色的社会主义美丽乡村。

三、重视沿边地区人口流失问题，保障边疆地缘政治稳定

一是依托"一带一路"倡议，制定东北三省沿边发展战略，积极扶持对外商贸、跨境服务、边境旅游等特色产业发展，着力增加沿边地区的劳动力就业机会；二是系统地展开沿边地区的城镇村空间规划，构建沿中俄边境线、沿中朝边境线等中小城镇集聚带，积极扶持沿边地区城镇村基础设施和公共服务设施建设，推进沿边地区交通网与东北内陆腹地主要干线的快速连接；三是完善沿边地

区的生育政策,加大人口生育的宣传力度,提升计划生育服务管理,提高沿边地区人口出生率。

四、关心扶持老龄人口,重视养老设施配套建设

一是全面构建以居家为基础、社区为依托、机构为支撑的覆盖城乡的多样化养老服务体系,推进农村老龄人口服务网点建设,展开老龄人口交流和帮扶活动;二是大力发展养老产业,按照老龄人口分布和养老需求,新建一批老人专业医院和养老院,依托东北三省的温泉、海岸线、山林等资源,建设一批老年康健疗养中心,完善东北三省的养老设施配套;三是优化养老社会保障体系,全面实施城乡养老保险制度,探索建立老年长期护理保险制度,推进异地社会保障一体化。

五、制定人才发展战略,吸引海内外创新创业人才

一是面向东北三省发展需求,制定长期人才发展战略,鼓励东北各地区出台地方人才引进计划,营造良好的人才引进政策环境;二是扶持东北三省的一流大学和一流学科建设,扶持东北一般高校的学校升级和学科升级,加强高校、科研院所与企业的合作创新和人才对接,鼓励本地高校毕业生在东北三省就业;三是大力鼓励创新创业,积极展开与国内外名企、高校、科研院所合作,建设一批科技创新产业园和科技创新特色小镇,搭建一批创新创业孵化中心,积极吸引国内外创新创业人才入驻。

参 考 文 献

段成荣,吕利丹,秦敏.2015.东北振兴与破解人口困局.中国党政干部论坛,(7):64-67.
谷国锋,贾占华.2015.东北地区人口分布演变特征及形成机制研究.人口与发展,21(6):38-46,94.
国务院全国1%人口抽样调查领导小组办公室,国家统计局人口和就业统计司.2007.2005年全国1%人口抽样调查资料.北京:中国统计出版社.
国家统计局人口和就业统计司.2017.2015年全国1%人口抽样调查资料.北京:中国统计出版社.
国务院人口普查办公室,国家统计局人口和就业统计司.2012.中国2010年人口普查资料.北京:中国统计出版社.
国务院人口普查办公室,国家统计局人口和就业统计司.2012.中国2010人口普查分县资料.

北京：中国统计出版社.

国务院人口普查办公室, 国家统计局人口和社会科技统计司. 2002. 中国 2000 年人口普查资料. 北京：中国统计出版社.

国务院人口普查办公室, 国家统计局人口和社会科技统计司. 2003. 2000 人口普查分县资料. 北京：中国统计出版社.

侯建明, 杜吉国. 2012. 低生育水平对东北三省人口发展的影响. 求是学刊, 39（5）：56-61.

胡焕庸. 1982. 东北地区人口发展的回顾与前瞻. 人口学刊,（6）：60-64.

姜玉, 刘鸿雁, 庄亚儿. 2016. 东北地区流动人口特征研究. 人口学刊, 38（6）：37-45.

金凤君, 王姣娥, 杨宇, 等. 2016. 东北地区创新发展的突破路径与对策研究. 地理科学, 36（9）：1285-1292.

李若建. 2016. 角动量效应：东北人口变动分析. 学术研究,（8）：55-62, 177, 2.

刘盛和, 邓羽, 胡章. 2010. 中国流动人口地域类型的划分方法及空间分布特征. 地理学报, 65（10）：1187-1197.

刘正桥, 王良健. 2013. 国家主体功能区战略背景下东北地区城市经济增长的动力与路径——基于城市暂住人口视角. 地理研究, 32（4）：683-690.

麦克思研究院. 2016. 2016 年中国本科生就业报告. 北京：社会科学文献出版社.

戚伟, 刘盛和, 金凤君. 2017. 东北三省人口流失的测算及演化格局研究. 地理科学, 37（12）：1795-1804.

孙平军, 丁四保, 修春亮, 等. 2012. 东北地区"人口-经济-空间"城市化协调性研究. 地理科学, 32（4）：450-457.

王姣娥, 杜德林. 2016. 东北振兴以来地区经济发展水平演化及空间分异模式. 地理科学, 36（9）：1320-1328.

杨东亮. 2016. 东北流出流入人口的城市居留意愿比较研究. 人口学刊, 38（5）：34-44.

杨玲, 张新平. 2016. 人口年龄结构、人口迁移与东北经济增长. 中国人口·资源与环境, 26（9）：28-35.

于婷婷, 宋玉祥, 浩飞龙, 等. 2016. 东北地区人口结构对经济增长的影响. 经济地理, 36（10）：26-32.

于潇. 2006. 建国以来东北地区人口迁移与区域经济发展分析. 人口学刊,（3）：29-34.

Bell M, Charles-Edwards E, Ueffing P, et al. 2015. Internal migration and development: comparing migration intensities around the world. Population and Development Review, 41（1）：33-58.

Chan K W, Zhang L. 1999. The hukou system and rural-urban migration in China: processes and changes. The China Quarterly, 160：818-855.

Mcgranahan D A, Beale C L. 2003. Understanding rural population loss. Rural America, 17（4）：2-11.

第四章 创新资源空间分布及演化[①]

以经济发展进入新常态为标志，中国经济发展模式已由传统的劳动密集型、资源密集型和资本密集型转向技术密集型发展，技术创新日益成为新经济条件下区域发展根本性的驱动力量。专利是重要的创新资源，更是提高区域产业竞争力的核心要素。在此背景下，专利资源如何在东北地区实现更高效的配置和利用是提升区域整体竞争力必须考虑的问题。本章重点阐述了 2002 年以来东北地区专利资源的规模、结构和质量，并以地级市为基本单元，进行空间分布及演化状况的解析。同时，依照《中共中央 国务院关于全面振兴东北地区等老工业基地的若干意见》等文件的指示精神中"重塑东北装备竞争力"的要求，以装备制造业及具有代表性的专用设备制造业和通信设备制造业等重点行业为研究对象，分析其空间分布状况。

第一节 专利资源基础状况

一、相关概念与数据来源

1. 专利资源含义

本章将专利作为一种资源进行衡量。比照《辞海》中对"资源"一词的解释，专利资源可以被理解为在经济社会中可以用来创造财富的专利。与自然资源相比，具有社会性、继承性、主导性、流动性等特点。对专利资源的理解主要有广义和狭义两个层面。广义上指能够用来创造财富的专利资源，必要条件是法律认定，因此使用有效专利数量来衡量专利资源的丰富程度，单位为件。此外，在发明、实用新型及外观设计三种专利类型中，发明专利和实用新型专利与创新活动相关性较大，具有代表性。狭义上，专利资源的价值大小不仅与数量相关，还

[①] 本章内容是作者在国家知识产权局委托完成的课题报告《东北地区专利资源分布格局研究（2017）》基础上整理而成。

与其能够产生作用的时间长度相关。基于此，在衡量专利资源量时，将单一专利的存续时间作为权重，与有效专利数量加权，单位为件年。

$$P = \sum_{i=1}^{n} p_i t_i \tag{4-1}$$

式中，n 为曾授权专利数量；p_i 为第 i 件曾授权专利；t_i 为第 i 件曾授权专利的有效维持时间（按年计，不足 1 年的按 1 年算）。由这一公式可知，当年专利资源量实际上就是在当年的时间范围内曾经有效的专利数量。为了更全面地反映东北地区专利资源的基础和发展现状，本书以广义有效专利资源量为主，同时部分涉及狭义有效专利资源。为了将广义和狭义的有效专利资源区分开来，书中同时在提到狭义有效专利资源时用有效专利资源当量加以标注。

2. 研究范围与数据来源

由于数据局限，本章的东北地区数据主要包含东北三省。按行政区划分，东北三省共有 36 个地级行政单元，其中辽宁省有 14 个、吉林省有 9 个、黑龙江省有 13 个。从级别上看，沈阳市、大连市、长春市和哈尔滨市属于副省级城市，其他为地级市。根据 2013 年 3 月国家发展和改革委员会出台的《全国老工业基地调整改造规划（2013—2022 年）》划分的全国老工业基地城市，其中东北三省共有 23 个城市入选，辽宁省有 11 个，吉林省有 6 个，黑龙江省有 6 个。据此，本章将东北三省的城市划分为三种类型，即副省级城市、老工业基地城市和其他城市（图 4-1）。

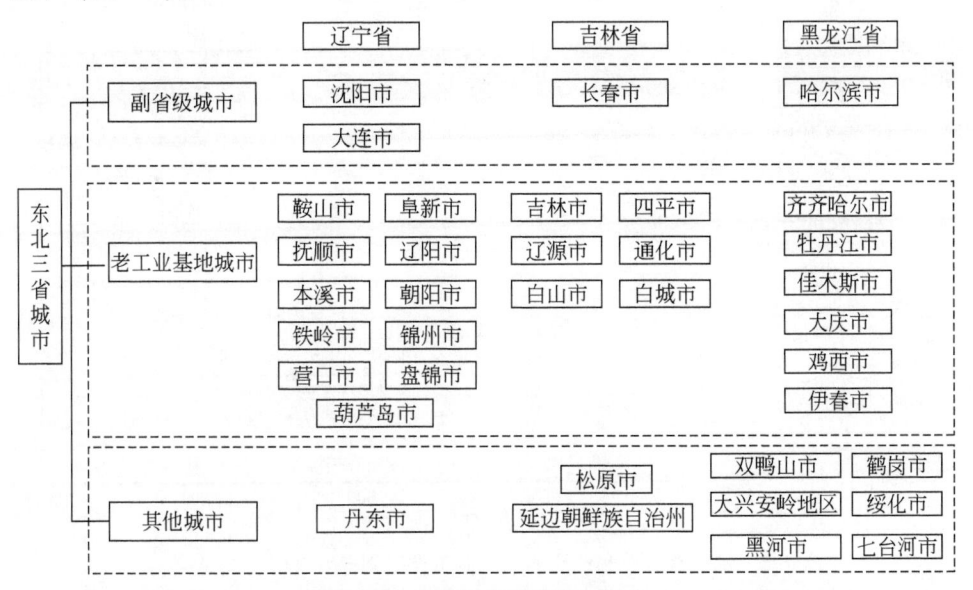

图 4-1 东北三省城市类型划分

本章所有的专利数据均是以专利资源的定义和计算方法为指导，以申请人联系地址为空间范围的衡量标准，通过编制相应的检索式在中国知识产权文献数据库检索得到。所检索数据的时间范围为 2002~2016 年。

3. 基于专利资源的城市类型划分

采用四象限法，对东北三省 2002~2016 年 36 个城市的有效专利资源及其年均增长率进行研究，以此来对城市类型进行划分。从有效专利资源存量和增量两个维度对地级以上城市进行聚类（图 4-2），以东北三省平均值和平均增长率作为原点，可以将 36 个城市依照创新优先级的顺序依次递减划分为优势城市、成熟城市、潜力城市和弱势城市四种类型。其中，优势城市指有效专利资源数量和年均增速均高于东北平均值的城市；成熟城市是指有效专利资源数量高于东北平均值，但年均增速低于东北平均值的城市；潜力城市指有效专利资源数量低于东北平均值，但年均增速高于东北平均值的城市；弱势城市指有效专利资源数量和年均增速均低于东北平均值的城市。

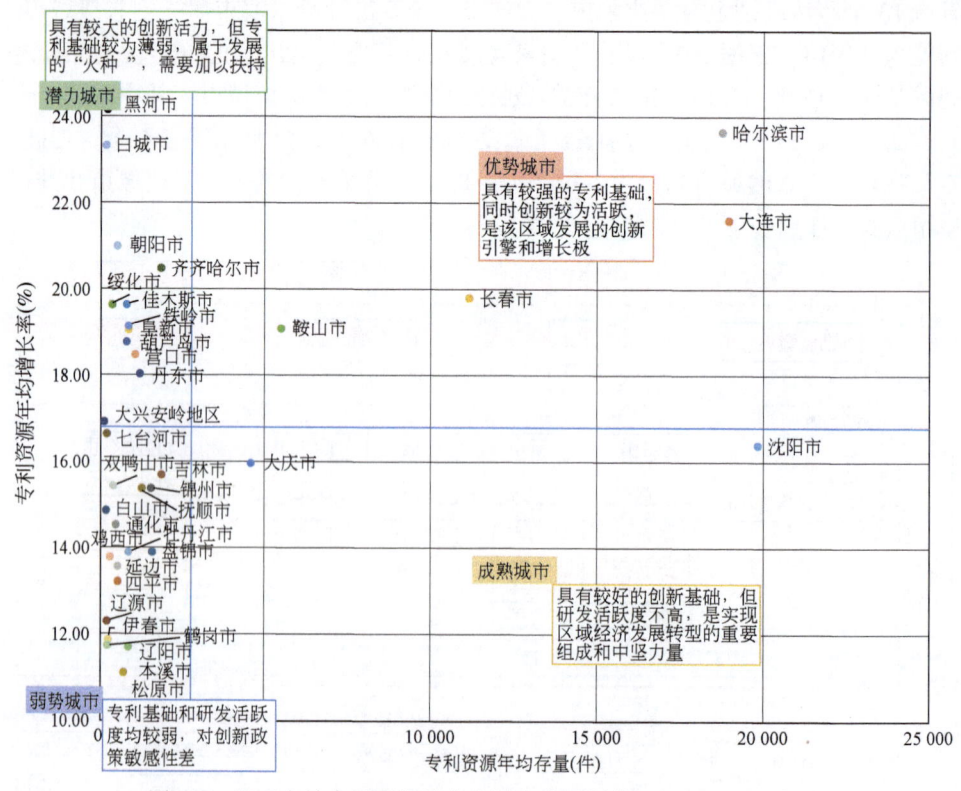

图 4-2　基于有效专利资源的东北城市类型划分（2002~2016 年）

与行业类似，有效专利资源拥有量反映了各城市的创新基础，而有效专利资源的增长速度则反映了各城市的创新活跃程度。据此，由各类城市所处的象限位置可以识别其城市创新发展的特点。其中，优势城市既具有较强的专利基础又保持相当的研发活跃度，因此可以被认为是该区域发展的创新引擎和增长极。成熟城市虽然研发活跃度并不高，但具有较好的专利基础，是实现区域经济发展转型的重要组成和中坚力量。潜力城市刚好相反，研发活跃度很高，意味着近期这类城市意图通过专利及其所代表的创新可以推动城市经济实力的提升和发展，但较弱的专利基础使得其发展过程中专利的影响仍然十分有限，需要进一步加以关注和扶持。弱势城市的专利基础和研发活跃度均较弱，这类城市当前的增长与专利关系不大，仍属于要素投入驱动的粗放型增长模式。从上述四种城市类型的特征可以看出，前三种城市类型至少在某一层面具备有效专利资源比较优势，因此可以被认为是在专利领域具有一定优势的城市集群。

二、区域专利资源基础与特征

1. 专利资源基础薄弱，总体低于经济发展水平，并落后于东中部地区

2016年，东北三省有效专利资源量和有效发明专利资源量稳步提升，分别较2015年增长14.1%和14.6%。截至2016年底，东北三省有效专利资源量约为22.1万件，其中有效发明专利资源量约为10.7万件，但是东北专利资源基础仍然薄弱。比较而言，2016年东北三省创造了全国7.18%的地区生产总值，但却仅仅汇集了5.17%的有效专利资源量和5.1%的有效发明专利资源量。与全国其他地区相比，东北专利资源基础也显著落后。截至2016年底，东北三省省均有效专利资源量仅为全国平均水平的2/5、东部地区平均水平的1/5和中部地区平均水平的1/2；东北三省省均有效发明专利资源量仅为全国平均水平的1/2、东部地区平均水平的1/7和中部地区平均水平的3/5（图4-3）。东北三省专利基础薄弱导致创新产出水平也相应较低。

2. 发明专利占比、专利密集度和万人有效发明专利拥有量均显著低于全国平均水平

截至2016年底，东北三省有效专利资源在质量上呈现如下特点：①有效发明专利占比不高，仅为总量的48.5%（图4-4），虽略高于全国平均水平（44.7%），但与东部地区（51.3%）相比存在一定差距。②专利密集度低，东北三省每亿元GDP有效专利资源量为4.4件，不及全国平均水平（16.7件）的1/4。③东北三省每万人口有效发明专利资源拥有量仅有7.4件，不及全国平均水平（17.9件）的1/2、京津冀城市群（21.7件）的1/3。

(a) 省均有效专利资源量

(b) 省均有效发明专利资源量

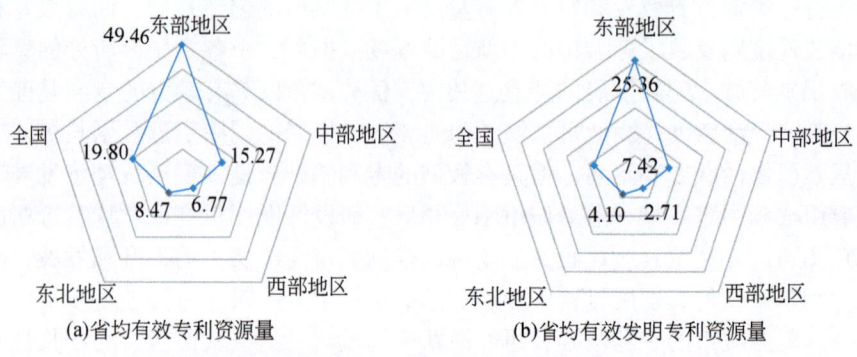

图4-3 2016年有效专利资源量和有效发明专利资源量的区域比较（万件）

注：图中东北地区仅含东北三省数据，图4-4、图4-7同

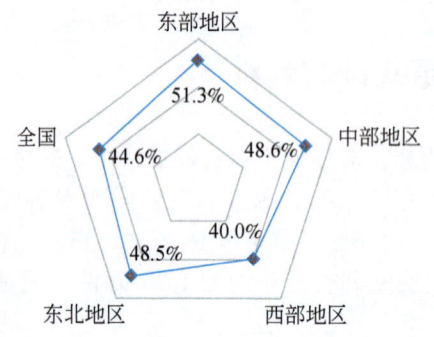

图4-4 2016年有效发明专利占有效专利比例的区域比较

3. 近年来专利资源增长乏力，2014年后下跌尤为明显

从有效专利资源总量的增长趋势分析，2002~2016年，东北三省有效专利资源的变化方向与全国基本一致（图4-5）。总体上呈现加速增长趋势，可能源于2003年东北振兴战略的实施，2004年之后有效专利增速开始上升并保持较好态势。2013年，东北有效专利增速出现显著下滑，2012年中共中央通过《东北振兴"十二五"规划》并开始实施，2012年、2013年东北有效专利增速有了明显提升，但自2013年以后出现快速下降趋势，至2015年，东北三省有效专利资源量占全国的比例由2002年的10%下降到不足5%（图4-6）。

4. 技术创新主体结构失衡，企业创新主体作用发挥不突出

一方面东北地区企业拥有的有效专利资源量较少。数据显示，2016年，企业拥有的有效专利资源量和有效发明专利资源量提升显著，占东北三省专利总量的比例分别为46.88%和38.17%，均较2015年提升了近10个百分点，但仍显著

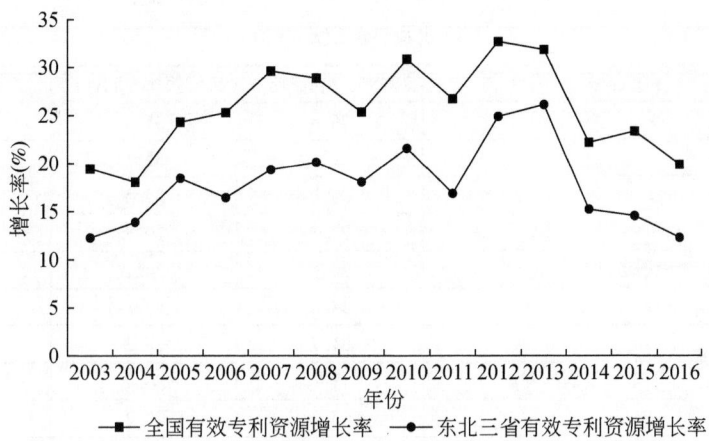

图 4-5　2003~2016 年全国和东北三省有效专利资源增长率对比

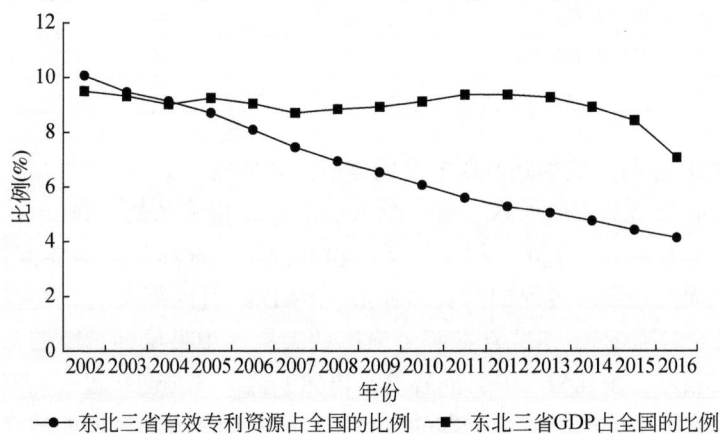

图 4-6　2002~2016 年东北三省有效专利资源量及 GDP 占全国的比例

低于全国平均水平。其中，技术含量较高的有效发明专利（62%）也明显低于科研院所（71%）。另外，东北三省企业技术含量较高的有效发明专利占比（62%）明显低于科研院所有效发明专利占比（71%）。东北三省有效专利资源量和有效发明专利资源量中，科研院所占比分别达到 33.07% 和 37.15%，远高于全国平均水平。值得注意的是，在 50 个行业中（表4-1），有 14 个行业以科研院所、个人为主，包含农业，畜牧业，农、林、牧、渔服务业，有色金属矿采选业，有色金属冶炼和压延加工业，计算机、通信和其他电子设备制造业等。其中，有色金属矿采选业等 9 个行业（占行业样本总数的 4.5%）以科研院所为主体，表明东北科研院所的创新具有比较优势。

表 4-1　2016 年东北三省对科研院所和个人创新依赖度高的
行业及专利资源结构　　　　　　　（单位:%）

行业名称	企业专利占比	科研院所专利占比	个人专利占比
1. 农业	26.6	35.6	37.8
2. 林业	29.4	35.4	35.2
3. 畜牧业	22.5	37.2	40.3
4. 渔业	24.3	29.3	46.4
5. 农、林、牧、渔服业	30.4	34.1	35.4
9. 有色金属矿采选业	34.6	57.7	7.7
18. 纺织服装、服饰业	31.7	17.2	51.1
19. 皮革、毛皮、羽毛及其制品和制鞋业	11.9	27.4	60.7
21. 家具制造业	27.3	31.2	41.5
26. 化学原料和化学制品制造业	32.7	52.7	14.6
28. 化学纤维制造业	37.4	48.3	14.3
32. 有色金属冶炼和压延加工业	43.0	48.4	8.6
39. 计算机、通信和其他电子设备制造业	41.1	45.1	13.8
41. 其他制造业	18.0	27.9	54.1

5. 专利资源与其他创新资源的协同程度显著偏低

采用专利与研发人员投入、资本投入的皮尔森相关系数（Pearson correlation coefficient）（图 4-7）分析专利与创新过程的劳动、资本等其他要素协同程度，结果显示，无论是创新过程中的资本要素（R&D 经费内部支出）还是劳动要素（R&D 人员全时当量），东北地区都是全国四大地区中最低的，即使与规模更小的西部地区相比，东北地区的协同程度也仍然偏低。东北创新投入与产出之间存在显著的要素不协同问题，所引发的直接后果就是创新投入产出的效率低。

(a) 与 R&D 人员全时当量的协同程度

全国 0.591；东北地区 0.175；东部地区 0.659；中部地区 0.538；西部地区 0.261

(b) 与 R&D 经费内部支出的协同程度

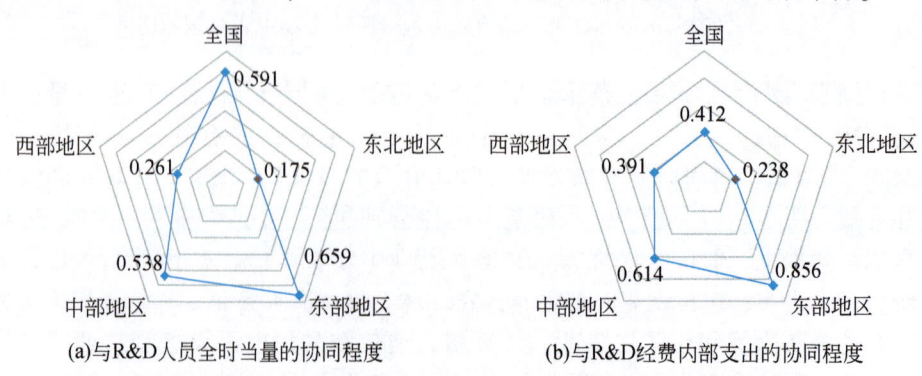

全国 0.412；东北地区 0.238；东部地区 0.856；中部地区 0.614；西部地区 0.391

图 4-7　2016 年国内主要区域的专利资源与研发投入协同度对比

第二节　专利资源的区域分布特征

一、专利资源的空间和行业分布特征

1. 辽宁省

传统专利资源优势城市大连市、鞍山市创新动力不足，创新增速大幅下降，成为专利资源成熟城市。2007~2011年，辽宁省专利资源优势城市——大连市和鞍山市的专利资源获得了较快发展，年均增速达到25%以上，而2012~2016年，两个城市专利资源年均增速均下降至10%左右，进入成熟城市阶段。与此同时，一直处在成熟城市阶段的沈阳市则因2007年后一直保持着18%左右的增长率，从成熟城市重回优势城市，并成为辽宁省唯一的优势城市。

辽宁省专利资源优势城市仅由成熟城市和优势城市发展而来，潜力城市和弱势城市之间差距不大，但向成熟城市和优势城市的上升通道受阻。辽宁省优势城市和成熟城市一直是沈阳市、大连市和鞍山市。从专利存量来看，也只有这三个城市的年均专利存量超过万件，是其他城市的10~30倍。潜力城市与弱势城市专利资源存量较小，彼此间差距不大，之间转换频繁，存在低水平反复的现象。

辽宁省的专利资源优势城市、成熟城市和潜力城市在专用设备制造业和仪器仪表制造业方面的专利资源集聚效应显著，具备点轴协同增长的雏形。数据分析显示，辽宁省的专利资源优势城市、成熟城市和潜力城市在专利层面的主导产业均集中在仪器仪表制造业和专用设备制造业，且在空间分布上形成了以沈阳市、大连市为核心城市，鞍山市、盘锦市、铁岭市、本溪市、朝阳市、营口市围绕的点轴协同增长格局。

2. 吉林省

吉林省优势城市主要位于"长吉腹地"，潜力城市位于南北两侧。2012~2016年，吉林省专利资源潜力城市为白山市和白城市，位于吉林省的南北两极。2012~2017年，白山市和白城市专利资源年均增长率分别高达28.5%和26.2%，但是专利资源存量基础较为薄弱，年均专利资源存量仅为300余件，仅为吉林市的1/10、长春市的1/70。

专利资源城市分布的两极分化趋势明显，工业产业创新持续力需加强。吉林省各地市发展趋势上表现为两极分化明显，成熟城市发力，优势城市浮现，潜力城市动力不足，导致弱势城市增多。由于潜力城市和弱势城市的专利资源储备量少，创新速率略有增长或降低就会影响整体的创新格局。从专利资源城市类型变

化来看，吉林省除长春市、吉林市外，其他城市尚未形成持续稳定增长的专利资源创新增长源。

长春市、吉林市、松原市仪器仪表制造业，计算机、通信及其他电子设备制造业，专用设备制造业，化学原料和化学制品制造业聚集效应明显。2012~2016年长春市的累计专利资源存量为92 941件，主要集中在仪器仪表制造业，专用设备制造业，计算机、通信和其他电子设备制造业，化学原料和化学制品制造业，以上四个产业在整个长春市工业产业专利资源存量中的占比分别为22.1%、11.7%、10.8%、10.6%，占长春市全部工业产业专利资源存量的1/2以上（55.2%）。2012~2016年吉林市的累计专利资源存量为15 194件，仅为长春市的1/6。与长春市类似，吉林市的工业产业专利资源也主要集中于专用设备制造业，仪器仪表制造业，化学原料和化学制品制造业，计算机、通信和其他电子设备制造业，分别占吉林市全部工业产业专利资源存量的20.9%、17.6%、10.2%、7.4%，集中了吉林市56.0%的工业产业专利资源。相比较而言，长春市在仪器仪表制造业方面的专利资源更为集中，而吉林市则更集中于专用设备制造业。

3. 黑龙江省

黑龙江省各市工业产业创新两极分化严重，哈尔滨市优势明显。在工业产业创新具有领先优势的哈尔滨市，近年来一直保持快速增长，优势进一步扩大。曾经的优势城市——大庆市，因为创新动力不足，落入成熟城市，并有向弱势城市发展的趋势。2002~2011年的潜力城市——佳木斯市、齐齐哈尔市因增速降低已经落入弱势城市。所有潜力城市的专利资源存量基础薄弱，专利资源年均存量最多的绥化市仅有774件，仅为东北各市平均量的1/6，不及哈尔滨市年均专利资源存量的1/50，难以转化为潜力城市。

黑龙江省的专利资源优势城市、成熟城市的工业产业创新更多地依赖于专用设备制造业、仪器仪表制造业，尤其大庆市对这两个产业的依赖更为明显。数据分析显示，专用设备制造业、仪器仪表制造业为哈尔滨市和大庆市的工业产业专利资源当量最大的两个产业，分别占两个城市工业产业专利资源的34.4%和54.0%。哈尔滨市在仪器仪表制造业的专利资源当量优势更为明显，2012~2016年的累计专利资源当量为36 479件年，占哈尔滨市全部工业产业专利资源当量的20.77%。而大庆市在专利资源当量上最具优势的行业为专用设备制造业，2012~2016年的累计专利资源当量为14 861件年，占大庆市全部工业产业专利资源当量的38.8%。

黑龙江省的专利资源潜力城市的工业产业创新更多地集中于专用设备制造业。2012~2016年6个专利资源潜力城市，无一例外地均在专用设备制造业领域集聚了更多专利资源。绥化市在专用设备制造业累计专利资源当量为960件年、鸡西市为 836 件年、黑河市为 699 件年、七台河市为 412 件年、伊春市为 369 件年、大兴安岭地区为 208 件年，占当地工业产业专利资源当量的 20%~30%。

二、专利资源的区域差异性特征

1. 专利资源区域分布不均衡，辽宁省专利资源规模和质量遥遥领先

东北三省专利资源存量分布在区域上十分集中，其中辽宁省有效专利资源量超过黑龙江、吉林两省之和，占东北三省的比例达 55%，具有绝对优势，龙头地位十分突出（图4-8）。自东北等老工业基地振兴相关政策出台以后，三省专利资源的增速均显著加快，其中辽宁省的增速明显快于其他两省，且这种领先优势越来越明显。此外，从质量上分析（图4-9），辽宁省也是绝对领先，无论是有效发明专利占比还是专利密集度和万人有效发明专利拥有量，辽宁省均显著高于其他两省。

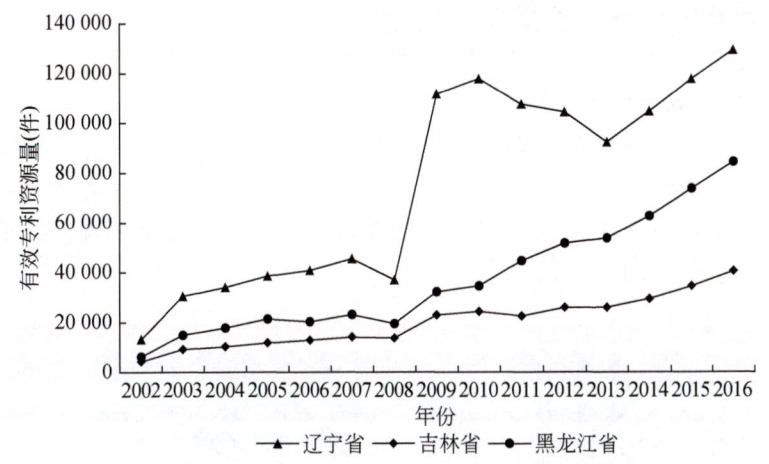

图 4-8　2002~2016 年东北三省有效专利资源量及差异

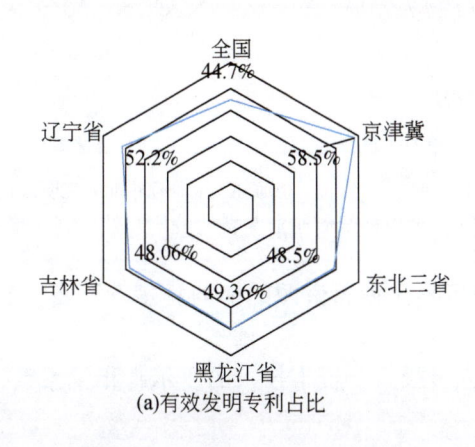

(a) 有效发明专利占比

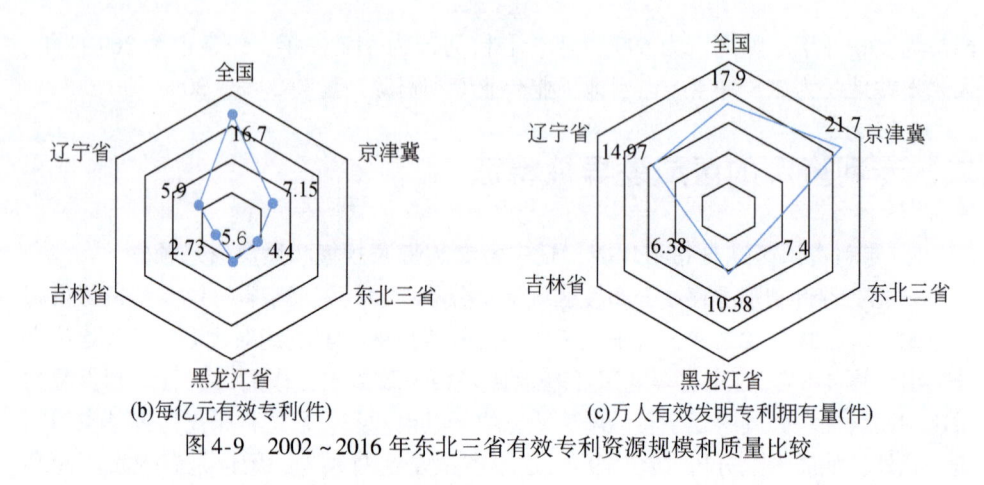

(b)每亿元有效专利(件)　　　　　　(c)万人有效发明专利拥有量(件)

图 4-9　2002~2016 年东北三省有效专利资源规模和质量比较

2. 三省专利资源主体结构差异显著，辽宁省企业有效专利资源占比最高，黑龙江省科研院所比较优势最为显著

辽宁省企业拥有的有效专利资源量占该省有效专利资源量的比例最高，达54.04%，但仍低于全国平均水平，约为全国平均水平的80%；黑龙江省次之，企业拥有的有效专利资源量仅占该省有效专利资源量的39.80%；吉林省企业创新力量最为薄弱，占比仅为37.29%［图4-10（a）］。三省企业有效发明专利资源占比均小于科研院所有效发明专利资源占比，从差距大小来看，黑龙江省最大，辽宁省最小［图4-10（b）］。

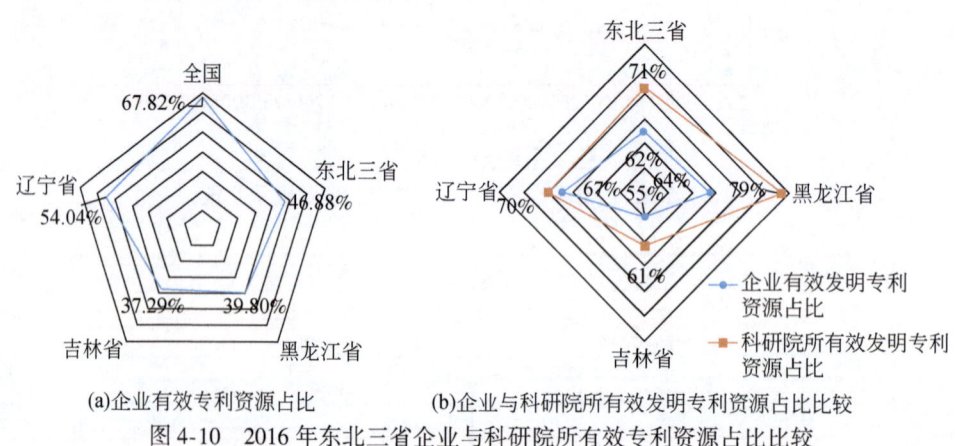

(a)企业有效专利资源占比　　　(b)企业与科研院所有效发明专利资源占比比较

图 4-10　2016 年东北三省企业与科研院所有效专利资源占比比较

3. 三省专利资源与其他创新资源的协同程度均不高，其中辽宁省略优于其他两省

采用专利与研发人员投入、资本投入的皮尔森相关系数（表4-2）分析专利与创新过程的劳动、资本等其他要素协同程度，结果显示，三省专利资源与 R&D 人员全时当量、R&D 经费内部支出的相关系数均不高，意味着无论是创新过程中的资本要素（R&D 经费内部支出）还是劳动要素（R&D 人员全时当量），三省专利资源与其协同程度均不高。进一步分析发现，整体上辽宁省与 R&D 人员全时当量、R&D 经费内部支出的协同程度分别以 0.19 和 0.25 的表现略好于其他两省，但是从申请人类型分析，辽宁省的这一优势主要体现在工矿企业，科研院所与其他创新资源的协同程度均低于黑龙江省。从申请人类型分析，东北三省的一个共性特征突出表现为科研院所与其他创新资源的协同程度显著高于企业。

表 4-2　2002～2016 年东北三省不同类型申请主体专利资源与其他创新要素的相关系数

申请人类型	辽宁省 R&D 人员全时当量	辽宁省 R&D 经费内部支出	吉林省 R&D 人员全时当量	吉林省 R&D 经费内部支出	黑龙江省 R&D 人员全时当量	黑龙江省 R&D 经费内部支出
工矿企业	0.18	0.22	0.14	0.20	0.15	0.21
科研院所	0.20	0.27	0.19	0.23	0.24	0.28
全部	0.19	0.25	0.16	0.21	0.18	0.24

三、专利资源的空间关联性特征

1. 三省的创新中心均呈现以副省级城市为核心的增长极发展模式，城市创新高度依赖省会城市

2002～2016 年沈阳市专利资源存量在辽宁省的占比一直维持在 35% 左右。长春市专利资源存量占吉林省专利资源存量的 73.7%，哈尔滨市专利资源存量占黑龙江省专利资源存量的 67.5%，且比例有逐步增大的趋势（图 4-11）。在辽宁省，沈阳市、大连市、鞍山市均曾经是专利资源优势城市，专利资源存量和增量均显著高于平均值，但大连市、鞍山市专利资源年均增速在 2002～2016 年均遭遇断崖式下跌，唯独沈阳市的专利资源 15 年来均保持了接近 20% 的稳定增速，远超其他城市"一枝独秀"，成为辽宁省的创新中心。在黑龙江省，哈尔滨市和大庆市曾经是专利资源优势城市，大庆市近年来创新几近停滞，而哈尔滨市则 15 年来一直保持着专利资源 20% 以上的增速。吉林省仅有长春市 15 年来一直保持着专利资源接近 20% 的年均增速。

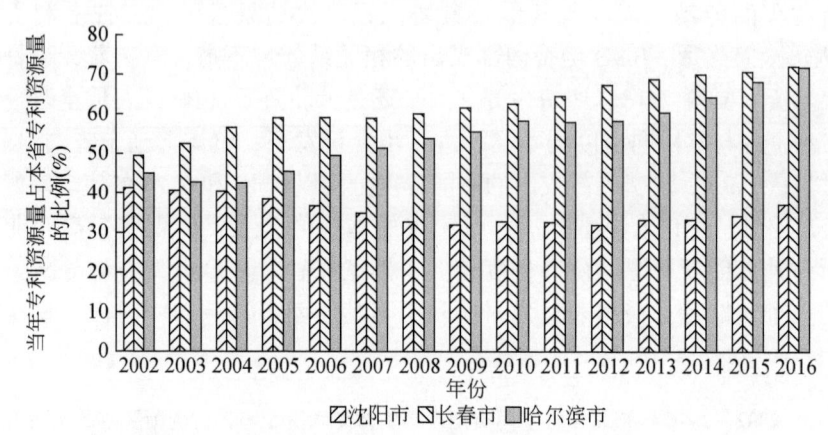

图 4-11　2002～2016 年东北三省专利资源空间聚集度变化

2. 三省专利资源的空间布局呈现出显著的分散特征，吉林省专利资源在地理上稍为集中，辽宁省最低

专利资源的地理集聚情况可以反映一省创新资源所带来的规模收益情况，也可以在一定程度上反映地区创新的专业化水平和协作情况。作为东北经济的脊梁，工业的地理集聚情况可以反映出三省专利资源空间集聚的整体特征。通过有效专利量计算了三省 2002 年以来在工业领域的地理集聚度，结果显示，三省专利资源的地理集聚度并不高，都小于 0.30，意味着专利资源在三省呈现出整体分散的态势，省内各个城市之间的差距不断拉大（图 4-12）。其中，从数值上看，吉林省专利资源在地理上稍为集中，辽宁省最低，意味着辽宁省城市间的差距最小，吉林省最大。同时，三省专利资源空间分布的演变规律高度一致，均呈现先集聚再扩散的趋势，表明在创新要素价格杠杆的引导下，三省为降低创新成本和

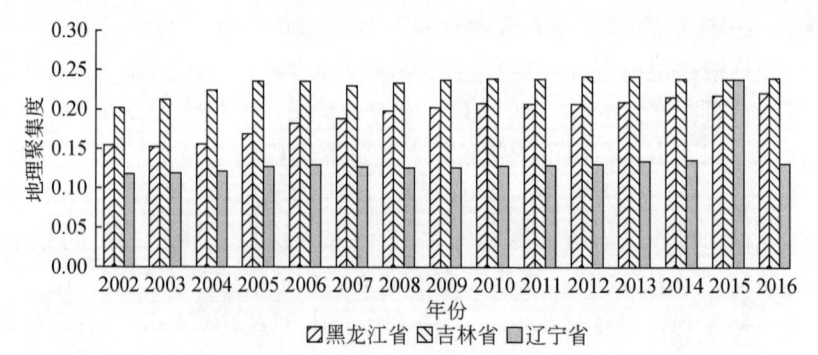

图 4-12　2002～2016 年东北三省在工业领域专利资源的地理集聚度变化

获得集聚效应，开始向省内某一个或几个较好的城市或地点集中，从而产生规模效益，但是，规模边际收益的不断降低，导致资源扩散现象，使得东北三省上述工业领域的专业化和协作日益减少。

3. 吉林省专利资源增长极的空间溢出和带动作用虽然较为显著，但仍在不断弱化，其余两省专利资源增长极的空间溢出和带动作用均不显著

通过计算 Moran's I 指数全局指标和局部指标，测度 50 个行业在三省内部的集聚状况及其产生的效应（表4-3）。吉林省中的专利资源增长极为长春市，在多数时期均属于高-高聚集型城市，意味着其对周边均有较为明显的带动作用，但到 2016 年这一带动作用已经明显减弱，成为高-低聚集型城市。而黑龙江省，哈尔滨市在各个时期均属于高-低聚集型城市，意味着其虽然有较大的专利资源存量，但是并没有对其周边城市产业产生显著的拉动效果。辽宁省的沈阳市和哈尔滨市较为相似，大连市虽然 2007 年属于高-高聚集型城市，对周边城市专利资源的增长产生了显著的带动作用，但是到 2016 年这一带动效应已经消失殆尽。

表4-3　2002~2016 年东北三省专利资源增长极不同时期的城市类型

年份	辽宁省 沈阳市	辽宁省 大连市	吉林省 长春市	黑龙江省 哈尔滨市
2002	高-低聚集	高-高聚集	高-高聚集	高-低聚集
2007	高-低聚集	高-高聚集	高-高聚集	高-低聚集
2012	高-低聚集	高-低聚集	高-高聚集	高-低聚集
2016	高-低聚集	高-低聚集	高-低聚集	高-低聚集

第三节　专利资源的城市分布特征

一、专利资源的城市分布格局

1. 专利资源城市分布极不平衡，70% 以上的专利集中在四大副省级城市，且集聚趋势愈加明显，不同梯次的城市差距巨大且难以逾越

依照 2002~2016 年的专利资源年均存量可以将东北地区 36 个地级市划分为呈金字塔分布的三个梯队（图4-13），各个梯队之间的阶梯性明显，城市间差异度高达 1.61。沈阳市、大连市、哈尔滨市、长春市年均专利资源存量分别为 19 830 件、18 972 件、18 785 件和 11 158 件，远超其他城市位于第一梯队。鞍山市和大庆市位于第二梯队，年均专利资源存量分别为5508件和4592件。吉林市、齐齐哈尔市、盘锦市、锦州市、抚顺市、丹东市和营口市的年均专利资源存量分别为1863件、1848件、1582件、1537件、1275件、1216件和1078件，位于第三梯队，在数量上与第一、第二梯队存在明显差距。

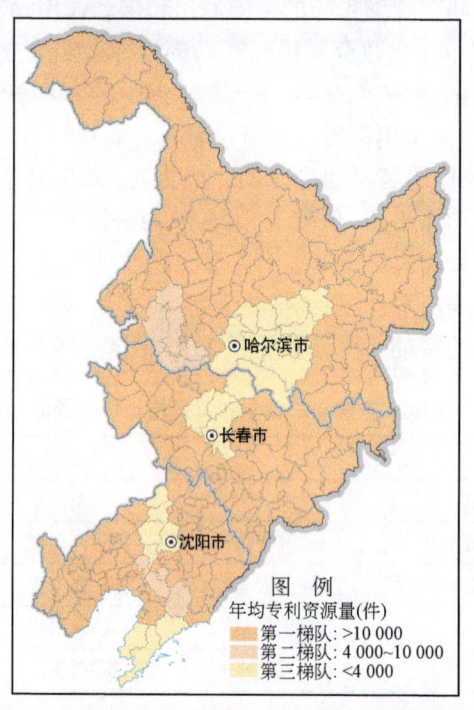

图 4-13　2002~2016年东北三省各地级市年均专利资源量空间分布

2. 三省专利资源空间分布格局显著不同，辽宁省梯队完整、层次合理，黑龙江省梯队完整但层次仍有改进空间，吉林省梯队出现断层

与其他两省相比，辽宁省分布格局相对完整，且从结构上呈现明显的"两头小，中间大"纺锤形分布特征，潜力城市比例较大，且专利资源存量远高于弱势城市，呈现出相对较好的梯度性和结构稳定性（图4-14）。辽宁省专利资源优势城市仅仅来源于成熟城市，潜力城市和弱势城市之间差距不大，但向成熟城市和优势城市的上升通道受阻，优势城市和成熟城市一直是沈阳市、大连市、鞍山市。从专利存量来看，也只有这三个城市年均专利存量超过万件，是其他城市的10~30倍。潜力城市与弱势城市专利资源存量较小，彼此间差距不大，之间转换频繁，存在低水平反复的现象。吉林、黑龙江两省潜力城市较少，专利资源存量占比过小，创新基础薄弱。这种分布格局导致各类城市创新整体实力相对脆弱，限制了创新资源的聚集效应。

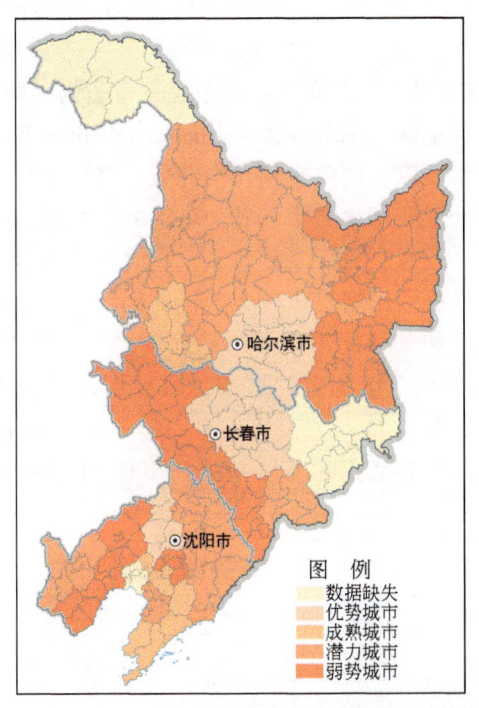

图4-14　2002~2016年基于专利资源的东北三省城市群类型及空间分布

3. 区域要素禀赋和产业基础差异催生三省极具地方特色的专利资源比较优势产业，区域内主要城市在产业创新层面上互补大于竞争

依托区域要素和产业基础差异，三省主要城市各自形成了极具地方特色的专利资源比较优势产业。辽宁省的沈阳市和大连市在计算机、通信及其他电子设备制造业，化学原料和化学制品制造业方面具有优势，大连市在电气机械和器材制造业方面具有优势。吉林省的长春、吉林、松原三市仪器仪表制造业，计算机、通信及其他电子设备制造业，专用设备制造业，化学原料和化学制品制造业聚集效应明显。其中，仪器仪表制造业，专用设备制造业，计算机、通信及其他电子设备制造业，化学原料和化学制品制造业在长春市全部工业产业专利资源存量中的占比分别为22.1%、11.7%、10.8%和10.6%，占长春市全部工业产业专利资源存量的1/2以上（55.2%）。黑龙江省的大庆市在专用设备制造业、开采辅助活动、仪器仪表制造业方面具有专利资源优势，专利资源占比分别为45.7%、24.2%和15.5%，三者之和超过了全市各产业总量的85%。开采辅助活动是大庆市创新资源的重点产业，与其产业发展基础相匹配。哈尔滨市在专用设备制造业，仪器仪表制造业，计算机、通信和其他电子设备制造业方面具有专利资源优势，专利资源占比分别为 22.9%、20.8% 和 11.3%，三者之和接近全市各产业总量的 1/2。

4. 老工业基地城市创新乏力成为影响东北三省省内协同发展的共性问题

作为工业化的先行地区，东北在推进我国工业化进程和建立完整的国民工业体系方面做出了历史性贡献，同时也使得东北成为老工业基地城市最多也最为集中的地区。横向对比老工业基地城市和其他城市的专利资源发现，大多数老工业基地城市产业结构单一、专利资源基础较差，同时在转型过程中对要素投入的过度依赖导致这些城市专利资源增速也较为缓慢，创新乏力。由表4-4可知，辽宁省的老工业基地型城市如葫芦岛市，由于基础较差，专利资源增速相对较缓慢，2007年后由潜力城市直接下沉为弱势城市；吉林省两极分化明显，以白城市为代表的部分潜力城市因资源枯竭、转型乏力而纷纷下滑到弱势城市，截至2016年仅存白山市。黑龙江省的老工业基地城市在2007年后退化为弱势城市，如佳木斯市。

表4-4　2002~2016年不同阶段城市类型变化

省份	城市	2002~2006年	2007~2011年	2012~2016年
辽宁省	鞍山市	优势城市	优势城市	成熟城市
	抚顺市	弱势城市	潜力城市	潜力城市
	本溪市	弱势城市	潜力城市	弱势城市
	锦州市	弱势城市	弱势城市	潜力城市
	营口市	弱势城市	潜力城市	弱势城市
	阜新市	潜力城市	弱势城市	弱势城市
	辽阳市	弱势城市	弱势城市	弱势城市
	铁岭市	弱势城市	潜力城市	弱势城市
	朝阳市	弱势城市	弱势城市	弱势城市
	葫芦岛市	潜力城市	弱势城市	弱势城市
吉林省	吉林市	成熟城市	优势城市	优势城市
	四平市	弱势城市	弱势城市	弱势城市
	辽源市	弱势城市	弱势城市	弱势城市
	通化市	弱势城市	弱势城市	弱势城市
	白山市	弱势城市	潜力城市	潜力城市
	白城市	潜力城市	弱势城市	潜力城市

续表

省份	城市	2002~2006年	2007~2011年	2012~2016年
黑龙江省	齐齐哈尔市	潜力城市	潜力城市	弱势城市
	佳木斯市	潜力城市	弱势城市	弱势城市
	大庆市	优势城市	优势城市	成熟城市
	鸡西市	弱势城市	弱势城市	潜力城市
	伊春市	弱势城市	潜力城市	潜力城市

二、专利资源的城市分布格局演化

1. 三省专利资源城市分布格局均呈现出核心城市偏向的两极化倾向特征，多数城市上升通道狭窄，呈现低水平的路径依赖和累积循环，潜力城市上升通道日趋狭窄

核心城市偏向的两极化倾向一方面指沈阳市、大连市、鞍山市、长春市、吉林市、哈尔滨市、大庆市等城市凭借区位、要素和政策等优势不断集聚创新资源，专利资源存量和增速在多数时期均超过省内均值，促进上述城市在各个时期均为专利资源优势城市或成熟城市，经年累月的积累使得各省在创新层面上对上述核心城市的依赖度也逐年递增。辽宁、吉林、黑龙江三省优势城市和成熟城市专利资源占比分别由2002~2006年的27.1%、51.7%和69.9%上升为2007~2011年的43.6%、71.8%和61.4%（表4-5）。另一方面，除上述七个城市外，多数如本溪市、铁岭市、辽源市、牡丹江市、鹤岗市等城市产业结构单一、创新不足，导致这些城市创新资源呈现流出态势，专利资源存量和增速多数时期均低于省内均值。与之对应地，潜力城市和弱势城市所拥有的专利资源占比随时间推移明显降低。

表4-5 各类型城市不同阶段专利资源占比分析 （单位:%）

时段	城市类型	辽宁省	吉林省	黑龙江省
2002~2006年	优势城市	27.1	51.7	69.9
	成熟城市	41.9	15.5	0.0
	潜力城市	10.2	6.7	13.3
	弱势城市	20.8	26.1	16.8

续表

时段	城市类型	辽宁省	吉林省	黑龙江省
2007~2011年	优势城市	43.6	71.8	61.4
	成熟城市	34.8	12.2	19.8
	潜力城市	5.6	11.0	11.0
	弱势城市	16.0	5.0	7.8
2012~2016年	优势城市	34.8	85.4	67.5
	成熟城市	46.0	0.0	13.4
	潜力城市	13.6	2.2	5.0
	弱势城市	5.6	12.4	14.1

2. 三省专利资源各类城市建设推进路径高度一致，均以经济核心城市为中心向周边逐层推进

从城市发展路径来看，三省城市发展中的专利资源联系与其经济联系几乎完全一致。其中，辽宁省专利资源的城市演进路径是以"沈大黄金带"的核心城市大连市和沈阳市为轴先后向西和向东推进，形成"中部崛起"的专利资源分布格局。吉林省专利资源的城市以长吉腹地的核心城市长春市和吉林市为中心，由西部先向西北转移后向东南转移，形成"长吉腹地带动西部发展"的专利资源分布格局。黑龙江省专利资源的城市演进路径是以大庆市和哈尔滨市为轴先向北覆盖后向东转移，形成"哈大齐工业带"的专利资源分布格局（图4-15）。

3. 2012年后东北城市创新活力回升显著

2002~2017年，东北三省城市平均专利资源增速除辽宁省略有回落外，吉林省、黑龙江省均呈现上升趋势。2002~2006年、2007~2011年、2012~2016年三个阶段辽吉黑三省城市平均专利资源年均增速均有了较大幅度的增长，如辽宁省在三个阶段的专利资源平均增速分别为13.6%、19.1%和17.5%，吉林省在三个阶段的专利资源平均增速分别为11.8%、14.7%和18.5%，黑龙江省在三个阶段的专利资源平均增速分别为12.0%、16.4%和19.6%，表明城市创新活力逐步增加。另外，除了吉林省，辽宁省和黑龙江省专利资源弱势城市的数量也有减少的趋势，如辽宁省弱势城市在2002~2006年有8个，2012~2016年这一阶段数量减少到4个；吉林省弱势城市在2002~2006年有5个，2012~2016年这一阶段数量减少到4个；黑龙江省弱势城市在2002~2006年有6个，2012~2016年这一阶段数量减少到5个。这也说明整体创新活力正在逐步提升。

◎ 第四章 创新资源空间分布及演化

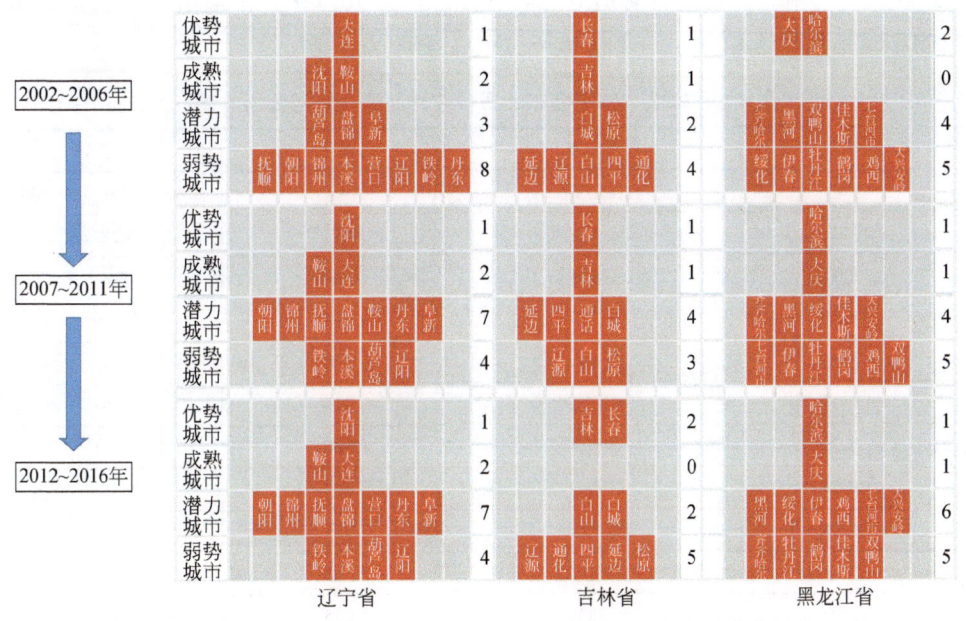

图 4-15 2002~2016 年东北三省四种专利资源城市类型分布结构

第四节 重点行业专利资源的空间分布格局

从装备制造业细分领域分析，辽宁、吉林、黑龙江三省有效专利量占比位居前三位的都集中在专用设备制造业，仪器仪表制造业，计算机、通信及其他电子设备制造业三个行业，有效专利量大且增速较快。为此本节特别选择专利存量和增速均排名第一位的专用设备制造业作为装备制造业细分领域的研究对象，分析其空间分布格局。

一、装备制造业

1. 装备制造业专利资源的区域分布

装备制造业专利资源的区域分布正在重构，辽宁省基础最好但增速最慢，黑龙江省各项均居中；吉林省基础较弱但增速最快（表4-6）。2013年以来，在装备制造业领域，东北三省中辽宁省拥有 26 699 件有效专利，居三省之首，约占东北三省装备制造业专利资源总量的 48.7%。黑龙江省次之，拥有专利资源 19 090 件，约占东北三省装备制造业专利资源总量的 34.6%。吉林省最少，不足

089

1万件，不到东北三省装备制造业专利资源总量的16.7%。年均增速与三省专利资源总量呈负相关趋势，黑龙江在年均增速方面位居首位。

表4-6 2002~2016年东北三省装备制造业专利资源总量 （单位：件）

年份	辽宁省	吉林省	黑龙江省
2002	1 136	496	491
2003	1 329	631	628
2004	1 600	778	798
2005	2 446	1 064	1 269
2006	3 442	1 251	1 685
2007	4 672	1 416	2 357
2008	5 799	1 880	3 311
2009	7 166	2 369	4 322
2010	9 528	2 971	5 715
2011	11 192	3 518	6 766
2012	14 859	4 725	8 548
2013	19 755	5 825	10 737
2014	23 967	6 841	13 735
2015	29 584	8 144	17 807
2016	33 449	10 105	22 208

2. 装备制造业专利资源的城市分布格局

辽宁省装备制造业60%以上的专利资源主要集中在大连市、沈阳市和鞍山市，在创新层面围绕上述三个城市三中心多核发展模式已然成型，吉林省和黑龙江省装备制造业半数以上的专利主要集中在其省会城市，创新层面仍为单一中心发展模式。2012~2016年，辽宁省作为重要的装备制造业大省，已经形成大连市、鞍山市和沈阳市三中心多核布局模式（图4-16）。其中，大连市和沈阳市在有效专利资源存量方面位于第一梯队，专利资源总量在万件上下；鞍山市以1073件的优势位于第二梯队，其余各市的专利资源总量均少于1000件，位于第三梯队。同一时期，装备制造业在吉林省、黑龙江省呈现以省会城市长春市、哈尔滨市为单一中心的分布结构。例如，长春市以6165件有效专利资源量（专利总量占吉林省专利总量的70%）、哈尔滨市以12 600件有效专利资源量（专利总量占黑龙江省专利总量的80%）的绝对领先优势成为第一梯队的唯一城市。

◎ 第四章　创新资源空间分布及演化

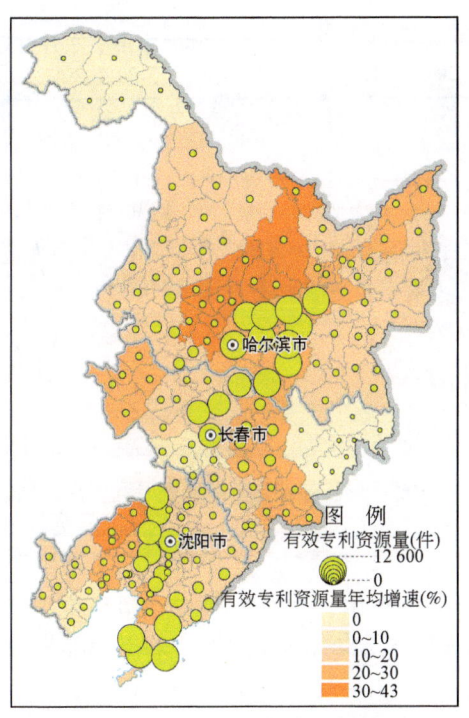

图 4-16　2002~2016 年东北三省各市装备制造业有效专利资源量及其年均增速空间分布图

3. 专利资源空间布局的差异

东北各市装备制造业尚未形成紧密的联系，各城市仍离散发展。东北地区装备制造业 2003~2016 年专利资源量的 Moran's I 指数结果显示（图 4-17），有 7 年的 Moran's I 指数值小于 0 且显著，表明这些年份装备制造业的城市布局为负自相关，具有相反专利资源规模（即高于东北地区均值和低于东北地区均值）的区域在空间上临近，高专利资源存量区域呈现相互分离的点状分布。从曲线的走势看，负相关程度呈现两次走强再持续走弱的变化，说明分离程度也表现为先分离后聚拢的趋势，只是聚拢的效果并不明显。

4. 专利资源空间集聚性

对沈阳市、大连市、鞍山市、长春市、吉林市、白城市、哈尔滨市、大庆市、齐齐哈尔市等第一梯队城市与周边城市的集聚类型进行分析，结果显示，2013 年，沈阳市、长春市、哈尔滨市、大连市、鞍山市、大庆市属于高-高聚集型，表明这些城市装备制造业专利资源基础相对雄厚，对周边城市的正向带动作用较大，辐射效应较强。大连市、鞍山市、齐齐哈尔市等城市刚好相反，对周边城市带动作用较弱。进入 2016 年后，高-高聚集型的城市不仅没有增加，反而减

091

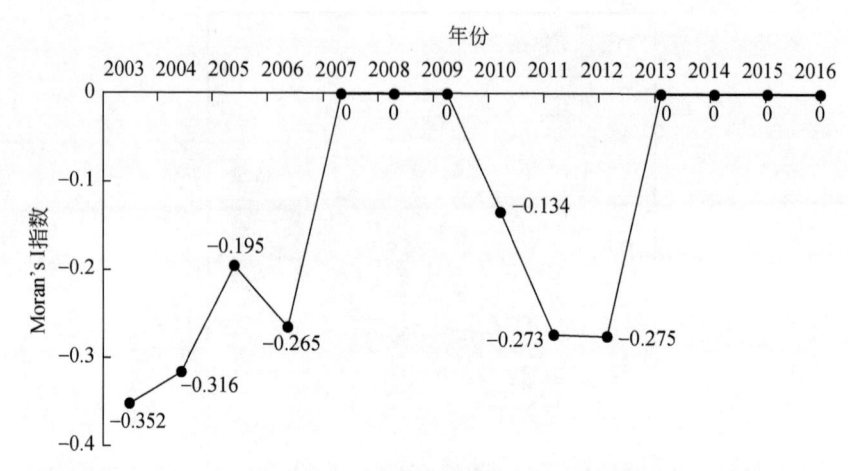

图 4-17 2003～2016 年东北三省装备制造业专利资源区域 Moran's I 指数

少至仅剩沈阳市、长春市、哈尔滨市三个城市，其余城市中大连市、吉林市、鞍山市、大庆市成为高–低聚集型，齐齐哈尔市、白城市成为低–低聚集型，意味着这些城市的装备制造业不仅没有对周边城市的发展起带动作用，自身的实力也在减弱。

二、专用设备制造业

1. 专用设备制造业专利资源的空间分布

辽宁省专用设备制造业专利资源的布局为点轴布局模式，沈阳市和大连市为重要的区域增长极，组成了轴线，铁岭市和营口市增长迅速，成为新的增长点。沈阳市和大连市不仅在专利资源存量方面全省领先（表4-7），是辽宁省专用设备制造业发展的优势城市，也是该行业整个地区创新资源的中心，组成了该行业发展的轴线。2012～2016 年，从增速看，阜新市、朝阳市、锦州市排名前三位，年均增速均在 20% 以上，沈阳市、营口市、抚顺市、丹东市、盘锦市年均增速也位于全省增速均值以上（或与全省增速均值持平），属于近年发展较快的城市。其中朝阳市、抚顺市、营口市、锦州市增速较快的一大原因在于其相对较少的专利存量基数。值得注意的是，辽阳市在 2007～2011 年年均增速呈负增长态势。

表4-7　2012~2016年辽宁省各市专用设备制造业年均专利资源量及增速比较

地区	专利资源量（件）	年均增速（%）
沈阳市	1755	18.6
大连市	1479	11.3
鞍山市	262	12.6
抚顺市	97	16.6
本溪市	36	12.2
丹东市	129	15.8
锦州市	74	21.9
营口市	81	17.1
阜新市	90	32.3
辽阳市	47	13.1
盘锦市	176	15.6
铁岭市	64	14.6
朝阳市	23	28.8
葫芦岛市	73	5.8
辽宁省	4387	15.6

　　吉林省专用设备制造业专利资源的布局为增长极模式，长春市具备绝对专利优势和中心地位，并分别从东西两侧开始逐步带动其他地区专用设备制造业的发展。由表4-8可知，长春市在各时期专利资源量和年均增速排名均比较靠前，专利资源增长极特征显著。吉林市无论是哪一个时期专利资源量均位居第二，但是与增长极长春市的差距也在逐渐拉大，截至2016年仍不具备成为第二个增长极的可能，只是具有一定的发展潜力。从地理位置上看，这种专利资源的布局为典型的增长极模式，长春市和吉林市位于吉林省中心区域向外围城市辐射发展的态势，即通过长（春）-吉（林市）-图（们江）经济区政策推动和大力建设，形成了吉林省技术创新的引擎，并分别向东边的延边朝鲜族自治州和西边的松原市推动，表现在年均增速方面则是白山市和辽源市的年均增速均显著高于其他地区，其中白山市更是在2012~2016年年均增速达到35.7%，接近长春市和吉林市年均增速的两倍。

表4-8　2002~2016年吉林省各市专用设备制造业专利资源量及年均增速比较

地区	2002~2006年 专利资源量（件）	年均增速（%）	2007~2011年 专利资源量（件）	年均增速（%）	2012~2016年 专利资源量（件）	年均增速（%）
长春市	134	16.2	277	16.9	803	19.4
吉林市	19	7.1	49	18.7	94	18.1
四平市	6	-12.9	11	68.3	22	12.3
辽源市	2	-12.9	10	22.9	16	3.5
通化市	7	-12.9	8	19.1	50	14.1
白山市	3	14.9	7	12.5	27	35.7
松原市	6	8.5	9	11.8	24	13.6
白城市	2	0.0	2	24.6	14	9.9
吉林省	178	11.7	374	18.1	1050	18.6

专用设备制造业的专利资源在黑龙江省的城市布局为增长极模式，哈尔滨市和大庆市拥有绝对专利优势和中心地位，并以此为据点依托带动齐齐哈尔市、牡丹江市和佳木斯市专用设备制造业的发展，其他地区专利资源发展仍较为薄弱。专用设备制造业是黑龙江省的专利资源成熟产业，资源存量位居全省各产业首位。由表4-9可知，哈尔滨市无论哪一个时期专利资源量均排名第一位，且保持一定的增速，专利资源增长极特征显著。此外，大庆市无论是哪一个时期专利资源量均位居第二，但是年均增速却持续放缓，在2012~2016年年均增速更是在全省垫底。牡丹江市、齐齐哈尔市、佳木斯市位于第三梯队。从地理位置上看，这些城市基本环绕哈尔滨市和大庆市两座城市，体现了中心城市的产业聚集和辐射带动作用。结合年均增速来看，齐齐哈尔市、佳木斯市、牡丹江市的年均增速也排名靠前，其中齐齐哈尔市和牡丹江市比较高的年均增速，一方面得益于《东北地区振兴规划》出台后的快速发展，另一方面也是得益于其专利资源存量基数较小。值得注意的是，齐齐哈尔市、佳木斯市年均增速在2002~2006年、2007~2011年、2012~2016年三个阶段均呈现提升的态势，说明其十分关注专用设备制造业的创新发展，但由于基础薄弱，目前仍处于追赶的态势。其他城市如黑河市等专利资源量和年均增速均较低，不是专用设备制造业的主要布局点。

表 4-9 2002~2016 年黑龙江省各市专用设备制造业专利资源量及年均增速比较

地区	2002~2006 年 专利资源量（件）	2002~2006 年 年均增速（%）	2007~2011 年 专利资源量（件）	2007~2011 年 年均增速（%）	2012~2016 年 专利资源量（件）	2012~2016 年 年均增速（%）
哈尔滨市	184	20.8	648	17.8	1826	22.4
齐齐哈尔市	12	1.5	31	15.4	95	15.4
鸡西市	1	-7.8	8	-7.8	22	6.5
鹤岗市	4	32.0	2	8.5	17	17.6
双鸭山市	3	-7.8	6	40.6	30	20.1
大庆市	98	33.0	282	13.1	515	9.8
伊春市	4	0.0	5	-6.5	14	35.1
佳木斯市	6	5.9	12	14.9	40	22.3
七台河市	1	50.0	6	43.1	11	21.7
牡丹江市	8	21.7	25	13.1	63	17.1
黑河市	1	0.0	1	14.9	11	16.5
绥化市	2	-12.9	5	8.5	25	40.6
大兴安岭地区	33	1.1	65	18.8	224	16.9
黑龙江省	324	21.5	1032	15.9	2670	19.4

2. 专用设备制造业专利资源的空间关联性

1）专用设备制造业的专利资源在东北地区基本不存在城市上的关联性，呈离散的点状分布，尚未形成联系紧密的城市群。2002~2016 年东北地区 36 个地级市专用设备制造业专利资源量的 Moran'I 指数，如图 4-18 所示，15 年间，有 9 年的 Moran'I 指数值小于 0 且显著，表明这些年份专用设备制造业的城市布局为负自相关，具有相反专利资源规模（即高于东北地区均值和低于东北地区均值）的区域在城市上临近，高专利资源存量区域呈现相互分离的点状分布。从曲线的走势看，负相关程度呈现两次走强再持续走弱的变化，说明分离程度也表现为先分离后聚拢的趋势，只是聚拢的效果并不明显。

2）潜在龙头城市中，大连市、长春市、大庆市和鞍山市等对周边城市产生了明显的辐射效应，带动相邻城市专用设备制造业专利资源的增长；哈尔滨市和沈阳市则刚好相反，对周边城市带动作用较弱。2012 年高-高聚集型城市有大连

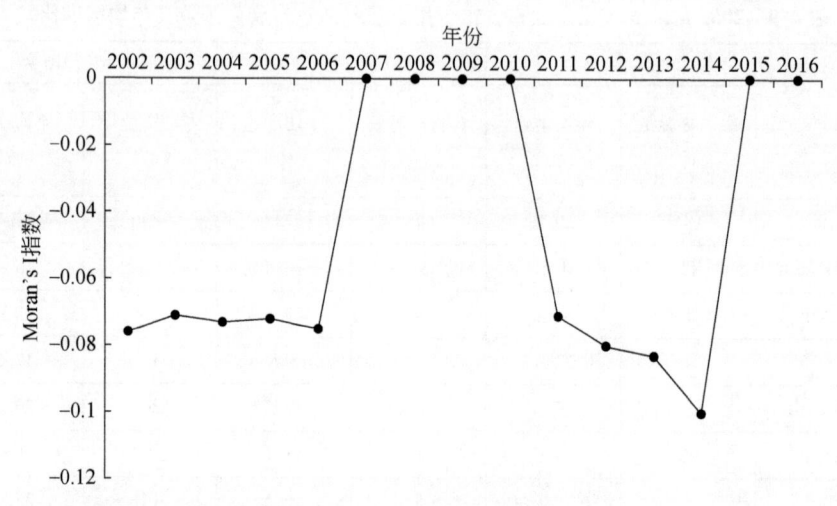

图 4-18 2002～2016 年东北三省专用设备制造业全局 Moran's I 指数

市、长春市、大庆市和鞍山市（表 4-10），表明这些城市专用设备制造业专利资源基础相对雄厚，对周边城市的正向带动作用较大，辐射效应较强。进入 2016 年，高-高聚集型城市增加了齐齐哈尔市、佳木斯市和牡丹江市，这些城市大都在空间上靠近上述城市。而哈尔滨市、沈阳市则属于高-低聚集型，表明这些城市虽然具有较大的专利资源存量，但是对其周边城市带动作用并不显著，产生了极化效果。

表 4-10 2012 年和 2016 年东北三省专利资源高-高聚集型城市和高-低聚集型城市

类型	2012 年	2016 年
高-高聚集型城市	大连市、大庆市、长春市、鞍山市	大连市、大庆市、长春市、鞍山市、齐齐哈尔市、牡丹江市、佳木斯市
高-低聚集型城市	哈尔滨市、沈阳市、盘锦市	哈尔滨市、沈阳市

参 考 文 献

潘文卿. 2012. 中国区域关联与经济增长的空间溢出效应. 经济研究, 47（1）: 54-65.
王业强, 郭叶波, 赵勇, 等. 2017. 科技创新驱动区域协调发展: 理论基础与中国实践. 中国软科学,（11）: 86-100.
王钺, 刘秉镰. 2017. 创新要素的流动为何如此重要？——基于全要素生产率的视角. 中国软科学, (8): 91-101.

魏后凯. 2014. 中国城镇化进程中的两极化倾向与规模格局重构. 中国工业经济, (3): 18-30.

Henderson J V, Shalizi Z, Venables A J. 2011. Geography and development. Journal of Economic Geogphy, 1 (1): 81-105.

第五章　创新资源产业分布及演化[①]

从全球产业竞争形势看，技术创新作为经济高质量发展的基石和重要推动力量，受到越来越多的关注。作为创新的重要保护手段，以专利为代表的知识产权已经渗透到产业竞争的方方面面，甚至成为决定产业竞争成败的关键。在此背景下，摸清东北地区专利资源的产业分布特征，优化产业创新结构，对实现东北产业持续健康发展，具有重要的指导意义。本章在解释专利资源行业分布划分依据的基础上，分析东北地区专利资源的行业分布特征及其演化格局。同时，依照《关于加快推动东北地区经济企稳向好若干重要举措的意见》（国发〔2016〕62号）的指示精神中"重塑东北装备竞争力"和"加强核心城市创新载体和平台建设"等要求，以沈阳、长春、哈尔滨和大连四大副省级城市的装备制造业等重点行业为研究对象，深入阐释其行业分布特征及问题。

第一节　专利资源行业分布基础状况

一、专利资源的行业划分标准与数据来源

1. 行业划分标准和对应关系

国家统计局采用线分类法对行业进行分类，将行业类别划分为门类、大类、中类和小类四级。其中，门类主要包括农、林、牧、渔业和工业，其中农、林、牧、渔业仅包含一个大类（A-农、林、牧、渔业），工业包含 B-采矿业、C-制造业、D-电力、热力、燃气及水生产和供应业及 E-建筑业四大类。因此，本章中的行业范围就涵盖了上述两大门类中的所有大类和中类行业，共有 50 个（各个行业的二位行业代码即中类行业代码见表 5-1）。各大类行业与中类行业的对应关系为，A-农、林、牧、渔业包括行业代码为 01~05 的中类行业，B-采矿业包

[①] 本章内容是作者在国家知识产权局委托完成的课题报告"东北地区专利资源分布格局研究（2017）"基础上整理完成。

括行业代码为 06~12 的中类行业、C-制造业包括行业代码为 13~43 的中类行业、D-电力、热力、燃气及水生产和供应业包括行业代码为 44~46 的中类行业，E-建筑业包括行业代码为 47~50 的中类行业。

表 5-1　专利资源的行业代码与行业名称列表

行业代码	行业名称	行业代码	行业名称
01	农业	26	化学原料和化学制品制造业
02	林业	27	医药制造业
03	畜牧业	28	化学纤维制造业
04	渔业	29	橡胶和塑料制品业
05	农、林、牧、渔服务业	30	非金属矿物制品业
06	煤炭开采和洗选业	31	黑色金属冶炼和压延加工业
07	石油和天然气开采业	32	有色金属冶炼和压延加工业
08	黑色金属矿采选业	33	金属制品业
09	有色金属矿采选业	34	通用设备制造业
10	非金属矿采选业	35	专用设备制造业
11	开采辅助活动	36	汽车制造业
12	其他采矿业	37	铁路、船舶、航空航天和其他运输设备制造业
13	农副食品加工业	38	电气机械和器材制造业
14	食品制造业	39	计算机、通信和其他电子设备制造业
15	酒、饮料和精制茶制造业	40	仪器仪表制造业
16	烟草制品业	41	其他制造业
17	纺织业	42	废弃资源综合利用业
18	纺织服装、服饰业	43	金属制品、机械和设备修理业
19	皮革、毛皮、羽毛及其制品和制鞋业	44	电力、热力生产和供应业
20	木材加工和木、竹、藤、棕、草制品业	45	燃气生产和供应业
21	家具制造业	46	水的生产和供应业
22	造纸和纸制品业	47	房屋建筑业
23	印刷和记录媒介复制业	48	土木工程建筑业
24	文教、工美、体育和娱乐用品制造业	49	建筑安装业
25	石油加工、炼焦和核燃料加工业	50	建筑装饰和其他建筑业

2. 数据来源

专利作为一种资源，其衡量标准中最易量化也最为客观的指标就是专利的数量。其中有效专利量不仅对所申请的专利进行了相应的审查，降低了一些非正常申请所带来的泡沫，还与专利的法律状态挂钩。为此，我们选择在当年有效的专利数量作为专利资源规模的衡量指标。考虑到与创新关系的紧密程度，选择了发明和实用新型两类专利，并通过编写相应产业的由 IPC 分类号和关键词组成的检索式在中国知识产权文献数据库检索得到。所检索数据的时间范围为 2002~2016 年。

二、轻重工业的专利资源分布

东北地区产业专利资源行业积累结构失衡，重化工业"一枝独秀"格局日趋固化。由表 5-2 可知，无论哪个阶段，东北地区的有效专利资源量优势行业均主要集中在专用设备制造业，仪器仪表制造业，计算机、通信和其他电子设备制造业，电气机械和器材制造业，化学原料和化学制品制造业，医药制造业，金属制品业等重化工业，说明东北地区在创新层面上仍然延续以装备制造业为主导的工业体系。同时，对各个阶段专利资源增速的行业分布解析也发现了类似的情形（表 5-3），专利资源增量优势行业也主要集中在重化工业，这意味着以重化工业作为创新主力的情形仍在加强，产业结构在专利层面仍处于"偏重"的轨道并仍在持续。

表 5-2　2002~2016 年不同阶段东北地区各行业年均专利资源量　（单位：件）

2002~2006 年		2007~2011 年		2012~2016 年	
行业	数量	行业	数量	行业	数量
专用设备制造业	3 819	专用设备制造业	6 559	专用设备制造业	11 616
通用设备制造业	1 836	仪器仪表制造业	3 074	仪器仪表制造业	9 928
仪器仪表制造业	1 375	通用设备制造业	2 939	计算机、通信和其他电子设备制造业	5 612
电气机械和器材制造业	1 068	电气机械和器材制造业	1 971	文教、工美、体育和娱乐用品制造业	3 461
金属制品业	730	金属制品业	1 494	电气机械和器材制造业	3 164
铁路、船舶、航空航天和其他运输设备制造业	682	开采辅助活动	1 294	金属制品业	3 110
林业	672	土木工程建筑业	1 186	化学原料和化学制品制造业	3 070
文教、工美、体育和娱乐用品制造业	542	化学原料和化学制品制造业	1 151	医药制造业	2 714

续表

2002~2006年		2007~2011年		2012~2016年	
行业	数量	行业	数量	行业	数量
开采辅助铁路活动	436	铁路、船舶、航空航天和其他运输设备制造业	966	土木工程建筑业	2 239
土木工程建筑业	426	林业	878	林业	1 820
农业	419	文教、工美、体育和娱乐用品制造业	833	开采辅助活动	1 724
化学原料及化学制品制造业	370	计算机、通信和其他电子设备制造业	720	食品制造业	1 630
农、林、牧、渔服务业	340	医药制造业	693	铁路、船舶、航空航天和其他运输设备制造业	1 492
医药制造业	324	建筑安装业	666	农业	1 453
建筑安装业	276	农业	644	建筑安装业	1 151
家具制造业	276	其他采矿业	615	汽车制造业	1 040
食品制造业	268	非金属矿物制品业	519	家具制造业	1 000
非金属矿物制品业	251	食品制造业	468	电力、热力生产和供应业	974
其他制造业	235	汽车制造业	407	其他采矿业	727
汽车制造业	220	电力、热力生产和供应业	356	酒、饮料和精制茶制造业	678
皮革、毛皮、羽毛及其制品和制鞋业	165	农、林、牧、渔服务业	328	农、林、牧、渔服务业	639
水的生产和供应业	149	家具制造业	328	非金属矿物制品业	623
其他采矿业	137	其他制造业	269	农副食品加工业	553
木材加工和木、竹、藤、棕、草制品业	128	有色金属冶炼和压延加工业	257	通用设备制造业	483
酒、饮料和精制茶制造业	126	木材加工和木、竹、藤、棕草制品业	254	有色金属冶炼和压延加工业	468
橡胶和塑料制品业	123	农副食品加工业	230	木材加工和木、竹、藤、棕、草制品业	421
农副食品加工业	117	水的生产和供应业	192	黑色金属冶炼和压延加工业	386
电力、热力生产和供应业	100	橡胶和塑料制品业	191	废弃资源综合利用业	363
纺织服装、服饰业	80	黑色金属冶炼和压延加工业	181	畜牧业	329

续表

2002~2006年	数量	2007~2011年	数量	2012~2016年	数量
行业		行业		行业	
畜牧业	74	酒、饮料和精制茶制造业	176	纺织业	293
渔业	69	皮革、毛皮、羽毛及其制品和制鞋业	163	橡胶和塑料制品业	241
计算机、通信和其他电子设备制造业	68	废弃资源综合利用业	146	其他制造业	194
黑色金属冶炼和压延加工业	55	畜牧业	135	皮革、毛皮、羽毛及其制品和制鞋业	192
有色金属冶炼和压延加工业	54	渔业	101	化学纤维制造业	175
废弃资源综合利用业	53	精炼石油产品制造	93	渔业	172
石油和天然气开采业	49	石油和天然气开采业	88	精炼石油产品制造	160
造纸和纸制品业	47	纺织服装、服饰业	86	纺织服装、服饰业	156
烟草制品业	26	造纸和纸制品业	80	水的生产和供应业	141
纺织业	25	纺织业	67	造纸和纸制品业	134
精炼石油产品制造	24	建筑装饰和其他建筑业	50	建筑装饰和其他建筑业	98
印刷和记录媒介复制业	23	房屋建筑业	44	印刷和记录媒介复制业	89
房屋建筑业	18	烟草制品业	36	燃气生产和供应业	86
建筑装饰和其他建筑业	16	印刷和记录媒介复制业	35	房屋建筑业	85
非金属矿采选业	12	化学纤维制造业	32	石油和天然气开采业	54
化学纤维制造业	8	燃气生产和供应业	29	煤炭开采和洗选业	22
煤炭开采和洗选业	7	非金属矿采选业	13	金属制品、机械和设备修理业	22
燃气生产和供应业	5	煤炭开采和洗选业	9	烟草制品业	17
有色金属矿采选业	2	金属制品、机械和设备修理业	8	非金属矿采选业	6
金属制品、机械和设备修理业	2	有色金属矿采选业	3	黑色金属矿采选业	3
黑色金属矿采选业	1	黑色金属矿采选业	2	有色金属矿采选业	1

表 5-3 2002~2016 年不同阶段东北地区各行业年均专利资源增速　　（单位:%）

2002~2006 年		2007~2012 年		2013~2016 年	
行业	增速	行业	增速	行业	增速
黑色金属矿采选业	35.8	有色金属采选业	51.6	有色金属矿采选业	22.9
开采辅助活动	26.8	化学纤维制造业	35.1	水的生产和供应业	21.4
化学原料和化学制品制品业	26.6	黑色金属冶炼和压延加工业	32.1	通信设备制造	20.8
石油和天然气开采业	25.2	黑色金属矿采选业	32.0	酒、饮料和精制茶制造业	20.7
精炼石油产品制造	24.4	燃气生产和供应业	30.7	化学纤维制造业	18.3
烟草制品业	23.9	通用设备制造业	29.7	铁路、船舶、航空航天和其他运输设备制造业	17.3
化学纤维制造业	23.6	电力、热力生产和供应业	28.8	汽车制造业	17.2
医药制造业	21.5	精炼石油产品制造	26.0	仪器仪表制造业	16.9
有色金属冶炼和压延加工业	20.3	金属制品业	25.3	通信设备制造	16.9
黑色金属冶炼和压延加工业	18.6	有色金属冶炼和压延加工业	24.2	医药制造业	16.8
燃气生产和供应业	18.0	通信设备制造	24.1	家具制造业	15.4
农副食品加工业	17.9	电气机械和器材制造业	22.2	食品制造业	14.8
电力、热力生产和供应业	17.7	仪器仪表制造业	21.6	电力、热力生产和供应业	14.7
非金属矿物制品业	17.2	非金属矿物制品业	21.4	非金属矿采选业	14.6
煤炭开采和洗选业	16.1	纺织业	20.6	橡胶和塑料制品业	14.4
食品制造业	15.8	煤炭开采和洗选业	19.8	黑色金属矿采选业	13.7
专用设备制造业	14.3	农副食品加工业	19.5	文教、工美、体育和娱乐用品制造业	13.4
计算机、通信和其他电子设备制造业	14.1	化学原料制品业	19.3	金属制品业	13.2
金属制品业	13.4	橡胶和塑料制品业	18.6	化学原料制品业	12.5
仪器仪表制造业	12.6	专用设备制造业	16.6	纺织业	12.3
汽车制造业	12.5	家具制造业	16.2	木材加工和木、竹、藤、棕、草制品业	11.6
酒、饮料和精制茶制造业	12.2	纺织服装、服饰业	15.8	有色金属冶炼和压延加工业	11.5
非金属矿采选业	11.8	印刷	14.7	农副食品加工业	11.2
木材加工和木、竹、藤、棕、草制品业	11.3	汽车制造业	14.7	烟草制品业	11.1

续表

2002~2006年		2007~2012年		2013~2016年	
行业	增速	行业	增速	行业	增速
电气机械和器材制造业	11.0	铁路、船舶、航空航天和其他运输设备制造业	14.5	电气机械和器材制造业	11.1
橡胶和塑料制品业	9.8	开采辅助活动	14.5	专用设备制造业	9.5
铁路、船舶、航空航天和其他运输设备制造业	8.2	食品制造业	14.4	造纸和纸制品业	8.8
文教、工美、体育和娱乐用品制造业	7.9	医药制造业	13.9	开采辅助活动	7.4
纺织服装制造业	7.8	造纸和纸制品业	13.1	印刷业	7.1
纺织业	7.2	木材加工和木、竹、藤、棕、草制品业	13.1	非金属矿采选业	7.0
印刷	7.0	烟草制品业	13.1	燃气生产和供应业	6.9
水的生产和供应业	6.8	文教、工美、体育和娱乐用品制造业	13.0	黑色金属冶炼和压延加工业	6.9
家具制造业	5.5	非金属矿采选业	12.0	石油和天然气开采业	6.5
通用设备制造业	3.8	皮革、毛皮、羽毛及其制品和制鞋业	11.0	精炼石油产品制造	4.6
皮革、毛皮、羽毛及其制品和制鞋业	3.1	酒、饮料和精制茶制造业	8.0	纺织服装制造业	3.9
造纸和纸制品业	-0.8	水的生产和供应业	7.6	煤炭开采和洗选业	0.6
有色金属矿采选业	-100.0	石油和天然气开采业	3.0	皮革、毛皮、羽毛及其制品和制鞋业	-5.0

三、专利资源行业的技术分布

东北地区专利资源技术分布加速失衡，专利增长多集中在传统技术领域，新兴高技术领域比例小。从集聚了东北地区70%的专利资源的七大行业（专用设备制造业，仪器仪表制造业，计算机、通信和其他电子设备制造业，化学原料和化学制品制造业，电气机械和器材制造业，金属制品业和医药制造业）来看，虽然这七大行业涉及新兴产业、新兴技术，但其专利资源却仍然主要集聚在传统技术领域，如装置部件制造、机械性能改进等，较少涉及智能化、信息化、新材料等新兴技术领域。以电气机械和器材制造业为例，东北地区专利资源主要集中在电机、基本电气元件等传统技术领域，在电能转化装置、光感器件等新兴技术领域专利布局较少（图5-1～图5-3）。

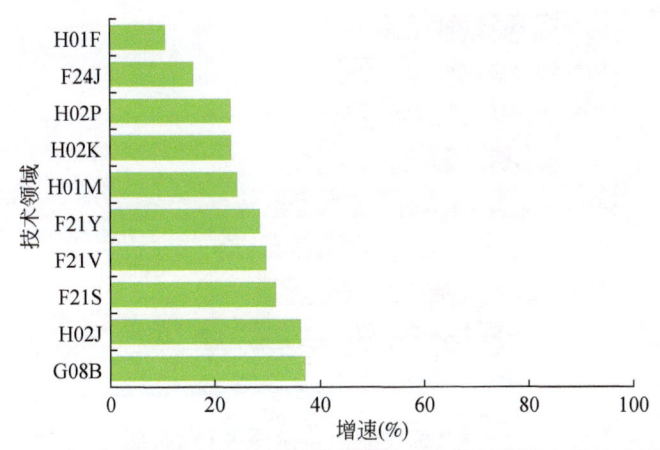

图 5-1　2012～2016年辽宁省电气机械和器材制造业专利规模最大的技术领域及其增速

图中为IPC代码，其对应的技术内容详见本书附表1，下同

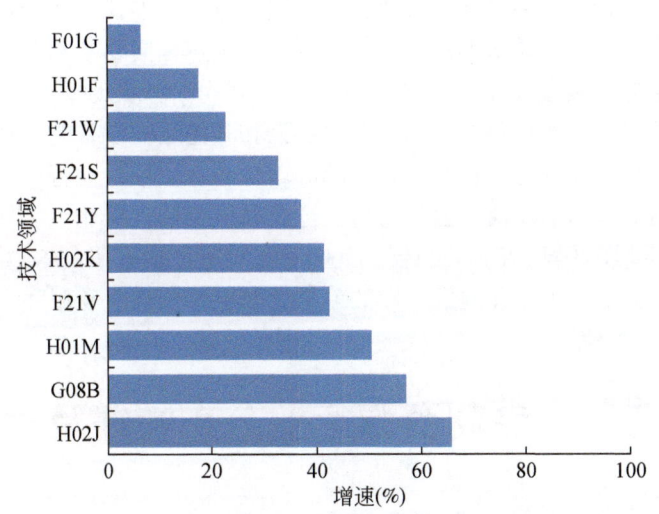

图 5-2　2012～2016年黑龙江省电气机械和器材制造业专利规模最大的技术领域及其增速

四、专利资源的行业配置格局

东北地区专利资源行业配置失衡，装备制造业已成为专利资源的主要增长极，但其中新兴技术领域专利资源增长乏力。研究表明，2013年以来，东北地

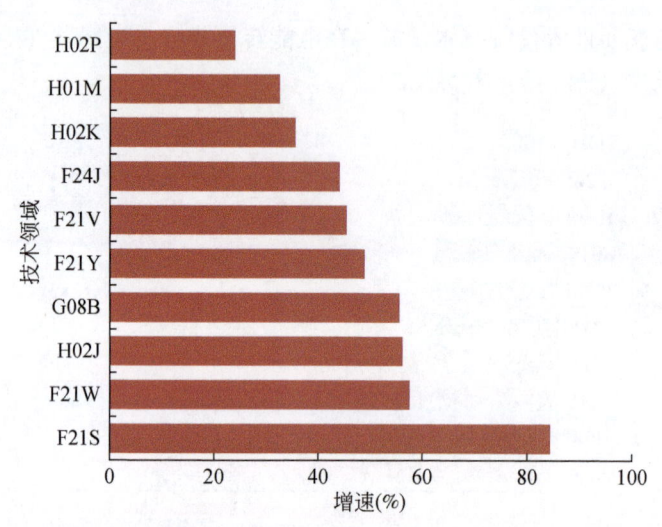

图 5-3　2012~2016 年吉林省电气机械和器材制造业专利规模最大的技术领域及其增速

区专利资源增长极主要集中在有色金属矿采选业，通用设备制造业，铁路、船舶、航空航天和其他运输设备制造业，汽车制造业，仪器仪表制造业等装备制造业，表明东北地区产业技术创新资源的配置重心依然偏向装备制造业领域，这与国家重塑东北地区装备竞争力的相关扶持密不可分。东北地区有色金属矿采选业，通用设备制造业，铁路、船舶、航空航天和其他运输设备制造业，汽车制造业，仪器仪表制造业等传统行业专利资源的增长明显快于其他行业，约为东北地区各行业平均水平的 1.6 倍；但是与传统行业领域相比，东北地区新兴技术领域专利资源增速差距明显，尚不足传统行业领域增速平均水平的 80%。这种增速的差距，客观上反映了东北地区有限的创新资源在传统行业领域和新兴高技术领域中配置状况的差距。

第二节　专利资源行业分布特征及演化

一、基于专利资源的行业类型划分依据

从专利资源存量和增量两个维度对 50 个①细分产业进行聚类分析（图 5-4），

---

①　此处由于数据可获得性等，对农、林、牧、渔业，采矿业，制造业，电力、热力、燃气及水生产和供应业，建筑业领域 50 个细分行业进行分析。

◎ 第五章　创新资源产业分布及演化

可以将细分产业依照创新优先级的顺序依次递减划分为优势产业、成熟产业、上升产业和弱势产业四种类型。其中专利优势产业指专利资源数量和增速均高于产业平均值的产业；成熟产业指仅专利资源数量高于产业平均值的产业；上升产业指仅专利资源增速高于产业平均值的产业；弱势产业指专利资源数量和增速均低于产业平均值的产业。

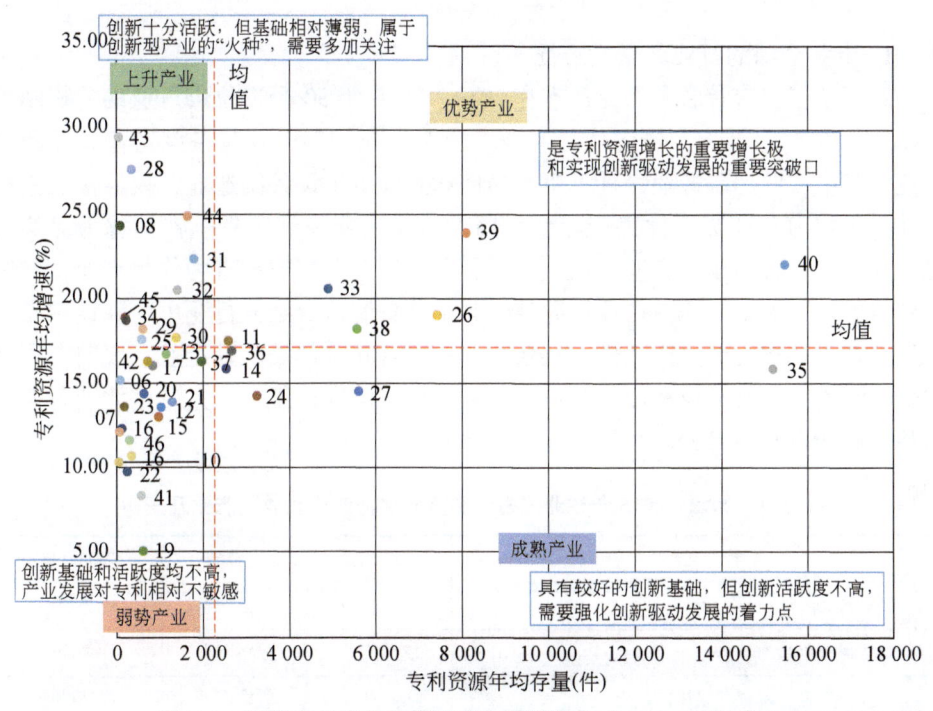

图 5-4　四类产业群划分依据和产业群特点（2002～2016 年）

对行业而言，专利资源拥有量则反映了不同领域创新的实力，而专利资源的增长速度反映了不同领域申请主体的研发热情。据此，由四类产业群所处的象限位置可知四类产业群的特点。优势产业既具有较强的专利实力又保持相当的研发活跃度，因此可以被认为是专利资源增长的重要增长极和实现创新驱动发展的突破口，也是实现科技创新驱动产业发展方式的立足点。成熟产业虽然研发并不活跃，但具有较好的专利基础，这一基础为该产业专利水平的提升提供了"巨人的肩膀"，因此是强化创新驱动发展最见成效的着力点。上升产业刚好相反，研究开发热度很高，意味着近期这类产业发展与专利及其所代表的创新关系较为密切，但较弱的专利基础使得其创新驱动发展前景不甚明朗，是创新型产业的"火种"，能否真正实现创新驱动型发展方式仍需进一步关注。弱势产业的专利基础

107

和活跃度均较弱，这类产业发展对专利相对不敏感，大多属于要素投入驱动型产业。从上述产业群的特征可以看出，前三种产业群至少在某一方面具备专利资源比较优势，因此可以被认为是在专利领域具有一定优势的产业集群。

二、专利资源行业分布现状

1. 专利资源的行业聚集性特征

对辽宁省、吉林省和黑龙江省在2012~2016年50个二位码行业的分析结果显示（表5-4），其专利资源优势产业、成熟产业均集中在装备制造业和医药制造业。其中，医药制造业，计算机、通信和其他电子设备制造业，仪器仪表制造业在三省均为专利资源优势产业，专用设备制造业在辽宁省、吉林省为优势行业，在黑龙江省为成熟产业，电气机械和器材制造业在吉林省为优势产业，在黑龙江省、辽宁省则为成熟产业。此外，剩余装备制造业细分行业中，除通用设备制造业在吉林省为弱势产业外，其余行业在三省几乎都是上升产业，表明专利资源仍不断向装备制造业和医药制造业集聚，这与国家近年来加大对东北装备竞争力培育的扶持密不可分。

表5-4 2012~2016年东北三省专利资源优势产业和成熟产业及分布

行业名称	辽宁省	吉林省	黑龙江省
11. 开采辅助活动	上升产业	上升产业	优势产业
14. 食品制造业	成熟产业	成熟产业	优势产业
24. 文教、工美、体育和娱乐用品制造业	成熟产业	成熟产业	成熟产业
26. 化学原料和化学制品制造业	优势产业	优势产业	优势产业
27. 医药制造业	优势产业	优势产业	优势产业
33. 金属制品业	优势产业	优势产业	优势产业
35. 专用设备制造业	优势产业	优势产业	成熟产业
36. 汽车制造业	优势产业	优势产业	成熟产业
37. 铁路、船舶、航空航天和其他运输设备制造业	成熟产业	弱势产业	上升产业
38. 电气机械和器材制造业	成熟产业	优势产业	优势产业
39. 计算机、通信和其他电子设备制造业	优势产业	优势产业	优势产业
40. 仪器仪表制造业	优势产业	优势产业	优势产业

注：未列入表格中的行业均为弱势行业

2. 产业创新转型发展的重心行业分布

从专利资源增速看，辽宁省创新转型发展较快的是电力、热力生产和供应业，燃气生产和供应业，水的生产和供应业，铁路、船舶、航空航天和其他运输设备制造业，橡胶和塑料制品业，造纸和纸制品业。辽宁省2002~2016年创新增速逐年增长的产业主要有水的生产和供应业，铁路、船舶、航空航天和其他运输设备制造业，橡胶和塑料制品业，造纸和纸制品业。铁路、船舶、航空航天和其他运输设备制造业的创新增长迅速，且已经具备了一定的产业专利资源创新基础，未来有望成为辽宁省产业专利创新的新增长点。吉林省创新发展较快的产业为专用设备制造业，文教、工美、体育和娱乐用品制造业。其中，专用设备制造业专利资源年均增速从2002~2006年的12.6%，上升至2007~2011年的14.6%，在2012~2016年增加到17.6%，比2002~2006年上升5个百分点。该产业在吉林省的工业产业专利资源中所占比例却逐年下降，由2002~2006年的18.6%，下降到2012~2016年的15.4%，下降了3.2个百分点。2012~2016年专用设备制造业在吉林省专利资源量的垄断地位被仪器仪表制造业超越。黑龙江省创新持续发展的产业则是家具制造业，文教、工美、体育和娱乐用品制造业，汽车制造业，铁路、船舶、航空航天和其他运输设备制造业。15年来，黑龙江省创新速率逐年增长的产业主要为家具制造业，文教体育用品制造业，汽车制造业，铁路、船舶、航空航天和其他运输设备制造业。其中，汽车制造业，铁路、船舶、航空航天和其他运输设备制造业虽然近15年来创新增速持续增长，但近年来增速放缓：2002~2006年，以上两个行业的专利资源年均增长率分别为6.4%和19.5%，2007~2011年分别上升为16.4%和21.6%，2012~2016年分别增长为19.2%和22.4%，2011年后两个行业的发展策略进行了相应的调整。

3. 专利资源的产业分布结构及演化

对比东北三省不同类型产业专利资源存量和增速发现，虽然三省专利优势产业数量整体保持增长，但经过1992~2016年的调整，三省产业分布结构的合理性均呈现不同程度的下降。具体表现为：一是成熟产业数量均呈现出较大幅度的下降，导致创新后劲不足。2016年辽宁省、吉林省、黑龙江省成熟产业的数量分别为4个、2个和2个。二是弱势产业的数量一直没有减少，辽宁省和吉林省在多数阶段甚至还略有增加（图5-5）。这意味着东北近1/3的行业专利资源的存量和增速不高。

4. 产业专利资源与其他资源投入的相关性

各类要素禀赋与专利资源的协同度是衡量要素回报和决定投入产出效率的重要参考，利用皮尔逊相关系数分别分析了辽宁、吉林、黑龙江三省农、林、牧、

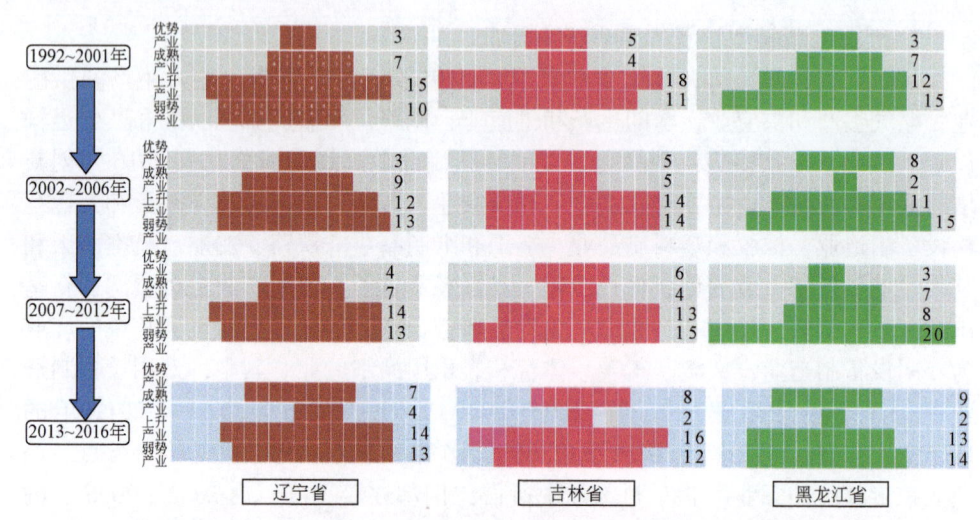

图 5-5　1992～2016 年各时段东北三省按专利资源的产业类型分布及变化

渔业，采矿业，制造业，生产和供应业及建筑业的专利资源数量与其生产过程中的资本要素（固定资产投资）、劳动要素（从业人员）的协同度（表 5-5）。可以看出，东北三省的一个共性特征在于多数行业与资本要素的协同度均显著高于劳动要素，如辽宁省工业，专利资源与固定资产投资的协同度为 0.469，约为从业人员的 1.9 倍，进一步细分行业中除采矿业外，制造业、生产和供应业也类似；吉林省也类似，黑龙江省略有不同，细分行业中除建筑业外，农、林、牧、渔业，采矿业，制造业，生产和供应业的专利资源与资本要素的协同度显著高于劳动要素。由此可知，三省产业创新效率的改进更倾向于劳动改进型，即劳动要素改进所带来的效率提升将远远高于资本要素。

表 5-5　2002～2016 年东北三省产业专利资源与资本和劳动要素的相关性系数

行业名称		辽宁省		吉林省		黑龙江省	
		固定资产投资	从业人员	固定资产投资	从业人员	固定资产投资	从业人员
农、林、牧、渔业		0.123	0.162	0.151	0.206	0.265	0.108
工业	合计	0.469	0.242	0.302	0.133	0.438	0.191
	采矿业	0.211	0.232	0.021	0.123	0.638	0.176
	制造业	0.475	0.281	0.269	0.128	0.436	0.152
	生产和供应业	0.328	0.197	0.393	0.175	0.249	0.154
	建筑业	0.271	0.186	0.432	0.369	0.151	0.175

三、专利资源行业分布演化

1. 专利资源的调整方向均是在原有工业体系下的微调，是在原有工业体系基础上的再工业化

东北三省并未通过创新形成新体系，而是固守"老工业基地"的装备制造业和化工体系，通过下沉农林产品制造等轻工行业和采矿业、生产和供应业，提升对原有传统优势行业创新资源分配的比例。因此，可以认为是在原有工业体系基础上的再工业化，呈现出明显的重型化和高度工业化的特征。化学制造业，医疗制造业，金属制品业，电气机械和器材制造业，计算机、通信和其他电子设备制造业，仪器仪表制造业是三省近15年来共同的创新优势产业，创新格局尚未发生明显变化。这一方式不利于东北三省现代轻工业的发展，并已经对其产生了一定的挤出效应。对比不同行业在不同阶段的专利资源增速，结果显示，三省近15年来，创新增速逐年降低的产业主要有木材加工和木、竹、藤、棕、草制品业，开采辅助活动等行业，这些行业年均增速下降显著，其2016年专利资源增速相比2002年平均下降4～12个百分点。

2. 同一阶段调整的重点产业差异显著，区域内在专利资源层面尚不存在产业内部的同质竞争和重复沉淀

分析显示，一是同一阶段东北三省创新资源分配重点几乎不存在同步性。从大产业分支的调整路径看，辽宁省是先调整原材料产业，再调整装备制造业，吉林省虽然较为相似，但在大类行业上交叉并不多；黑龙江省则在装备制造业中反复调整（图5-6）。在大类行业分析方面，2002年前，三省仅有医药制造业为共同侧重的行业，表现为创新资源分配的倾斜使得三省医药产业均由上升产业一跃成为优势产业。2002年之后，三省专利资源分配的差异更为显著。辽宁省增加了对纺织业，化学纤维制造业，金属制品业，计算机、通信和其他电子设备制造业等产业创新资源的分配比例，吉林省重点增加铁路、船舶、航空航天和其他运输设备制造业，仪器仪表制造业，金属矿采选业的创新投入；黑龙江省则加大了对文教、工美、体育和娱乐用品制造业的投入，重合度极低。二是近15年来三省产业转型发展的重心也存在较大差异。对东北三省近15年专利资源增速进行梳理发现，辽宁省在水的生产和供应业，铁路、船舶、航空航天和其他运输设备制造业等产业发力明显，吉林省在专用设备制造业，文教、工美、体育和娱乐用品制造业发力明显，黑龙江省在家具制造业和汽车制造业发力明显。例如，辽宁省水的生产和供应业的专利资源年均增速从2002～2006年的5.48%，上升至2007～2011年的6.05%和2012～2016年的14.72%，上升了9.24个百分点。吉林省专用设备制造业专利资源年均增速从 2002~2006 年的 12.6%，上升至 2007~2011 年的 14.6% 和 2012~2016 年的 17.6%，上升了 5.0 个百分点。黑龙江省家具制造业专利资源年均增速从 2002~2006 年的 4.3%，上升至 2007~2011 年的 5.7% 和 2012~2016 年的 45.9%，上升了 41.6 个百分点。

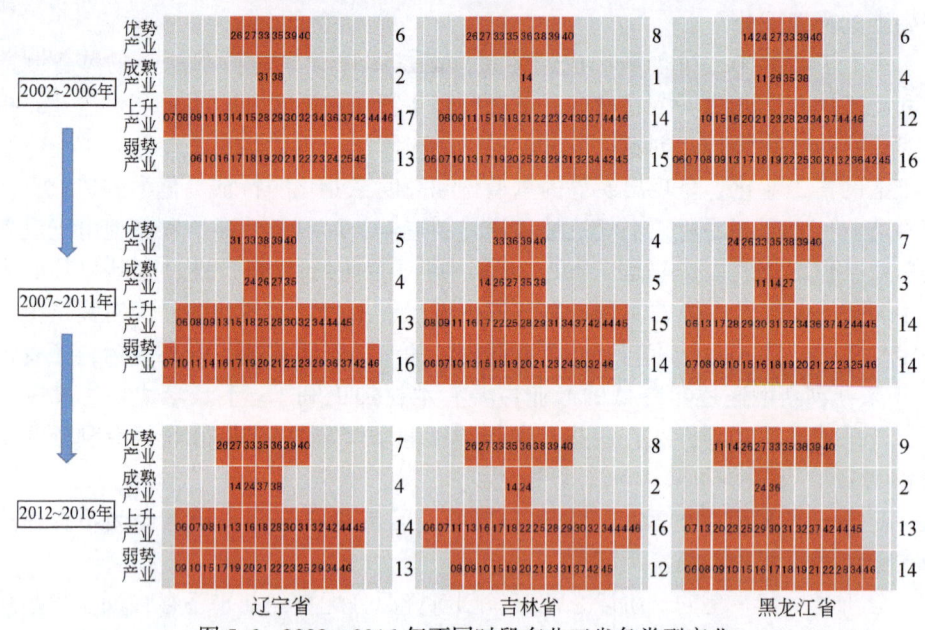

图 5-6　2002~2016 年不同时段东北三省各类型产业

图中代码为装备制造业细分行业代码，相应行业代码含义及与装备制造业的对应关系见本书附表 2

3. 专利资源在所有大类行业的区域集聚变化趋势高度一致，反映其作为一个整体经济单元在创新层面的专业化和协作趋势高度趋同

产业专利资源的地理集聚情况在一定程度上反映了地区创新的专业化水平和协作情况，通过有效专利量计算了农、林、牧、渔业（图 5-7），采矿业（图 5-8），制造业（图 5-9），生产供应业（图 5-10）和建筑业（图 5-11）等实体经济的相对地理集中指数及年度变化情况。三省农、林、牧、渔业，制造业的专利资源地理集中度均呈现先集聚再扩散的变动趋势。这意味着在创新要素价格杠杆的引导下，三省农、林、牧、渔业，制造业为降低创新成本和获得集聚效应，开始向省内某一个或几个较好的城市或地点集中，从而产生规模效益，但是，随着规模边际收益的不断降低，已经出现了资源扩散的现象，使得区域上述两大类行业的专业化和协作日益减少。同时，三省生产和供应业及建筑业的专利资源地理集中度则呈现单一的持续集中效应。这意味着上述两个行业仍处于创新周期的增长阶段，专利资源的产出不断向少数城市聚集，创新专业化水平和规模收益仍不断提升。此外，三省采矿业的专利资源地理集中度呈现先扩散再集聚的变动趋势，且扩散效应明显大于集聚效应。这意味着与其他产业已经经历了较长时期专利资源集聚不同，采矿业在经历短暂的集聚后，在创新层面呈现不断发散的态势，采矿业在创新层面日益依靠单个企业、单个城市自身的能力和资源范围，而非协同协作。值得注意的是，三省采矿业专利资源地理集中度发生改变的时间拐点也高度一致，其从扩散转向集聚的年份均为2015年。

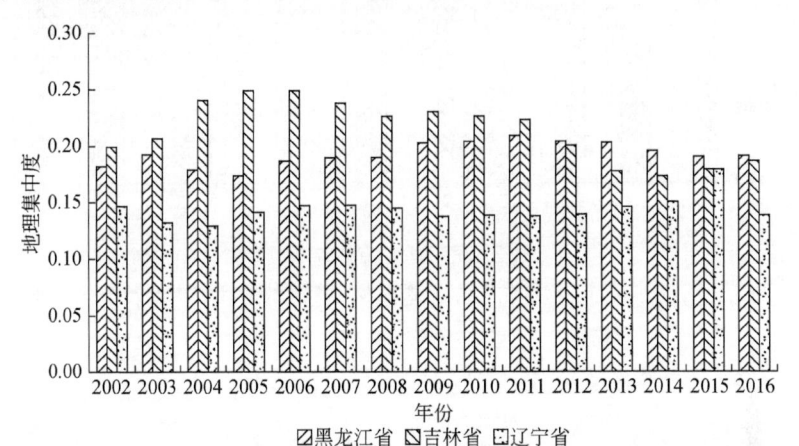

图 5-7　2002~2016年东北三省农、林、牧、渔业专利资源的地理集中度及变化趋势

注：地理集中度表示以地级市为基本单元，某产业在区域空间的集聚程度，本文的计算方法是依据产业相对地理集中度改进而成，具体公式：$S_k^R = \sqrt{\frac{1}{m}\sum_i (S_i^k - S_i)^2}$，其中 S_k^R 为 k 产业相对地理集中度指数，其中 m 为区域数量，S_i^k 为 i 地区 k 产业的有效专利量占整个区域 k 产业有效专利总量的份额，S_i 为 i 地区所有产业的有效专利量占整个区域有效专利总量的份额。下同

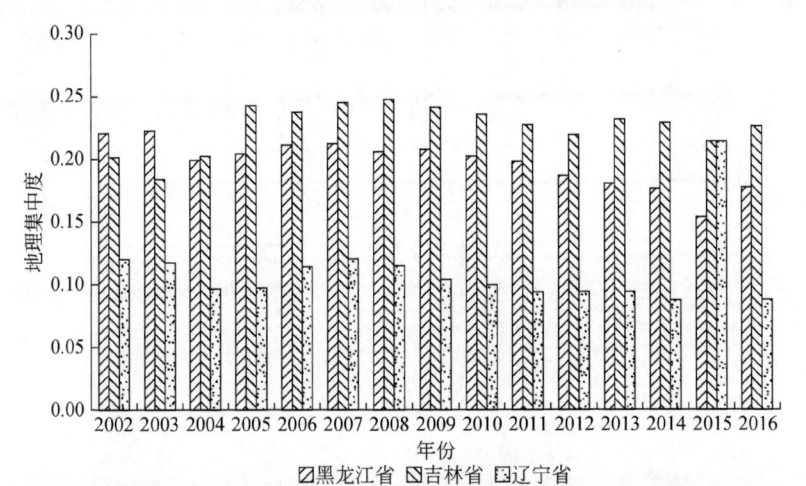

图 5-8　2002~2016年东北三省采矿业专利资源的地理集中度及变化趋势

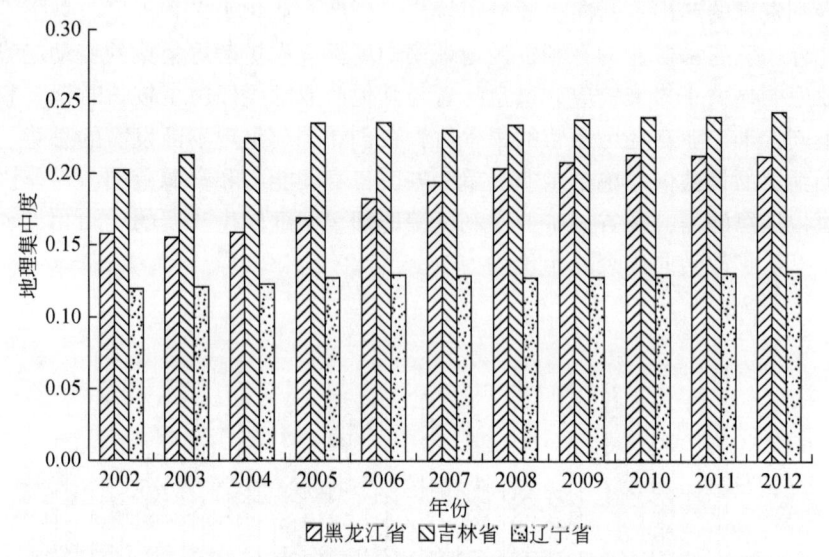

图 5-9　2002～2012 年东北三省制造业专利资源的地理集中度及变化趋势

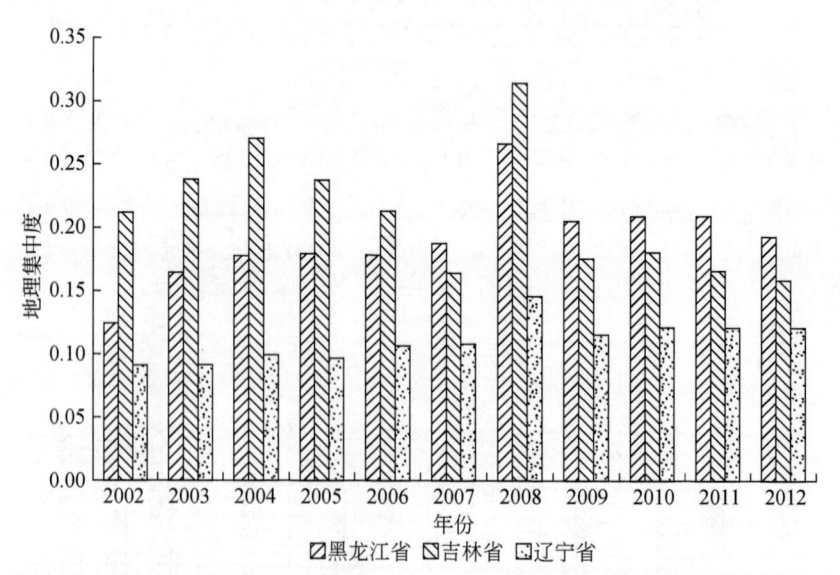

图 5-10　2002～2012 年东北三省生产和供应业专利资源的地理集中度及变化趋势

◎ 第五章 创新资源产业分布及演化

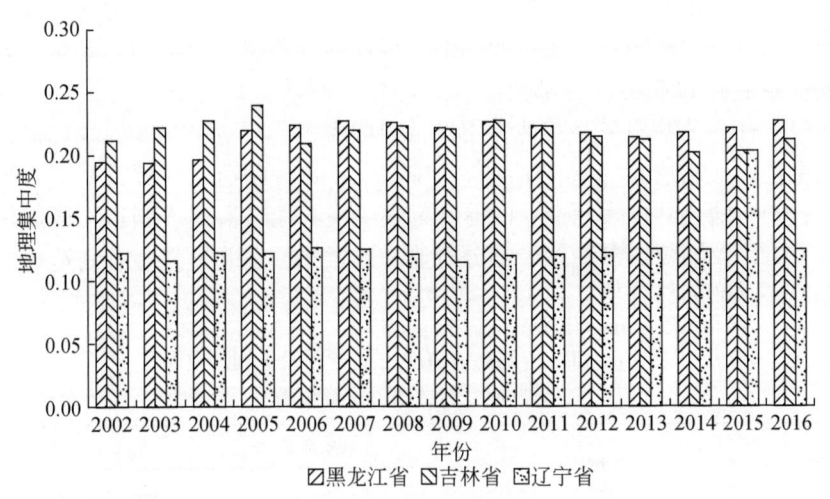

图 5-11 2002~2016 年东北三省建筑业专利资源的地理集中度及变化趋势

四、装备制造业专利资源行业分布及演化

1. 装备制造业成为东北专利资源的主要增长极，但新兴技术领域专利资源增长乏力、亟待加强创新资源的战略性配置

2013 年以来，东北地区专利资源增长极主要集中在有色金属矿采选业、通用设备制造业，铁路、船舶、航空航天和其他运输设备制造业，汽车制造业，仪器仪表制造业等装备制造业，表明东北地区产业技术创新资源的配置重心依然偏向装备制造业领域，这与国家重塑东北装备竞争力的相关扶持密不可分。2013 年以来，东北地区有色金属矿采选业、通用设备制造业，铁路、船舶、航空航天和其他运输设备制造业，汽车制造业，仪器仪表制造业等传统行业专利资源的增长明显快于其他行业，约为东北地区各行业平均水平的 1.6 倍；但是与传统行业领域相比，东北地区新兴技术领域专利资源增速差距明显，尚不足传统行业领域增速平均水平的 80%。这种增长速度的差距，客观上反映了东北地区有限的创新资源在传统行业领域和新兴技术领域中的配置状况。

2. 三省装备制造业的产业和技术关注点高度相似，专用设备制造业，仪器仪表制造业，计算机、通信和其他电子设备制造业三个行业为东北三省共同关注的细分行业

装备制造业细分领域有效专利量统计分析显示，三省有效专利资源占比位居前三位的行业均为专用设备制造业、仪器仪表制造业，计算机、通信和其他电子

115

设备制造业，有效专利量大且增速较快（表5-6）。进一步对上述三个行业分解后发现，三省专利资源在上述行业的细分行业的分布也十分类似，80%~90%的专用设备制造业的专利资源都集中在的印刷、制药、日化及日用品生产专用设备，环保、社会公共服务及其他专用设备制造两大子行业；90%的计算机、通信和其他电子设备制造业的专利资源都集中在电子器件制造、计算机制造和视听设备制造；90%的仪器仪表制造业的专利都集中在其他仪器仪表制造、通用仪器仪表制造、专用仪器仪表制造三个细分行业。这意味着东北三省装备制造业的专利资源存在较高的同质性。

表5-6　2012~2016年东北三省专用设备制造业等
三个行业专利资源占比及增速① （单位：%）

行业	领域	专利资源占比 辽宁省	吉林省	黑龙江省	专利资源增速 辽宁省	吉林省	黑龙江省
35 专用设备制造业	351. 采矿、冶金、建筑专用设备制造	5.5	1.9	2.3	-3.8	5.2	1.5
	352. 化工、木材、非金属加工专用设备制造	1.4	1.5	1.32	2.1	-5.4	4.1
	353. 食品、饮料、烟草及饲料生产专用设备	7.1	6.3	10.37	-11.7	11.3	4.1
	354. 印刷、制药、日化及日用品生产专用设备	30.1	31.4	28.6	-0.6	7.6	3.7
	355. 纺织、服装和皮革加工专用设备制造	0.7	0.8	0.6	8.8	-2.1	8.6
	356. 电子和电工机械专用设备制造	3.6	5.0	2.5	-8.3	4.6	-1.2
	357. 农、林、牧、渔专用机械制造	0.9	0.8	1.4	1.5	12.6	6.5
	358. 医疗仪器设备及器械制造	5.3	8.4	7.9	8.2	14.7	8.4
	359. 环保、社会公共服务及其他专用设备制造	45.5	44.0	45.0	0.00	14.8	5.3

① 其中专利资源占比指该行业专利资源占所属装备制造业大类行业的总比例。

续表

行业	领域	专利资源占比			专利资源增速		
		辽宁省	吉林省	黑龙江省	辽宁省	吉林省	黑龙江省
39 计算机、通信和其他电子设备制造业	391. 计算机制造	20.3	11.9	17.9	5.7	20.5	-1.2
	392. 通信设备制造	6.1	5.4	10.6	7.0	23.9	-5.8
	393. 广播电视设备制造	7.3	5.6	11.1	3.1	31.0	-1.1
	394. 雷达及配套设备制造	10.1	8.2	15.3	11.0	30.7	2.8
	395. 视听设备制造	16.7	24.3	11.2	-5.8	10.7	-1.3
	396. 电子器件制造	35.5	39.6	28.7	-3.0	9.4	2.5
	397. 电子元件制造	3.0	4.5	4.6	-1.3	-6.4	-13.9
	399. 其他电子设备制造	1.1	0.6	0.7	15.7	3.1	9.5
40 仪器仪表制造业	401. 通用仪器仪表制造	16.8	18.8	16.6	2.8	13.4	6.6
	402. 专用仪器仪表制造	14.7	17.1	14.5	4.7	13.7	5.4
	403. 钟表与计时仪器制造	1.1	0.5	0.5	-3.6	5.5	-0.4
	404. 光学仪器及眼镜制造	0.1	0.7	0.3	-1.0	13.1	-10.5
	409. 其他仪器仪表制造业	67.2	62.9	68.1	-1.5	12.9	-0.3

分析细分行业 IPC 发现，东北三省在专用设备制造业，仪器仪表制造业，计算机、通信和其他电子设备制造业三个行业的技术上也高度重合，专用设备制造业都集中在 A61、E21 两个大类，计算机、通信和其他电子设备制造业都集中在 H04、G08、G01 三个大类，仪器仪表制造业都集中在 G05、H02、G08、G09 四个大类（表5-7）。

表5-7　2012～2016年东北三省专利资源聚集行业主要技术领域占比　　（单位:%）

行业	辽宁省		吉林省		黑龙江省	
专用设备制造业	G06	37.7	H01	24.6	G06	37.7
	A61	3.1	A61	7.9	A61	13.1
	E21	3.0	A01	3.7	A01	6.2
	A01	2.2	E21	2.5	E21	4.2
	B21	1.2	B21	1.4	E01	0.9
	A23	0.6	E01	0.8	B21	0.9
	B01	0.6	A23	0.6	A23	0.7
	B25	0.5	B25	0.4	B25	0.6
	B22	0.5	A47	0.4	A47	0.6
	A47	0.5	A62	0.3	E04	0.5
	E01	0.4	E04	0.3	B01	0.5

续表

行业	辽宁省		吉林省		黑龙江省	
计算机、通信和其他电子设备制造业	H04	28.4	H04	20.6	H04	25.5
	H01	21.3	G06	18.9	G08	13.2
	G08	13.3	G08	7.1	H01	10.9
	H05	8.7	G01	5.3	G01	8.5
	G01	6.7	H05	3.8	H05	5.0
	H02	2.7	C09	3.4	G09	2.3
	G05	2.1	C07	2.8	H02	2.3
	G09	1.7	G09	2.0	G05	1.6
	A61	1.1	G02	1.8	G02	0.9
仪器仪表制造业	G05	2.9	G05	1.8	G05	2.4
	H02	1.9	H02	1.1	H02	1.6
	G08	1.0	G02	0.8	G09	1.5
	G09	0.6	G09	0.7	B43	1.2
	G06	0.5	C07	0.6	G08	1.2
	H04	0.5	C09	0.6	E21	0.6
	B43	0.4	G08	0.5	G06	0.6
	E21	0.4	H04	0.5	H04	0.5

注：图中为IPC代码，其对应的技术内容详见本书附表1

3. 三省在金属制品业、电气机械和器材制造业等4个第二梯队行业各有优劣，差异化竞争格局已基本成型

分析发现东北三省金属制品业，电气机械和器材制造业，汽车制造业，铁路、船舶、航空航天和其他运输设备制造业细分领域的有效专利量占比属于第二梯队（表5-8）。东北三省第二梯队的四个行业的细分领域各具优势，辽宁省在汽车零部件及配件制造，航空、航天器及设备制造，输配电及控制设备制造等领域具备专利资源存量优势，在金属工具制造领域具备增量优势。吉林省在金属制品业、电器机械和器材制造领域，以及汽车零部件及配件制造领域同时具备专利资源存量和增量优势。黑龙江省在结构性金属制品，航空、航天器及设备制造，汽车零部件及配件制造等领域具备专利资源存量优势，在家用电力器具制造、船舶及相关装置制造领域具备增量优势。

表 5-8 2012~2016 年东北三省第二梯队产业专利资源占比和增速　(单位:%)

行业	领域	专利资源量占比 辽宁省	吉林省	黑龙江省	专利资源增速 辽宁省	吉林省	黑龙江省
33 金属制品业	331. 结构性金属制品制造	25.9	19.9	26.2	-5.5	13.6	-3.9
	332. 金属工具制造	0.5	0.4	0.6	11.8	0.00	-11.1
	333. 集装箱及金属包装容器制造	11.4	13.5	13.3	-9.3	13.1	4.3
	334. 金属丝绳及其制品制造	11.5	13.6	13.5	-9.1	12.8	3.8
	335. 建筑、安全用金属制品制造	12.7	16.9	14.5	-5.9	3.5	4.5
	336. 金属表面处理及热处理加工	13.3	6.7	7.4	-3.3	1.5	4.6
	337. 搪瓷制品制造	17.1	18.9	17.5	-9.1	11.6	1.5
	338. 金属制日用品制造	5.3	6.9	4.5	-15.0	7.5	3.4
	339. 其他金属制品制造	2.3	3.2	2.5	4.2	21.4	4.2
36 汽车制造业	361. 汽车整车制造	24.4	24.2	41.1	7.8	14.9	8.6
	362. 改装汽车制造	2.8	2.0	3.7	-5.6	18.5	13.2
	364. 电车制造	10.4	9.6	8.5	7.3	17.7	27.0
	366. 汽车零部件及配件制造	62.4	64.2	46.7	2.6	14.0	4.0
37 铁路、船舶、航空航天和其他运输设备制造业	371. 铁路运输设备制造	28.1	51.5	18.7	2.6	18.2	1.6
	372. 城市轨道交通设备制造	14.0	19.5	7.1	7.3	17.7	27.0
	373. 船舶及相关装置制造	6.7	1.0	7.1	5.9	-27.5	30.3
	374. 航空、航天器及设备制造	44.6	21.3	63.9	8.7	32.3	2.9
	375. 摩托车制造	2.4	2.4	1.2	6.6	24.6	3.7
	376. 自行车制造	2.4	2.4	1.2	6.6	24.6	3.7
	377. 非公路休闲车及零配件制造	1.8	1.9	0.7	9.9	18.5	5.9
38 电气机械和器材制造业	381. 电机制造	5.6	5.7	10.8	3.9	14.2	11.2
	382. 输配电及控制设备制造	48.9	51.5	41.6	-3.9	10.6	5.8
	383. 电线、电缆、光缆及电工器材制造	0.3	0.3	0.1	-6.9	0.00	8.5
	384. 电池制造	18.2	20.7	18.2	-3.6	11.2	11.1
	385. 家用电力器具制造	2.9	2.4	2.5	13.8	21.7	48.8
	386. 非电力家用器具制造	0.7	0.8	0.6	0.00	-7.8	-17.2
	387. 照明器具制造	15.7	11.9	14.0	-10.6	8.2	6.6
	389. 其他电气机械及器材制造	7.7	6.7	12.2	2.9	14.9	2.9

第三节　重点城市专利资源的行业分布特征及演化

一、沈阳市

1. 专利资源产业布局结构较为稳定，2002～2016 年专利资源的产业布局结构基本不变

2002～2016 年，沈阳市排名前五位的行业没有变化，均为金属制品业，专用设备制造业，仪器仪表制造业，有色金属冶炼和压延加工业，电力、热力生产和供应业。进一步对这些行业在专利资源层面的分类进行解析发现（图 5-12），2002～2006 年、2007～2011 年、2012～2016 年三个阶段专利资源优势产业、成熟产业和上升产业高度重合，主要集中在 26-化学原料和化学制品制造业，33-金属制品业，35-专用设备制造业，39-计算机、通信和其他电子设备制造业，40-仪器仪表制造业等重工业和化工业，意味着 2002 年以来专利资源的产业布局结构较为稳定。

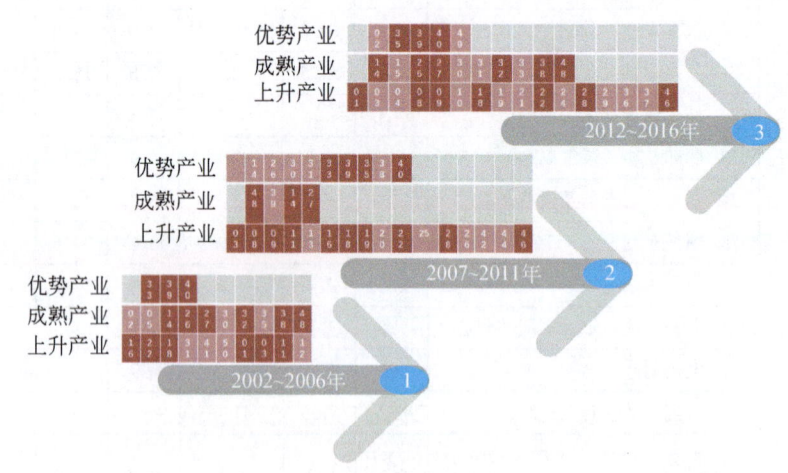

图 5-12　2002～2016 年不同时段沈阳市优势产业、成熟产业和上升产业
图中数字为国民经济行业分类代码

2. 专用设备制造业，计算机、通信和其他电子设备制造业、仪器仪表制造业等装备制造业始终是产业创新的主力，农、林、牧、渔业专利资源增速明显放缓，创新活跃度降低

2012 年以来，沈阳市的农业、林业、仪器仪表制造业、土木工程建筑业等 7 个行业为优势行业，其专利资源存量和增速超过全市均值的优势产业，其中计算

机、通信和其他电子设备制造业,仪器仪表制造业和专用设备制造业3个行业属于装备制造业,在专利资源数量和增速上远超其他行业。除此之外,医药制造业、金属制品业、电气机械和器材制造业等行业专利资源存量较多,增速仅略慢于平均增速。除数量外,专利资源优势行业的平均维持年限超过4.5年,是四类行业中最高的;多数专利资源优势行业和成熟行业的发明专利占比高于行业均值,意味着上述行业的专利资源质量更优。这与《沈阳市国民经济和社会发展第十三个五年规划纲要》及重点发展高端装备制造业、现代建筑产业、新一代信息技术、生物、农产品深加工产业等产业规划高度一致。从行业上看,工业的四大类型中,仅有制造业中的烟草制品业在2012年稍有下降,采矿业、制造业、装备制造业,以及生产和供应业4个行业的有效专利量均呈不断上升的趋势,尤其是采矿业、装备制造业及生产和供应业,平均有效专利量呈倍数增长(表5-9)。

表5-9 2002~2016年不同时段沈阳大类行业专利资源数量和增速

时段	指标	农、林、牧、渔业	工业				建筑业
			采矿业	制造业	装备制造业	生产和供应业	
2002~2006年	年均量(件)	48	17	2 011	753	23	5
	占辽宁省的比例(%)	61.5	3.0	17.0	10.8	7.9	17.5
	年均增速(%)	16.6	31.1	19.6	27.0	23.9	18.8
2007~2011年	年均量(件)	112	114	5 521	2 676	110	136
	占辽宁省的比例(%)	48.9	7.5	19.3	14.9	11.9	18.2
	年均增速(%)	12.9	28.3	15.0	16.7	33.0	27.3
2012~2016年	年均量(件)	231	334	14 889	8 248	391	375
	占辽宁省的比例(%)	29.8	11.7	22.6	18.9	14.9	29.2
	年均增速(%)	25.4	13.4	16.9	20.2	14.6	19.3

二、长春市

1. 专利资源的产业分布波动性较大,不同时段基于专利资源划分的各类产业重合度不高

2002~2006年、2007~2011年、2012~2016年三个时段同属专利资源优势产业的行业仅有金属制品业,其他行业几乎没有重复(图5-13)。2002~2016年,长春市有效专利量的占比排名前十位的是化学原料和化学制品制造业,医药制造业，仪器仪表制造业，食品制造业，非金属矿物制品业，有色金属冶炼和压延加工业，农副食品加工业，酒、饮料和精制茶制造业等；但排序发生了很大的变化，产业类型也发生了很大的变化。

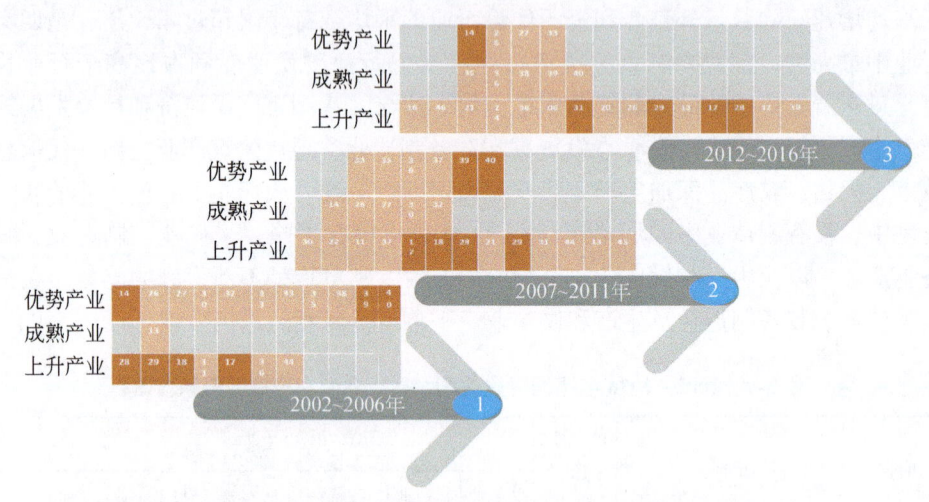

图5-13 2002~2016年不同时段长春市优势产业、成熟产业和上升产业

2. 专利资源结构调整成效显著，计算机、通信和其他电子设备制造业，仪器仪表制造业等装备制造业增速，创新活跃

相比于采矿业、建筑业、生产和供应业不断放缓的专利数量占比和增速，装备制造业的专利数量增速亮眼，在2002~2006年、2007~2011年、2012~2016年专利数量增速分别为16.6%、20.4%和22.3%，其专利资源占比也达到11.7%、14.6%和29.1%（表5-10）。装备制造业中增速和存量均表现优异的行业是39-计算机、通信和其他电子设备制造业，40-仪器仪表制造业，增速表现突出的行业是36-汽车制造业。

表5-10 2002~2016年长春市不同时段三类产业专利资源量

时段	指标	农、林、牧、渔业	工业				
			采矿业	制造业	装备制造业	生产和供应业	建筑业
2002~2006年	年均量（件）	137	12	1332	554	13	66
	占吉林省的比例（%）	25.4	3.4	15.8	11.7	16.6	19.1
	年均增速（%）	18.1	28.5	21.8	16.6	10.8	16.3

续表

时段	指标	农、林、牧、渔业	工业			
			采矿业	制造业	装备制造业	生产和供应业	建筑业
2007~2011年	年均量（件）	273	45	3375	1613	26	180
	占吉林省的比例（%）	37.6	9.4	19.4	14.6	6.5	20.1
	年均增速（%）	14.8	21.4	15.3	20.4	21.3	18.4
2012~2016年	年均量（件）	548	138	8508	4945	90	411
	占吉林省的比例（%）	32.2	21.6	31.9	29.1	14.3	25.9
	年均增速（%）	12.5	17.1	14.3	22.3	19.8	13.1

三、哈尔滨市

1. 专利资源的产业分布波动性较大，不同时段基于专利资源划分的各类产业重合度不高

2002~2006年、2007~2011年、2012~2016年三个时段同属专利资源优势产业的行业仅有仪器仪表制造业一个行业，同属专利资源成熟产业的行业仅有医药制造业一个行业，其他行业几乎没有重复（图5-14）。具体来看，2002~2006年哈尔滨市有效专利量的占比排名前十位的是医药制造业，化学原料和化学制品制造业，专用设备制造业，食品制造业，计算机、通信和其他电子设备制造业，仪器仪表制造业，土木工程建筑业，金属制品业等；2007~2011年、2012~2016年排名前十位的行业虽然仍是上述十个行业，但排序发生了很大的变化，产业类型也发生了很大的变化。

2. 专利资源结构调整初见成效，采矿业及建筑业增速明显放缓，第一产业、制造业尤其是装备制造业发力明显

从行业上看，哈尔滨市的采矿业、建筑业无论是专利数量占比还是增速都明显放缓，其中采矿业专利数量增速从2002~2006年的53.4%一路下滑至2007~2011年的15.2%、2012~2016年的13.4%，专利数量占比也从2002~2006年的1.2%一路下滑至2007~2011年的1.0%、2012~2016年的0.7%，建筑业也走出了相似的下滑路线（表5-11）。但制造业尤其是装备制造业在三个时段均受大环境的影响而增速放缓，但专利资源占比却有了较为明显的增长。例如，装备制造业专利资源增速在2002~2006年、2007~2011年和2012~2016年虽然也有一定幅度的下降，但增速始终维持在20%以上，其专利数量占比也由2002~2006年的34.1%上升至2012~2016年的54.9%，成为创新主力。

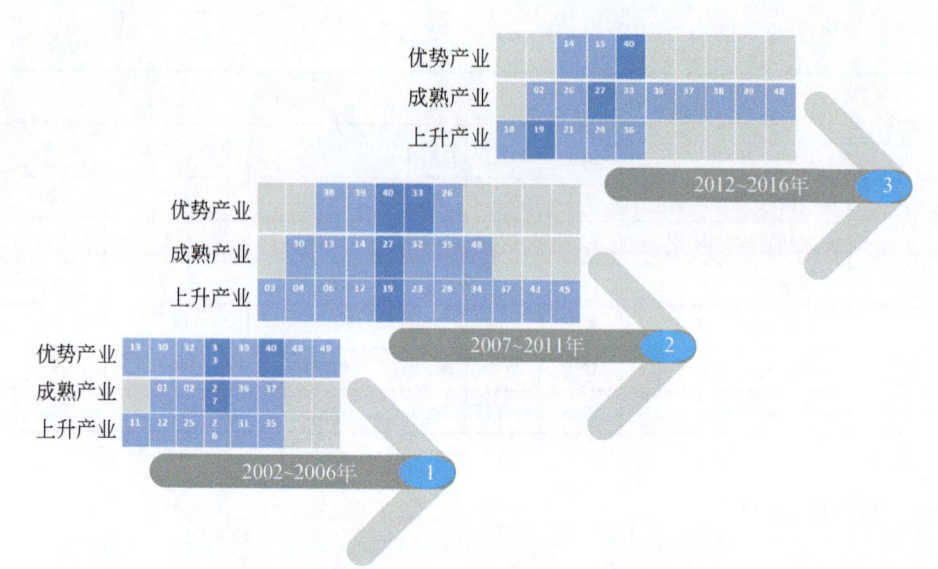

图 5-14　2002～2016 年不同时段哈尔滨市优势产业、成熟产业和上升产业

表 5-11　2002～2016 年哈尔滨市不同时段专利资源量和增速

时段	指标	农、林、牧、渔业	采矿业	制造业	装备制造业	生产和供应业	建筑业
2002～2006 年	年均量（件）	159	19	1 319	553	10	136
	占黑龙江省的比例（%）	9.8	1.2	81.3	34.1	0.6	8.4
	年均增速（%）	13.0	53.4	24.1	31.3	91.9	32.2
2007～2011 年	年均量（件）	509	61	5 107	2 992	86	554
	占黑龙江省的比例（%）	8.2	1.0	82.1	48.1	1.4	8.9
	年均增速（%）	19.9	15.2	21.2	26.5	23.9	17.2
2012～2016 年	年均量（件）	1 345	143	16 307	10 528	335	1 364
	占黑龙江省的比例（%）	7.0	0.7	85.1	54.9	1.8	7.1
	年均增速（%）	16.7	13.4	22	22.1	27.8	17.0

四、大连市

1. 产业分布结构波动幅度自 2012 年后明显加大，不同时段基于专利资源划分的各类产业仅有少量重合

2002～2006 年、2007～2011 年、2012～2016 年三个时段同属专利资源优势

产业的行业仅有计算机、通信和其他电子设备制造业，仪器仪表制造业两个行业（图5-15）。对比三个时段不同类别的产业分布数量和类型可以很清晰地看出，三个时段四类产业的数量和类型均存在显著差异，尤其是后两个时段。从数量上看，2007~2011年专利资源优势行业有8个，2012~2016年仅有4个；2007~2011年专利资源上升行业有16个，2012~2016年仅有9个。从类型上看，2007~2011年专利资源优势行业类型全面，重点突出，既有劳动密集型产业，如酒、饮料和精制茶制造业；也有资本密集型产业，如土木工程建筑业；更有金属制品业、医药制造业、专用设备制造业、仪器仪表制造业这样的资本技术双密集的高技术制造业，2012~2016年专利资源优势行业更为聚集，一半为如计算机、通信和其他电子设备制造业，仪器仪表制造业的资本技术双密集的高技术制造业，另一半为如林业、食品制造业的劳动密集型产业。

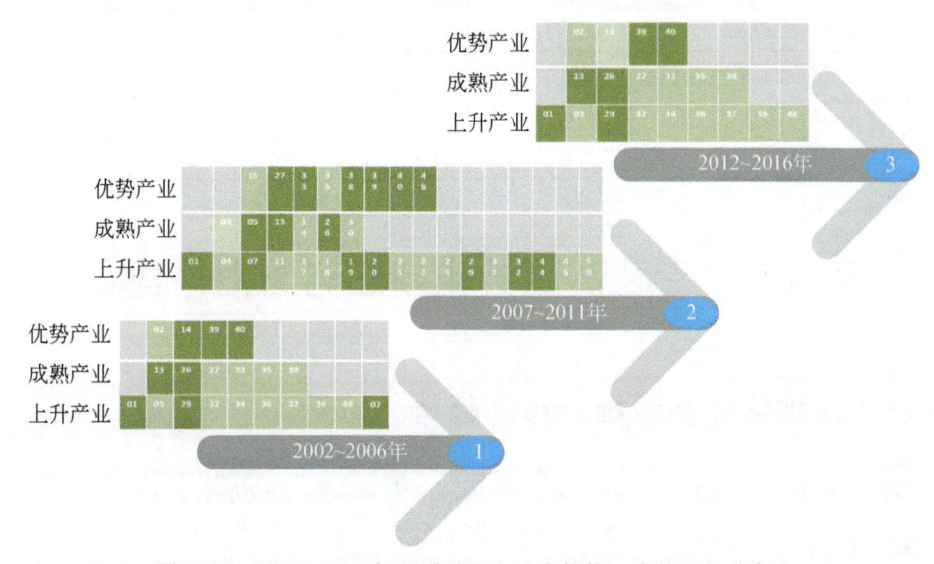

图5-15　2002~2016年不同时段大连市优势、成熟和上升产业

2. 专利资源产业分布结构变化显著，其中农、林、牧、渔业和装备制造业增长迅猛远超其他行业

从行业上看，大连市的农、林、牧、渔业，采矿业，制造业的专利资源占比均呈直线上升态势；从增速看，农、林、牧、渔业呈现出先增长后放缓的倒U形曲线，采矿业、制造业直线下降，增速开始放缓意味着上述产业专利资源的产业结构处于调整的后期（表5-12）。从结果上看，大连市农、林、牧、渔业和制造业尤其是装备制造业的专利数量增速远超其他行业，2012~2016年大连市农、

林、牧、渔业和制造业专利数量占辽宁省的比例已经达到26.6%和16.6%，表明上述领域对辽宁省的创新影响力日趋显著。

表5-12　2002~2016年大连市大类行业不同时段专利资源数量和增速

时段	指标	农、林、牧、渔业	工业				
			采矿业	制造业	装备制造业	生产和供应业	建筑业
2002~2006年	年均量（件）	25	5	1 477	500	13	28
	占辽宁省的比例（%）	17.9	1.4	13.4	8.1	5.7	14.1
	年均增速（%）	16.2	38.0	21.7	26.1	20.1	32.4
2007~2011年	年均量（件）	76	31	4 527	2 101	76	101
	占辽宁省的比例（%）	20.5	2.20	14.9	11.8	11.6	16.4
	年均增速（%）	22.2	36.10	18.5	22.4	37.6	20.9
2012~2016年	年均量（件）	259	119	14 852	8 234	333	342
	占辽宁省的比例（%）	26.6	3.7	16.6	14.5	11.9	14.2
	年均增速（%）	13.1	9.4	13.7	16.1	8.7	13.4

第四节　专利资源分布新趋势与对策建议

一、东北地区专利资源分布新趋势

综上所述，可以看出，近年来，东北地区专利资源无论是数量还是质量，均呈现出明显的向好态势，但技术创新发展的结构性矛盾更为突出，亟待加强创新资源的配置导向，为东北地区产业转型升级和地区转型攻坚提供有力支持。

1. 东北地区专利资源数量和质量不断向好，但与全国及发达地区的差距仍在持续拉大

2016年，东北地区有效专利和有效发明专利量稳步提升，分别较2015年增长14.1%和14.6%。截至2016年底，东北地区有效发明专利占比达48.5%，略高于全国平均水平。东北地区每亿元工业总产值对应有效专利4.4件，每万人口发明专利拥有量达到7.4件，分别较2015年提高1.4件和1.8件。但是，东北地区与全国平均水平及东部地区、中部地区等创新高地的差距仍在进一步拉大，截至2016年底，东北地区专利资源拥有量仅为全国的2/5、东部地区的1/5和中部地区的1/2；省均发明专利拥有量仅为全国的1/2、东部地区的1/7和中部地区的3/5。

2. 企业创新主体地位不断增强，但作用不突出

2016年，东北地区企业拥有的有效专利和有效发明专利量均提升显著，占东北地区有效专利和有效发明专利总量的比例分别为46.9%和38.2%，均较2015年提升了近10个百分点，但仍显著低于全国平均水平。其中，技术含量较高的发明专利（62%）也明显低于科研院所（71%）。三省企业发明专利占比均小于科研院所发明专利占比，从差距大小来看，黑龙江省最大，辽宁省最小。同时，值得注意的是，东北地区有效专利和有效发明专利量中，科研院所所占比例分别达到33.1%和37.2%，远高于全国平均水平，且东北地区多达9个行业（占行业样本总数的4.5%）以科研院所申请的专利为主，这意味着东北地区科教资源在创新层面具有更大的比较优势。

3. 专利资源产业分布结构持续"偏重"运行，重化工业专利资源的主体地位进一步巩固

从专利资源在轻重工业的比例分布可知，东北地区重化工业专利资源占比自2002年后整体呈上升态势，除个别年份如2008年出现短暂下降外，其余年份重工业专利资源占工业专利资源的比例均超过90%，均值达到90.9%，高于全国85.3%的平均水平。其中，吉林省重工业比例最高（91.8%），黑龙江省与辽宁省大致相当（均为90.7%）。

4. 专利资源分布的技术领域结构性矛盾突出，传统技术领域积累多、增速快，新兴技术领域增长乏力

与传统行业领域相比，东北地区新兴技术领域专利资源增速差距明显，尚不到传统行业领域增速平均水平的80%。东北地区70%以上的专利资源集聚在金属制品业，专用设备制造业，仪器仪表制造业，计算机、通信和其他电子设备制造业，化学原料和化学制品制造业，电气机械和器材制造业，医药制造业七大产业，尽管这些产业往往涉及新兴技术，但东北地区在上述产业领域的专利资源却较少涉及智能化、信息化等新兴技术领域，而仍然主要集聚在装置或系统改进、零部件制造等传统技术领域。例如，在电气机械和器材制造业，东北地区专利资源主要集中在电机、基本电气元件等传统技术领域，在电能转化装置、光感器件等新兴技术领域专利布局较少。

5. 专利资源的地域分布呈现两极化倾向，专利资源的地理集中和不平衡发展日益突出

分析表明：东北地区专利资源的增长极主要集中在沈阳市、大连市、长春市、哈尔滨市四大副省级城市，这些城市凭借区位、要素和政策等优势不断吸纳、聚集以专利为代表的创新资源，截至2016年底，四大副省级城市已经聚集了东北地区71.6%的专利资源，成为名副其实的专利资源高地。2008年以来，沈阳市、大连市、长春市、哈尔滨市等城市专利资源的增长明显快于东北地区其他城市，约为东北地区各城市平均增速的1.3倍。另外，多数老工业城市由于产业结构单一等专利资源总量不多，增速缓慢。由中国知识产权文献数据库检索可知，23个老工业城市有效专利量占东北地区有效专利的比例从2008年的27.1%一路下滑至2016年的23.9%。

二、提升专利资源分布结构的对策建议

通过上述分析，东北地区专利资源分布仍然存在着基础薄弱、结构失衡、与其他资源协同度差、城市创新辐射作用弱和扩散渠道不畅、工业化和城市化联动脆弱等一系列的问题。基于此，为实现东北地区创新发展，应立足当前现状，从专利资源供给侧调整、区域协同度提升、产业高级化改造、要素进一步整合四方面做好应对。

一是围绕提高制造业尤其是高端装备制造业专利资源数量和质量提升，推进供给侧改革。东北地区要加大R&D研发投入，2020年研发投入强度与当前全国平均水平大致相当，达到2.11%。同时，加大对区域内哈尔滨工业大学、大连理工大学等15所高校科技成果转化的激励和扶持。此外，还要通过知识产权保护体系的建设和完善，改善营商环境，让企业成为创新主体。

二是加强区域内行业的协同发展。空间集聚使企业可以通过分工、合作，供应商、劳动力、政策环境共享，以及技术外溢等效应实现知识的不断积累和循环创新。这一切的前提是需要一种站位于区域整体发展的顶层设计和统筹规划。要依照城市创新要素及要素禀赋基础制定产业布局路径。通过纵向与横向相结合的区域沟通机制加强沟通交流，避免重复投入，促进创新溢出。

三是加快产业高级化的推进力度，构建创新驱动、效率导向的现代产业体系。区域内新兴技术建立集中审查和快速审查机制，加快新兴技术积累。引导装备制造业及区域专利优势产业中领先企业实施高价值专利培育工程。对区域内装备制造业所面临的共性重大问题开展协同研究，提升装备制造业整体竞争力。

四是以市场为基础整合要素，更好发挥其在产业经济发展中的协同作用。发挥市场在要素配置中的决定性作用，建立统一开放的区域专利技术、资本、服务机构、人才信息平台。抢人才就是抢发展、抢未来，加大对创新人才在落户、子女教育等方面的优惠力度，吸引外地高端人才流入和留住本地高端人才。规范服务市场，提升区域内专利运用水平与专业服务人员的业务水平。

参 考 文 献

郭凯明,杭静,颜色. 2017. 中国改革开放以来产业结构转型的影响因素. 经济研究, 52 (3): 32-46.
华民. 2017. 中国经济增长中的结构问题. 探索与争鸣, (5): 118-122.
黄群慧. 2017. 论新时期中国实体经济的发展. 中国工业经济, (9): 5-24.
张杰,刘志彪,郑江淮. 2007. 产业链定位、分工与集聚如何影响企业创新. 中国工业经济, (7): 47-55.
张其仔. 2008. 比较优势的演化与中国产业升级路径的选择. 中国工业经济, (9): 58-68.

第六章 创新资源与产业发展协同性

随着知识经济和科学技术的发展，创新驱动逐渐成为促进我国经济发展的重要战略。创新资源的分布和与产业发展的耦合协调性决定了创新资源效用的发挥，对促进地区经济发展具有十分重要的意义。为此，本章节在分析东北产业分布特征的基础上，探讨东北地区以发明专利授权量为代表的创新资源空间格局与行业特征分布，并重点分析创新资源的空间协同性与行业协同性，研究东北地区主导产业——汽车制造业、医药制造业、通用设备制造业、专用设备制造业等重点行业与专利布局的协同性，并提出相关政策建议。

第一节 产业发展的空间与行业特征

一、产业空间分布特征

1. 整体分布格局

东北地区工业产值较高的地区主要集中在哈大交通走廊沿线核心城市及其周边地区，尤其是沈阳市、大连市和长春市（图6-1）。从地级行政单元分析，沈阳市具有最大的工业规模，2013年其产值占东北地区的15.5%，其次为大连市和长春市，占东北地区的比例也均高于10%，第四位为大庆市，前四位城市工业总产值占东北地区的比例约为42.6%，低于发明专利前四位城市所占比例；与发明专利不同，哈尔滨市的工业总产值位居东北地区第五，甚至略低于同省份的大庆市。而黑龙江省的大兴安岭地区、黑河市、伊春市、七台河市、佳木斯市、鸡西市及吉林省白城市的工业总产值较低，其占东北地区的比例均低于0.8%。从县区尺度分析，长春市绿园区、大连市金州区、大庆市让胡路区及沈阳市铁西区等具有较高的工业总产值，且占东北地区的比例均高于3%，同时，这些地区也是在东北地区经济发展中仍发挥重要作用的中央企业和国有企业主要的集聚区。其中，长春市绿园区是东北地区汽车行业的主要集聚区，且其汽车行业对长春市GDP的贡献率在50%以上。整体上，工业总产值在沈阳市、大连市和长春市周边形成主要集聚区，而哈尔滨市周边的集聚特征不明显。此外，黑龙江省北

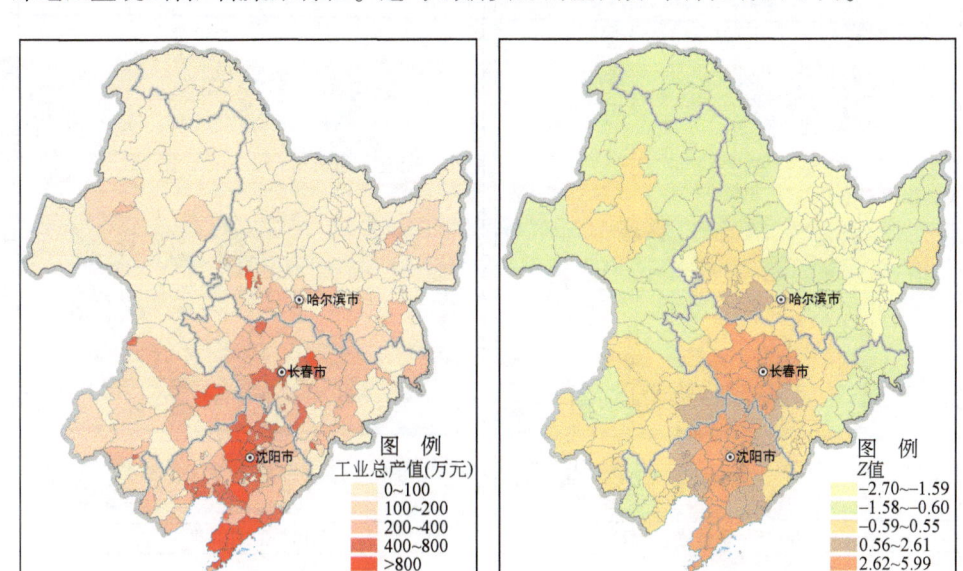

部地区呈现出低-低集聚特征。这与创新资源的空间分布特征有所不同。

图6-1 东北地区各县市区工业总产值空间分布及集聚特征

2. 重点行业空间格局

（1）汽车制造业

东北地区汽车制造业主要集中在长春市和沈阳市，2013年两者占东北地区汽车制造业工业总产值的83%左右［图6-2（a）］。从地级行政单元分析，长春市具有最大的汽车制造业生产规模，其产值约占东北地区的61%，其次是沈阳市，约占东北地区的22%，此外，临近长春市的四平市、吉林市及哈尔滨市、大连市汽车制造业工业总产值也高于其他地区，占东北地区工业总产值的比例均高于1%。而其他城市汽车制造业工业总产值的生产规模则相对较小，其中，位于大兴安岭附近的8个地级市均有汽车制造业布局。从县区尺度分析，长春市绿园区具有较高的汽车制造业工业总产值，其产值占东北地区的近50%，这与中国第一汽车集团有限公司在该区落户密不可分；其次为沈阳市大东区和长春市朝阳区，其占比分别约为15%和7%；大连市金州区、长春市二道区、长春市南关区汽车制造业的工业总产值也相对较高，占东北地区的比例均高于3%。整体上，东北地区汽车制造业的产业集聚水平相对较高，其主要集中在长春市主城区及沈阳市大东区、大连市金州区等，而在哈尔滨市周边的集聚特征不明显。

（2）医药制造业

东北地区医药制造业主要集中在通化市东昌区和梅河口市、本溪市和哈尔滨

(a)汽车制造业

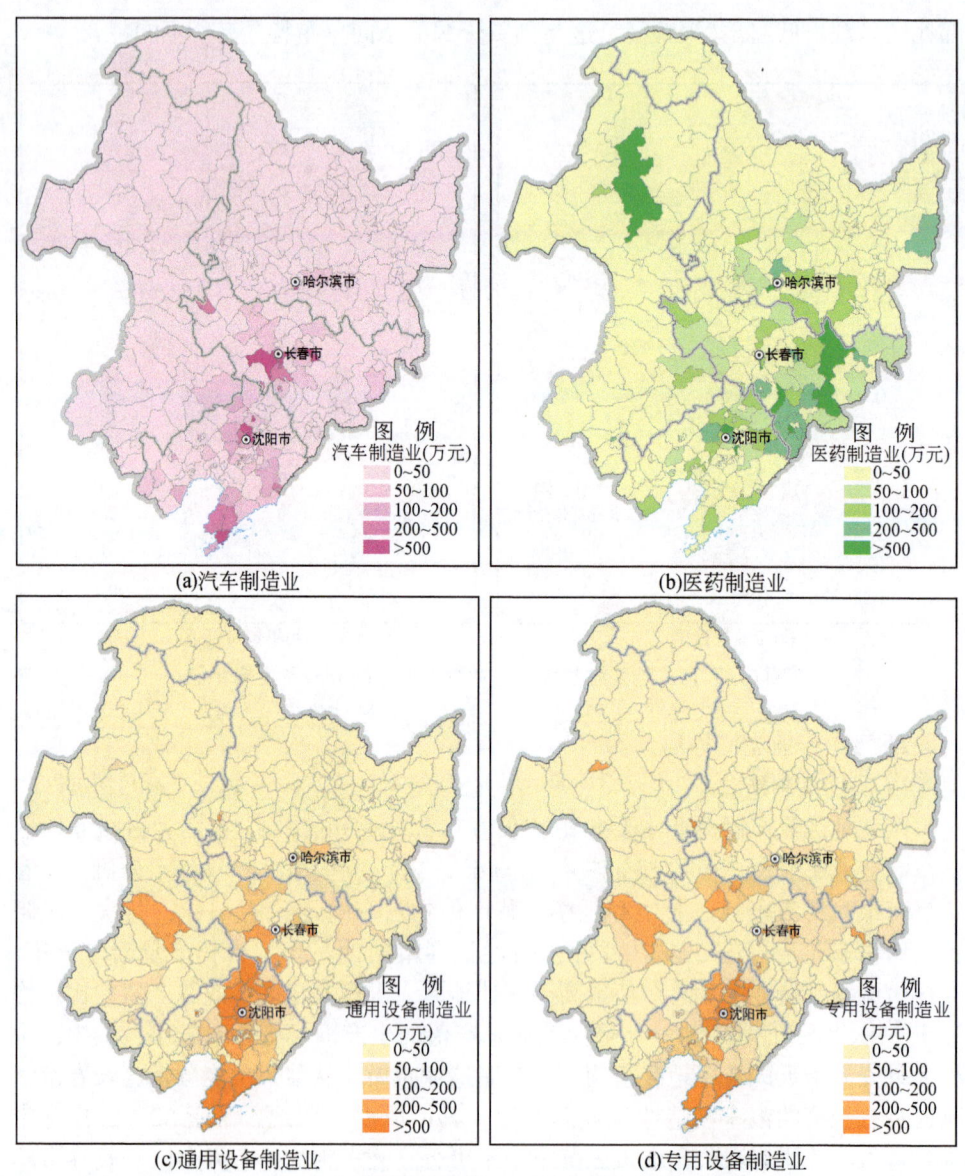

(b)医药制造业

(c)通用设备制造业

(d)专用设备制造业

图 6-2　东北地区重点行业工业总产值空间分布格局

市，在空间上呈现出明显的集聚态势［图 6-2（b）］。从地级行政单元分析，东北地区医药制造业主要集中在通化市，其工业总产值约占东北地区的 30%，该地区属于长白山系，山区面积占市域面积的 2/3，为医药产业的发展提供了良好的自然环境；其次为沈阳市、哈尔滨市、本溪市和大连市，其工业总产值占东北地区的比例均在5%以上；而位于哈大经济走廊西侧的地级市，其医药制造业工业总产值所占比例均相对较低，多数均低于1%。从县区尺度分析，通化市东昌区的医药制造业工业总产值所占比例相对较高，为18.6%；其次为通化市和梅河口市、本溪市西湖区，其医药制造业工业总产值所占比例均高于5%；大连市金州区和哈尔滨市道里区工业总产值也相对较高，其工业总产值占东北地区的比例均高于4%。整体上，东北地区医药制造业的空间集聚水平相对较高，主要集中在长白山系所属地区，而在长春市、哈尔滨市、大连市和沈阳市四个核心城市的集聚特征尚不明显。

(3) 通用设备制造业

东北地区通用设备制造业主要集中在大连市和沈阳市，而东北地区东部和西部通用设备制造业相对较薄弱［图6-2（c）］。从地级行政单元分析，东北地区通用设备制造业主要集中在大连市和沈阳市，其占比分别为34%和27.7%；其次是铁岭市和哈尔滨市，其占比均高于4%；而黑河市、锡林郭勒盟、大兴安岭地区和七台河市等地区无通用设备制造业布局。从县级行政单元分析，东北地区通用设备制造业主要集中在大连瓦房店市，其通用设备制造业工业总产值占东北地区的比例为16.3%；其次为沈阳市铁西区、大连市金州区，其占比均高于7%；此外，大连市庄河市、沈阳市于洪区、沈阳市新民市等也具有较高的工业总产值，其占比均高于3%。整体上，东北地区通用设备制造业主要集中在大连市和沈阳市部分县区，而哈尔滨市和长春市的集聚特征尚不明显。

(4) 专用设备制造业

东北地区专用设备制造业也主要集中在沈阳市和大连市，与通用设备制造业的分布特征相似［图6-2（d）］。从地级行政单元分析，东北地区专用设备制造业主要集中在沈阳市和大连市，其工业总产值占比均达到20%左右；其次为辽宁省铁岭市、抚顺市和盘锦市，其占比均高于5%；而长春市和哈尔滨市的占比相对较低。从县级行政单元分析，东北地区专用设备制造业主要集中在大连市金州区、沈阳市铁西区、盘锦市兴隆台区和抚顺市望花区等，其工业总产值占比均高于4%；另外，沈阳市于洪区和大连市西岗区、庄河市的占比也相对较高。整体上，东北地区专用设备制造业主要集中在辽宁省的两个核心城市及其周边地区，而哈尔滨市和长春市的布局相对较少。

二、产业行业分布特征

1. 整体特征

东北地区工业总产值在不同行业呈现出明显的集聚态势（图6-3），但不同行业差异较为明显（图6-4）。东北地区各县区工业总产值的Moran's I值为0.31，高于发明专利的对应值（0.26）。工业总产值最高的行业为农副食品加工业，其占东北地区的比例为12.8%；其次为汽车制造业，黑色金属冶炼和压延加工业，非金属矿物制品业，石油加工、炼焦和核燃料加工业，这四大行业的工业总产值比例为30.5%，与其相对应的发明专利的比例仅为6.7%。而化学纤维制造业、废弃资源综合利用业、水的生产和供应业，以及金属制品、机械和设备修理业的工业总产值则相对较低，占东北地区的比例不足0.5%。从分行业工业总产值Moran's I值分析，东北地区黑色金属矿采选业、橡胶和塑料制品业等行业具有较高的空间集聚性，其Moran's I值高于东北地区各县区工业总产值，而化学纤维制造业、燃气生产和供应业、废弃资源综合利用业的空间集聚性则相对较低。此外，烟草制品业、石油和天然气开采业等行业Moran's I值为负（因值较小，在图中未显示），表明这些行业在空间上呈现出分散分布特征。

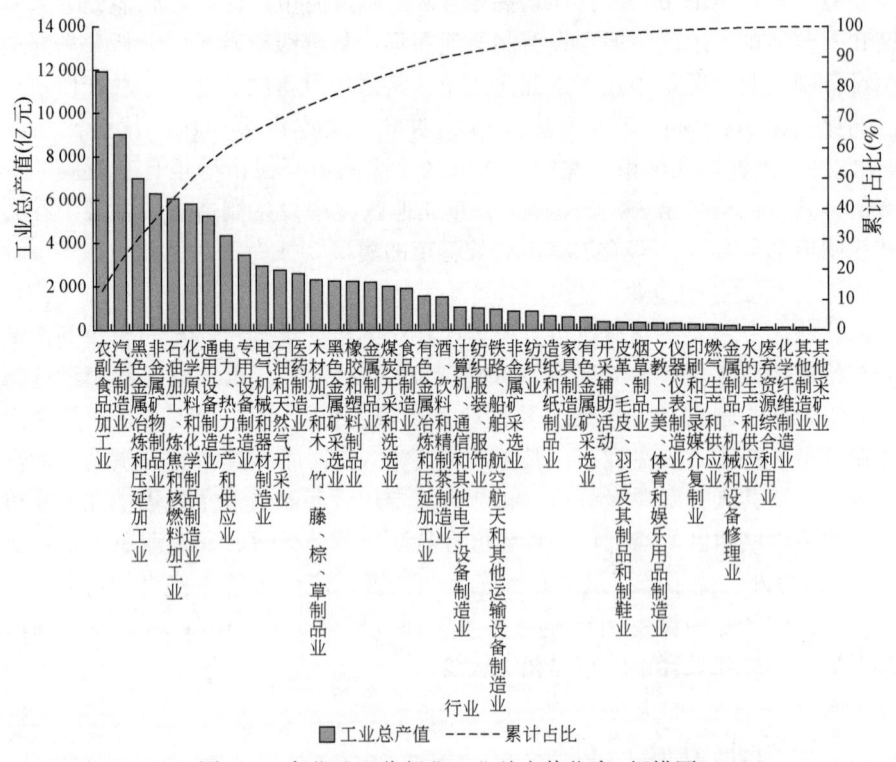

图6-3 东北地区分行业工业总产值位序–规模图

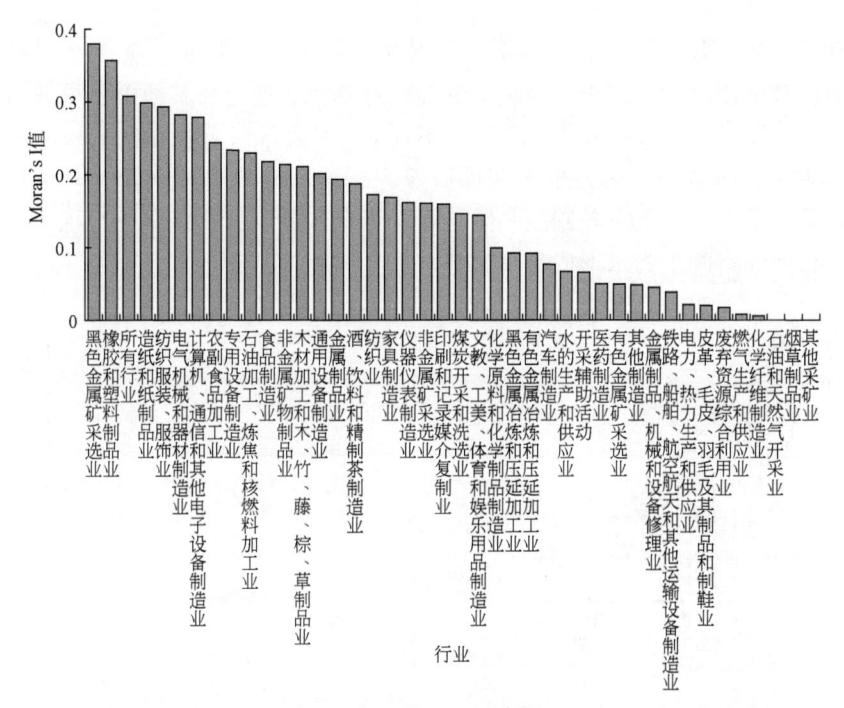

◎ 第六章 创新资源与产业发展协同性

图 6-4 东北地区分行业工业总产值 Moran's I 值

2. 省级层面

(1) 辽宁省

辽宁省工业总产值①的行业分布特征与发明专利存在较大差异，且其工业总产值的集聚性要高于发明专利的集聚性（图6-5）。具体分析，辽宁省黑色金属冶炼和压延加工业具有最高的工业总产值，其占比为10.9%；其次为农副食品加工业，通用设备制造业，石油加工、炼焦和核燃料加工业，非金属矿物制品业，化学原料和化学制品制造业，汽车制造业等，这些行业占辽宁省工业总产值的比例均高于5%。而废弃资源综合利用业、水的生产和供应业、烟草制品业、燃气生产和供应业、有色金属矿采选业、化学纤维制造业等行业工业总产值占比相对较低，均不足0.2%。从分行业工业总产值 Moran's I 值分析，辽宁省各行业的集聚态势相对较弱，低于东北地区整体集聚态势（图6-6）。辽宁省工业总产值的 Moran's I 值为0.17，低于东北地区 Moran's I 值（0.31）；其次，辽宁省分行

---

① 为保证数据的可对比性，辽宁省工业总产值为所下辖所有县级行政单元工业总产值求和。吉林省工业总产值和黑龙江省也为所有县区工业总产值求和而得。

135

业集聚性较高的行业主要包括电气机械和器材制造业，橡胶和塑料制品业，木材加工和木、竹、藤、棕、草制品业，印刷和记录媒介复制业，黑色金属矿采选业，造纸和纸制品业，煤炭开采和洗选业，计算机、通信和其他电子设备制造业等行业，这些行业的Moran's I值均高于0.1，多数行业主要在四大核心城市地区形成集聚。而电力、热力生产和供应业，石油和天然气开采业，开采辅助活动，皮革、毛皮、羽毛及其制品和制鞋业，烟草制品业，有色金属冶炼和压延加工业等行业在空间上尚未形成集聚态势。

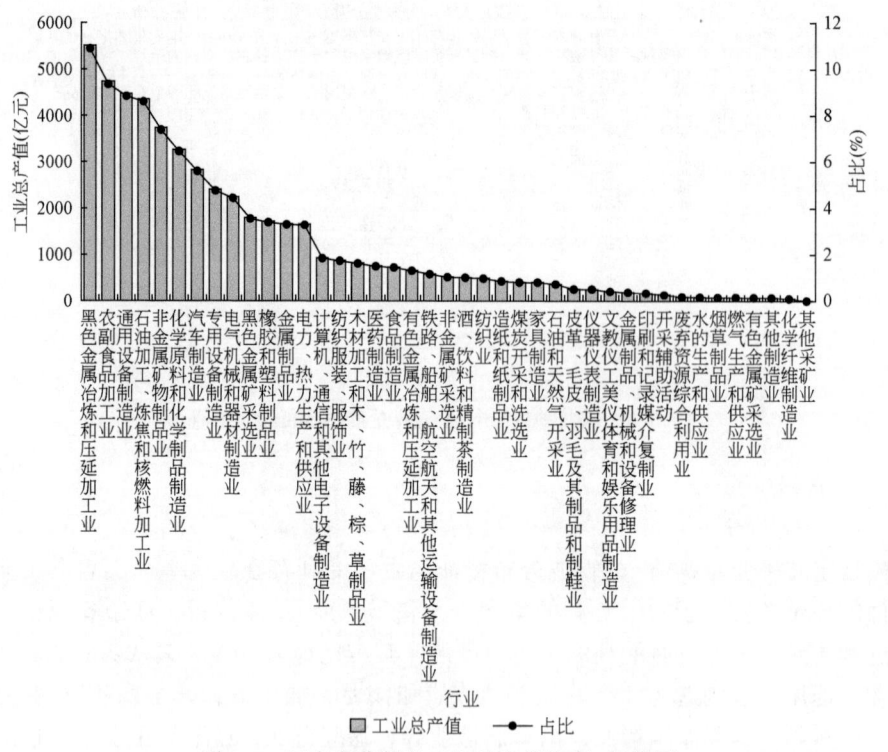

图6-5 辽宁省分行业工业总产值位序–规模图

（2）吉林省

吉林省工业总产值的行业分布相对较为集中，且分行业在空间上的集聚性存在较大差异（图6-7）。具体分析，吉林省工业总产值最高的行业为汽车制造业，其占比为28.0%；其次为农副食品加工业，其占比为14.5%；此外化学原料和化学制品制造业、非金属矿物制品业和医药制造业等行业工业总产值占比也均高于5.0%，为吉林省的主导产业。而仪器仪表制造业，有色金属冶炼和压延加工业，有色金属矿采选业，水的生产和供应业，文教、工美、体育和娱乐用品制造

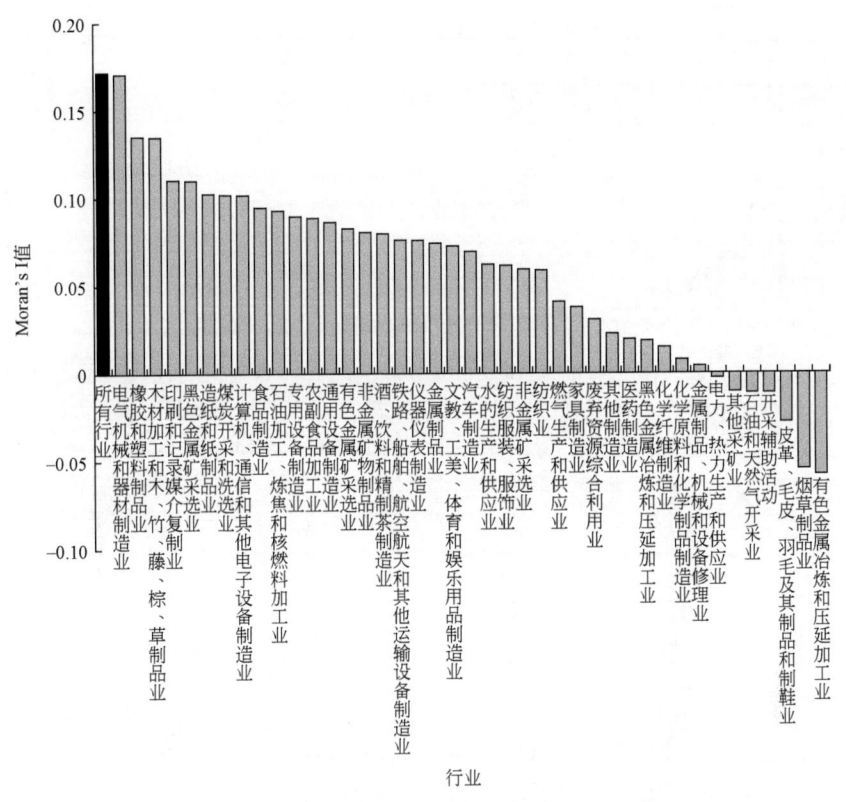

◎ 第六章 创新资源与产业发展协同性

图 6-6 辽宁省分行业工业总产值 Moran's I 值

业，废弃资源综合利用业，皮革、毛皮、羽毛及其制品和制鞋业，金属制品、机械和设备修理业等行业工业总产值规模较低，占比低于 0.2%。从分行业工业总产值 Moran's I 值分析，吉林省黑色金属矿采选业和通用设备制造业呈现出明显的集聚特征，其 Moran's I 值高于吉林省工业总产值的 Moran's I 值（0.21）；其次，农副食品加工业、专用设备制造业、食品制造业等也表现出了较高的集聚性，而包括医药制造业、家具制造业、有色金属矿采选业等在内的其他 19 个行业在空间上均未形成明显的集聚特征（图 6-8）。

（3）黑龙江省

黑龙江省工业总产值的行业分布特征差异较为明显，多数行业尚未形成空间集聚态势（图 6-9）。具体分析，黑龙江省工业总产值较高的行业为农副食品加工业，其工业总产值占比为 20.8%；其次为石油和天然气开采业，石油加工、炼焦和核燃料加工业，电力、热力生产和供应业等行业，这些行业占比均高于 5.0%。而金属制品、机械和设备修理业，废弃资源综合利用业，化学纤维制造

137

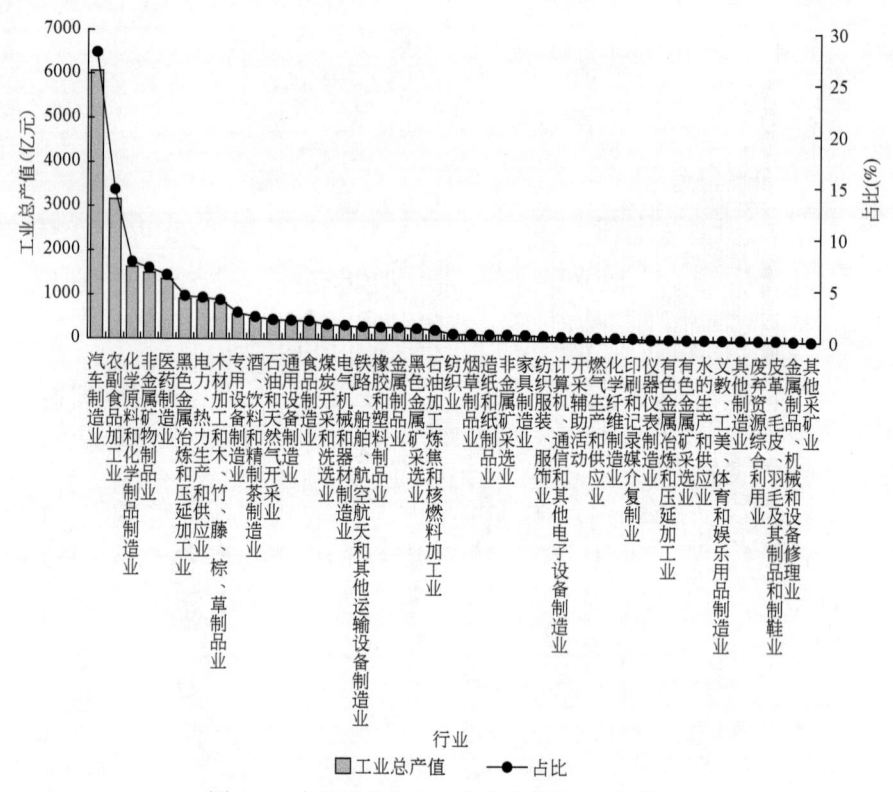

图 6-7 吉林省分行业工业总产值位序–规模图

业等行业工业规模相对较低，占黑龙江省总产值的比例不足 0.1%。从分行业工业总产值 Moran's I 值分析（图 6-10），黑龙江省化学原料和化学制品制造业，煤炭开采和洗选业，食品制造业，电气机械和器材制造业，计算机、通信和其他电子设备制造业，印刷和记录媒介复制业，仪器仪表制造业，通用设备制造业，水的生产和供应业和非金属矿物制品业等行业具有较高的空间集聚性，其 Moran's I 值高于黑龙江省各县区工业总产值；而汽车制造业，皮革、毛皮、羽毛及其制品和制鞋业，纺织服装、服饰业，电力、热力生产和供应业，废弃资源综合利用业，专用设备制造业等行业工业总产值空间集聚性相对较低。此外，化学纤维制造业，有色金属冶炼和压延加工业，燃气生产和供应业，石油和天然气开采业，家具制造业，铁路、船舶、航空航天和其他运输设备制造业，烟草制品业，金属制品、机械和设备修理业，黑色金属冶炼和压延加工业等行业 Moran's I 值为负，表明这些行业在空间上呈现出分散分布特征。

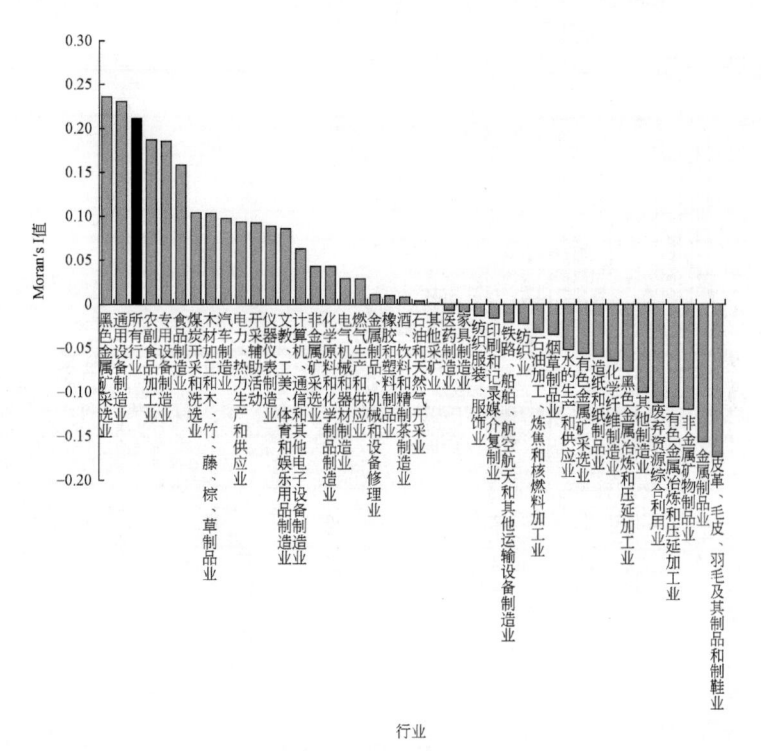

图 6-8　吉林省分行业工业总产值 Moran's I 值

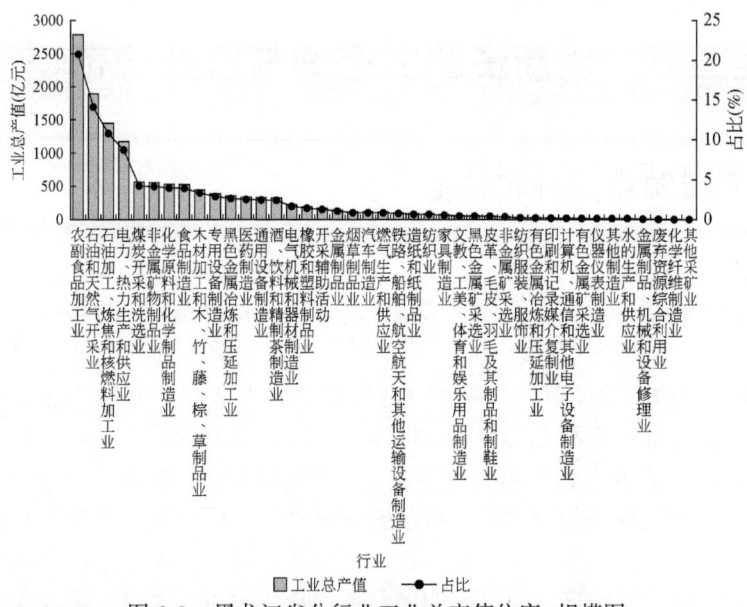

图 6-9　黑龙江省分行业工业总产值位序-规模图

139

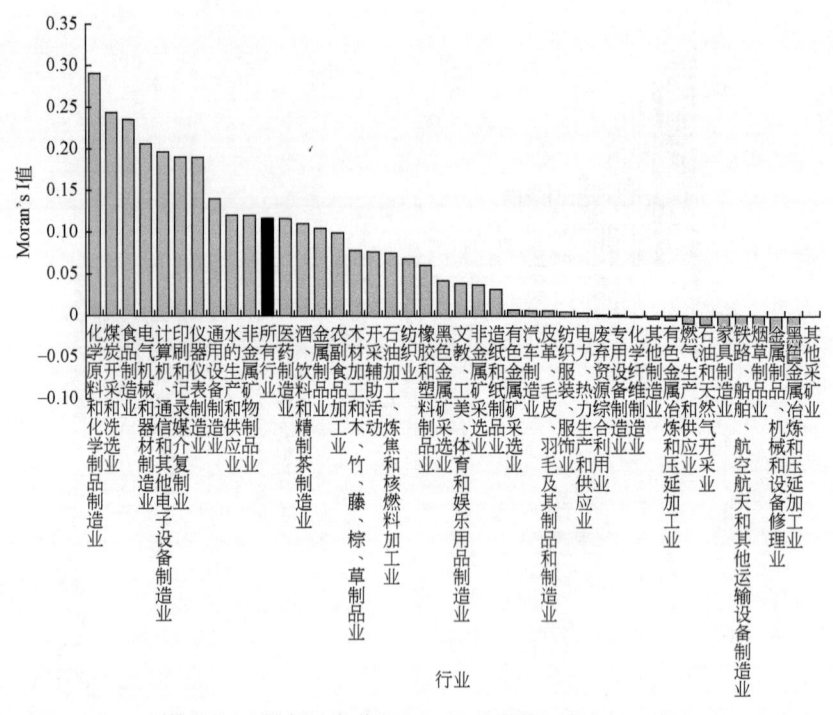

图 6-10　黑龙江省分行业工业总产值 Moran's I 值

第二节　创新资源的空间与行业分布特征

一、创新资源空间分布特征

1. 整体分布格局

东北地区创新资源主要集中在沈阳市、大连市、长春市和哈尔滨市四大城市，并在其周边形成热点区（图6-11）。从地级行政单元分析，2013年哈尔滨市拥有最多的发明专利授权量（944件），占总量的23.0%；其次为沈阳市、大连市和长春市，其发明专利也均在600件以上；四大城市发明专利授权量占东北地区总量的74.9%。而七台河市、伊春市、大兴安岭地区、松原市等位于东北地区边缘的发明专利授权量相对较低。从县区行政单元分析，发明专利授权量在四大城市内部也存在较大差异，主要集中在哈尔滨市南岗区、长春市朝阳区、大连市甘井子区和沈阳市沈河区等，其发明专利授权量均在200件以上；其次为大连市西岗区、沈阳市浑南区和和平区等，这些地区多为高校、科研院所和高新技术企业集聚区。除四大城市外，大庆市让胡路区和鞍山市铁西区拥有较多的发明专利授权量，这两个地区布局有大庆油田和鞍钢。整体上，发明专利主要集中在高校、科研院所、高新技术企业或大型中央企业、国有企业集聚的地区。从图6-11（b）分析，发明专利授权量在大连市和哈尔滨市辖区及其周边形成了高-高热点集聚区；其次为长春市和沈阳市及其周边等，而在黑龙江省东部地区形成了低-低热点集聚区。整体上，四大城市及其周边地区成为东北创新资源的主要集聚区，以哈尔滨市最为明显。

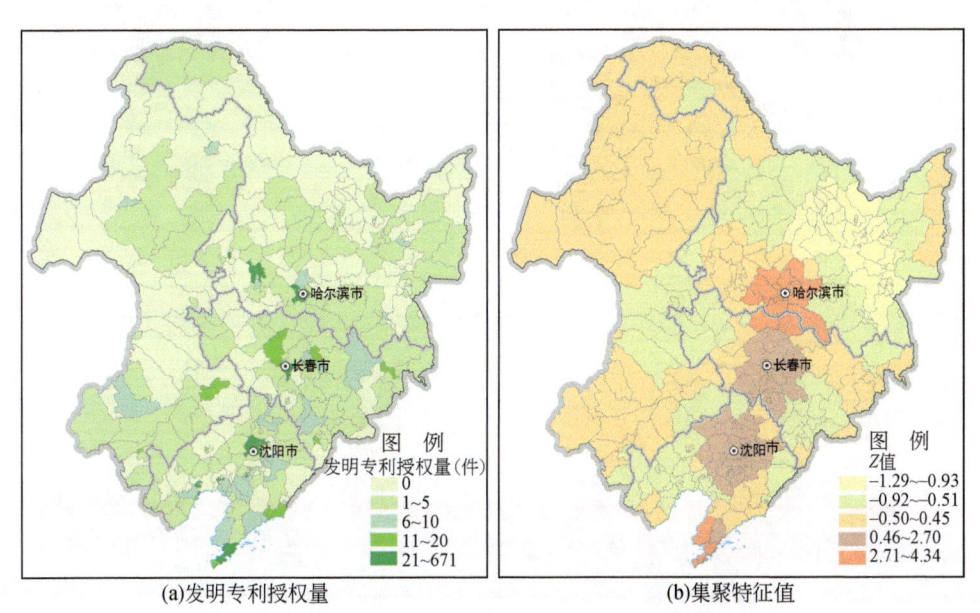

(a) 发明专利授权量　　　　　　(b) 集聚特征值

图6-11　东北地区发明专利授权量空间分布及集聚特征

2. 重点行业空间格局

（1）汽车制造业

东北地区汽车制造业创新资源主要集中在长春市和通辽市，其发明专利授权量占东北地区的60%左右［图6-12（a）］。从地级行政单元分析，长春市拥有最多的汽车制造业发明专利授权量，占总量的38%左右，这与汽车制造业的空间分布特征类似。从县区行政单元分析，汽车制造业发明专利授权量主要集中在长春市朝阳区；其次是哈尔滨市南岗区、大连市西岗区和长春市绿园区，其占总量的比例均高于6%。整体上，发明专利授权量的分布与汽车制造业工业总产值的分布存在较大的相似性，但县区尺度差异较大。例如，汽车制造业工业总产值主要集聚区为长春市的绿园区，而发明专利授权量主要集中在长春市的朝阳区，为实现产业和创新协调发展，应加强不同县区之间的专利合作。

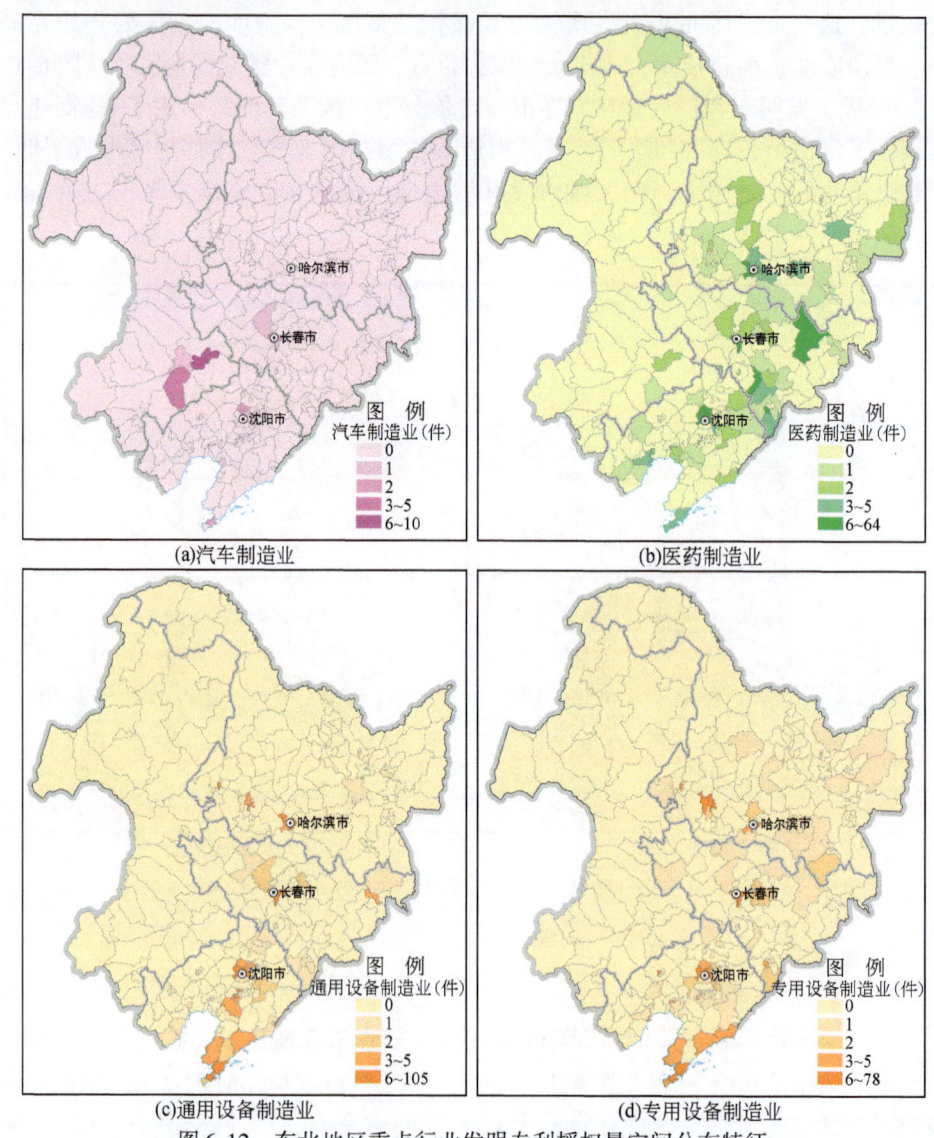

(a)汽车制造业

(b)医药制造业

(c)通用设备制造业

(d)专用设备制造业

图6-12 东北地区重点行业发明专利授权量空间分布特征

（2）医药制造业

东北地区医药制造业发明专利授权量主要集中在四大核心城市地区，其拥有东北地区近70%的发明专利授权量［图6-12（b）］。从地级行政单元分析，沈阳市拥有最多的医药制造业发明专利授权量（130件），占总量的29%左右；其次是哈尔滨市（99件）和长春市（90件），其发明专利占比分别为20%和18%，大连市医药制造业发明专利授权量相对其他三个核心城市较少，仅占6.6%。从县区尺度分析，东北地区发明专利授权量主要集中在沈阳市沈河区、长春市南关区和朝阳区、哈尔滨南岗区和香坊区，其发明专利授权量均高于5%，而这些地区也是东北地区科研院所相对较为集中的地区。整体上，东北地区医药制造业创新资源分布相对较为集中，主要集中在四大核心城市主城区，这与医药制造业工业总产值的空间分布存在较大差异。

（3）通用设备制造业

东北地区通用设备制造业发明专利授权量主要分布在沈阳市、哈尔滨市和大连市，其发明专利授权量占总量的比例高达76%［图6-12（c）］。从地级行政单元分析，沈阳市拥有最多的通用设备制造业发明专利授权量，其占比为29%，其次是哈尔滨市和大连市，其占比也均高于20%，长春市和鞍山市也具有相对较高的通用设备制造业发明专利授权量，这与其工业总产值空间分布特征略有差异。从县区行政单元分析，哈尔滨市南岗区、大连市甘井子区和沈阳市沈河区具有较高的发明专利授权量，其占比均高于7%；大连市西岗区和金州区也具有较高的发明专利授权量，其占比均高于5%。整体上，通用设备制造业发明专利授权量主要集中在哈尔滨市、大连市和沈阳市科研院所和高校相对集中的主城区，这与其工业总产值主要集中在辽宁省两大核心城市及周边地级市略有差异。

（4）专用设备制造业

东北地区专用设备制造业发明专利授权量主要集中在哈尔滨市和沈阳市，与通用设备制造业的分布特征相似［图6-12（d）］。从地级行政单元分析，哈尔滨市和沈阳市在东北地区拥有最多的发明专利授权量，其占比均高于20%；其次是大连市和沈阳市，其占比也均高于10%，而其他城市发明专利授权量相对较少。从县区行政尺度分析，哈尔滨市南岗区拥有最多的发明专利授权量；其次是大连市西岗区、沈阳市沈河区，其发明专利授权量均在5%以上。整体上，专用设备制造业发明专利授权量分布较其通用设备制造业相对分散，但也呈现出向四大核心城市主城区集聚的特征。

二、创新资源行业分布特征

1. 整体特征

从行业分析，东北地区发明专利授权量主要集中在通用设备制造业、化学原料和化学制品制造业、医药制造业和专用设备制造业4个行业，占东北地区发明专利授权量的55%（图6-13）。而造纸和纸制品业、水的生产和供应业、废弃资源综合利用业、家具制造业等发明专利规模相对较小。从省区分析，辽宁省和黑龙江省发明专利的行业分布也表现出与东北地区类似的特征，而吉林省则以医药制造业、化学原料和化学制品制造业的发明专利最多。从各县区发明专利的Moran's I值分析，东北地区多数行业发明专利在空间上表现出一定的集聚特征，但其集聚程度存在较大差异（图6-14）。其中，通用设备制造业、有色金属冶炼和压延加工业、金属制品业、化学原料和化学制品制造业、医药制造业等行业的发明专利具有较高的Moran's I值，其空间集聚性更高，且其集聚性高于所有行业的集聚性，并主要集中在四大城市。四大城市对应这五大行业的发明专利量占东北地区的比例分别为85.2%、65.1%、78.3%、82.1%和70.5%。而水的生产和供应业，烟草制品业，皮革、毛皮、羽毛及其制品和制鞋业等行业的发明专利表现出一定的空间分散特征，其Moran's I值均低于0。总体上，东北地区发明专利在行业上存在较大的集中性，且各行业的创新资源在空间上也表现出一定的集聚特征，并主要集中在四大城市。与分行业工业总产值集聚性（图6-4）对比分析发现，医药制造业，金属制品、机械和设备修理业，化学原料和化学制品制造

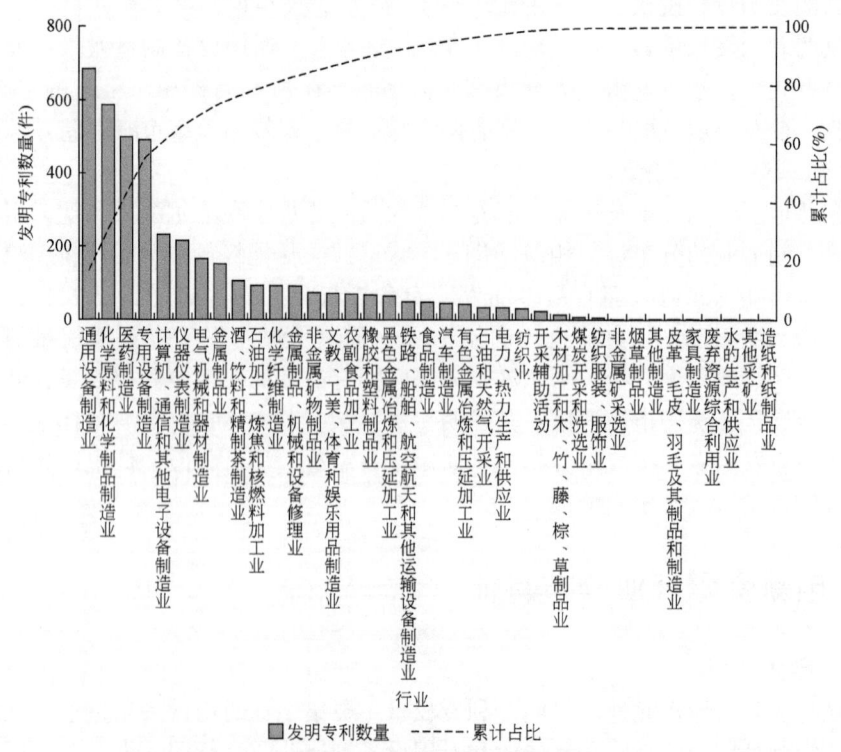

图6-13 东北地区各产业发明专利数量位序–规模图

业，以及通用设备制造业等行业创新资源的集聚性高于产业的集聚性，而非金属矿采选业，纺织服装、服饰业，橡胶和塑料制品业，木材加工和木、竹、藤、棕、草制品业，计算机、通信和其他电子设备制造业等行业创新资源的集聚性低于产业的集聚性。

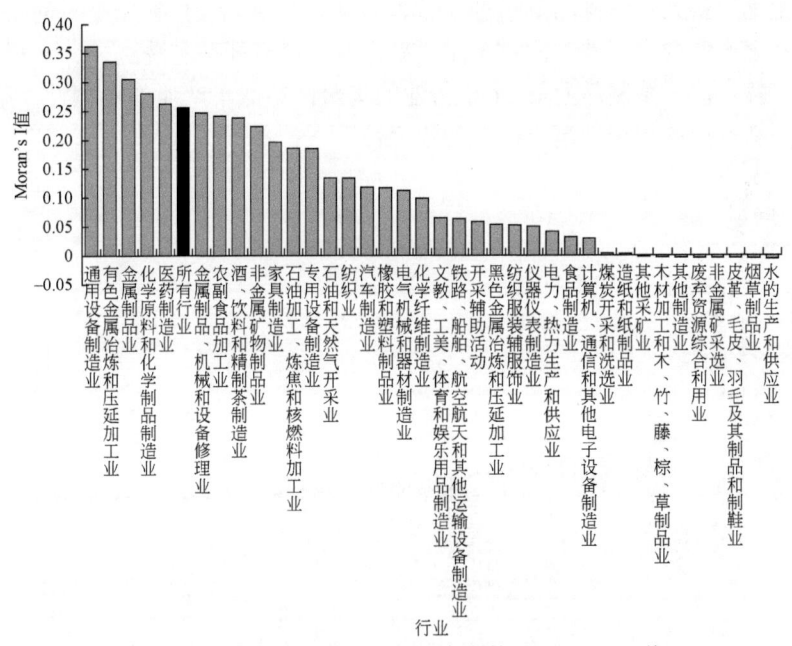

图6-14　东北地区各产业发明专利数量 Moran's I 值

2. 省级层面

（1）辽宁省

辽宁省发明授权专利授权量主要集中在通用设备制造业、化学原料和化学制品制造业、专用设备制造业和医药制造业4个行业，这些行业占辽宁省发明授权专利授权量的59%，且各行业占比均高于10%（图6-15）。而烟草制品业、家具制造业、造纸和纸制品业等尚无发明专利授权量。从各行业发明专利的 Moran's I 值分析，辽宁省多数行业发明授权专利在空间上表现出一定的集聚特征，但其集聚程度存在较大差异（图6-16）。辽宁省发明专利授权量在空间上的集聚态势要优于东北地区，其 Moran's I 值为0.69。此外，通用设备制造业的 Moran's I 值（0.71）高于所有行业。有色金属冶炼和压延加工业，电气机械和器材制造业，仪器仪表制造业，化学原料和化学制品制造业，专用设备制造业，石油加工、炼焦和核燃料加工业，医药制造业，橡胶和塑料制品业，非金属矿物制品业的 Moran's I 值均高于0.30。而水的生产和供应业，纺织业，纺织服装、服饰业，开采辅助活动,皮革、毛皮、羽毛及其制品和制鞋业,煤炭开采和洗选业,非金属矿采选业,木材加工和木、竹、藤、棕、草制品业的发明专利表现出一定的空间分散特征,其 Moran's I 值均低于 0。与分行业工业总产值集聚性(图 6-6)对比分析发现,有色金属冶炼和压延加工业、通用设备制造业、电气机械和器材制造业、化学原料和化学制品制造业、仪器仪表制造业等 21 个行业的创新资源的集聚性高于产业的集聚性,而非金属矿采选业,煤炭开采和洗选业,木材加工和木、竹、藤、棕、草制品业等 11 个行业的集聚性略低于产业的集聚性。整体上,辽宁省创新资源的集聚性高于产业的集聚性。

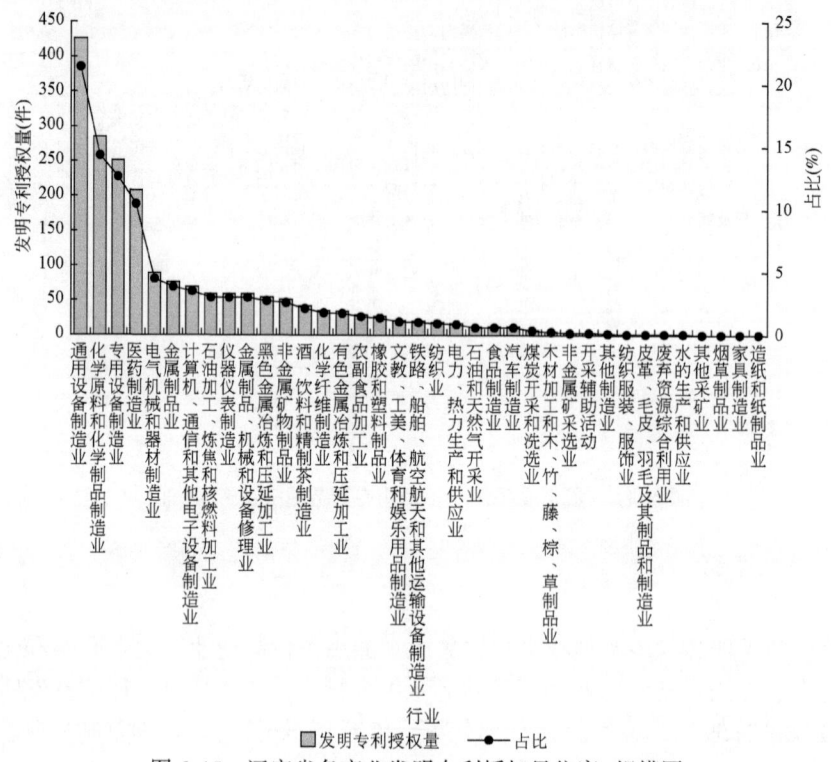

图 6-15 辽宁省各产业发明专利授权量位序–规模图

(2) 吉林省

与辽宁省相似,吉林省发明专利授权量也主要集中在通用设备制造业、化学原料和化学制品制造业、专用设备制造业和医药制造业 4 个行业,这些行业占吉林省发明专利授权量的 55%(图 6-17)。具体分析,吉林省在医药制造业(18%)、化学原料和化学制品制造业(17%)、专用设备制造业(10%)、通用设备制造业(10%)、仪器仪表制造业(8%),以及计算机、通信和其他电子设备制

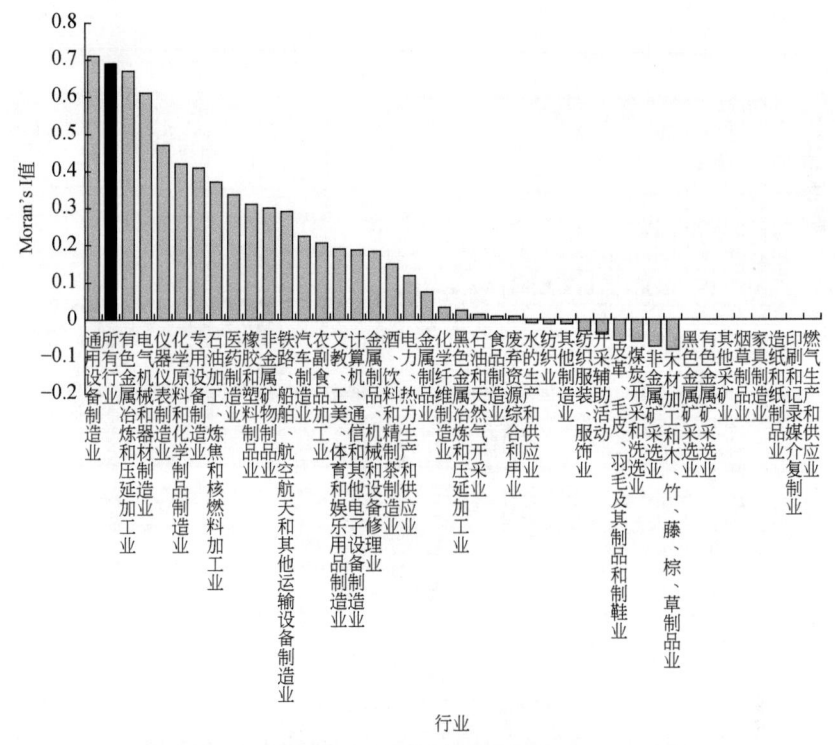

图 6-16　辽宁省各产业发明专利授权量 Moran's I 值

造业（5%）等行业具有较高的发明专利授权量，其占比均高于 5%（含 5%），为发明专利申请的主导行业。而非金属矿采选业，皮革、毛皮、羽毛及其制品和制鞋业，造纸和纸制品业，水的生产和供应业等在吉林省尚无发明专利授权量。

从各行业发明专利授权量的 Moran's I 值分析，吉林省多数行业发明专利授权量在空间上表现出一定的集聚特征，但其集聚程度存在较大差异（图 6-18）。吉林省发明专利授权量在空间上的集聚态势要优于东北地区，其 Moran's I 值为 0.59，而通用设备制造业、金属制品、机械和设备修理业、非金属矿物制品业等行业创新资源的集聚性高于其他产业创新资源的集聚性。专用设备制造业，纺织服装、服饰业，家具制造业，医药制造业，计算机、通信和其他电子设备制造业，纺织业，电气机械和器材制造业，化学纤维制造业，农副食品加工业的创新资源在空间上也表现出一定的集聚性，这些行业的 Moran's I 值均高于 0.3。而石油加工、炼焦和核燃料加工业，煤炭开采和洗选业，废弃资源综合利用业，石油和天然气开采业，有色金属矿采选业，开采辅助活动，有色金属冶炼和压延加工业，电力、热力生产和供应业，食品制造业，黑色金属冶炼和压延加工业的发

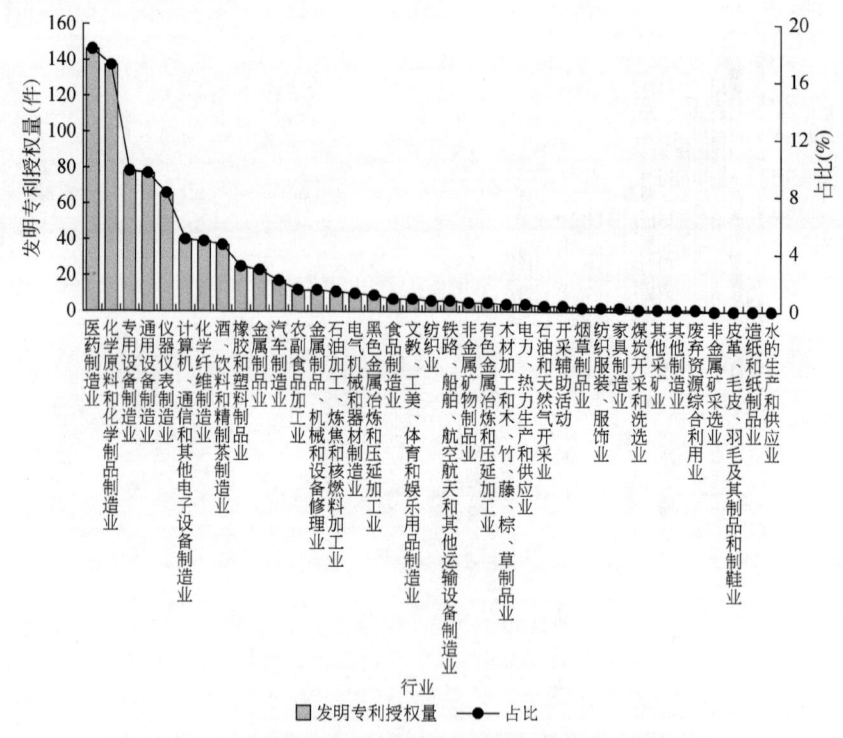

图6-17 吉林省各产业发明专利授权量位序-规模图

明专利授权量表现出一定的空间分散特征,其 Moran's I 值均低于 0。与分行业工业总产值集聚性(图6-18)对比分析发现,纺织业,化学纤维制造业,医药制造业,家具制造业,纺织服装、服饰业,通用设备制造业,金属制品、机械和设备修理业,非金属矿物制品业等 25 个行业的创新资源的集聚性高于产业的集聚性,而食品制造业,电力、热力生产和供应业,开采辅助活动,煤炭开采和洗选业,石油和天然气开采业等 10 个行业的集聚性略低于产业的集聚性。

(3) 黑龙江省

与辽宁省和吉林省相同,黑龙江省发明专利授权量也主要集中在通用设备制造业、化学原料和化学制品制造业、专用设备制造业和医药制造业 4 个行业,这些行业占黑龙江省发明专利总量的 53%,集中度略低于辽宁省和吉林省(图6-19)。此外,仪器仪表制造业,计算机、通信和其他电子设备制造业,电气机械和器材制造业也具有相对较高的发明专利授权量,其占比均高于 5%,为发明专利申请的主导行业。而煤炭开采和洗选业,非金属矿采选业,皮革、毛皮、羽毛及其制品和制鞋业,家具制造业,废弃资源综合利用业等行业在黑龙江省尚无发明专利授权量。

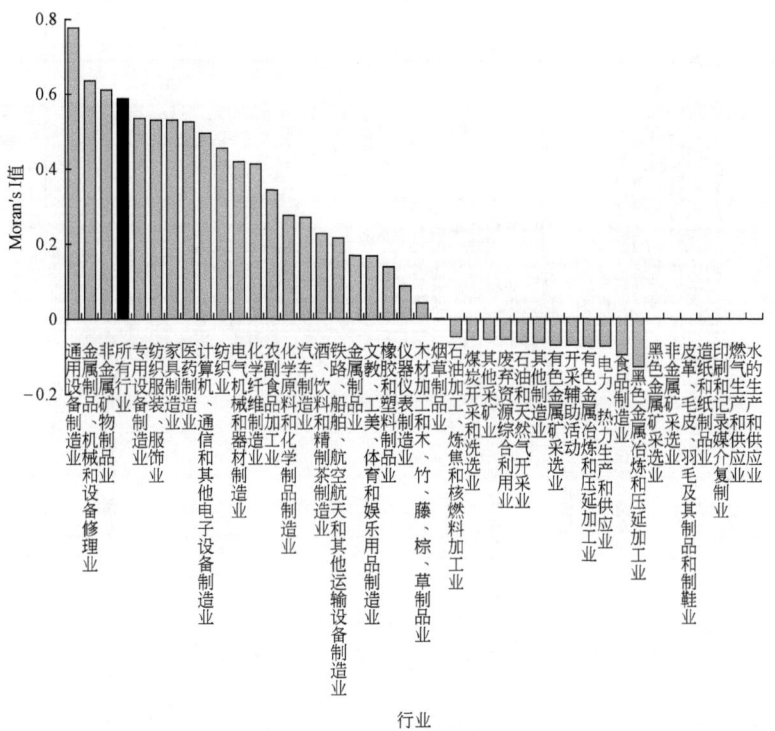

图 6-18　吉林省各产业发明专利授权量 Moran's I 值

从各行业发明专利授权量的 Moran's I 值分析，黑龙江省各行业发明专利授权量在空间上的集聚性略低于吉林省和辽宁省，但在空间上仍表现出一定的集聚特征（图 6-20）。黑龙江省所有行业发明专利授权量的 Moran's I 值仅为 0.12，低于辽宁省和吉林省，也低于东北地区平均水平。从具体行业分析，医药制造业，酒、饮料和精制茶制造业，农副食品加工业，金属制品业，通用设备制造业，计算机、通信和其他电子设备制造业，石油加工、炼焦和核燃料加工业，金属制品、机械和设备修理业，石油和天然气开采业等行业创新资源的集聚性高于所有产业创新资源的集聚性。而木材加工和木、竹、藤、棕、草制品业，纺织服装、服饰业，造纸和纸制品业，烟草制品业，水的生产和供应业，化学纤维制造业，黑色金属冶炼和压延加工业，纺织业的发明专利授权量表现出一定的空间分散特征，其 Moran's I 值均低于 0。与分行业工业总产值集聚性（图 6-10）对比分析发现，纺织业、水的生产和供应业、电气机械和器材制造业、仪器仪表制造业、食品制造业、化学原料和化学制品制造业、煤炭开采和洗选业等 17 个行业的创新资源的集聚性高于产业的集聚性，而医药制造业，酒、饮料和精制茶制造业，金属制品、机械和设备修理业，农副食品加工业等 18 个行业的集聚性略低于产业的集聚性。

149

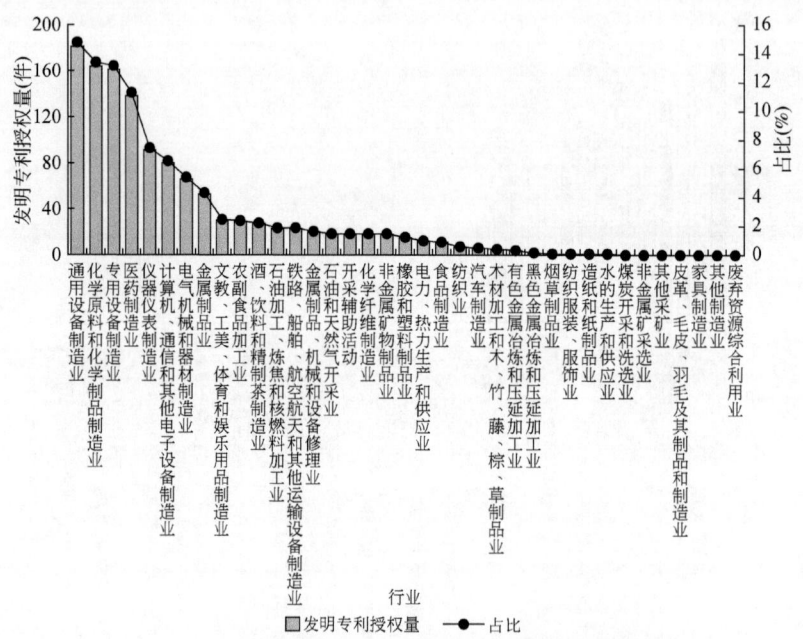

图 6-19　黑龙江省各产业发明专利授权量位序–规模图

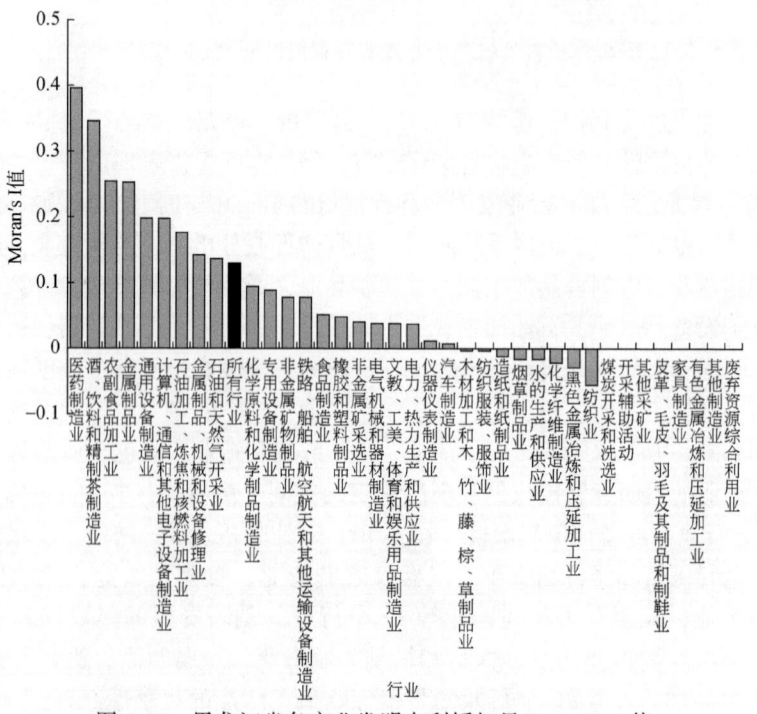

图 6-20　黑龙江省各产业发明专利授权量 Moran's I 值

第三节　创新资源与产业协同发展分析

一、评价方法

1. 空间自相关分析

空间自相关指地理事物分布于不同空间位置的某一属性值之间的统计相关性，通常距离越近相关性越大，常见的评价指标包括 Moran's I、Local Moran's I 和 Geary's C。其中，Moran's I 和 Local Moran's I 常用来分析和评价某一要素在空间上整体或局部的集聚状态，但不能反映两个要素之间的相互作用关系，而双变量空间自相关可用于分析和评价创新资源与产业发展之间的集聚特征。Moran's I、Local Moran's I 和双变量 Moran's I（I_{lm}^{p}）计算公式如下：

$$\text{Moran's I} = \frac{\sum_{i=1}^{n}\sum_{j=1}^{n} W_{ij}(X_i - \overline{X})(X_j - \overline{X})}{S^2 \sum_{i=1}^{n}\sum_{j=1}^{n} W_{ij}}$$

$$\text{Local Moran's I} = \frac{\sum_{i=1}^{n}\sum_{j=1}^{n} W_{ij}(X_i - \overline{X})(X_j - \overline{X})}{\frac{1}{n}\sum_{i=1}^{n}(X_i - \overline{X})^2}$$

$$I_{lm}^{p} = z_l^p \sum_{q=1}^{n}(W_{pq} z_m^q)$$

$$z_l^p = \frac{X_l^p - \overline{X}_c}{\sigma_c}; \quad z_m^q = \frac{X_m^q - \overline{X}_m}{\sigma_m}$$

式中，$\overline{X}$ 和 S 分别表示所有地区相关指标的均值和标准差；X_i 和 X_j 分别表示城市 i 和城市 j 上相关指标的值；W_{ij} 和 W_{pq} 表示空间权重；X_{pl} 表示空间单元 p 的属性 l 的值；X_m^q 表示空间单元 q 的属性 m 的值；$\overline{X}_l$ 和 $\overline{X}_m$ 分别表示属性 l 和 m 的平均值；σ_l 和 σ_m 分别表示属性 l 和 m 的平方差。

2. 象限图法

对创新资源和产业发展关系的判别和识别，目前学术界主要采用灰色关联度和相关性分析等方法，这些方法较适用于长时间序列数据的分析，而对单一年份的截面数据分析很难揭示其内在规律。为此，本书将借鉴陈明星等（2010）评价城市化和经济发展关系的改进的象限图方法，探讨创新资源发展水平和产业发展水平之间的关系，以识别其空间分布特征。具体计算步骤如下：

1）对衡量创新资源发展水平和产业发展水平的发明专利授权量和工业总产值进行标准化。

$$z = (X_i - \overline{X})/S$$

式中，z 表示标准化后的值；X_i 表示行业 i 或者城市 i 的发明专利授权量和工业总产值；$\overline{X}$ 和 S 分别表示发明专利授权量和工业总产值的均值与标准差。

2）利用标准化后的新变量数据列，分别绘制各行业或城市创新资源（IR）和产业发展水平（IDL）的散点样式的象限图。

3）类型区识别。根据各行业或各城市在象限图中的位置关系，判断其类型。其中，根据（IR-IDL）的正负，确定样本点（IR，IDL）的偏离方向，根据（IR-IDL）的绝对值大小，确定样本点（IR，IDL）偏离各自样本中心的程度。根据陈明星等（2010）的划分标准，本书选择0.1、0.5和1作为类型划分的节点，对创新资源发展水平和产业发展水平的耦合关系进行类型区划分，具体包括创新资源严重滞后［(IR-IDL)≤-1］、创新资源中度滞后［-1≤(IR-IDL)≤-0.5］、创新资源轻微滞后［-0.5≤(IR-IDL)≤-0.1］、基本协调［0≤|IR-IDL|≤0.1］、创新资源轻微超前［0.1≤(IR-IDL)≤0.5］、创新资源中度超前［0.5≤(IR-IDL)≤1］和创新资源严重超前［1≤(IR-IDL)］7种类型区（图6-21）。

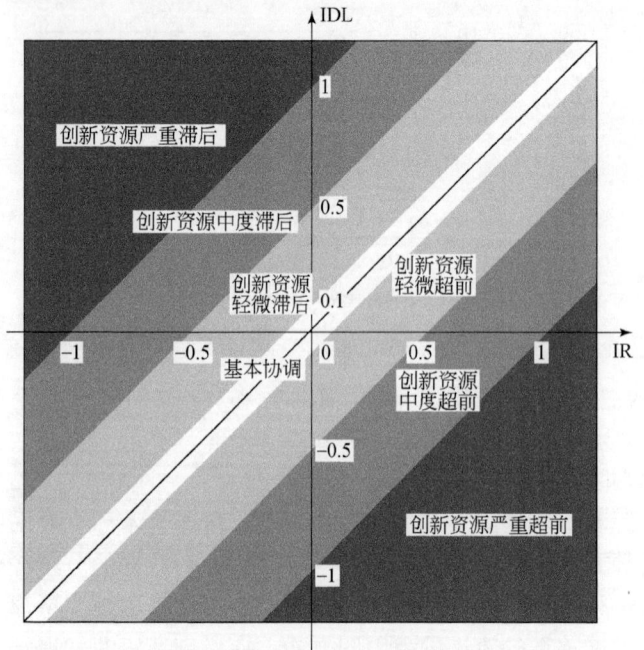

图6-21 创新资源发展水平和产业发展水平类型划分

二、空间协同性评价

根据改进的象限图法，通过对比分析创新资源发展水平和产业发展水平之间的关系，可以将东北地区所有县区划分为7种类型区（表6-1和图6-22）。

表6-1 东北地区创新–产业类型区

类型区	县区数量（个）	比例（%）	发明专利总量（件）	比例（%）	工业总产值总值（亿元）	比例（%）
基本协调 [0≤(IR-IDL)≤0.1]	49	14.29	146	3.56	8 274	9.07
创新资源轻微滞后区 [-0.5≤(IR-IDL)≤-0.1]	60	17.49	389	9.48	20 607	22.58
创新资源中度滞后区 [-1≤(IR-IDL)≤-0.5]	14	4.08	45	1.10	7 626	8.36
创新资源严重滞后区 [(IR-IDL)≤-1]	25	7.29	477	11.62	37 816	41.44
创新资源轻微超前区 [0.1≤(IR-IDL)≤0.5]	178	51.90	456	11.11	9 111	9.98
创新资源中度超前区 [0.5≤(IR-IDL)≤1]	6	1.75	325	7.92	1 866	2.05
创新资源严重超前区 [1≤(IR-IDL)]	11	3.21	2 267	55.23	5 947	6.52
合计	343	100	4105	100	91247	100

1）基本协调区。该类型区包括49个县区，占总量的14.29%，其发明专利和工业总产值仅分别占东北地区的3.56%和9.07%。空间上，该类型区主要位于辽宁省的丹东市、阜新市和朝阳市，吉林省的白城市和延边朝鲜族自治州及哈大经济走廊核心城市中间的地区等，其发明专利和产业发展水平均相对较落后，发明专利和工业总产值的均值仅分别占东北地区平均水平的24.9%和63.5%，即虽然该类型区属于创新资源发展水平和产业发展水平的基本协调区，但两者的发展水平均相对较低。

2）创新资源轻微滞后区。该类型区包括60个县区，占总量的17.49%，其

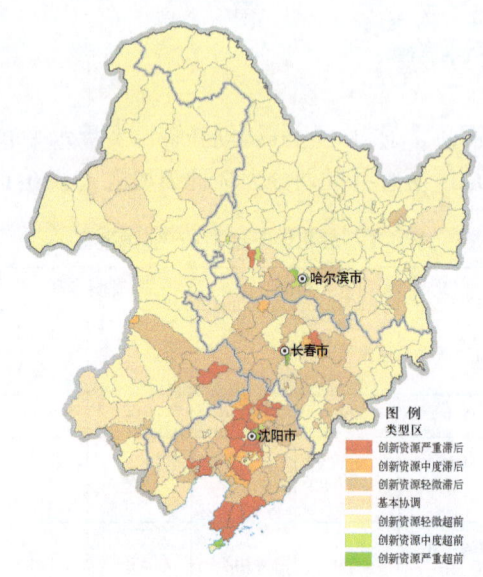

图 6-22　东北地区创新资源发展水平和产业发展水平的空间耦合性

发明专利占东北地区的 9.48%，低于县区数量的比例；而工业总产值的比例（22.58%）明显高于县区数量和发明专利的比例。与东北地区平均水平相比，该类型区创新资源发展水平略滞后于产业发展水平。空间上，该类型区主要位于哈大交通走廊沿线县区外围地区，尤其是吉林市、抚顺市和阜新市，其创新资源发展水平轻微滞后于产业发展水平。

3）创新资源中度滞后区。该类型区仅包括 14 个县区，占总量的 4.08%。空间上，该类型区主要位于辽宁省的铁岭市、辽源市和抚顺市等，其发明专利仅占东北地区总量的 1.10%，远低于工业总产值的比例（8.36%），且该类型区发明专利和工业总产值的均值分别为东北地区平均水平的 26.86% 和 2.05 倍，即创新资源发展水平中度滞后于产业发展水平。

4）创新资源严重滞后区。该类型区包括 25 个县区，占总量的 7.29%。空间上，该类型区主要位于沈阳市、大连市、长春市和大庆市市辖区范围内等县区，其发明专利和工业总产值分别占东北地区的 11.62% 和 41.44%。其中，该类型区的创新资源发展水平虽然高于东北平均水平，但仍远落后于产业发展水平。

5）创新资源轻微超前区。该类型区包括 178 个县区，占总量的 51.90%。空间上，该类型区主要位于黑龙江省北部、吉林省东北部和辽宁省西南部等地区，其创新资源发展水平和产业发展水平均较低，发明专利和工业总产值仅占东北地区的 11.11% 和 9.98%。与东北地区平均水平相比，创新资源发展水平略高于产业发展水平。

6）创新资源中度超前区。该类型区仅包含沈阳市和平区和皇姑区、哈尔滨市道里区、抚顺市新抚区、大庆市萨尔图区和齐齐哈尔市龙沙区6个县区，其发明专利占东北地区的7.92%，而工业总产值仅占2.05%。与东北地区平均水平相比，该类型区均具有相对较高的发明专利和工业总产值，但其创新资源发展水平中度超前于产业发展水平。

7）创新资源严重超前区。该类地区仅包含哈尔滨市南岗区、香坊区和松北区，大连市西岗区、沙河口区和甘井子区，沈阳市沈河区和浑南区，鞍山市铁东区和长春市朝阳区10个县区，占东北地区的3.21%。该类型区的发明专利占东北地区的55.23%，而工业总产值仅占6.52%，具有相对较高的创新资源发展水平和产业发展水平，但其产业发展水平严重滞后于创新资源发展水平。

整体上，东北地区创新资源发展水平和产业发展水平较高的地区，两者之间的关系存在明显的偏离，如大连市、沈阳市、长春市和哈尔滨市四大城市市辖区及其周边地区；而创新资源和产业发展之间协调性相对较好的地区，两者的发展均相对较落后，如黑龙江省东部、吉林省和辽宁省边缘的县区。导致该现象的原因可能表现在以下两个方面：一是东北地区发明专利主要是由科研院所和高校贡献，而这些单位以科研为主，而非追求经济效益，导致科研院所和高校集聚的地区产业发展水平相对较低，如哈尔滨市南岗区布局有哈尔滨工业大学和哈尔滨工程大学等多所大学，这两所大学贡献了哈尔滨市近50%的发明专利，但发明专利转化率均低于7%，这在一定程度上不利于该地区产业发展，而这些地区多成为创新资源严重超前区；二是东北地区产业发展水平较高的地区仍为大型央企和国企集聚的地区，受其集聚效应影响，周边集聚了大规模中小企业，为其提供配套服务，而这些企业创新意识不高，导致该地区具有相对较高的产业发展水平，但创新产出不足，多为创新资源严重滞后区。

三、行业协同性评价

1. 整体特征

通过对比分析各县区发明专利和工业总产值的双变量Moran's I值发现（图6-23），东北地区创新资源和产业发展在空间上表现出一定的协同性，其双变量Moran's I值为0.211。分行业分析，东北地区非金属矿物制品业集聚性较高，双变量Moran's I值为0.223；其次为汽车制造业，通用设备制造业，石油加工、炼焦和核燃料加工业，电气机械和器材制造业等。除通用设备制造业外，其他行业的发明专利量均相对较少，但其与产业发展水平均具有较高的协同性，这将有利于这些行业的发展。然而，非金属矿采选业，煤炭开采和洗选业，木材加工和木、竹、藤、棕、草制品业，烟草制品业，皮革、毛皮、羽毛及其制品和制鞋业等行业创新资源和工业总产值双变量Moran's I 值为负，表明这些行业的创新资源发展水平和产业发展水平在空间上不协调，即创新资源发展水平较高的县区，其产业发展水平较低，而产业发展水平较高的县区，其创新资源发展水平却相对较低。此外，双变量Moran's I 值为负的行业，其产值规模和发明专利数量均相对较低，且创新资源发展水平略低于产业发展水平，两者总量分别占东北地区的7.57%和3.14%。针对该类行业，东北地区应增加其科研投入，提高其创新资源产出及转化水平，促使其与产业发展水平相匹配。

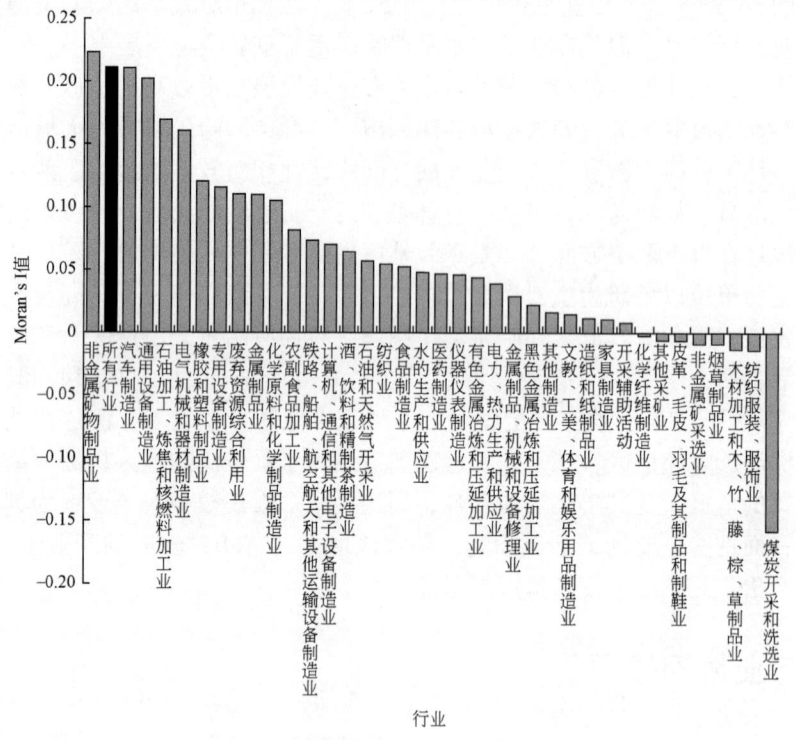

图6-23 东北地区分行业创新资源和工业总产值的双变量Moran's I 值

2. 重点行业

虽然东北地区部分行业创新资源发展水平和产业发展水平存在一定的空间协同性，但其空间分布特征仍存在较大的差异。为进一步探讨不同行业创新资源发展水平和产业发展水平空间耦合关系的分布特征，根据东北地区产业发展的特点，选择汽车制造业、医药制造业、通用设备制造业和专用设备制造业进行重点分析，以识别重点行业创新资源发展水平和产业发展水平空间耦合关系（图6-24）。

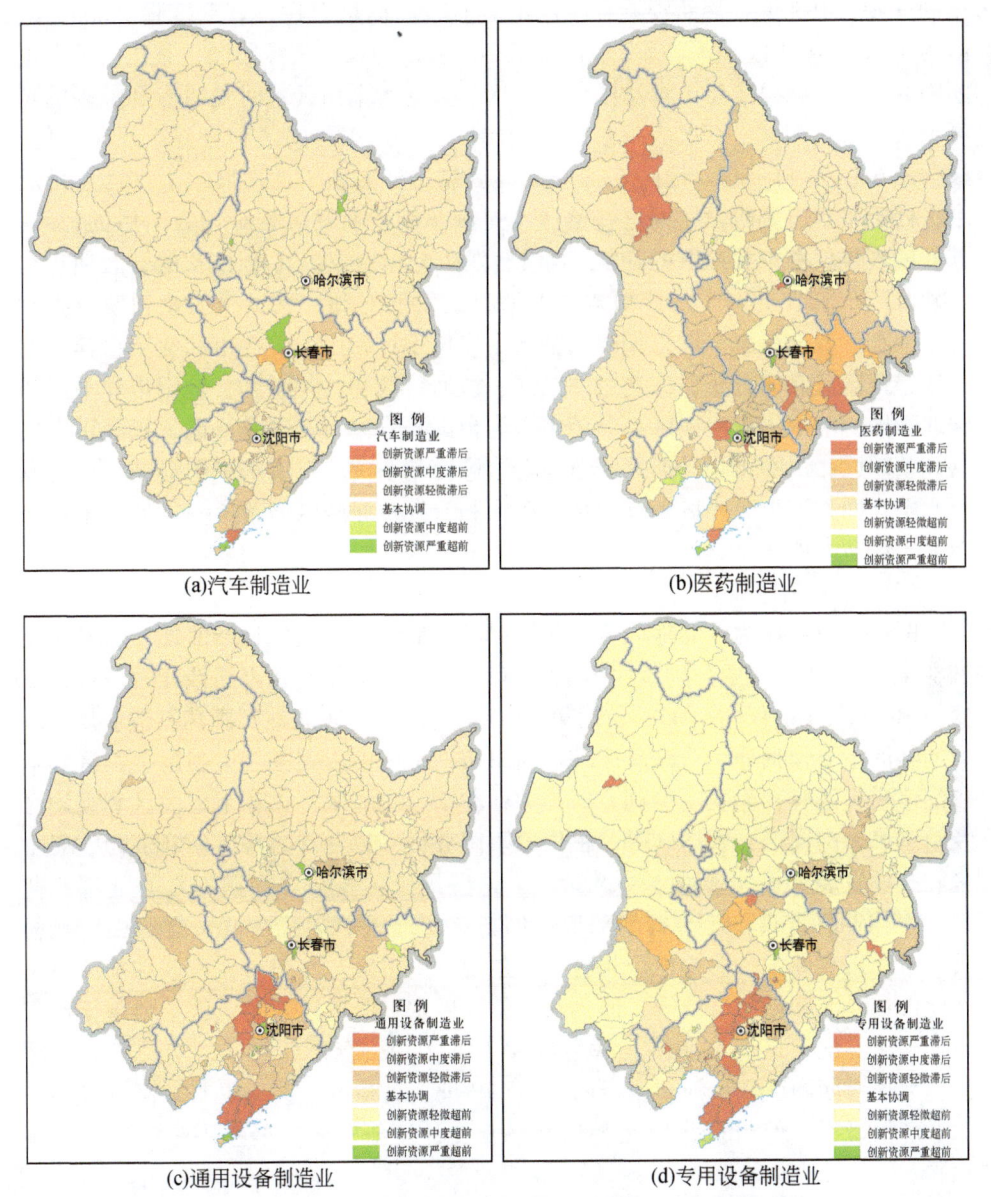

(a)汽车制造业

(b)医药制造业

(c)通用设备制造业

(d)专用设备制造业

图6-24　东北地区重点行业创新资源和产业发展的空间耦合关系

（1）汽车制造业

汽车制造业产值规模在东北地区41个工业行业中位居第2位，而其发明专利位居第20位，严重滞后于产业发展水平。但在东北地区41个工业行业中，汽车制造业产值规模和创新资源在空间上具有较高的耦合性，其双变量Moran's I值为0.21。空间上，汽车制造业产值最高的县区为长春市绿园，其次为长春市朝阳区、南关区、二道区及沈阳市大东区、大连市金州区；而发明专利最多的县区为长春市朝阳区，其次为哈尔滨市南岗区、大连市西岗区和长春市绿园区等。根据图6-21分析，东北地区83.1%的县区制造业创新资源发展水平和产业发展水平处于基本协调阶段，而这些县区也是汽车制造业发展相对较为落后的地区，其产值规模仅占东北地区的6%，且没有发明专利授权；其他16%的县区拥有东北地区汽车制造业94%的产值规模和所有的发明专利。汽车制造业创新资源发展水平和产业发展水平严重偏离的县区主要位于长春市、大连市和沈阳市辖区及其周边地区。具体分析，大连市西岗区、沙河口区和甘井子区，沈阳市和平区和沈北新区，哈尔滨市南岗区，盘锦市兴隆台区，齐齐哈尔市龙沙区，长春市农安县和朝阳区，伊春市乌马河区和营口老边区等创新资源发展水平明显高于产业发展水平，而大连市金州区、沈阳市大东区和长春市绿园区创新资源发展水平明显滞后于产业发展水平。

（2）医药制造业

医药制造业作为东北地区近几年发展起来的优势行业，其产值规模和发明专利在41个工业行业中分别位居第12位和第3位，但其空间协同性相对较弱，双变量Moran's I值仅为0.05，位居第19位。空间上，东北地区医药制造业规模较大的县区主要包括通化市东昌区和梅河口市、本溪市溪湖区、大连市金州区和哈尔滨市道里区等，而发明专利主要集中在沈阳市沈河区、长春市南关区和朝阳区及哈尔滨市南岗区、香坊区等。根据象限图分析，52.1%的县区创新资源发展水平和产业发展水平处于基本协调阶段，这些地区主要分布在黑龙江省北部和西部、吉林省西北部和辽宁省南部等。创新资源严重滞后区主要包含白山市抚松县、本溪市溪湖区、大连市金州区、哈尔滨市道里区、沈阳市铁西区和新民市及通化市东昌区和梅河口市等；而创新资源发展水平严重超前的地区主要包括沈阳市和平区、沈河区、皇姑区、浑南区和于洪区，长春市朝阳区、南关区和绿园区，大连市西岗区和沙河口区及哈尔滨市松北区，这些地区均具有较高的发明专利及产值规模，但与东北地区平均水平相比，创新资源发展水平高于产业发展水平。

（3）通用设备制造业

通用设备制造业是东北地区发明专利拥有量最大的行业，而其产值规模在41个工业行业中位居第7位，且两者在空间上的耦合性仅次于非金属矿物制品业、汽车制造业，位居第3位，其双变量Moran's I值为0.2，表现出一定的空间耦合性。空间上，通用设备制造业工业总产值较高的县区主要分布在大连瓦房店市、金州区、庄河市及沈阳市铁西区、于洪区和新民市；而发明专利主要集中在大连市甘井子区、西岗区、金州区及沈阳市沈河区、哈尔滨市南岗区。根据象限图分析，70.6%的县区通用设备制造业创新资源发展水平和产业发展水平处于基本协调阶段，而这些县区发明专利和工业产值分别仅占东北地区的3.9%和6.9%，主要分布在黑龙江省北部、吉林省和辽宁省边缘地区。通用设备制造业创新资源发展水平和产业发展水平偏离地区空间分布较为集中。其中，创新资源严重超前的县区主要包括大连市西岗区和甘井子区，沈阳市和平区、沈河区、皇姑区、浑南区和朝阳区，长春市南关区和绿园区，哈尔滨市南岗区、香坊区和松北区等，即这些县区创新资源发展水平高于产业发展水平；而创新资源严重滞后的县区包括大连市和沈阳市其他地区及阜新市细河区、铁岭市开原市和昌图县等，即这些县区创新资源发展水平严重滞后于产业发展水平。

(4) 专用设备制造业

专用设备制造业作为东北地区较有特色的行业，其产值规模和发明专利在41个工业行业中分别位居第9位和第4位，而其空间协同性位居第8位，低于汽车制造业和通用设备制造业的空间协同性，其 Moran's I 值仅为0.12。空间上，东北地区专用设备制造业主要分布在大连市金州区、沈阳市铁西区、盘锦市兴隆台区、抚顺市望花区等，而其发明专利主要分布在哈尔滨市南岗区、大连市西岗区、沈阳市沈河区和长春市朝阳区等，这与工业总产值的空间分布存在较大差异。根据象限图分析，83.67%的县区专用设备制造业创新资源发展水平和产业发展水平的空间协同性处于基本协调和轻微偏离的阶段，主要分布在黑龙江省的大部分地区及辽宁省、吉林省边缘地区。创新资源发展水平和产业发展水平空间耦合明显偏离的县区分布相对较集中。创新资源严重超前的12个县区主要位于哈尔滨市、沈阳市、长春市、大庆市、大连市和鞍山市等市辖区内；创新资源严重滞后的县区主要位于沈阳市和大连市其他县区及朝阳市、辽源市、抚顺市、齐齐哈尔市、四平市和铁岭市等城市市辖区。

第四节 政策建议

本章节主要侧重于对创新资源和产业发展集聚性与协同性的评价，虽然研究结果主要是依托创新资源和产业发展的相对发展水平进行评价，而未考虑其绝对量之间的相关性，但一定程度上仍可用于解释创新资源和产业发展的布局相对效率。随着创新理论和创新驱动战略的发展，创新资源的内容也在不断地丰富。虽然发明专利授权量仅反映了地区创新资源的一个方面，但对其与对应行业工业总产值协同性的分析仍具有一定的实践价值，尤其是在区域创新资源优化布局、创新资源与产业协同发展等方面。

一、实施差别化有侧重的创新发展战略，逐步缩小区域创新差异

目前，东北地区创新资源在空间上表现出明显的集聚特征，主要集中在沈阳市、大连市、长春市和哈尔滨市四大城市，并在四大城市周边形成热点区，而在黑龙江省北部呈现低–低集聚特征。从各行业内部分析，通用设备制造业、有色金属冶炼和压延加工业、金属制造业、化学原料和化学制品制造业、医药制造业等行业创新资源集聚性高于东北地区各县区创新资源，且其也表现出在四大城市市辖区集聚的特征。为缩小创新资源的空间差异，各地方政府应制定相关政策和发展战略，加强对具有创新潜力地区的扶持力度，提高其区域创新能力，逐步缩小区域创新差异。

二、优化调整区域创新资源布局，发挥创新协同效应与地理邻近效应

相关研究表明，邻近地区创新环境会对周边地区产业发展产生一定影响，产生区域创新溢出效应（方创琳等，2014；段德忠等，2015）。因此，在东北地区创新发展规划中，政府应充分考虑地理临近作用，打破行政壁垒，提高创新资源的跨区域转化，尤其是临近沈阳市、大连市、长春市和哈尔滨市四大城市的地区，优化创新资源布局，充分发挥创新协同效应与地理邻近效应。

三、以企业为载体促进科技创新能力与产业发展双提升

目前，东北地区创新资源发展水平和产业发展水平的协同性在空间上和行业上均存在较大差异。空间上，沈阳市、大连市、哈尔滨市和长春市等城市市辖区及其周边地区创新资源发展水平和产业发展水平多属于严重偏离区；黑龙江省北部、吉林省和辽宁省边缘地区的工业发展水平相对滞后的县区多属于基本协调类型区，该类型区创新资源发展水平和产业发展水平应保持同步发展。行业上，非金属矿物制品业创新资源发展水平和产业发展水平在空间上具有最高的协同性，高于东北地区工业总产值的协同性，而煤炭开采和洗选业、非金属矿采选业等行业双变量 Moran's I 值为负，即不存在空间协同性。针对目前东北地区创新资源

发展水平和产业发展水平空间和行业布局特征不均衡的现象，综合考虑其空间协同性，在提升其整体创新能力和产业发展水平的同时，应提高创新资源严重滞后区的创新能力，增强创新资源严重超前区创新资源转化能力，提高其经济效益，同时加强创新资源要素的流动，促进创新资源跨区域转化。应深入实施经营性领域技术入股改革，推进产学研协同创新，加大高校和科研院所科技成果的转移转化力度，建设一批示范带动作用明显的产学研创新联盟，实施一批产学研合作重大项目，推进科技和产业的高效对接，通过增加产业的创新力来促进经济发展和增长。

参 考 文 献

陈明星, 陆大道, 刘慧. 2010. 中国城市化与经济发展水平关系的省际格局. 地理学报, 65（2）: 1443-1453.

程叶青, 王哲野, 马靖. 2014. 中国区域创新的时空动态分析. 地理学报, 69（12）: 1779-1789.

段德忠, 杜德斌, 刘承良. 2015. 上海和北京城市创新空间结构的时空演化模式. 地理学报, 70（12）: 1911-1925.

方创琳, 马海涛, 王振波, 等. 2014. 中国创新型城市建设的综合评估与空间格局分异. 地理学报, 69（4）: 459-473.

蒋天颖, 谢敏, 刘刚. 2014. 基于引力模型的区域创新产出空间联系研究——以浙江省为例. 地理科学, 34（11）: 1320-1326.

焦敬娟, 王姣娥, 程珂. 2017. 中国区域创新能力空间演化及其空间溢出效应. 经济地理, 37（9）: 11-18.

焦敬娟, 王姣娥, 刘志高. 2016. 东北地区创新资源与产业协同发展研究. 地理科学, 36（9）: 1338-1348.

李国平, 王春杨. 2012. 我国省域创新产出的空间特征和时空演化——基于探索性空间数据分析的实证. 地理研究, 31（1）: 95-106.

李政. 2015. 当前东北地区经济增长问题成因与创新转型对策. 经济纵横, （7）: 14-17.

刘凤朝, 徐茜, 韩姝颖, 等. 2011. 全球创新资源的分布特征与空间差异——基于OECD数据的分析. 研究与发展管理, 23（1）, 11-16, 30.

吕拉昌, 李勇. 2010. 基于城市创新职能的中国创新城市空间体系. 地理学报, 65（2）: 177-190.

吕拉昌, 梁政骥, 黄茹. 2015. 中国主要城市间的创新联系研究. 地理科学, 35（1）: 30-37.

牛方曲, 刘卫东, 刘志高, 等. 2011. 中国区域公立科技创新资源与经济发展水平相关性分析. 经济地理, 31（4）: 541-547.

牛方曲, 刘卫东. 2012. 中国区域科技创新资源分布及其与经济发展水平协同测度. 地理科学进展, 31（2）: 149-155.

孙玮, 陈燕, 孙全亮. 2015. 东北城市群专利资源布局的空间关联性——基于 Moran 指数的解释. 科技和产业, 15 (12): 32-37.

王家庭. 2012. 科技创新、空间溢出与区域经济增长：基于 30 省区数据的实证研究. 当代经济管理, 34 (11): 49-54.

赵宏志, 马荣康, 刘凤朝. 2015. 东北地区知识产权与产业发展关联性的实证研究. 大连理工大学学报（社会科学版）, 36 (3): 80-85.

赵昱. 2014. 创新资源国际流动格局、过程及对中国自主创新的影响. 华东师范大学博士学位论文.

Chen Y, Puttitanun T. 2005. Intellectual property rights and innovation in developing countries. Journal of Development Economics, 78 (2): 474-493.

第七章　创新资源转移的空间-行业路径与机制

本章以专利转让为切入点,分别从空间、行业、空间-行业三个维度对全国及东北地区创新资源的流动格局与行业分布特征进行了剖析。研究首先基于 2016 年全国专利转让数据,构建了以省级行政单元为节点、专利联系为边、专利转移量为边权的省际专利转移网络,借鉴社会网络分析理论构建相关指标,对专利输入、输出及本地转化能力进行评价,从网络节点层面对全国省际专利转移网络的等级结构进行分析,并重点探究了东北三省在全国创新资源流动网络中的地位与角色。其次,本章进一步分析了全国创新资源流动关联网络的层级结构与组织特征。再次,将研究视角转移到行业层面,揭示全国省际专利转移行为在行业维度的分布特征,对东北地区专利转移活动强度较高的相关重点行业进行甄别。最后,从空间与行业两个角度识别了东北地区创新资源的主要空间-行业转移路径。

第一节　专利资源转让的空间格局

一、研究数据与方法

1. 专利转让数据

作为一种知识传播的重要方式,专利转移被广泛地应用于创新资源流动分析和区域创新网络构建中,其中发明专利与产业发展联系最紧密。采用网络数据抓取技术,在 IncoPat 科技创新情报平台中抓取了 2016 年东北三省发明专利权转让的发明专利的数据,包含专利名称、申请人、申请日期等相关信息,以及自公告起所经历的状态变更记录,如审查生效、公开及专利申请权、专利权的转让记录等。其中,专利权转让记录详细阐述了发生输出、输入行为的个体及其登记的详细地址信息。通过识别发生转让行为主体的地址信息,共得到 7367 条发明专利权转让记录。在此基础上,本书依据国家知识产权局公布的《国际专利分类与国民经济行业分类参照关系表(2018)》,将转让的发明专利与国民经济行业分类进行匹配，并汇总到省级尺度上。

2. 产业发展数据

本章涉及的 2016 年产业发展相关数据来源于《2017 中国工业统计年鉴》。东北三省、辽宁省、吉林省和黑龙江省的工业产值均呈现出明显的集聚特征，并集中在传统优势产业——重化工业和装备制造业。产值最高的行业为汽车制造业，占工业总产值的 13.7%；其次为农副食品加工业、农业、畜牧业、石油加工、炼焦和核燃料加工业、电力、热力生产和供应业、化学原料和化学制品制造业、金属冶炼和压延加工业、有色金属冶炼和压延加工业，以上行业占工业总产值的 64.3%。而战略性新兴产业及高技术产业的产值规模较小。从省级尺度分析，辽宁省 33.7%的工业产值集中在石油加工、炼焦和核燃料加工业、汽车制造业、金属冶炼和压延加工业、有色金属冶炼和压延加工业三个行业。吉林省的工业产值集中在汽车制造业、农副食品加工业、医药制造业、非金属矿物制品业、化学原料和化学制品制造业，占工业总产值的 56.8%，其中汽车制造业的首位优势明显。而黑龙江省的农业及农副食品加工业则占有绝对优势，其产值占黑龙江省工业总产值的 37.6%。

3. 网络构建指标

本研究基于提取的 7367 条专利转移记录，识别并筛选发生转让行为主体的地址信息，将发生在交易人之间的专利转让行为投影到空间维度，由此构建以专利转移行为为边，转让专利数量为权重的有向网络 M。我国专利转移网络共涉及 34 个行政单元节点，形成了 34×34 的有向转移矩阵。

$$M = \begin{bmatrix} a_{1,1} & \cdots & a_{1,34} \\ \vdots & a_{i,j} & \vdots \\ a_{34,1} & \cdots & a_{34,34} \end{bmatrix}$$

式中，$a_{i,j}$ 代表某一年中地区 i 向地区 j 的专利输出个数。

在构建有向转移矩阵的基础上，拟借鉴度数中心度的概念对各地区调节配置创新资源的能力进行定量评价。在社会网络分析理论中，给定节点的度数中心度描述的是该节点与网络中其他节点间联系的紧密程度，度数中心度越大，表明该节点在网络中的支配作用与影响力越强。本书将该概念延伸至专利交易关系网络，用于度量省市节点对创新资源的支配调节能力。研究构建的相关指标如下。

专利输出量（$dout_i$）。该指标沿用了节点的输出度概念，描述了省份或地区 i 向其他省份或地区 j 输出的专利总量，从而刻画了该省份或地区的创新资源输出能力：

$$\text{dout}_i = \sum_{j=1}^{n} a_{i,j} \quad (n \leq 34; \ i \leq 34; \ j \in n)$$

专利输入量（din_i）。该指标借鉴了节点的输入度概念，描述了省份或地区 i 从其他省份或地区 j 引入的专利总量，从而刻画了该省份的创新资源输入能力：

$$\text{din}_i = \sum_{j=1}^{n} a_{j,i} \quad (n \leq 34; \ i \leq 34; \ j \in n)$$

专利转移量（$L_{i,j}$）。该指标描述的是省份或地区 i 与省份或地区 j 间的专利联系总量，刻画了两个区域在创新层面的联系强度：

$$L_{i,j} = a_{i,j} + a_{j,i} \quad (j \leq 34; \ i \leq 34)$$

专利转让总量（S_i）。该指标为省份或地区 i 的专利输出、输入及发生在省内或地区内的本地转化数量之和，反映了该省份或地区专利转移活动的强度水平：

$$S_i = \text{dout}_i + \text{din}_i + a_{i,i} \quad (i \leq 34)$$

专利输入量、专利输出量、专利转移量和专利转让总量被用于下面东北三省的专利转移网络分析中。

二、专利资源转让的空间分布

1. 专利转让总量

专利转让行为是促进创新资源优化配置的一种重要手段，通过专利转让活动调节资源禀赋差异是区域创新协同能力的直观体现。由计算结果可知，专利转让总量呈现出较为鲜明的沿海-内陆分异特征，沿海地区的专利转让总量显著高于内陆地区，形成了由沿海向内陆递减的分布格局。其中，东北地区的专利转让总量在全国处于相对落后水平（图7-1）。具体而言，广东省是我国专利转让数量最高的地区，2016年输出和输入专利数合计达到 45 000 件以上，首位度为 1.4，与其他地区拉开较大差距；江苏省、浙江省分居第二位、第三位，其专利转让总量均在 25 000 件以上（图7-2）。整体上，我国专利转让总量规模可划分为四个层级。第一层级由广东省、江苏省、浙江省、山东省、北京市、上海市构成，这六个地区的专利转让总量之和达到了 2016 年全国总量的 61% 左右，是我国专利转让行为最为活跃、创新资源流动强度最高的地区。这些省市拥有较为丰富的科研院校、企业等创新资源，是我国重要的知识生产基地，也是核心的技术转让枢纽，在省际专利转让网络中占据相对支配地位，具有较强的协同创新能力。第二层级由安徽省、福建省、四川省组成，这三个地区专利转让活动在全国也处于相对活跃的状态，其共同构成了专利转让总量为 7500～10 000 件，高于全国平均水平，但与第一层级的六个地区仍存在较大差距，共同构成了我国创新协调力的第二梯队。第三层级包括湖南省、河南省、天津市、湖北省、河北省、重庆市、辽宁省七个地区，以中部地区的省级行政单元为主，其专利交易总量为4000～5000件。东北地区的辽宁省属于该层级，专利转让总量为4110件，在全国排第16位，与全国平均水平仍存在一定差距，但高于黑龙江、吉林两省的专利转让总量。第四层级由陕西省、广西壮族自治区、江西省、台湾地区、贵州省、黑龙江省、山西省、吉林省、云南省、内蒙古自治区、新疆维吾尔自治区、宁夏回族自治区、香港特别行政区、甘肃省、海南省、青海省、西藏自治区、澳门特别行政区构成，这些地区的专利转让总量在3000件以下，专利转让活跃程度较低，在我国专利转让网络中处于相对边缘的地位，创新资源调节能力相对弱。东北地区的黑龙江省、吉林省属于第四层级，分别排第22位、第24位。

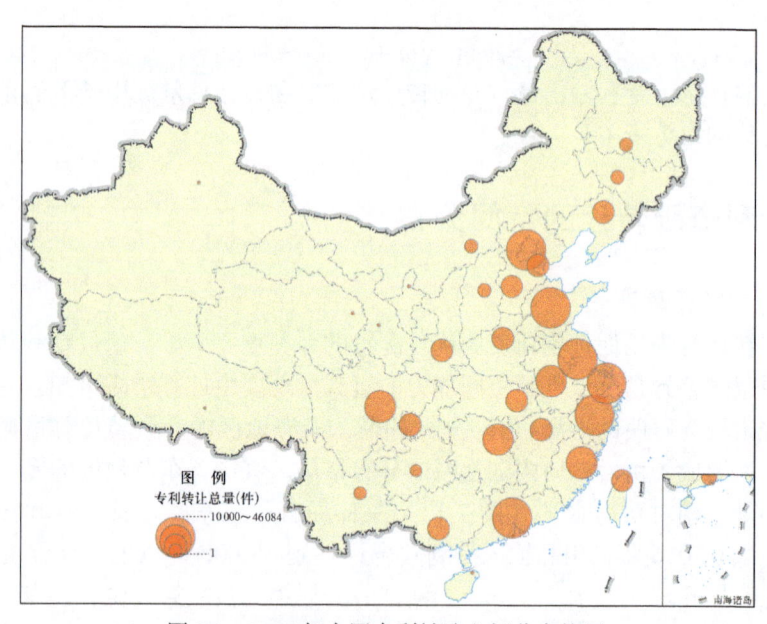

图7-1　2016年全国专利转让空间分布格局

为探究影响专利转让活动强度空间分布格局的相关因素，本研究对各地区专利转让总量与GDP、常住人口规模、专利申请受理量的相关性分别分析（图7-3）。经计算可知，各地区专利转让总量与专利申请受理量的相关系数为0.9，与GDP的相关系数为0.8，与常住人口规模的相关系数仅为0.4，表明各地区对创新资源的调节能力与其自身的创新资源禀赋、经济发展水平的相关程度较高。地区经济水平越发达，既有的创新资源禀赋越高，其专利交易活动的强度就越高，因而

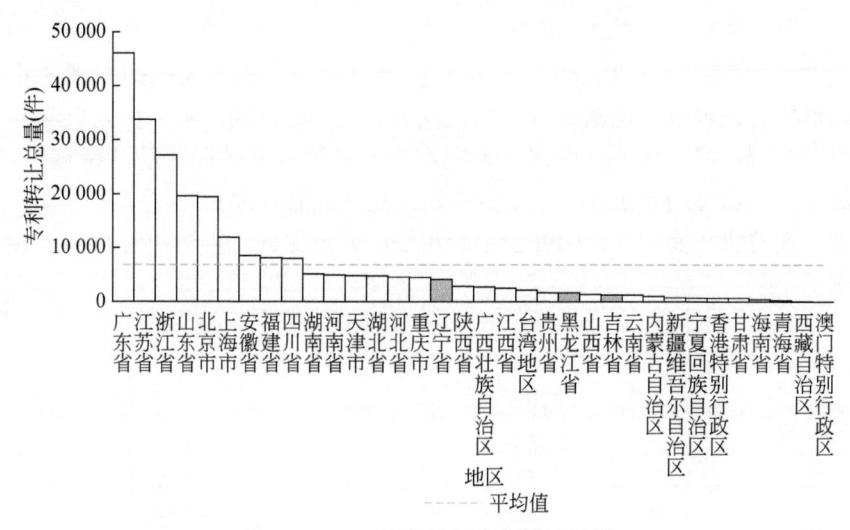

第七章 创新资源转移的空间-行业路径与机制

图 7-2 2016年各地区专利转让总量

专利转让总量与我国的经济格局在空间上呈现出较高的一致性。

(a) 专利转让总量与GDP的相关性

(b) 专利转让总量与常住人口规模的相关性

(c) 专利转让总量与专利申请受理量的相关性

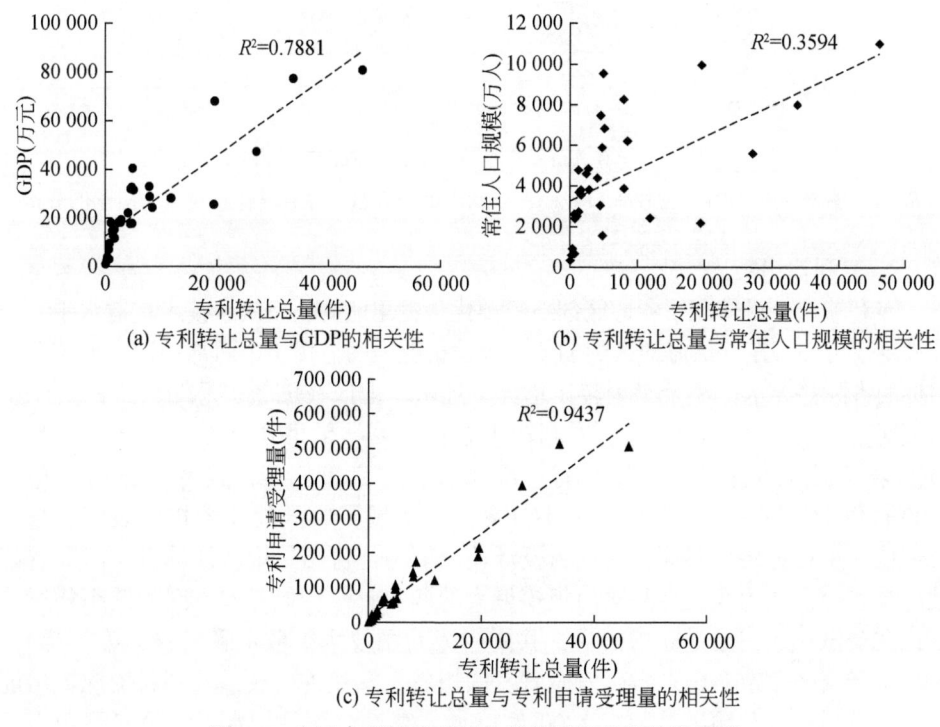

图 7-3 全国专利转让总量与其他指标的相关性分析

与其他地区相比，东北地区的专利转让活动强度相对较小，创新资源协同能力在全国处于相对滞后的水平（图7-4）。具体而言，东北地区的专利转让总量占全国整体转让规模的比例相对较低，仅为3%左右，低于其常住人口规模、经济规模在全国占据的地位。东北三省中，辽宁省的专利转让活动活跃程度最高，且与黑龙江、吉林两省拉开了一定的差距。由专利转让总量排序结果可知，辽宁省的创新资源协同能力在全国处于中游水平，而黑龙江、吉林两省则处于相对落后的水平。

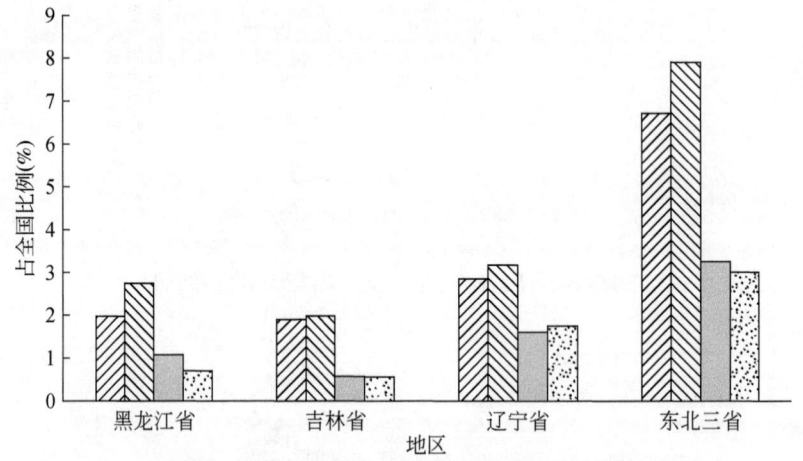

图7-4 东北三省GDP、常住人口规模、专利申请受理量、专利转让总量占全国比例分析

2. 专利输出能力

专利输出总量体现了各地区创新资源优势输出能力，反映了技术扩散水平。由计算结果可知，东部沿海地区的创新资源输出能力明显优于中西部地区，但该评价指标的省际差异水平小于专利转让总量，且东北地区在创新资源输出方面处于全国相对落后的水平（图7-5）。专利输出总量计算结果可划分为三个层级（图7-6）。第一层级由江苏省、浙江省、广东省、北京市构成，其专利输出总量在5000件以上，创新资源输出能力十分突出，呈现了较强的技术扩散效应。与专利转让总量计算结果不同，在创新资源输出能力评价结果中，江苏省、浙江省超过广东省分别成为我国专利输出规模最大的两大省份，但三省之间的差距相对较小，在全国形成三足鼎立的格局，共同构成我国技术扩散水平最强的第一梯队。第二层级由上海市、山东省、安徽省、四川省、福建省构成，其创新资源输出能力相对较强，专利输出总量在2000件以上，高于全国平均水平。第三层级由天津市、湖北省、河北省、河南省、重庆市、湖南省、辽宁省构成，专利输出量为

◎ 第七章 创新资源转移的空间-行业路径与机制

800~1500 件。辽宁省有 820 件专利输出，在全国排第 16 位，与创新资源协同能力评价结果持平。第四层级包含陕西省、台湾地区、广西壮族自治区、江西省、黑龙江省、吉林省、香港特别行政区、山西省、内蒙古自治区、云南省、贵州省、新疆维吾尔自治区、甘肃省、海南省、宁夏回族自治区、青海省、澳门特别行政区、西藏自治区。其专利输出总量均在 820 件以下，技术扩散效应较弱，创新资源输出能力不强。2016 年黑龙江省、吉林省专利输出总量为 435 件、334 件，分别处于全国第 21 位、第 22 位，属于中等偏下水平。

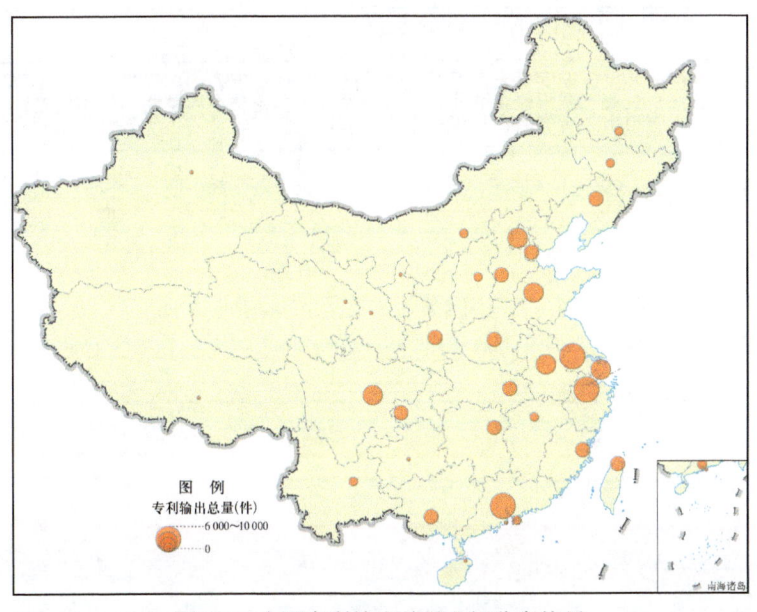

图 7-5 全国专利输出总量空间分布格局

3. 专利输入能力

专利输入量反映了各地区的创新资源引进能力，反映了技术集聚水平。由图 7-7 可知，我国创新资源输入能力格局依然呈现出东中西递减格局，但东部地区的相对优势有所减小。辽宁省在创新资源输入能力评价体系中的地位有所提升，但东北地区整体上在全国仍然处于相对落后的水平。根据专利输入总量评价结果，可将其划分为四个层级（图 7-8）：第一层级由广东省、江苏省、山东省、浙江省、北京市构成，这与专利转让总量评价结果相一致。这些地区的专利输入量在 4000 件以上，创新资源输入能力优势明显，呈现出较强的技术集聚效应，其输入的专利数之和占专利输入总量的 56.3% 左右。第二层级包括上海市、福建省、重庆市、湖南省、河南省。该层级省市专利输入数量为 1700~3000 件，高于全

169

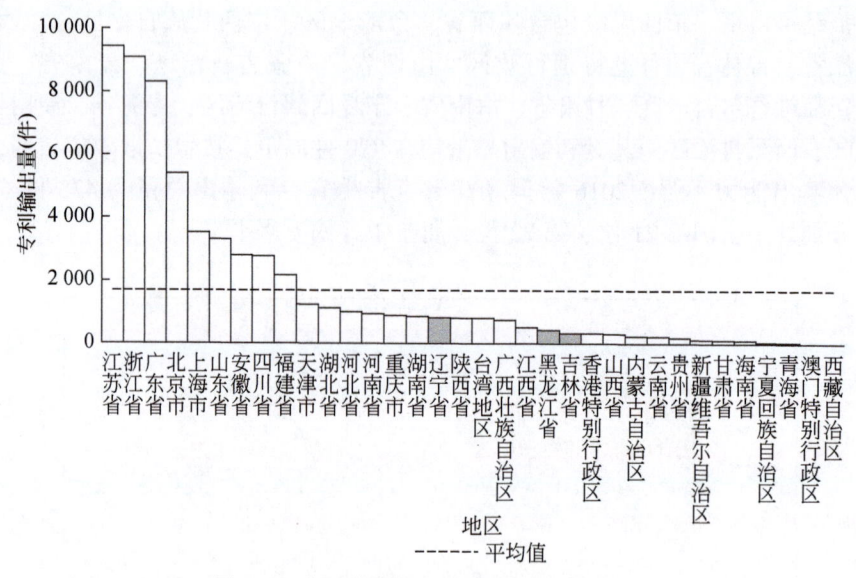

图 7-6　全国专利输出总量位序-规模分布

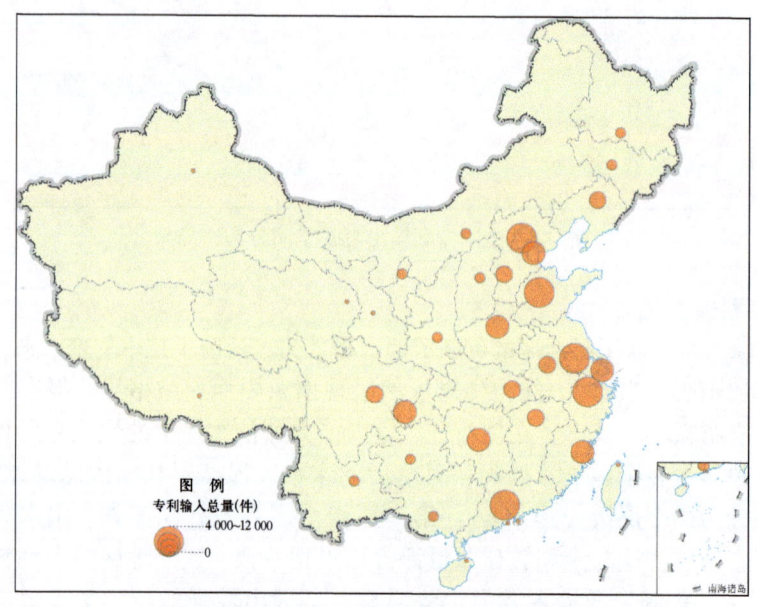

图 7-7　全国专利输入总量空间分布格局

◎ 第七章　创新资源转移的空间-行业路径与机制

国平均水平，但与第一层级省份之间存在较大差距。此外，该层级与专利转让总量、专利输入量评价结果中第二层级的省市构成差异较大。重庆市、湖南省、河南省位序小幅上升，属于创新资源输入能力中等偏上地区，呈现出较强的技术集聚效应；而创新资源协调、输出能力优势相对突出的天津市、安徽省、四川省等省市在创新资源输入能力方面相对落后。第三层级包括天津市、安徽省、河北省、辽宁省、四川省、江西省、湖北省、广西壮族自治区，其专利输入量为 690~1700 件。辽宁省属于第三层级，专利输入数为 1155 件，在全国排 14 位，略优于其在专利转让总量、专利输出量评价中的排名，但仍未达到全国平均水平。第四层级由贵州省、陕西省、山西省、宁夏回族自治区、云南省、内蒙古自治区、吉林省、黑龙江省、新疆维吾尔自治区、甘肃省、香港特别行政区、青海省、海南省、台湾地区、西藏自治区、澳门特别行政区构成，其专利输入量均在 650 件以下，创新资源输入能力偏弱。其中，吉林、黑龙江两省的专利输入数量为 330 件、312 件，分别位列全国第 25 位、第 26 位，低于其在创新资源输出能力评价体系中的排名。

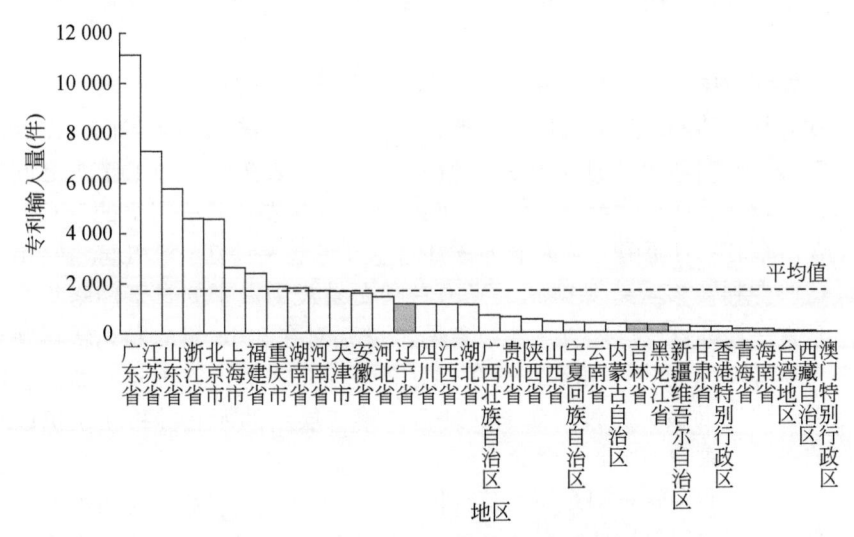

图 7-8　全国专利输入量位序-规模分布

4. 本地转让水平

我国近 67% 的专利转让行为发生在各地区内部，表明技术流的空间组织过程在一定程度上遵循距离衰减规律。省份行政边界对专利转让行为具有较强的制约作用，创新资源流动网络呈现出空间邻近性特征。专利转移网络中占据第一层级的省份中，广东省、山东省省内转移程度较高，均在 75% 以上，位居全国前

171

列。而长三角地区的江苏省、浙江省及北京市、上海市本地转化占比相对较低，低于全国平均水平。就东北三省而言，辽宁省省内专利转移占比高达72.3%，黑龙江省省内专利转移占比达67.7%左右，吉林省省内专利转移占比约为66%，接近全国平均水平。

第二节　专利转移网络的结构与空间格局

一、层级结构特征

　　为揭示我国专利转移网络的层级特征及以东北地区为源汇点的创新资源流动体系，本节着眼于全国各地区两两之间的技术转移关系，忽略具体的输入输出方向，对专利转移网络进行无向化处理。对各联系对间的专利联系总量进行排序，按照从高到低的次序计算累计百分比，并在此基础上，以占全国专利转移总量的20%、40%、60%、80%为分界点，对我国创新资源流动的层级结构特征进行梳理与分析。

　　研究发现我国省际专利转移空间分布不均，且呈现出马太效应。具体而言，我国省际专利转移网络呈现出以广东省、江苏省、浙江省、山东省四大东部沿海省份为中心，向内陆边缘递减的空间结构（图7-9，表7-1）。中心节点之间的专利联系强度较强，而边缘节点之间的专利联系强度较弱。第一层级的专利转移联系发生在广东省—江苏省、广东省—浙江省、江苏省—浙江省、江苏省—山东省之间，这些专利转移联系对构成了我国专利交易最为紧密的骨干网络集合。其中，广东省—江苏省、广东省—浙江省两个联系对在2016年的专利转移联系总量均在3000件以上。长三角、珠三角地区依托于广东省、江苏省、浙江省成为我国专利转移活动最为频繁、活跃的地区。第二层级的专利转移联系仍以广东省、江苏省、山东省为中心，并拓展至上海市、北京市、重庆市、福建省等省市节点，但该层级专利转移网络辐射范围仍集中在东部地区。第三层级的专利转移联系在第一、第二层级转移联系的基础上进一步向安徽省、四川省、湖南省、湖北省等省份及其他中西部省份扩张。第四、第五层级专利转移网络逐步覆盖其他创新资源活动强度相对较低的边缘地区。东北地区的专利转移活动强度较低，对全国创新资源流动体系的参与程度不高，以东北三省为端点的专利联系总量仅占转移总量的5.5%。其中，北京市—辽宁省的专利转移联系相对较强，存在875件专利往来，隶属于第二层级，是涉及东北地区的专利转移联系强度最大的关系对。而第二位的江苏省—吉林省专利转移联系对则隶属于第四层

◎ 第七章　创新资源转移的空间-行业路径与机制

级。余下的以东北三省为端点的专利转移联系关系对均隶属于第五层级，承载的专利规模较小。

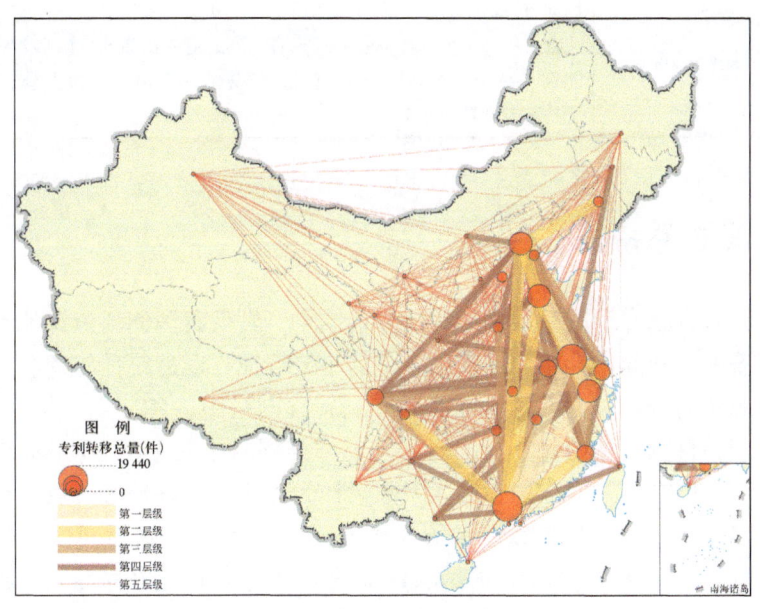

图 7-9　省际专利转移网络空间格局

表 7-1　专利转移联系层级分类体系

层级分类	专利转让关联
第一层级（前20%）	广东省—江苏省、广东省—浙江省、江苏省—浙江省、江苏省—山东省（4对）
第二层级（20%~40%）	广东省—山东省、江苏省—上海市、北京市—江苏省、上海市—浙江省、北京市—广东省、山东省—浙江省、广东省—重庆市、福建省—广东省、北京市—辽宁省（9对）
第三层级（40%~60%）	广东省—湖南省、北京市—山东省、安徽省—江苏省、广东省—湖北省、北京市—浙江省、福建省—浙江省、福建省—江苏省、广东省—上海市、安徽省—浙江省、广东省—河南省（仅列举前10对）
第四层级（60%~80%）	广东省—江西省、山东省—四川省、广东省—广西壮族自治区、江苏省—四川省、浙江省—重庆市、江西省—浙江省、北京市—河南省、北京市—福建省、天津市—浙江省（仅列举前10对，包含江苏省—吉林省）

173

续表

层级分类	专利转让关联
第五层级（80%~100%）	湖北省—浙江省、江苏省—江西省、广东省—陕西省、河南省—四川省、北京市—重庆市、江苏省—辽宁省、湖北省—山东省、陕西省—上海市、北京市—山西省、广东省—山西省（仅列举前10对，包含余下所有的东北地区专利转让联系）

二、空间联系特征

基于针对省际专利联系层级结构的分析结果，发现我国创新资源流动格局具有较为显著的空间异质性，并呈现出一定的集聚特征。通过统计梳理各地区节点的专利资源流向分布可知，尽管在省际专利转移网络中，各节点平均拥有26条边，即专利转移网络中的每个行动者平均能够与网络中其余的26个节点直接产生技术互动，但在计入实际的专利联系数量作为边权后，各地区节点主要的专利转移量仍然主要集中在与少数节点的连接上（表7-2）。经统计可知，就全国平均水平而言，各地区的前三位联系承载了其对外专利转移联系量的50%左右，表明我国专利转移网络对少数核心转移路径具有较强的依赖性（表7-3）。为进一步提取创新资源流动的核心路径，识别挖掘专利转移网络的结构特征，本节借鉴城市网络相关研究方法，依次对专利转移网络中各个地区节点的首位、次位、第三位联系的专利流联系进行分析。

表7-2 全国省际专利转移空间指向层级关系 （单位：件）

地区	首位联系	次位联系	第三位联系	合计
广东省	16	8	5	29
江苏省	7	12	8	27
浙江省	2	9	6	17
北京市	6	2	3	13
山东省	1	1	5	7
上海市	0	1	1	2
重庆市	1	1	0	2
安徽省	0	0	1	1
福建省	0	0	1	1
广西壮族自治区	0	0	1	1

续表

地区	首位联系	次位联系	第三位联系	合计
湖南省	0	0	1	1
辽宁省	0	0	1	1
台湾地区	0	0	1	1

注：表中数据指各地区为其他省份首位联系、次位联系、第三位联系的数量，如以广东省为首位专利转移的省份达16个，其余类推

表7-3 东北三省专利转移空间指向层级及占比　　　　（单位:%）

东北三省	首位联系	占各地区专利交易总量比例	次位联系	占各地区专利交易总量比例	第三位联系	占各地区专利交易总量比例	前三位联系占各地区专利交易总量比例
辽宁省	北京市	44	江苏省	8	湖南省	7	59
黑龙江省	江苏省	16	北京市	14	山东省	14	44
吉林省	江苏省	27	广东省	13	北京市	10	50

从首位联系网络的空间组织分析，我国省际专利转移首位联系网络中的核心节点总共涉及6个省市，分别为广东省、北京市、江苏省、浙江省、山东省、重庆市，我国近22%的专利流集中在以这6个省市为源汇地的联系对上（图7-10）。不同省市节点支配的对应首位联系省市节点数量差异较大，使得首位联系网络呈现出较为显著的空间异质性与集聚性。整体而言，我国省际专利转移骨干网络的空间形态较为清晰，形成了以广东省、江苏省、北京市三大节点为核心的关联体系，各节点所支配的子网络在空间形态上相对独立，呈现出较为鲜明的地域特征。首位联系网络的空间格局在一定程度上体现了创新资源流动自组织过程中的地理邻近偏好。具体而言，广东省承担了近16个节点的首位联系城市，辐射范围覆盖江苏省、浙江省、福建省、安徽省、四川省、河南省、湖北省等，对我国中部、南部省份具有较强的专利资源支配作用。另外，北京市、江苏省也分别承担了部分省份的首位联系职能，主要对北部地区技术资源的输出与引进具有控制作用。具体而言，以北京市为中心的首位联系网络覆盖了天津市、河北省、辽宁省、山西省、陕西省、内蒙古自治区等北方地区的6个省（自治区、直辖市）；以江苏省为中心的首位联系网络覆盖了广东省、北京市、山东省、上海市、黑龙江省、吉林省和宁夏回族自治区等地区。东北三省的首位联系空间指向存在差异，黑龙江省、吉林省隶属于江苏省支配的首位联系网络；辽宁省则隶属于北京市支配的首位联系网络，且其首位联系承载的专利转移规模占总量的44%，远高于黑龙江省、吉林省首位联系所占份额，表现出强烈的首位依赖特征。

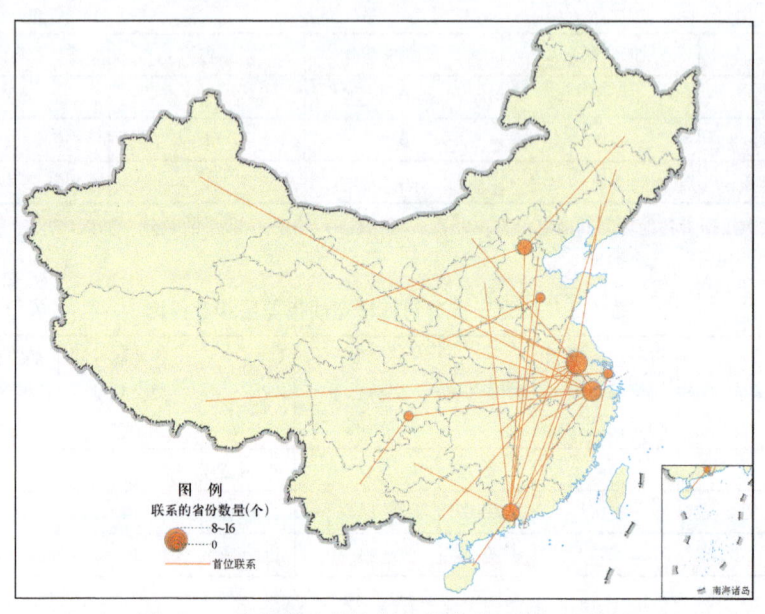

图 7-10　首位联系省份的专利转移网络空间格局

次位联系网络的空间格局相比首位联系网络发生了一定变化，核心城市主要涉及江苏省、浙江省、广东省、北京市、上海市、山东省、重庆市 7 个省市（图 7-11）。不同省市拥有的次位专利联系数量存在较大差异，整体而言，次位联系网络仍呈现出向江苏省（12 个）、浙江省（9 个）、广东省（8 个）沿海三省集聚的特征，这三省集合的次位联系专利联系数量远高于其他省市地区。与首位联系网络相比，次位联系受距离因子的制约作用减小，空间跨度增大，因而次位联系网络的地域性特征在一定程度上有所减弱。相较于首位联系网络，江苏省在次位联系网络中的地位有了显著的提升，以其为中心节点的子网络覆盖浙江省、安徽省、湖南省、河北省、湖北省等东中部地区省市。浙江省与江苏省、广东省、福建省、上海市、江西省等相邻省市，以及位于西部的四川省、重庆市、甘肃省、新疆维吾尔自治区建立了次位联系专利转移联系。广东省的次位联系网络在首位联系网络的基础上进一步向北部地区拓展，覆盖北京市、山东省、天津市、山西省等省市。东北三省在次位联系网络中的空间指向各不相同，辽宁省隶属于以江苏为中心的次位联系网络，黑龙江省隶属于以北京市为中心的次位联系网络，吉林省隶属于以广东省为中心的次位联系网络。

第三位联系网络在承接首位联系、次位联系网络空间格局的基础上继续向其他专利活动强度相对较弱的省市地区拓展（图 7-12）。与首位联系、次位联系网

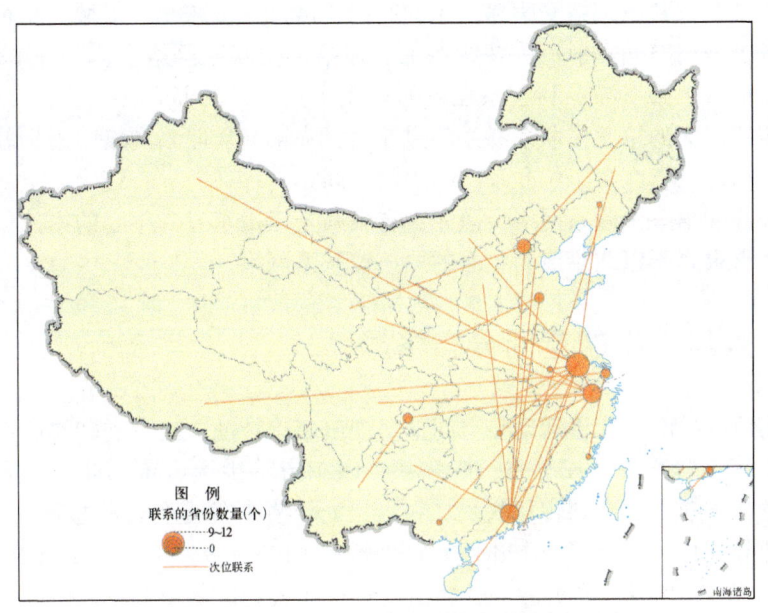

◎ 第七章 创新资源转移的空间–行业路径与机制

图 7-11 次位联系省份的专利转移网络空间格局

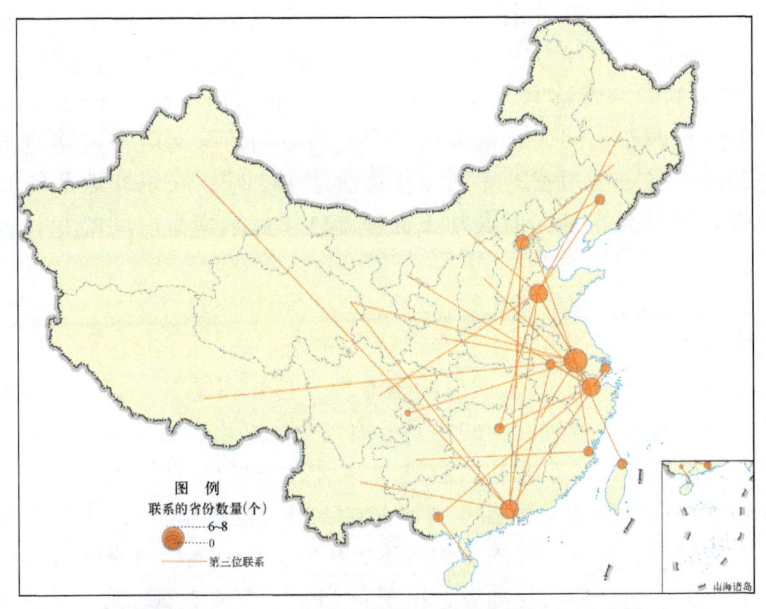

图 7-12 第三位联系省份的专利转移网络空间格局

络相比，第三位联系网络受距离因子的制约程度进一步减小，地域性特征进一步削弱，各子网络空间辐射范围持续增大。在第三位联系网络中，共计12个地区承担了其他省市第三高专利联系强度的职能。其中，江苏省、浙江省、广东省、山东省四省汇集的第三位联系联系超过5对，在第三位联系网络中占据较强的支配地位。东北三省在第三位联系网络中的空间指向存在差异，辽宁省隶属于以湖南省为中心的第三位联系网络，黑龙江省隶属于以山东省为中心的第三位联系网络，吉林省隶属于以北京市为中心的第三位联系网络。

三、输入与输出的空间分布格局

东北地区的专利转移活动在空间上呈现出集聚特征，其专利转移联系在空间上主要依赖于北京市、江苏省、广东省、山东省等少数省市。此外，东北三省中，黑龙江省前四位专利转移联系之和占黑龙江省对外专利转移总量的56.4%，从高到低分别指向江苏省（120件）、北京市（103件）、山东省（102件）、广东省（96件）。黑龙江省的专利转移活动对这四大地区的依赖程度较高，但其与四个省市之间的专利转移总量规模相近，未表现出明显的倾向性与偏好性。吉林省前三位专利转移联系之和占吉林省对外专利转移总量的50.5%，从高到低依次指向江苏省（182件）、广东省（88件）、北京市（65件）。其中，江苏省的首位度达2.1，在以吉林省为中心的创新资源流动体系中占据较强的支配地位。辽宁省近52%的专利转移联系发生在辽宁省—北京市（875件）、辽宁省—江苏省（154件）两对之间。北京市在辽宁省的专利转移网络中占据绝对主导地位。此外，辽宁省—湖南省的专利转移总量达132件，在东北地区的专利转移联系网络中处于较高水平，但黑龙江省、吉林省与湖南省之间的专利转移联系并不紧密。

进一步关注专利转移的方向性，对输入、输出网络进行区分，分析东北三省专利资源转移的源、汇地可知：就专利输出网络而言，东北地区向全国除西藏自治区、港澳台地区以外的30个省份输出专利，其专利输出在空间上呈现一定的集聚特征。具体而言，专利流向的主要汇地包括北京市、江苏省、广东省、山东省、湖南省，这些省市从东北地区引进的专利数均在60件以上，四个省份输入东北三省的专利总量占东北地区总输出数的63%左右。其中，北京市是东北地区专利输出量最高的地区，输入专利数达319件，约占输出总量的20.1%，分别高出排在第二位、第三位的江苏省、广东省43%、77%左右。之后从高到低依次为山东省、湖南省。这些省份接收的东北三省的输出专利数量均在100件以上，与其他地区形成了明显的分异。

◎ 第七章 创新资源转移的空间-行业路径与机制

　　辽宁、黑龙江、吉林三省的专利输出去向存在较大差异（图7-13）。辽宁省的专利汇地覆盖除甘肃省、贵州省、山西省、新疆维吾尔自治区、港澳台地区以外的其他省份，专利流出范围广于黑龙江、吉林两省。其中，北京市是辽宁省专利输出量的首要汇聚地，其从辽宁省共引进219件专利，占辽宁省创新资源输出总量的26.7%，集聚优势明显。其次为湖南省（130件）、广东省（73件）、江苏省（56件），在一定程度上呈现具有层级性的梯度输出格局。黑龙江省专利输出汇地包含除广西壮族自治区、湖南省、江西省、青海省、山西省、港澳台地区以外的省份，空间范围相对较小。黑龙江省的专利主要向山东省（79件）、北京市（64件）、广东省（64件）、江苏省（56件）输出，构成了黑龙江省专利输出的第一梯队，占据了69%的专利输出量，呈现出以山东省、北京市、广东省、江苏省为中心的分散型输出格局。吉林省专利资源的第一输出地为江苏省（110件），尽管在规模上明显低于辽宁省对北京市的输出水平，但却是排在第二位的广东省分布的专利数量的2.6倍，首位优势突出，表现出以江苏省为中心的集聚型输出格局。

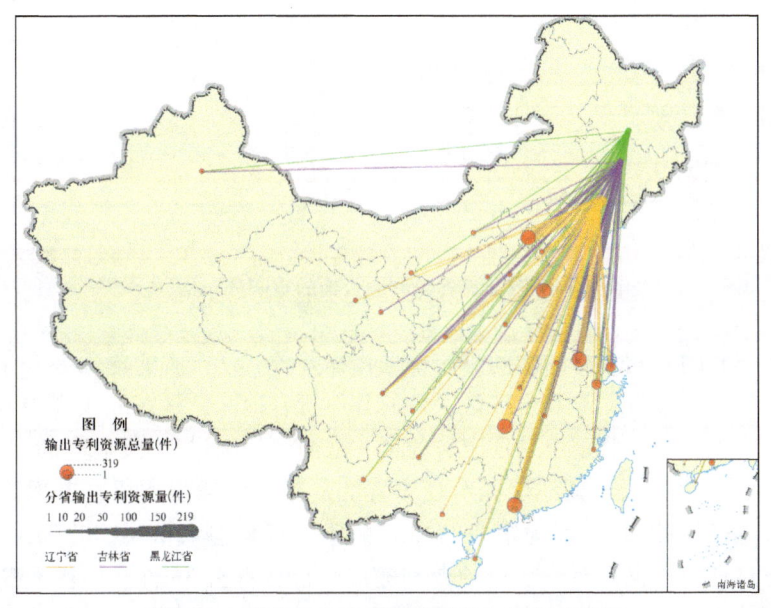

图7-13 东北三省专利输出地的空间分布格局

　　从专利输入网络分析（图7-14），东北地区输入的专利来源于全国除西藏自治区、青海省、宁夏回族自治区、贵州省、港澳台地区以外的其他地区。专利源地数量低于专利汇地数量。此外，东北地区的专利输出汇地在空间上形成了以北京市、江苏省为中心的两大典型集聚区域。其中,东北地区的专利输出围绕江苏省形成了有序的圈层结构,与江苏省相邻接的浙江省、安徽省、山东省处于第二层级。与专利输出网络相比,专利输入流的空间集聚特征更为显著。其中,北京市在担当东北地区专利主要汇地的同时,也是专利引进的第一源地,引进专利数达724件,占总量的40.3%,是排在第二位的江苏省的3.1倍,首位度优势十分明显。

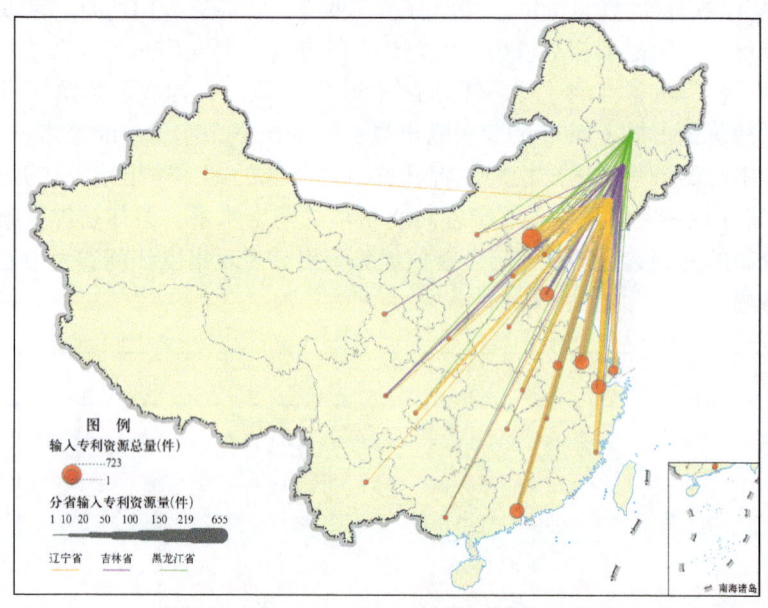

图7-14 东北三省专利输入地的空间分布格局

东北三省的专利来源的空间分布格局存在差异。辽宁省的输入专利来源地覆盖除山西省、甘肃省、港澳台地区以外的其他所有地区,是东北三省中源地范围最广的地区。其中,北京市是辽宁省的第一来源地,引进的专利达656件,占总量的56.8%,远远高于其他地区对辽宁省的创新资源输出水平,其次为江苏省(98件),呈现出以北京市为中心的相对集聚地专利输入格局。此外,吉林省、黑龙江省对辽宁省也存在一定量的专利输出,吉林省有36件,而黑龙江省仅有14件。黑龙江省的输入专利来源地覆盖了除山西省、甘肃省、新疆维吾尔自治区、港澳台地区的其他地区单元。其中,其输入专利的第一来源地为江苏省(64件),其次为北京市(39件)、广东省(32件)、浙江省(30件),前四位省市集合了近53%的引进专利资源,形成了以江苏省为主,北京市、广东省、浙江省为辅的相对集聚型专利输入格局。吉林省输入的专利来源于除湖北省、新疆维吾尔自治区、云南省、重庆市、港澳台地区以外的其他省份，与黑龙江、吉林两省的专利源地空间分布存在较大差异。其中，江苏省输入吉林省的专利数量达72件，位居第一。其次为广东省（45件）、山东省（40件），形成了以江苏省为主，广东省和山东省为辅的相对集聚型专利输入格局（表7-4）。

表7-4 东北三省专利输入地和输出地排序

专利转移量排序	辽宁省 输出	辽宁省 输入	黑龙江省 输出	黑龙江省 输入	吉林省 输出	吉林省 输入	东北地区 输出	东北地区 输入
1	北京市	北京市	山东省	江苏省	江苏省	江苏省	北京市	北京市
2	湖南省	江苏省	广东省	北京市	广东省	广东省	江苏省	江苏省
3	广东省	山东省	北京市	广东省	北京市	山东省	广东省	山东省
4	江苏省	浙江省	江苏省	浙江省	辽宁省	浙江省	山东省	广东省
5	山东省	安徽省	浙江省	辽宁省	四川省	北京市	湖南省	浙江省
6	上海市	广东省	河南省	山东省	山东省	辽宁省	浙江省	安徽省
7	天津市	吉林省	湖北省	安徽省	湖北省	安徽省	上海市	上海省
8	河北省	福建省	河北省	河北省	甘肃省	四川省	辽宁省	辽宁省
9	黑龙江省	上海市	辽宁省	上海市	陕西省	上海市	河南省	福建省
10	安徽省	河北省	上海市	湖北省	浙江省	黑龙江省	河北省	吉林省

注：本表仅列举前十位专利输入地和输出地

第三节 专利转移网络的行业分布与转移路径

一、全国专利转让行业分布特征

1. 集中化指数

除基于网络分析理论框架构建相关指标之外，本研究还借鉴了部分学者所构造的集中化指数 CI 来对我国专利转移在空间、行业维度分布的集聚分散特征进行了定量评价。

$$CI = \frac{\left(\sum_{i=1}^{n} p_i^2 - \frac{1}{n}\right)}{\left(1 - \frac{1}{n}\right)}$$

式中，n 代表特定评价维度下涉及的评价单元个数；p_i 代表评价单元 i 分布专利所占比例，0<CI<1。当CI越趋近于1，表明专利转移行为分布在评价维度上越趋于集中；当CI越趋近于0，表明专利转移行为分布在评价维度上越趋于分散。

2. 行业分布概况

2016年，我国省际专利转移共涉及42个行业类型，包括农、林、牧、渔业，制造业，电力、热力生产和供应业，燃气生产和供应业，水的生产和供应业，建筑业和信息传输、软件和信息技术服务业。通过专利在行业、空间维度的集中化指数（CI）可知，行业维度的计算结果数值较小，仅为0.052，表明专利转移在行业上趋于分散，但仍高于其在空间维度上的集聚水平（CI＝0.0031）。具体而言，全国专利转移总量中近50%集中在电气机械和器材制造业、通用设备制造业、专用设备制造业、化学原料和化学制品制造业、仪器仪表制造业等R&D资源投入水平较高、专利资源存量丰富的技术密集型与资本密集型行业（图7-15）。除化学原料和化学制品制造业以外，创新资源流动强度位于前列的行业均隶属于装备制造业。其中，电气机械和器材制造业专利转移数达25 000件以上，占全国专利转移总量的14%，是我国专利转移行为最为频繁的行业。通用设备制造业专利转移数达22 000件以上，占全国专利转移总量的13%，居于第二位。这两大行业的创新资源具有相对较强的流动性，省际专利转移活动活跃程度远高于其他行业。通过进一步对这两大代表性行业的专利转移网络的分析可知，电气机械和器材制造业近50%的专利转移量分布在广东、江苏、浙江、山东、北京等省市单元内部。省际专利转移在空间层面的集中化指数为0.014。具体而言，浙江

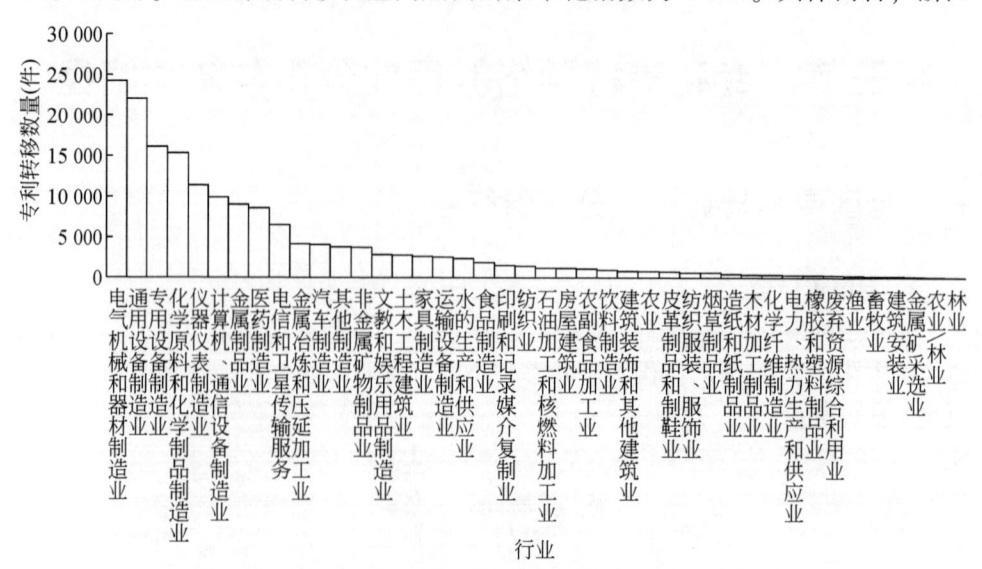

图7-15　全国各行业的专利让量

省—广东省的专利输出路径承载了580件专利，占该行业专利转移总量的6.7%，是电气机械和器材制造业创新资源流动的首要省际转移通道。此外，该行业的专利转移行为主要分布在江苏省—广东省、江苏省—山东省、天津市—江苏省、广东省—河南省、江苏省—浙江省等联系对，这些通道上分布的转移专利占总量的20%左右。通用设备制造业行业的专利转让行为也以省内转移为主，主要集中于广东、浙江、江苏、山东、北京等地区。通用设备制造业的省际专利转移集中化指数为0.012，趋近于0，近似于电器机械和器材制造业的计算结果，表明通用设备制造业专利转移在空间上的集中程度与电气机械和器材制造业相似。浙江省—广东省也是通用设备制造专利转移数量最高的联系对，达515件，占该行业专利转移总量的6.7%。此外，浙江省—江苏省、江苏省—广东省、江苏省—浙江省、广东省—山东省、安徽省—广东省、上海市—浙江省等转移路径上分布的通用设备制造业专利数量也相对较高。

东北三省的专利资源存量优势行业主要集中在装备制造业和重化工业，在仪器仪表制造业，专用设备制造业，计算机、通信和其他电子设备制造业，化学原料和化学制品制造业，医药制造业，电气机械和器材制造业，金属制品业等大类行业具有专利资源相对比较优势，说明其在创新层面上仍然延续以装备制造业为主导的工业体系，与全国创新资源行业结构特征较为相似。通过解析东北三省专利输入、输出的行业结构可知，东北地区转移专利行业分布与东北地区本身的专利资源存量相挂钩。

二、东北专利输出行业分布特征

从专利输出角度分析，东北地区输出的专利行业类型较为广泛，涉及农、林、牧、渔业，制造业，电力、热力、燃力及水生产和供应业，建筑业，信息传输、软件和信息技术服务业五大行业门类。东北地区专利输出行业集中化指数为0.053，趋近于0，与全国专利转移行业分布计算结果相近。东北地区的对外专利输出对少数代表性行业具有一定的依赖性。具体而言，制造业相关专利输出数量占总量的94.5%，占据绝对优势。分析输出专利在34个国民经济分类二位数行业代码的分布情况可知：近60%的专利输出集中在前6个行业，化学原料和化学制品制造业、专用设备制造业、通用设备制造业是东北地区对外专利输出量排名前三位的行业，各行业输出数量均在200件以上，与其他行业拉开了一定差距。此外，电气机械和器材制造业、医药制造业、金属制品业的专利输出量均在90件以上。

由集中化指数计算结果可知，三省的专利输出主要分布在少数代表性行业类型，三省输出的专利在行业层面的集中水平存在一定的差异（图7-16）。吉林省的集中程度高于辽宁省高于黑龙江省。具体分析东北三省的专利输出格局可知，辽宁省专用设备制造业、通用设备制造业、电气机械和器材制造业、化学原料和化学制品制造业、仪器仪表制造业五大行业专利输出规模较大，形成了以专用设备制造业、通用设备制造业为主导的输出结构。吉林省专利输出的集中化指数相对较高，其输出专利主要集中在化学原料和化学制品制造业，其专利输出量占吉林省专利输出总量的35.0%，是排在第二位的医药制造业的2.9倍，远远高于其他行业承载的专利规模，形成了以化学原料和化学制品制造业为绝对主导的输出结构。黑龙江省专利输出的集中化指数比吉林省低，在行业层面的分配结构具有较大差异，通用设备制造业（52件）、酒、饮料和精制茶制造业（48件）、专用设备制造业（42件）、化学原料和化学制品制造业（35件）四大行业的专利输出量规模相当，未呈现出显著的首位度优势。此外，黑龙江省在酒、饮料和精制茶制造业的创新资源输出上具有独特的优势。

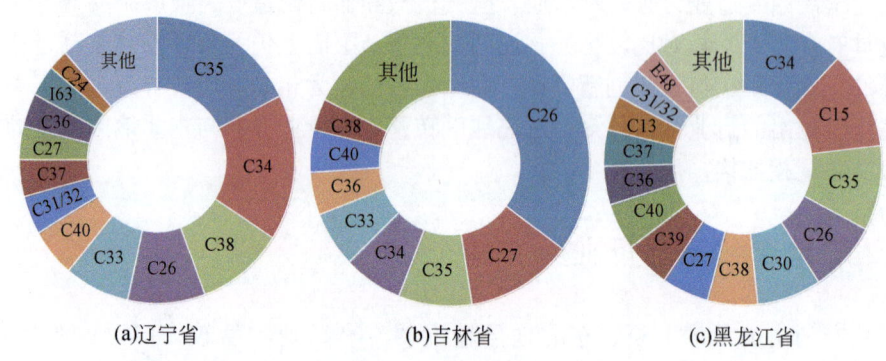

图 7-16　东北三省专利输出行业分布

图中代码为国民经济行业分类代码，其对应行业详见本书附表1

三、东北专利输入行业分布特征

从专利输入角度分析，东北三省输入的专利共涉及农、林、牧、渔业，采矿业，制造业，电力、热力、燃力及水生产和供应业，建筑业，以及信息传输、软件和信息技术服务业6个行业门类。其中，制造业专利占输入专利总量的91.8%。进一步根据国民经济行业分类代码对输入专利的28个行业分布进行深入分析发现：化学原料和化学制品制造业是东北地区引进专利的主要行业类型，

◎ 第七章　创新资源转移的空间-行业路径与机制

共输入676件，占输入总量的1/3，是排在第二位的医药制造业分布专利数的4.79倍，首位优势十分突出，超过输出专利分布的平均集聚水平。此外，通用设备制造业、专用设备制造业、仪器仪表制造业、电气机械和器材制造业等装备制造业也是东北地区创新资源输入的重点行业，但引进规模水平远低于化学原料和化学制品制造业。

东北三省的专利输入行业结构存在一定的差异。其中，辽宁省的集中化指数为0.27，高于其他省份，表明辽宁省的专利输入在行业维度呈现较为明显的集聚态势，其化学原料和化学制品制造业（963件）、通用设备制造业（439件）、电气机械和器材制造业（331件）、仪器仪表制造业（230件）及专用设备制造业（187件）五大行业专利输入规模均在150件以上，占输入专利总量的65%以上，形成了以化学原料和化学制品制造业为绝对主导，装备制造业为辅的输入结构，与输出行业分布结构呈现出一定的互补性。黑龙江、吉林两省输入的专利规模相对较小，行业集中化指数分别为0.045和0.047，集中水平低于辽宁省。黑龙江省和吉林省呈现以医药制造业、化学原料和化学制品制造业、装备制造业为主的专利输入结构（图7-17、表7-5）。

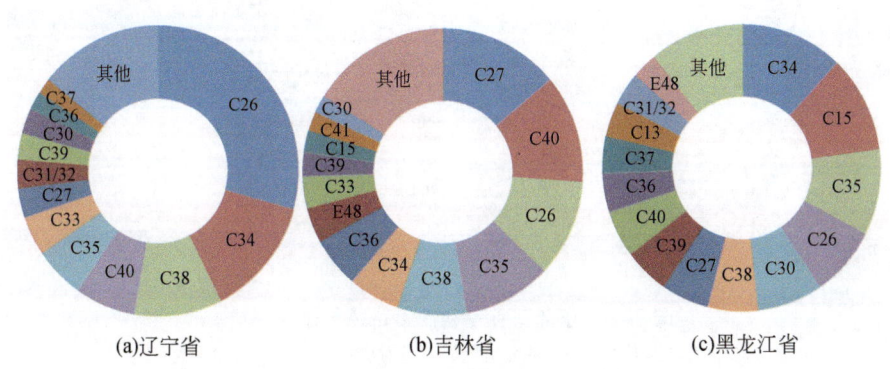

(a)辽宁省　(b)吉林省　(c)黑龙江省

图7-17　东北三省专利输入的行业分布

图中代码为国民经济行业分类代码，其对应行业详见本书附录表1

表7-5　东北三省专利转移行业集中化指数

东北三省	专利输出	专利输入
辽宁省	0.063	0.270
黑龙江省	0.031	0.045
吉林省	0.120	0.047

四、东北专利空间-行业转移路径分析

为进一步研究东北三省对外专利联系在空间-行业维度的分布特征（图7-18），本节借助桑基图对东北地区主要的专利转移空间-行业路径进行了识别。表7-6列举了东北地区主要的技术输出、输入路径（前五位）。研究发现，东北三省的专利输入在少数空间-行业转移路径上的集聚特征十分显著，而相比之下专利输出的分布特征则相对分散。辽宁省是东北地区对外进行创新资源转让活动的重要窗口，排名前五位的专利输出路径共有4条以辽宁省为源/汇地。

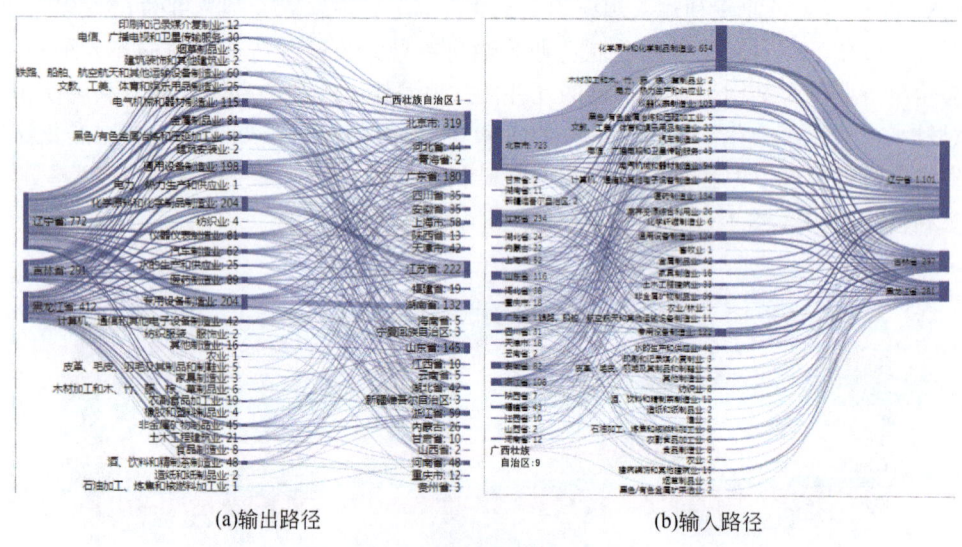

(a) 输出路径　　　　　　(b) 输入路径

图7-18　东北三省专利输出路径与输入路径
图中代码为国民经济行业分类代码，其对应行业详见本书附录表1

在专利输出网络中，辽宁省向湖南省在专用设备制造业方面输出了84件专利，居输出路径中第一位，占专利输出总量的5%。其次为吉林与江苏两省在化学原料和化学制品制造业间的专利联系［图7-18（a）］。2016年，吉林省向江苏省共输出了66件化学原料和化学制品制造业相关专利。此外，辽宁省向北京市、湖南省在通用设备制造业、电气机械和器材制造业上的技术转移强度也处于较高水平，居于输出路径的第三～第五位，与前两位路径的输出规模存在一定差距。相比之下，黑龙江省在各空间-行业专利输出路径承载的专利规模相对接近。其中，黑龙江与江苏两省在酒、饮料和精制茶制造业间的创新资源流动强度相对较大，排在第一位，但仅存在16件专利，远远落后于辽宁省、吉林省输出的专利

规模。

东北三省专利输入网络的集聚特征十分显著，在一定程度上表现出对少数核心转移路径的依赖性［图7-18（b）］。具体而言，首先，东北地区近30%的专利输出分布在北京市—辽宁省的化学原料和化学制品制造业知识流动路径上（502件），该条路径在东北地区专利输出网络中占据绝对优势地位。其次，北京市与辽宁省在仪器仪表制造业、电气机械和器材制造业两大行业也存在相对紧密的专利联系，在东北地区的输入路径中，这两条路径承载的专利规模分列第二名、第三名。再次，江苏与吉林两省在化学原料和化学制品制造业上的专利联系强度也相对较高，形成了东北地区集聚创新资源的主要通道。最后，北京市与黑龙江省在医药制造业上的专利互动是黑龙江省技术转移的主要实现路径。

表7-6 东北三省各行业的专利输入与输出路径

专利输出路径					专利输入路径				
源地	汇地	行业	数量（件）	占比（%）	源地	汇地	行业	数量（件）	占比（%）
辽宁省	湖南省	专用设备制造业	84	5.7	北京市	辽宁省	化学原料和化学制品制造	502	29.9
吉林省	江苏省	化学原料和化学制品制造业	66	4.5	北京市	辽宁省	仪器仪表制造业	52	3.1
辽宁省	北京市	通用设备制造业	39	2.6	北京市	辽宁省	电气机械和器材制造业	25	1.5
辽宁省	北京市	电气机械和器材制造业	26	1.8	江苏省	吉林省	化学原料和化学制品制造业	20	1.2
辽宁省	湖南省	通用设备制造业	24	1.6	山东省	辽宁省	化学原料和化学制品制造业	20	1.2

注：本表仅列举前5位行业的专利输入、输出路径。

第四节 专利资源流动的影响机制

一、工业化水平

工业化水平是影响跨区域专利转移空间格局的关键因素。东北地区与工业化水平在全国位列前茅的北京市、江苏省、山东省、广东省和浙江省之间的创新资源流动频率最高，与以上五个省市之间的专利转移占东北跨区域专利转移总量的70.4%。各行业专利的空间转移受到了各行业产值的影响。东北地区与江苏省、山东省及浙江省之间的通用设备制造业专利转移数量较多，以上三省通用设备制造业的产值规模分别位列全国前三名。与山东省、江苏省及广东省之间的化学原料和化学制品制造业、电气机械和器材制造业、金属制品业、医药制造业及仪器仪表制造业专利转移同样受到产值驱动，其专利转移活跃度和产值规模均较高。值得注意的是，东北地区与北京市、湖南省部分行业的创新资源流动活跃但工业总产值较低，说明工业化水平不是影响东北地区专利转移的唯一因素。

二、地理邻近性

地理距离对创新资源的流动具有一定的阻抗作用，一般而言，地理距离较近，有助于降低交易的时空成本和提高主体之间互动的概率，从而影响创新资源的流动。东北地区的专利转让主要集中在区域内部，占专利转移总量的55.6%，比跨区域专利转移占比高出10%左右。更进一步地，54.1%的区域内专利转化在各地区内部进行。在跨区域转移中，与东北地区专利转移关系密切的为地理上最邻近的北京市，其规模占跨区域专利转移总量的33.0%。可见，地理邻近性对创新资源流动具有显著的促进作用。从行业分析，专利转移也同样表现出地理邻近性的特征，82.5%的行业区域内专利转让规模大于跨区域尺度。此外，东北地区的仪器仪表制造业、医药制造业、金属制品制造业、电气机械和器材制造业、化学原料和化学制品制造业，以及通用设备制造业等行业的专利转移也主要发生在与距离较近的北京市之间。

三、地方优势行业的依赖性

东北地区的专利转移表现出显著的地方优势行业依赖性，专利转移活跃的行业也同样为东北地区产值规模较大的行业。传统优势行业具有良好的发展基础，技术较为完备且具有良好的创新能力。东北地区的传统优势行业，如化学原料和化学制品制造业、通用设备制造业、专用设备制造业、电气机械和器材制造业四个行业的专利转移规模最大，占所有行业专利转让量的50.8%。医药制造业，计算机、通信和其他电子设备制造业等技术密集型的行业，专利转让也具有一定的规模，但仍少于传统优势行业。此外，铁路、船舶、航空航天和其他运输设备制造业，文教、工美、体育和娱乐用品制造业，其他制造业，水的生产和供应业，以及酒、饮料和精制茶制造业等20个行业的产值规模较小，专利转让量也相对较小。

四、技术和行业关联性

地区之间的技术和行业关联性不仅影响专利转移的空间格局，也影响专利转移行业联系及其联系强度。东北地区专利转移的技术和行业关联性主要表现为两种形式：①企业或研究机构之间的跨区域合作网络，且合作双方之间存在技术关联。例如，北京市向辽宁省转移的化学原料和化学制品制造业专利为所有路径中专利转移规模最大的，主要是中国中化股份有限公司和沈阳中化农药化工研发有限公司之间的合作关系产生了大量的专利转移。在其他专利转移路径中，北京市向辽宁省转移的仪器仪表制造业，电气机械和器材制造业，吉林省向江苏省转移的化学原料和化学制品制造业等的专利也主要承载在企业或科研机构合作网络上。②由企业总公司和分公司之间的上下游联系形成的关联。例如，在专用设备制造业专利转移路径中，三一重型装备有限公司辽宁总公司和湖南分公司之间的专利联系产生了辽宁省与湖南省之间的大量专利转移，这是总公司研发的技术应用到分公司生产的过程。

综上所述，工业化水平和地理邻近性是影响创新资源流动空间格局的重要因素，而地方优势行业及技术和行业的关联性不仅影响其创新资源流动路径，还影响其流动强度。此外，社会临近性、政策环境、开放程度等也是影响创新资源流动空间格局的重要因素。

参 考 文 献

程叶青，王哲野，马靖．2014．中国区域创新的时空动态分析．地理学报，69（12）：1779-1789．

郭琪，贺灿飞．2018．演化经济地理视角下的技术关联研究进展．地理科学进展，37（2）：229-238．

国家知识产权局．2018-9-29．国际专利分类与国民经济行业分类参照关系表（2018）．北京：国家知识产权局办公室．

焦建玲，杨宇飞，白羽．2017．工业行业R&D技术溢出的社会网络分析．中国科技论坛，(10)：55-64．

刘承良，管明明，段德忠．2018．中国城际技术转移网络的空间格局及影响因素．地理学报，73（8）：1462-1477．

刘承良，管明明．2018．基于专利转移网络视角的长三角城市群城际技术流动的时空演化．地理研究，37（5）：981-994．

吕国庆，曾刚，郭金龙．2014．长三角装备制造业产学研创新网络体系的演化分析．地理科学，34（9）：1051-1059．

吕拉昌，梁政骥，黄茹. 2015. 中国主要城市间的创新联系研究. 地理科学，35（1）：30-37.

潘雄锋，张静，米谷. 2017. 中国区际技术转移的空间格局演变及内部差异研究. 科学学研究，35（2）：240-246.

任龙，姜学民，傅晓晓. 2016. 基于专利权转移的中国区域技术流动网络研究. 科学学研究，34（7）：993-1004.

王成金，金凤君. 2005. 从航空国际网络看我国对外联系的空间演变. 经济地理，25（5）：667-672.

吴康，方创琳，赵渺希. 2015. 中国城市网络的空间组织及其复杂性结构特征. 地理研究，34（4）：711-728.

杨向辉，陈通. 2010. 基于VAR模型的天津市技术转移与区域经济发展动态关系研究. 软科学，24（9）：67-70.

张翼欧，谷人旭. 2018. 中国城市知识复杂性的空间特征及影响研究. 地理学报，73（8）：1421-1432.

周灿，曾刚，曹贤忠. 2017. 中国城市创新网络结构与创新能力研究. 地理研究，36（7）：1297-1308.

周密，孙沍阳. 2016. 专利权转移、空间网络与京津冀协同创新研究. 科学学研究，34（11）：1736-1743，1760.

Corrado C A, Hulten C R. 2010. How do you measure a "technological revolution"? The American Economic Review, 100（2）：99-104.

Zhang G P, Duan H B, Zhou J H. 2016. Investigating determinants of inter-regional technology transfer in China: a network analysis with provincial patent data. Review of Managerial Science, 10（2）：345-364.

Zhang H Y. 2015. How does agglomeration promote the product innovation of Chinese firms? China Economic Review, 35：105-120.

第八章　产业发展与创新需求

本章首先梳理东北地区产业体系形成的历史过程，明确不同发展阶段重点产业的演变，特别是 2003 年东北振兴以来，重点工业行业的变化趋势；其次采用区位熵和偏离-份额法研究不同时期东北三省细分行业的发展特征，并通过两个指标的交叉分析对三个省份的优势行业进行判别；最后从行业领域和空间布局两个方面对东北三省优势行业与创新资源的耦合关系进行了分析，同时结合新一轮东北振兴的要求，认清未来传统产业升级和新兴产业培育的创新需求，在此基础上提出了产业创新发展的相关政策建议。

第一节　产业发展演化的历史过程

一、区域发展和产业体系的形成过程

1. 清末与民国时期区域开发区的起步及资源型产业体系初步形成

清末移民大量涌入东北地区从事土地开发，标志着东北区域开发进入起步阶段。随着土地开发规模的不断扩大，东北地区很快成为具有全国意义甚至世界意义的商品粮生产基地。发达的农业为近代工业化的形成奠定了物质基础，一批具有资本主义性质的近代产业逐渐发展起来，区域开发规模增大。至清末，逐渐形成了具有区域特色的产业结构，即以农产品加工为中心，形成了榨油、面粉和酿酒三大支柱产业。

同时，随着以兴办近代工业为内容的洋务运动的展开，采矿业、机械制造业也开始形成，但仍处于萌芽状态。这一时期区域相关产业所凝聚的生产要素以区域的资源禀赋为主要依托，区域产业资源密集型的要素特征相当明显。

2. 民国后期掠夺式开发与建立在劳动力及能矿资源基础上的重工业畸形发展

早在 1906 年，日本就设立了南满洲铁道株式会社，并乘西方列强忙于欧洲战场、无暇东顾之机，急骤扩张其在东北的经济势力。在民国中后期，日本经济侵略势力已广泛渗透到交通、金融、商贸及重要产业领域，基本上实现了全面控制东北经济的战略目标。东北地区从此走上了区域利益不断流失、区域发展由外

部性因素所主导的经济路径。为了满足侵略战争的需要，日本一直把重工业作为主导产业，倾全力扩大生产，使东北重工业急剧膨胀，区域经济发展的规模呈现出数量型急剧扩张的状态，区域发展的空间结构沿哈大铁路不断延伸、扩展。在这一阶段，农业与轻工业所占比例日益缩小，区域产业结构严重扭曲，并体现出以劳动、资源密集型产业为主体的要素特征。

3. 计划经济时期区域开发规模的急剧扩张与以资金、资源密集型产业为代表的重化工业发展路径的强化

中华人民共和国成立初期，由于当时东北三省的原材料、能源及机械工业基础较好，成为国家"一五"期间的建设重点，并将苏联援建的156个项目之中的56项安排在东北地区进行建设。这些项目的建成，进一步强化了东北地区作为重工业基地的地位，使东北地区的产业结构和生产力布局发生了显著变化，区域发展在空间上以空前的速度急剧扩张。"二五"及以后的几个计划期，国家继续对东北地区实行优先发展重工业的政策，区域经济产业选择重化工的路径不断得到强化，逐步形成了以冶金、石油及煤炭开采、石油加工、机械制造等资金、资源密集型产业为代表的重工业体系。

4. 过渡时期国家投资重点转移，区域发展的停滞与产业结构适应性调整

进入20世纪80年代，东南沿海地区成为国家投资和政策支持的重点区域；同时，经济运行机制的市场取向也逐渐成为政策设计的主流倾向。区域发展政策和格局的转变使东北区域经济发展遇到了前所未有的困难：一方面东北"过重"的产业结构对市场机制一时难以适从；另一方面我国工业化进程的轻型化政策取向使东南沿海地区轻型工业成为推动我国经济发展的主导力量。在这一阶段，区域经济发展速度缓慢，经济总量和主要产业在全国的地位不断下滑，区域发展基本上处于停滞状态。为与新的经济体制相适应，东北三省于80年代启动了发展轻工业、改造传统工业的适应性调整进程。但是，东北地区这一期间结构调整效果并不理想。新兴部门成长缓慢，导致工业部门结构没有发生实质性变化，区域竞争力也没有得到实质性提升，区域产业体系的要素特征依然维持着以物资消耗高、运输量大和污染严重的资金、资源密集型产业为代表的传统工业占主导地位的格局，而附加值高的知识及技术密集型行业发育缓慢。

5. 市场经济条件下区域封闭的逐步打破，区域发展的恢复性拓展与产业结构升级

计划经济时期国家在东北地区投入了大量的资源，东北成为功能相对完整的经济区。功能的相对完整使得东北地区的发展立足于区域循环的封闭性特征，也为开放背景下区域经济发展埋下了隐患。进入20世纪90年代后，随着东北亚区域经济合作的展开，东北地区的开放力度加大，外向型经济有了一定程度的发展，区域封闭发展的格局逐步打破。到2002年，辽宁进出口总额占GDP的比例为35.5%，吉林为15.0%，黑龙江为10.0%。可见，进入90年代，外资外贸已经成为拉动东北地区区域经济增长的重要因素。这一时期，特别是在1995年以后，东北三省占全国GDP的比例开始逐年回升，区域开发状态呈现出恢复性拓展的趋势。外向型经济的发展也为东北地区产业结构优化升级提供了压力和动力，一些市场前景广阔的高新技术产业成长迅速，产业体系的要素特征也由前一阶段的资金、资源密集型向资金、技术密集型过渡。

6. 东北振兴背景下经济基础的逐步强化，区域发展的投资依赖与产业结构缓慢转变

东北振兴战略为区域经济注入了新的活力，又一次迎来相对大规模的建设高峰，2004~2013年东北地区全社会固定资产投资保持高速增长，年均增长速度为27.6%，快于全国23.3%的平均水平，东北三省全社会固定资产投资占全国的比例由2003年的7.6%，一路上升到2013年的10.4%（图8-1）。随着投资的增加，东北地区工业体系进一步完善，逐步形成了以石油化工、农产品加工、装备制造业等为主体的产业集群。尽管重工业比例持续下降，路径依赖现象得到一定程度的矫正，但是轻重工业比例失衡问题依然突出，2012年三省重工业销售产值比例依然高达76%，重工业过重、资源依赖型产业多，依靠基础能源原材料和基础装备行业驱动经济增长的格局没有改变。加之，东部地区国有经济占据主导地位，民营经济发展缓慢，使得经济活力不高。2013年国有企业占规模以上工业企业总资产的51.6%，但其主营业务收入和利润仅分别占32%和30.7%；虽然东北三省私营工业企业主营业务收入为33 342.6亿元，占规模以上工业企业主营业务收入的38%，高于全国平均水平（32.0%），但吉林省和黑龙江省较低，分别低于全国5个百分点和9个百分点。

2013年以来，中国经济进入新常态，受全球经济持续低迷和重化工业陷入低谷的周期性影响，东北地区全社会固定资产投资迅速下降，2014~2016年平均增长速度为-11.95%，GDP增速也大幅下滑，2016年辽宁省增速甚至为负（-2.5%）。2017年东北地区实现三年来首增长，辽宁、吉林、黑龙江三省全社会固定资产投资分别增长0.1%、1.4%和6.2%，全社会固定资产投资大幅下滑趋势得到遏制，东北地区GDP增速也逐步回升企稳（图8-1）。经过东北振兴战略实施以来十余年的不懈努力，东北地区产业发展基础更加坚实，但仍然面临偏资源型、传统型、重化工型的产业和产品比例较高、民营经济发展不充分等一系列问题，东北地区未来经济新动能构建、产业结构调整仍然任重道远。

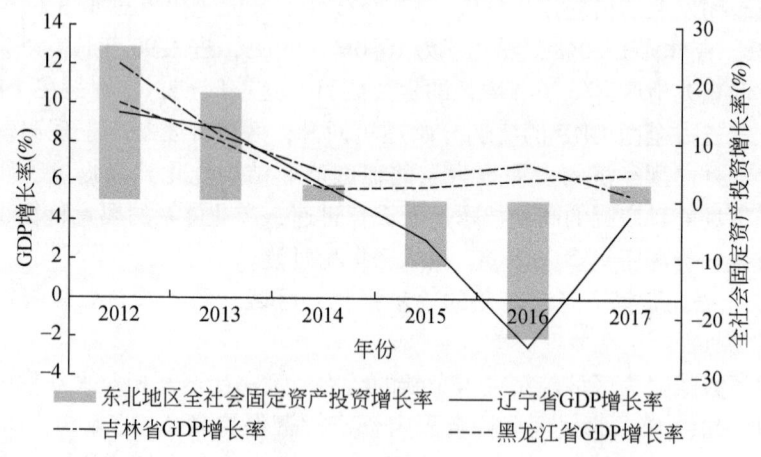

图 8-1 2012～2017 年东北三省 GDP 和全社会固定资产投资增长率变化趋势

二、不同发展阶段产业结构演化特征

东北地区区域发展和演化大致可分为五个阶段（图 8-2）：①1861～1930 年为资源型产业生成时期，在清末至民国期间，东北地区作为全国重要的农产品加工基地，以食品加工业为主；②1931～1948 年为异常重型化时期，民国后期矿业、钢铁等资源密集型重工业开始起步，到中华人民共和国成立时东北地区已经具备了相对完整的重工业体系；③1949～1980 年为重型化强化时期，该时期正处中国计划经济时期，随着 56 个国家重点工矿业基本建设项目的落地实施，煤炭、钢铁、石油、化工、装备等重工业基础得到进一步强化，使得东北地区长期作为我国具有举足轻重意义的重化工基地；④1981～1990 年为结构调整时期，东北地区尽管仍为全国重要的重化工基地，但地位下降，同时随着改革开放的推进，食品加工等一些轻工业也开始发展；⑤1991～2003 年为优化升级时期，全国重化工的地位得到了一定程度的强化，同时电子、医药等高新技术产业也逐步发展；⑥2004 年以来为完善调整时期，东北老工业基地振兴以来作为全国重化工及装备制造业基地的地位不断巩固，尽管该时期我国经济高速增长对资源型工业产品需求大幅增加，使得东北地区经济实现了快速发展，但是也导致产业重型化状况难以显著改善，民营经济依然发展缓慢，经济发展波动性较大。总体上看，在不同阶段，东北地区的产业发展有着不同的功能定位和主导产业，但是在百年尺度的发展过程中，区域产业结构基本上遵循依赖型及重型化不断强化的路径进行扩展延伸。

◎ 第八章 产业发展与创新需求

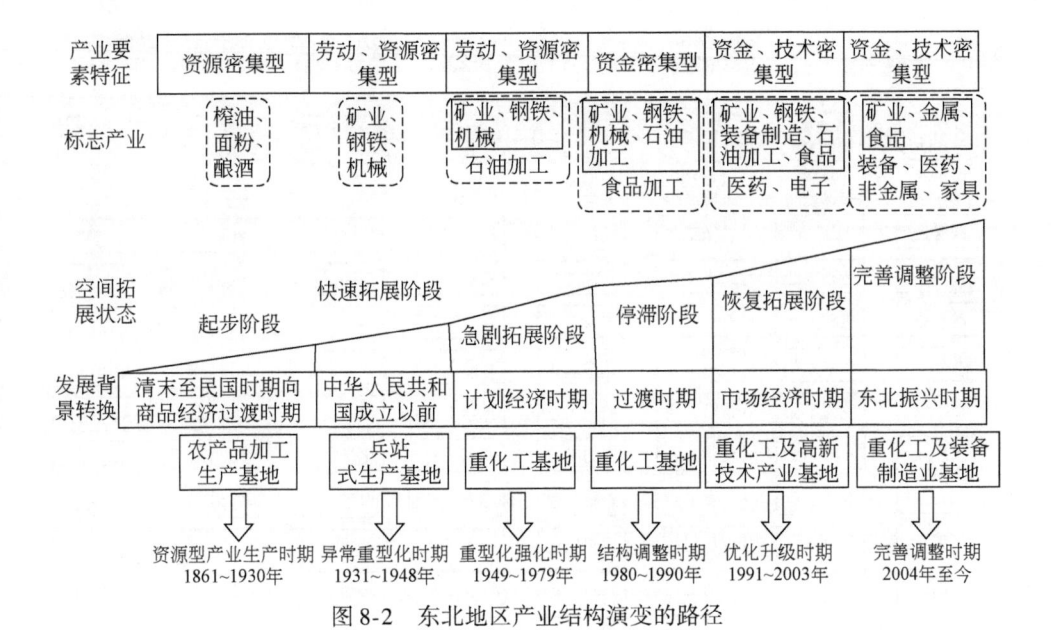

图 8-2 东北地区产业结构演变的路径

区域产业结构也随之发生转换，表现出明显的时序性特征。在清末至民国时期，以面粉、榨油和酿酒为代表的农产品加工业是区域产业的主导部门，高度发达的农产品加工业成为当时东北地区的区域特色。据《东北地区产业结构演变的历史路径与机理》，哈尔滨市制粉和榨油两个部门就占该市民族工业总产值的80%。长春市的民族工业以制粉业最为突出，约占生产总值的75%。其他行业规模一般还比较小，采矿、能源等重工业部门仍处于萌芽状态。

随着日本经济势力渗透的不断扩张，为满足支持其侵略战争的需要，矿业、金属工业、机械工业、化学工业、窑业行业成为区域经济主导部门（前5位），区域产业结构开始向重型化方向急剧倾斜。到1942年，以矿业、金属工业、机械工业、化学工业、窑业为代表的重工业资本额比例达79.2%，轻工业资本额比例仅有20.8%。根据1929年和1942年主导部门的对比，可以发现，经过短短10多年的时间，区域产业结构完成了由以农产品加工为主导向以重工业为主导的转换，产业结构演变出现大幅度的"跳跃"，产业结构演变出现"断层"（图8-3）。

中华人民共和国成立初期，东北作为第一个全境解放的经济区，在全国首先恢复生产条件。经过3年恢复调整，到1952年已初步建立起相对完整的工业体系，机械、纺织、冶金、造纸、森林工业成为区域的主导部门。虽然这一时期重工业是区域经济的主体，但是，通过将1942年和1952年的产业序列进行对比，区域产业结构比民国后期明显趋于合理。

1861~1930年 资源型产业生成期	1931~1979年 异常重型化时期		1980~1990年 结构调整期	1991~2003年 结构调整期	2004~2013年 完善调整期	2014~2016年 战略机遇期
农产品加工基地	殖民地兵站式生产基地	重化工基地	重化工基地	重化工基地	重化工及高新技术产业基地	重化工及装备制造业基地	重化工及装备制造业基地
1929年 主要部门	1942年 主要部门	1952年 主要部门	1975年 主要部门	1990年 主要部门	2003年 主要部门	2013年 主要部门	2016年 主要部门
面粉业	采矿业	机械工业	机械工业	机械工业	机械工业	装备制造业	装备制造业
榨油业	金属工业	纺织工业	石油工业	石油工业	石油工业	食品工业	石油工业
酿酒业	机械工业	森林工业	冶金工业	冶金工业	冶金工业	冶金工业	食品工业
森林工业	化学工业	冶金工业	化学工业	食品工业	电力工业	石油工业	冶金工业
纺织业	电力工业	造纸工业	纺织工业	化学工业	食品工业	非金属矿制品	医药工业
采矿业	纺织业	化学工业	电力工业	纺织工业	化学工业	化学工业	非金属矿制品
电力工业	食品工业	煤炭工业	森林工业	非金属矿制品	电子工业	电力工业	电力工业
火柴业	窑业	建材工业	煤炭工业	电力工业	非金属矿制品	医药工业	烟草工业
染色业	制造工业	电力工业	建材工业	煤炭工业	医药工业	煤炭工业	化学工业
窑业	印刷业	石油工业	造纸工业	造纸工业	纺织工业	电子工业	家具工业

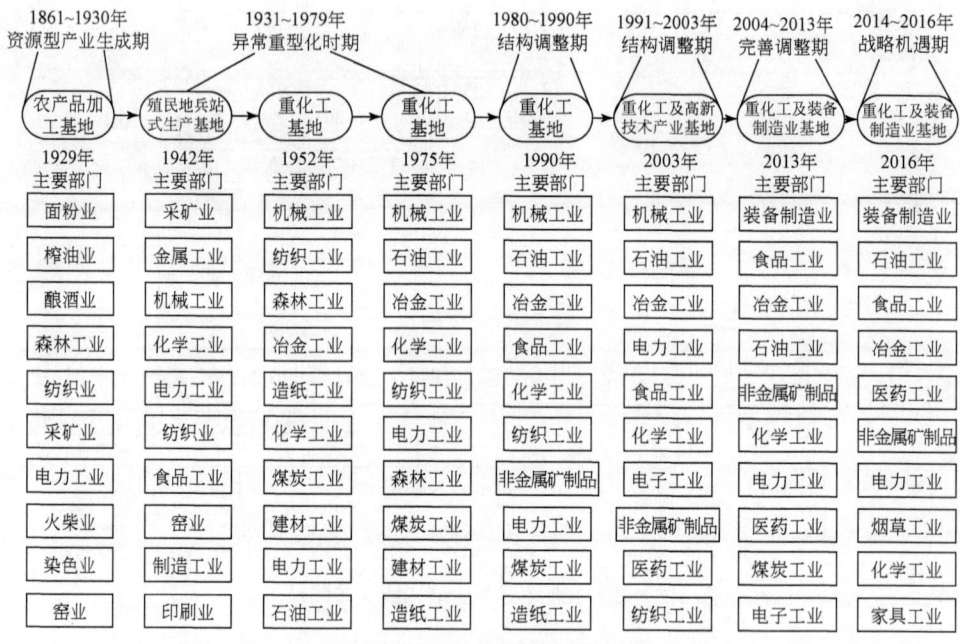

图 8-3 产业体系转换的时序特征

进入 20 世纪 70 年代中期,除机械工业外,区域主要工业部门与 1952 年的位序对比关系发生了很大变化,石油加工与化学工业取代了造纸与森林工业的地位,机械、石油加工、冶金、化学、纺织工业成为区域经济的主导部门,区域经济呈现出以原材料工业和装备制造业为主体的鲜明特色。

在整个 20 世纪 80 年代,除食品工业成长较快,取代了纺织工业的主导地位外,其他主要工业部门位序无明显变化,机械、石油加工、冶金、食品、化学工业为区域经济的主导部门。尽管在全国的地位有所下降,但基本上延续了 70 年代以原材料和装备制造业为主体的区域特色。进入 90 年代,区域主要工业部门出现了一些新变化,其主要标志有两个方面:①以电子工业和医药工业为代表的高新技术产业成长较快;②以煤炭、造纸、纺织工业为代表的传统行业出现快速下滑。

2004 年东北振兴战略实施以来,尽管电力、化工等一些原材料型工业由于其他地区的竞争,在东北地区工业体系中的地位有所下降,但是装备、石油、冶金等传统重化工业依然在地区产业结构中占据主导地位。而造纸业等 20 世纪 90 年代发展起来的轻工业显著衰退,电子工业等高科技产业的地位也逐步下滑,占全国比例不断下降。产业结构中变化最为显著的是食品工业,随着东北地区农业在全国地位的进一步提升,食品工业成为仅次于装备制造业的第二大支柱型产业。

三、振兴战略实施以来地区产业发展趋势

自2003年国务院实施振兴东北老工业基地的战略以来,尽管整体上重化工工业依然占据主导地位,但是如前所述部分传统优势行业开始衰落,而一些新的优势行业开始显现。与2003年相比,2015年优势行业不仅发生了很大变化,集中程度也有所降低(表8-1)。2015年工业销售产值排名前五位的行业中,仅石油加工、炼焦和核燃料加工业、化学原料和化学制品制造业两个行业在2003年也位于前五位,而排名第1位、第3位、第5位的农副食品加工业、非金属矿物制品业、黑色金属冶炼和压延加工业在2003年排名都相对靠后,分别为第7位、第10位和第15位。变化最大的是铁路、船舶、航空航天和其他运输设备制造业,2003年在25个工业行业中销售产值占比最高,达到17.5%,而2015年时占比则下降到3.1%,仅位于第11位。同时,虽然2015年占比超过5%的行业数量仅比2003年多了1个(2003年为7个,2015年为8个),但是占比超过10%的行业在2015年仅有农副食品加工业一个,而2003年时除铁路、船舶、航空航天和其他运输设备制造业外,还有石油加工、炼焦和核燃料加工业,石油和天然气开采两个行业。

表8-1 2003年和2015年东北三省部分重点工业行业销售产值变化趋势

行业名称	2003年工业销售产值(亿元)	2003年占比(%)	2003年排名	2015年工业销售产值(亿元)	2015年占比(%)	2015年排名
农副食品加工业	565.1	5.2	7	8839.6	17.4	1
石油加工、炼焦和核燃料加工业	1460.2	13.5	2	4437.8	8.8	2
非金属矿物制品业	338.4	3.1	10	4359.8	8.6	3
化学原料和化学制品制造业	694.9	6.4	5	4069.3	8.0	4
黑色金属冶炼和压延加工业	189.6	1.8	15	4026.3	7.9	5
电力、热力生产和供应业	663.8	6.1	6	3594.9	7.1	6
通用设备制造业	441.1	4.1	8	3124.6	6.2	7

续表

行业名称	2003年工业销售产值（亿元）	2003年占比（%）	2003年排名	2015年工业销售产值（亿元）	2015年占比（%）	2015年排名
医药制造业	264.3	2.4	11	2675.1	5.3	8
铁路、船舶、航空航天和其他运输设备制造业	1896.2	17.5	1	1588.2	3.1	11
石油和天然气开采业	1219.8	11.2	3	1457.9	2.9	13
有色金属冶炼和压延加工业	1060.4	9.8	4	1015.0	2.0	15

从各行业在全国的占比变化来看，2003~2015年，东北地区25个工业行业中，工业销售产值在全国占比上升的行业有9个，其中上升最为显著的是农副食品加工工业，增长了4.0%，纺织服装、服饰业，黑色金属冶炼和压延加工业，非金属矿物制品业占比增长也超过1%（分别为1.4%、1.2%和1.1%）；与此同时，石油、石油加工及相关的化学纤维及化学制品降幅十分显著，石油和天然气开采业，石油加工、炼焦和核燃料加工业降幅超过10%（分别为16.9%和10.6%），铁路、船舶、航空航天和其他运输设备制造业，有色金属冶炼和压延加工业，煤炭开采和洗选业，电力、热力生产和供应业等传统优势行业也降幅明显（表8-2）。

表8-2 2003~2015年东北三省各行业工业销售产值及其在全国占比的变化情况

行业名称	工业销售产值占比的变化（%）	工业销售产值在全国占比的变化（%）	行业名称	工业销售产值的变化（%）	工业销售产值在全国占比的变化（%）
黑色金属冶炼和压延加工业	20.2	1.2	仪器仪表制造业	4.7	0.1
黑色金属矿采选业	17.7	-1.6	电力、热力生产和供应业	4.4	-3.4
农副食品加工业	14.6	4.0	烟草制品业	4.2	0.6
非金属矿物制品业	11.9	1.1	造纸和纸制品业	4.1	-0.4
有色金属矿采选业	10.7	0.2	煤炭开采和洗选业	2.6	-5.1
专用设备制造业	9.3	0.4	石油加工、炼焦和核燃料加工业	2.0	-10.6
医药制造业	9.1	0.7	计算机、通信和其他电子设备制造业	0.8	-1.7

续表

行业名称	工业销售产值占比的变化(%)	工业销售产值在全国占比的变化(%)	行业名称	工业销售产值的变化(%)	工业销售产值在全国占比的变化(%)
食品制造业	8.7	-0.2	化学纤维制造业	0.6	-3.1
电气机械和器材制造业	6.7	-0.5	石油和天然气开采业	0.2	-16.9
酒、饮料和精制茶制造业	6.3	-0.7	有色金属冶炼和压延加工业	-0.04	-8.5
通用设备制造业	6.1	-1.3	铁路、船舶、航空航天和其他运输设备制造业	-0.2	-9.3
纺织服装、服饰业	5.1	1.4	金属制品业	-0.7	0.4
化学原料和化学制品制造业	4.9	-2.8			

从各行业自身增长来看，东北地区增长最快的五个行业在2003~2015年工业销售产值都增长了10倍以上，黑色金属冶炼和压延加工业增长了20.2倍。这五个行业中除农副食品加工业外，其他均为资源型工业，而且仅黑色金属矿采选业在全国中的占比有所降低，表明资源型工业在东北地区依然具有明显优势。同时，专用设备制造业，医药制造业，纺织服装、服饰业，仪器仪表制造业等也增速加快，与2003年相比，工业销售产值都接近或超过5倍，且在全国的占比都有所提升。当然食品制造业，电气机械和器材制造业，酒、饮料和精制茶制造业，通用设备制造业等增长也较快，但是在全国中的占比却有所下降，尤其是通用设备制造业占比下降超过1.0%（2015年比2003年下降了1.3%）。通常工业销售产值下降的行业，其在全国的比例也大幅降低，但金属制品业是个例外，其产值尽管大幅下降，但是在全国的占比却略有提高。

总体上，石油化工、冶金、装备制造等重工业依然在东北工业结构中占据重要地位，尽管冶金等行业的优势在进一步增强，但是整体上东北地区重工业优势在逐步降低，尤其是交通运输设备制造业、石油化工及相关化学制品工业等优势下降显著，而煤炭开采和洗选业，电力、热力、燃气及水生产和供应业等已经不再作为东北地区的优势行业（表8-3）。与此同时，农副食品加工业、医药制造业、专用设备制造业等正逐步成为新兴工业行业，这些行业的快速发展正在扭转东北地区路径依赖的趋势。有一些行业波动较大，如计算机、通信和其他电子设备制造业工业，其2010年在东北地区工业销售产值的比例一度仅次于铁路、船舶、航空航天和其他运输设备制造业，达到8.55%，但到2015年又迅速降低至不足2%。

表8-3 2003~2015年东北三省年主要工业行业变化趋势

类型	2003年	2015年
支柱型工业行业	铁路、船舶、航空航天和其他运输设备制造业，石油加工、炼焦和核燃料加工业，石油和天然气开采业，有色金属冶炼和压延加工业，化学原料和化学制品制造业，电力、热力生产和供应业	农副食品加工业，石油加工、炼焦和核燃料加工业，非金属矿物制品业，化学原料、化学制品制造业，黑色金属冶炼和压延加工业，电力、热力生产和供应业，通用设备制造业，医药制造业
新兴工业行业	农副食品加工业，纺织服装、服饰业，黑色金属冶炼和压延加工业，非金属矿物制品业，医药制造业，专用设备制造业，有色金属矿采选业
衰退工业行业	石油和天然气开采业，铁路、船舶、航空航天和其他交通运输设备制造业，有色金属冶炼和压延加工业，煤炭开采和洗选业

第二节　优势产业识别

一、基于区位熵的优势产业识别

1. 东北地区优势产业分析

在区域经济研究中，通过计算一个地区的区位熵，可以判断该地区产业部门的专业化程度，有助于分析区域优势行业。采用区位熵的分析方法，对2000年、2005年、2010年、2015年的28种主要工业行业的专业化程度进行分析，确定东北三省在全国具有优势的行业及其变化趋势。

整体来看，东北地区专业化程度能够长期稳定处于较高水平的行业仅有石油开采及石油化工、钢铁、电力三大类行业（图8-4），表明重化工业在东北地区具有明显优势。但是重化工业优势地位在逐步下降，一方面，区位熵大于1的优势行业由2000年的11个下降到2005年和2010年的7个，2015年又进一步下降至6个，优势行业在不断减少；另一方面，专业化程度也在逐步降低，专业化程度最高的石油和天然气开采业的区位熵也由2005年的2.72下降到2015年的2.32。因此，无论是优势行业的数量，还是优势行业的专业化程度都在降低。

◎ 第八章 产业发展与创新需求

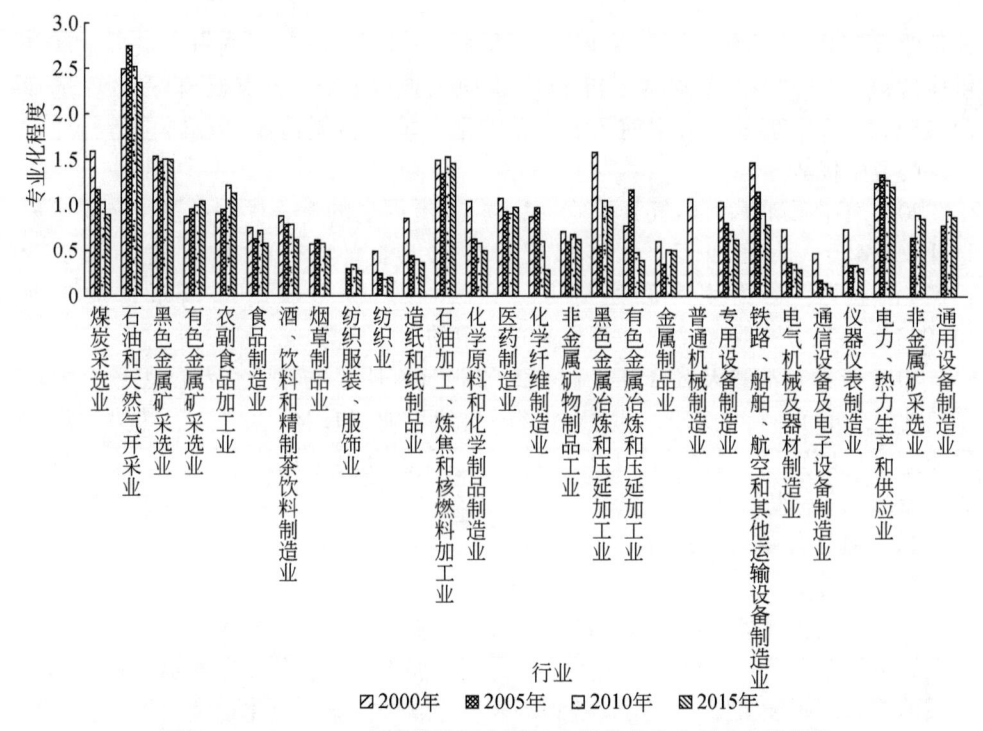

图 8-4 2000~2015 年东北地区主要工业行业专业化程度变化趋势
普通机械制造业、非金属矿采选业、通用设备制造业和纺织服装、服饰业等因部分
省份数据缺失无法计算，下同

装备制造业专业化程度持续下降。2000年，交通运输装备、通用机械、专用装备及钢铁等支撑行业在全国都具有一定优势，专业化程度相对较高，尤其是交通运输装备，到2005年区位熵大于1的装备制造类行业仅有交通运输装备，2010年以后仅钢铁等装备制造支撑类行业在全国具有较高的专业化程度，装备制造类行业专业化程度都较低。但东北地区的农副食品加工业及有色金属矿采选业专业化程度显著提高。

从各年份优势行业来看，2000年，石油和天然气开采业（2.47）具有明显的竞争优势，区位熵大于2；煤炭开采和洗选业（1.58），黑色金属冶炼和压延加工业（1.57），黑色金属矿采选业（1.53），石油加工、炼焦和核燃料加工业（1.48），铁路、船舶、航空航天和其他交通运输设备制造业（1.45），电力、热力生产和供应业（1.23），医药制造业（1.06），普通机械制造业（1.05），化学原料和化学制品业（1.03），专用设备制造业（1.02）等行业有一定的竞争优势，区位熵大于1。

201

2005年，石油和天然气开采业（2.72）具有明显的竞争优势；黑色金属矿采选业（1.46），石油加工、炼焦和核燃料加工业（1.35），电力、热力生产和供应业（1.32），有色金属冶炼和压延加工业（1.16），煤炭开采和洗选业（1.15），铁路、船舶、航空航天和其他交通运输设备制造业（1.13）等行业有一定的竞争优势。

2010年，石油和天然气开采业（2.5）具有明显的竞争优势；黑色金属矿采选业（1.46），石油加工、炼焦和核燃料加工业（1.33），农副食品加工业（1.2），电力、热力生产和供应业（1.19），黑色金属冶炼和压延加工业（1.04），煤炭采选业（1.02）等行业有一定的竞争优势。

2015年，石油和天然气开采业（2.32）具有明显的竞争优势；黑色金属矿采选业（1.49），石油加工、炼焦和核燃料加工业（1.44），电力、热力生产和供应业（1.19），农副食品加工业（1.12），有色金属矿采选业（1.03）等行业有一定的竞争优势。

2. 各地区优势产业分析

（1）辽宁省

辽宁省主要优势产业为装备制造和石油开采及石油化工两大类，具体包括石油和天然气开采业，黑色金属矿采选业，石油加工、炼焦和核燃料加工业，黑色金属冶炼和压延加工业，通用设备制造业，这五个行业专业化程度长期维持较高水平（图8-5）。与东部地区整体趋势相似，辽宁省优势行业也有所减少，但是不同的是整体优势行业的专业化程度并没有显著降低，而且优势行业的数量自2005年以来也维持在7~8个，并没有出现逐步减少的趋势。专用设备制造业，铁路、船舶、航空航天和其他交通运输设备制造业等退出优势行业行列，通用设备制造业等装备制造业及黑色金属冶炼和压延加工业等支撑行业仍保持较高的专业化程度，在全国的优势地位较为明显。

从辽宁省各年份的优势行业来看，2000年，黑色金属矿采选业（2.18）、黑色金属冶炼和压延加工业（2.37）竞争优势明显；煤炭开采和洗选业（1.37）、石油和天然气开采业工业（1.19）、石油加工、炼焦和核燃料加工业（1.63）、化学原料和化学制品制造业（1.14）、有色金属冶炼和压延加工业（1.03）、普通机械制造业（1.26）、专用设备制造业（1.23）、交通运输设备制造业（1.17）等行业也具有一定的竞争优势。

2005年，黑色金属矿采选业（2.27）竞争优势明显；石油和天然气开采业（1.83），有色金属矿采选业（1.2），石油加工、炼焦和核燃料加工业（1.24），化学纤维制造业（1.26），有色金属冶炼和压延加工业（1.83），通用设备制造业（1.05）等行业也具有一定的竞争优势。

◎ 第八章 产业发展与创新需求

2010年，黑色金属矿采选业（2.31）竞争优势明显；石油和天然气开采业（1.65），有色金属矿采选业（1.34），农副食品加工业（1.28），石油加工、炼焦和核燃料加工业（1.55），黑色金属冶炼和压延加工业（1.64），非金属矿采选业（1.25），通用设备制造业（1.44）等行业也具有一定的竞争优势。

2015年，黑色金属矿采选业（2.3）具有明显的竞争优势；石油和天然气开采业（1.05），有色金属矿采选业（1.36），农副食品加工业（1.08），石油加工、炼焦和核燃料加工业（1.73），黑色金属冶炼和压延加工业（1.55），非金属矿采选业（1.25），通用设备制造业（1.34）等行业也具有一定的竞争优势。

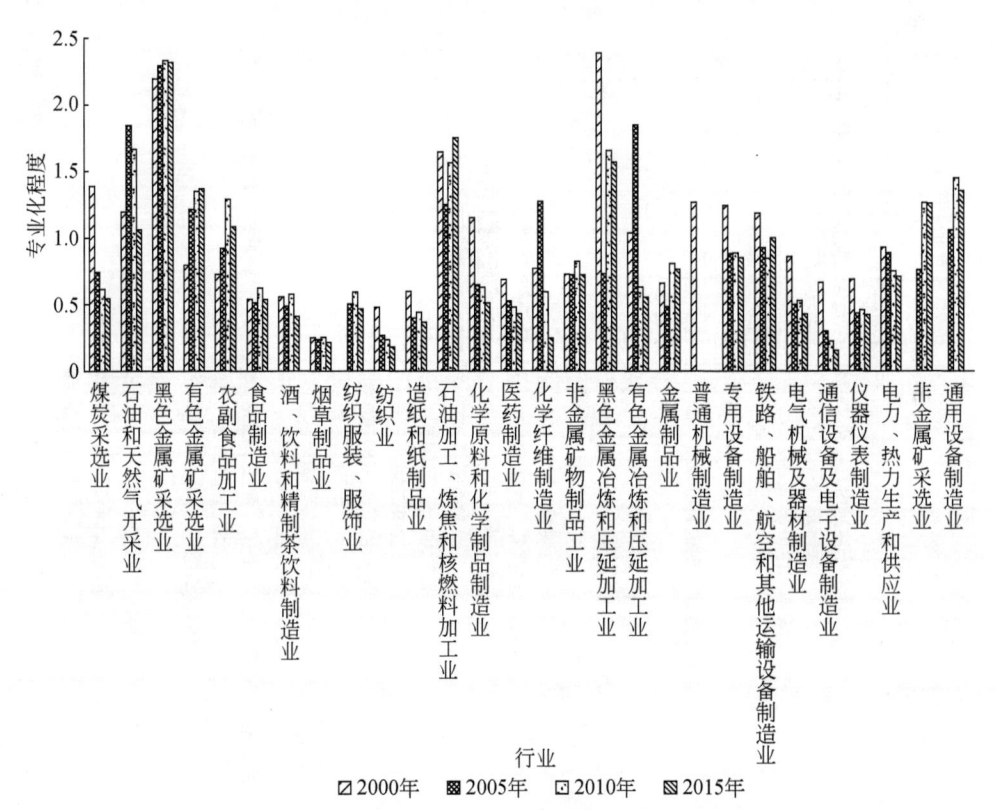

图8-5　2000～2015年辽宁省主要工业行业专业化程度变化趋势

（2）吉林省

吉林省优势行业主要集中在石油开采及石油化工、装备制造、食品加工和医药四大类，具体包括石油和天然气开采业，黑色金属矿采选业，农副食品加工业，酒、饮料和精制茶制造业，医药制造业，化学纤维制造业，铁路、船舶、航空航天和其他交通运输设备制造业,电力、热力生产和供应业(图8-6)。但是,近年来铁路、船舶、航空航天和其他交通运输设备制造业,化学纤维制造业,化学原料和化学制品制造业等传统优势产业在全国的专业化程度显著降低,甚至农副食品加工业,酒、饮料和精制茶制造业等的优势地位也逐步下降。医药制造业是吉林省少数优势地位明显提升的行业。总体上,吉林省传统重点行业在全国的优势地位显著降低,尽管医药制造业等少数新兴行业快速发展,但铁路、船舶、航空航天和其他交通运输设备制造业等传统优势行业专业化程度持续降低一定程度上表明区域经济正在衰退。

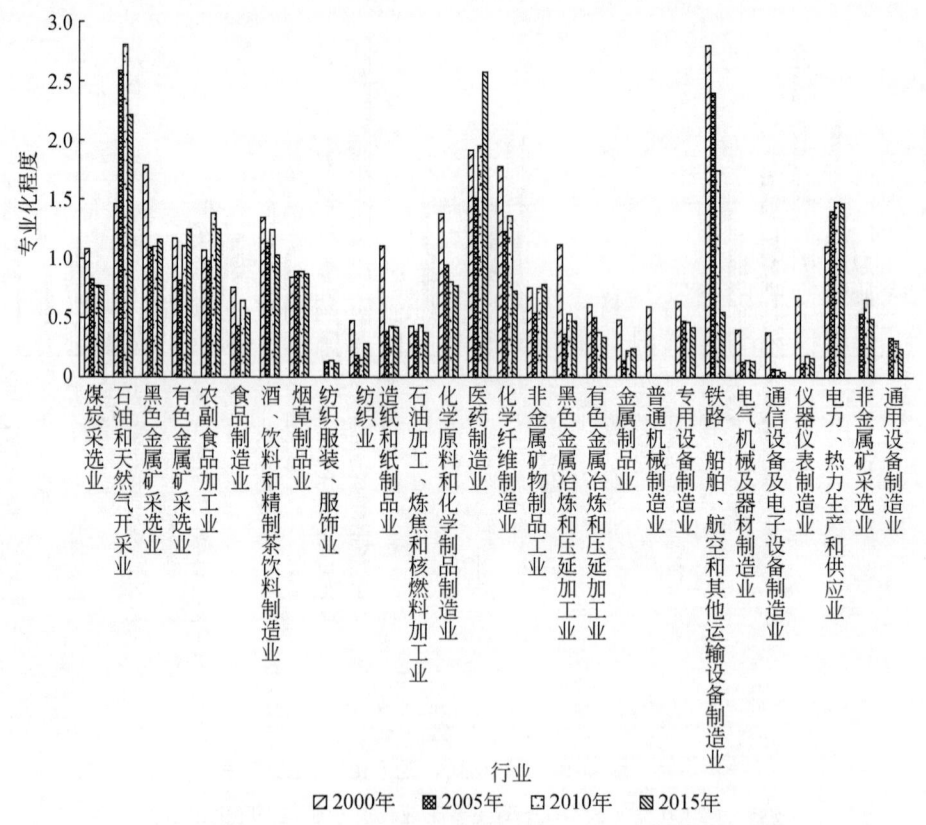

图8-6 2000~2015年吉林省主要工业行业专业化程度变化趋势

从吉林省各年份优势行业来看,2000年,铁路、船舶、航空航天和其他交通运输设备制造业(2.8)具有明显的竞争优势;煤炭开采和洗选业(1.08),石油和天然气开采业(1.46),黑色金属矿采选业(1.79),有色金属矿采选业(1.17),农副食品加工业(1.07),酒、饮料和精制茶制造业(1.34),造纸和纸制品业（1.11）、化学原料和化学制品制造业（1.78）、黑色金属冶炼和压延加工业（1.12）、电力、热力生产和供应业（1.11）等行业也具有一定的竞争优势。

2005年，铁路、船舶、航空航天和其他交通运输设备制造业（2.4）、石油和天然气开采业（2.59）具有明显的竞争优势；黑色金属矿采选业（1.09）、酒、饮料和精制茶制造业（1.13）、医药制造业（1.51）、化学纤维制造业（1.23）、电力、热力生产和供应业（1.4）等行业具有一定的竞争优势。

2010年，石油和天然气开采业（2.81）具有明显的竞争优势；黑色金属矿采选业（1.10）、有色金属矿采选业（1.11）、农副食品加工业（1.38）、酒、饮料和精制茶制造业（1.24）、医药制造业（1.95）、化学纤维制造业（1.36）、铁路、船舶、航空航天和其他交通运输设备制造业（1.75）、电力、热力生产和供应业（1.48）等行业也具有一定的竞争优势。

2015年，石油和天然气开采业（2.21）、医药制造业（2.58）具有明显的竞争优势；黑色金属矿采选业（1.16）、有色金属矿采选业（1.24）、农副食品加工业（1.25）、酒、饮料和精制茶制造业（1.03）、电力、热力生产和供应业（1.47）等行业也具有一定的竞争优势。

(3) 黑龙江省

黑龙江省优势行业主要集中在煤炭开采、石油开采及石油化工、电力三大类原材料型工业，具体包括煤炭开采和洗选业，石油和天然气开采业，石油加工、炼焦和核燃料加工业，电力、热力生产和供应业四个行业（图 8-7）。与辽宁省和吉林省不同，黑龙江省优势行业十分集中，专业化程度很高，仅煤炭开采专业化程度有所降低。黑龙江省是东北三省中优势行业多元化程度最低的省份，而且除三个优势行业外，其他多数行业专业化程度都在逐年降低。此外，与东北整体趋势相似，黑龙江省优势行业的数量也呈现逐步减少的态势。

就黑龙江省各年份优势行业来看，2000年，石油和天然气开采业（5.78）、煤炭开采和洗选业（2.36）、石油加工、炼焦和核燃料加工业（2.23）具有明显的竞争优势；酒、饮料和精制茶制造业（1.11）、农副食品加工业（1.09）、食品制造业（1.13）、造纸和纸制品业（1.13）、医药制造业（1.15）、普通机械制造业（1.02）、电力、热力生产和供应业（1.92）等行业具有一定的竞争优势。

2005年，石油和天然气开采业（4.57）、煤炭开采和洗选业（2.23）、石油加工、炼焦和核燃料加工业（2.23）、电力、热力生产和供应业（2.13）具有明显的竞争优势；酒、饮料和精制茶制造业（1.06）、烟草业（1.13）、医药制造业（1.23）等行业具有一定的竞争优势。

2010年，石油和天然气开采业（3.91）、煤炭开采和洗选业（2.02）、石油

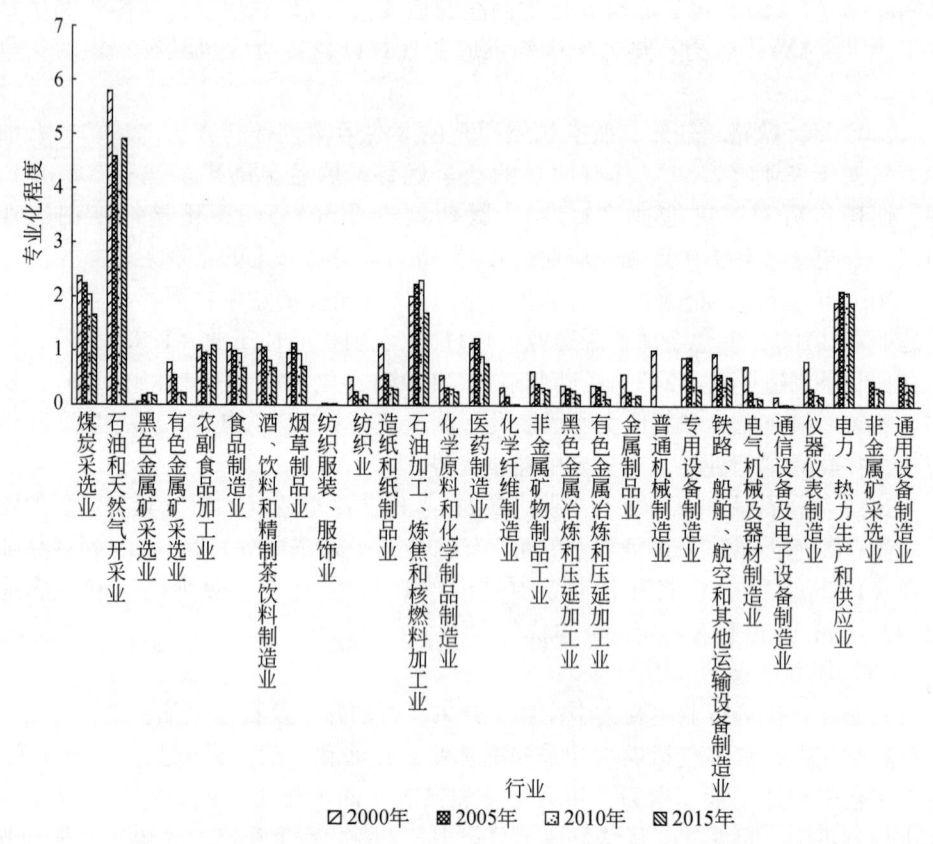

图 8-7　2000~2015年黑龙江省主要工业行业专业化程度变化趋势

加工、炼焦和核燃料加工业（2.30）,电力、热力生产和供应业（2.09）具有明显的竞争优势。

2015年,石油和天然气开采业（4.89）具有明显的竞争优势;煤炭开采和洗选业（1.65）,农副食品加工业（1.09）,石油加工、炼焦和核燃料加工业（1.71）,电力、热力生产和供应业（1.91）等行业具有一定的竞争优势。

总体上,由于装备制造业的衰落,东北地区优势行业进一步向矿业、钢铁等原材料型工业集中。分省来看,辽宁省通用设备制造业等优势行业保持相对较好,吉林省随着铁路、船舶、航空航天和其他交通运输设备制造业,化学纤维和化学制品制造业等传统优势行业专业化程度的降低和医药制造业等新兴行业的崛起,优势行业正在经历调整过程,而黑龙江省优势行业依然集中在原材料型行业。

3. 基于区位熵的优势产业识别

以从业人员为基础，采用区位熵对各行业专业化程度及其变化的分析结果表明，东北地区专业化程度较高的优势行业主要为石油和天然气开采业，黑色金属矿采选业，农副食品加工业，石油加工、炼焦和核燃料加工业，铁路、船舶、航空航天和其他交通运输设备制造业，电力、热力生产和供应业6个行业（表8-4），其中近年来专业化程度不断提升的成长型行业主要是农副食品加工业，而专业化程度显著持续降低的衰退型行业主要为铁路、船舶、航空航天和其他交通运输设备制造业。黑色金属冶炼和压延加工业近年来逐步发展为专业化程度较高的新兴行业。

辽宁省专业化程度较高的优势行业为石油和天然气开采业，石油加工、炼焦和核燃料加工业，黑色金属冶炼和压延加工业，专用设备制造业，铁路、船舶、航空航天和其他交通运输设备制造业，通用设备制造业，有色金属矿采选业，非金属矿采选业8个行业（表8-4），其中专业化程度不断提升的成长型行业包括有色金属矿采选业和非金属矿采选业，而专业化程度显著降低的衰退型产业为专用设备制造业和铁路、船舶、航空航天和其他交通运输设备制造业。农副食品加工业、非金属矿采选业2个行业的专业化程度逐步提升，成为辽宁省专业化程度较高的新兴行业。

吉林省专业化程度较高的优势行业为石油和天然气开采业，黑色金属矿采选业，农副食品加工业，酒、饮料和精制茶制造业，医药制造业，化学纤维制造业，铁路、船舶、航空航天和其他交通运输设备制造业，电力、热力生产和供应业8个行业（表8-4），其中专业化程度不断提高的成长型行业包括石油和天然气开采业，农副食品加工业，酒、饮料和精制茶制造业，医药制造业，专业化程度显著降低的衰退型行业为化学纤维制造业和铁路、船舶、航空航天和其他交通运输设备制造业。近年来，新发展起来的专业化程度较高的新兴行业为有色金属矿采选业。

黑龙江省专业化程度较高的优势行业为煤炭开采和洗选业，石油和天然气开采业，石油加工、炼焦和核燃料加工业，电力、热力生产和供应业4个行业（表8-4），其中专业化程度仍在持续提高的成长型行业为石油加工、炼焦和核燃料加工业，而专业化程度显著降低的衰退型行业为煤炭开采和洗选业、石油和天然气开采业。近年来，新发展起来的专业化程度较高的新兴行业为农副食品加工业。

表 8-4　东北三省专业化程度较高的优势行业

地区	优势行业 稳定型	优势行业 成长型	优势行业 衰退型	新兴行业
东北三省	石油和天然气开采业，黑色金属矿采选业，石油加工、炼焦和核燃料加工业，电力、热力生产和供应业	农副食品加工业	铁路、船舶、航空航天和其他交通运输设备制造业	黑色金属冶炼和压延加工业
辽宁省	石油和天然气开采业，石油加工、炼焦和核燃料加工业、黑色金属冶炼和压延加工业，通用设备制造业	有色金属矿采选业，非金属矿采选业	铁路、船舶、航空航天和其他交通运输设备制造业，专用设备制造业	农副食品加工业，非金属矿采选业
吉林省	黑色金属矿采选业，电力、热力生产和供应业	石油和天然气开采业，农副食品加工业，酒、饮料和精制茶饮料制造业，医药制造业	化学纤维制造业，铁路、船舶、航空航天和其他交通运输设备制造业	有色金属矿采选业
黑龙江省	电力、热力生产和供应业	石油加工、炼焦和核燃料加工业	煤炭开采和洗选业，石油和天然气开采业	农副食品加工业

二、基于偏离-份额法的优势产业识别

偏离-份额法是用于评价地区产业结构优劣和竞争力强弱、判断地区是否存在具有相对竞争优势的产业部门、确定未来产业发展主导方向的有效方法。该方法以全国为参照系，测算一定时期内东北地区特定行业按全国工业年均增长可能形成的假定份额，进而将这一假定份额同该行业的实际增长额进行比较，分析该行业总增长相对于全国平均水平的偏离状况。与区位熵不同，偏离-份额法主要基于工业产值对产业结构和竞争力进行判断。

1. 东北三省优势产业分析

2003~2015 年，东北三省产业在全国的竞争力整体降低，行业总体增长低于全国平均水平。总偏离-份额为正的行业有 11 个，包括农副食品加工业，非金属矿物制品业，黑色金属冶炼和压延加工业，通用设备制造业，医药制造业，专用设备制造业，电器机械和器材制造业，食品制造业，酒、饮料和精制茶制造业，黑色金属矿采选业，有色金属矿采选业（表 8-5）；其中 6 个行业的 2015 年

工业销售产值超过2000亿元；而石油加工、炼焦和核燃料加工业等16个行业的总偏离-份额为负，仅有3个行业的2015年工业销售产值超过2000亿元，这表明东北地区重点行业在全国的优势地位总体是上升的，而产值规模较小的非重点行业竞争力明显下降。

表8-5 2003~2015年东北三省工业行业偏离-份额分析结果 （单位：亿元）

行业	2015年工业销售产值	增长总量	增长份额	结构份额	竞争力份额	总偏离-份额
农副食品加工业	8 839.60	8 274.49	3 060.76	2 588.16	2 625.57	5 213.73
石油加工、炼焦和核燃料加工业	4 437.84	2 977.65	7 908.71	-1 303.15	-3 627.90	-4 931.06
非金属矿物制品业	4 359.80	4 021.37	1 833.01	1 526.62	661.74	2 188.36
化学原料和化学制品制造业	4 069.26	3 374.37	3 763.68	1 938.60	-2 327.90	-389.31
黑色金属冶炼和压延加工业	4 026.28	3 836.65	1 027.08	2 107.30	702.28	2 809.57
电力、热力生产和供应业	3 594.86	2 931.03	3 595.45	1 307.16	-1 971.57	-664.42
通用设备制造业	3 124.59	2 683.45	2 389.31	926.06	-631.92	294.14
医药制造业	2 675.08	2 410.80	1 431.40	806.64	172.76	979.40
专用设备制造业	2 420.72	2 186.10	1 270.75	773.87	141.47	915.35
电气机械和器材制造业	1 903.59	1 655.38	1 344.36	661.64	-350.62	311.02
铁路、船舶、航空航天和其他交通运输设备制造业	1 588.16	-308.01	10 270.07	-8 734.01	-1 844.07	-10 578.10
食品制造业	1 551.98	1 391.16	871.04	552.32	-32.20	520.12
石油和天然气开采业	1 457.92	238.13	6 606.65	-5 009.87	-1 358.65	-6 368.52
酒、饮料和精制茶制造业	1 199.96	1 035.55	890.48	264.99	-119.92	145.07
有色金属冶炼和压延加工业	1 014.99	-45.40	5 743.30	-1 843.80	-3 944.91	-5 788.70
黑色金属矿采选业	937.13	887.00	271.51	727.47	-111.98	615.49
煤炭开采和洗选业	771.68	558.72	1 153.44	468.30	-1 063.02	-594.72

续表

行业	2015年工业销售产值	增长总量	增长份额	结构份额	竞争力份额	总偏离-份额
计算机、通信和其他电子设备制造业	684.67	304.37	2 059.79	-201.26	-1 554.16	-1 755.42
纺织服装、服饰业	509.07	-84.75	3 216.26	-2 705.14	-595.87	-3 301.01
纺织业	486.02	322.40	886.20	-197.25	-366.55	-563.80
非金属矿采选业	466.04	147.56	1 724.96	-1 456.40	-121.00	-1 577.40
造纸和纸制品业	438.13	352.04	466.28	-59.43	-54.82	-114.24
有色金属矿采选业	368.61	337.15	170.39	151.58	15.18	166.76
烟草制品业	341.21	274.97	358.77	-140.04	56.24	-83.80
仪器仪表制造业	241.55	198.79	231.60	-41.64	8.83	-32.81
化学纤维制造业	100.18	37.05	341.93	-79.76	-225.12	-304.88
金属制品业	44.76	-113.31	856.14	-972.92	3.47	-969.45
合计	51 653.68	39 884.71	63 743.32	-7 943.96	-15 914.6	-23 858.60

偏离-份额为正的行业主要集中在机械装备制造及钢铁等支撑行业、食品饮料加工、医药三大类行业，其中机械装备及相关行业和食品饮料部分行业在全国的竞争优势却有所降低，包括通用设备制造业、电气机械和器材制造业、黑色金属矿采选业3个机械装备行业和食品制造业，酒、饮料和精制茶制造业两个食品饮料行业；而总偏离-份额下降明显的行业主要是有色金属冶炼和压延加工业、纺织装备和通信装备三大类行业。

从结构份额和竞争力份额来看，有半数的行业（14个）结构份额都为正值，但是仅有8个行业竞争力份额为正，说明多数行业结构素质较好，促进了东北地区工业的增长；但仅有少数行业增速快于全国同行业的平均水平，具有较高的竞争力。在销售产值超过2000亿元的9个行业中，农副食品加工业、非金属矿物制品业、黑色金属冶炼和压延加工业、医药制造业、专用设备制造业5个行业结构份额和竞争力份额均为正值，其发展主要依托地方自然资源。

2008年金融危机之后，特别是2012年我国经济进入新常态以来，东北地区经济整体遭遇大幅下滑，这一短期的困境可能对长期的总体结果产生影响，致使结果不够准确。因此，细分2005~2010年和2010~2015年两个时段进行对比，以期更加准确地反映东北振兴战略实施以来的发展成效。

从总偏离-份额结果来看，短期发展困境对整体结果的影响确实十分显著。2005~2010年27个行业中的17个总偏离-份额都为正值，而2010~2015年则仅有 5 个行业为正值。进一步来看，2005~2015 年全部 27 个行业中仅医药制造业的总偏离–份额在两个阶段均为正值，且 2010~2015 年的数值大于 2005~2010 年，还有一些行业总偏离–份额负向数值比 2005~2010 年的负值大，说明这些行业衰落速度有所减慢。从结构份额和竞争力份额总计结果来看，2005~2010 年多数行业为正值，而 2010~2015 年仅有医药制造业为负值（表 8-6，表 8-7）。

表 8-6　2005~2010 年东北三省工业行业偏离–份额分析结果　（单位：亿元）

行业	2010 年工业销售产值	增长总量	增长份额	结构份额	竞争力份额	总偏离–份额
铁路、船舶、航空航天和其他交通运输设备制造业	7 422.21	5 130.88	790.20	356.58	-663.16	4 340.68
农副食品加工业	5 586.34	4 424.67	2 024.11	636.65	1 763.91	2 400.56
黑色金属冶炼和压延加工业	4 820.01	4 482.13	588.73	1 279.69	2 613.71	3 893.40
石油加工、炼焦和核燃料加工业	4 535.78	2 081.66	4 276.10	-750.84	-1 443.60	-2 194.44
通用设备制造业	4 338.76	3 408.08	67.45	22.02	1 257.12	3 340.63
化学原料和化学制品制造业	3 515.32	2 335.12	2 056.40	220.39	58.33	278.72
非金属矿物制品业	3 329.67	2 784.74	949.49	405.36	1 429.89	1 835.25
电力、热力生产和供应业	2 904.43	1 333.33	116.43	-30.90	-677.59	1 216.90
石油和天然气开采业	2 316.97	330.23	3 461.73	-2 314.00	-817.50	-3 131.50
专用设备制造业	2 174.88	1 721.37	790.20	363.15	568.01	931.17
电气机械和器材制造业	2 122.03	1 615.81	3 992.45	860.62	543.63	-2 376.64
金属制品业	1 497.58	1 223.31	477.89	90.07	655.35	745.42
煤炭开采和洗选业	1 402.84	955.06	780.22	457.00	-282.16	174.84
医药制造业	1 213.40	810.27	702.42	8.04	99.81	107.85
黑色金属矿采选业	1 158.07	1 025.79	230.49	439.16	356.14	795.30
食品制造业	1 105.45	846.23	451.67	67.63	326.94	394.56
有色金属冶炼和压延加工业	1 083.33	-951.03	3 544.70	-2 914.81	-1 580.93	-4 495.73

续表

行业	2010年工业销售产值	增长总量	增长份额	结构份额	竞争力份额	总偏离-份额
计算机、通信和其他电子设备制造业	964.06	578.93	882.05	-357.41	179.79	-303.12
酒、饮料和精制茶制造业	832.78	606.34	394.55	49.89	161.89	211.79
纺织服装、服饰业	651.88	524.33	222.25	-33.62	335.71	302.08
纺织业	479.93	268.41	368.56	-104.21	4.06	-100.15
造纸和纸制品业	440.09	317.53	213.55	-28.80	132.78	103.98
非金属矿采选业	367.95	329.24	2 737.51	2 115.97	209.66	-2 408.27
有色金属矿采选业	316.64	245.57	123.83	41.87	79.86	121.74
仪器仪表制造业	242.25	175.43	671.06	-170.02	88.50	-495.63
烟草制品业	211.10	113.32	170.37	-67.05	10.00	-57.05
化学纤维制造业	123.18	8.41	199.98	-96.77	-94.79	-191.57
合计	55 156.93	36 725.16	31 284.39	545.66	5 315.36	5 440.77

表8-7　2010~2015年东北三省工业行业偏离-份额分析结果　　（单位：亿元）

行业	2015年工业销售产值	增长总量	增长份额	结构份额	竞争力份额	总偏离-份额
农副食品加工业	8 839.60	3 381.39	2 262.08	2 778.04	-1 658.73	1 119.31
石油加工、炼焦和核燃料加工业	4 437.84	-36.95	1 854.52	-1 017.90	-873.57	-1 891.47
非金属矿物制品业	4 359.80	1 125.20	1 340.54	1 618.92	-1 834.26	-215.34
化学原料和化学制品制造业	4 069.26	652.72	1 415.94	1 238.38	-2 001.60	-763.22
黑色金属冶炼和压延加工业	4 026.28	-746.17	1 977.88	-1 036.79	-1 687.25	-2 724.05
电力、热力生产和供应业	3 594.86	699.44	1 199.97	17.05	-517.58	-500.53
通用设备制造业	3 124.59	-1 094.11	1 748.38	-158.83	-2 683.66	-2 842.49
医药制造业	2 675.08	1 529.29	474.86	1 019.87	34.56	1 054.43
专用设备制造业	2 420.72	309.24	875.07	672.90	-1 238.74	-565.83
电气机械和器材制造业	1 903.59	-163.16	856.54	494.90	-1 514.60	-1 019.70

续表

行业	2015年工业销售产值	增长总量	增长份额	结构份额	竞争力份额	总偏离-份额
铁路、船舶、航空航天和其他交通运输设备制造业	1 588.16	-5 766.04	3 047.85	-7 712.53	-1 101.36	-8 813.89
食品制造业	1 551.98	462.62	451.47	615.47	-604.33	11.15
石油和天然气开采业	1 457.92	-806.16	938.32	-1 347.91	-396.56	-1 744.48
酒、饮料和精制茶制造业	1 199.96	390.52	335.46	455.46	-400.40	55.06
有色金属冶炼和压延加工业	1 014.99	-45.97	439.70	288.87	-774.54	-485.67
黑色金属矿采选业	937.13	-191.27	467.65	-192.75	-466.17	-658.92
煤炭开采和洗选业	771.68	-569.53	555.85	-602.26	-523.12	-1 125.38
计算机、通信和其他电子设备制造业	684.67	-272.95	396.87	260.28	-930.11	-669.82
纺织服装、服饰业	509.07	-113.27	257.92	277.37	-648.56	-371.19
纺织业	486.02	24.91	191.10	-2.85	-163.34	-166.19
非金属矿采选业	466.04	107.49	148.60	156.05	-197.15	-41.11
造纸和纸制品业	438.13	7.82	178.34	-11.64	-158.87	-170.52
有色金属矿采选业	368.61	59.01	128.31	93.61	-162.91	-69.30
烟草制品业	341.21	130.45	87.35	48.71	-5.61	43.10
仪器仪表制造业	241.55	5.62	97.78	-4.35	-87.81	-92.16
化学纤维制造业	100.18	-18.10	49.02	10.57	-77.69	-67.12
金属制品业	44.76	-1 428.45	610.55	-2 009.87	-29.13	-2 039.00
合计	51 653.68	-2 366.41	22 387.92	-4 051.23	-20 703.10	-24 754.30

就具体行业来看，总偏离-份额降幅较大的行业主要集中在机械装备、钢铁、化工、煤炭、电力等重化工行业，其中铁路、船舶、航空航天和其他交通运输设备制造业降幅最大，其次是黑色金属冶炼和压延加工业、通用设备制造业，这些行业也是在2005~2010年大幅增长的行业；而计算机、通信和其他电子设备制造业等行业进一步下降。

仅农副食品加工业、医药制造业在两个时期均大幅增长，有色金属冶炼和压延加工业、仪器仪表制造业等则是在2005~2010年大幅下降之后，降幅大幅收窄，一定程度上表现出回升的态势。

因此，对比两个时期 27 个行业的发展优势可以发现，医药制造业是东北地区快速增长的新兴行业，在全国的竞争力不断增强，而电子信息、通信装备等制造业衰落的趋势十分明显。装备制造、钢铁、化工等重化工行业在前期大幅增长之后，随着全国经济增速下降，出现明显回调，但依然是东北地区重要的支柱型产业。食品饮料行业已经成长为东北地区重要的支柱型产业，而且受到的经济周期性影响相对较小。

2. 各地区优势产业分析

（1）辽宁省

2010~2015 年，辽宁省大部分行业工业销售产值都出现了负增长，仅石油加工、炼焦和核燃料加工业，农副食品加工业，电力、热力生产和供应业，医药制造业，非金属矿采选业，烟草制品业，化学纤维制造业 7 个行业为正增长，其中 3 个行业工业销售产值超过 1000 亿元，而且前两个行业在全国的竞争力都出现了大幅下降（表8-8）。就总偏离-份额来看，为正值的行业仅医药制造业和烟草制品业，其中医药制造业 2015 年工业销售产值超过 500 亿元。

总体来看，辽宁省工业销售产值较高的行业主要集中在装备制造、石油化工、农副食品等行业，尽管这些行业结构较好，促进了地区工业增长，但是在全国的竞争力普遍下降。主要的工业行业中仅医药制造业在全国的整体优势有所增加，但增速也低于全国平均水平。

表 8-8 2010~2015 年辽宁省工业行业偏离-份额分析结果 （单位：亿元）

行业	2015年工业销售产值	增长总量	增长份额	结构份额	竞争力份额	总偏离-份额
石油加工、炼焦和核燃料加工业	3 276.77	160.53	1 291.48	-708.86	-422.09	-1 130.95
黑色金属冶炼和压延加工业	3 179.54	-802.86	1 650.45	-865.16	-1 588.15	-2 453.31
农副食品加工业	2 870.84	154.41	1 125.79	1 382.57	-2 353.95	-971.38
通用设备制造业	2 302.20	-1 205.33	1 453.65	-132.06	-2 526.92	-2 658.98
非金属矿物制品工业	2 216.83	-29.90	931.13	1 124.49	-2 085.52	-961.03
化学原料和化学制品制造业	2 028.99	-18.54	848.57	742.16	-1 609.27	-867.11
电力、热力生产和供应业	1 586.94	150.30	595.40	8.46	-453.56	-445.10

续表

行业	2015年工业销售产值	增长总量	增长份额	结构份额	竞争力份额	总偏离-份额
专用设备制造业	1 514.03	-18.32	635.06	488.34	-1 141.72	-653.38
电气机械和器材制造业	1 301.50	-432.22	718.52	415.15	-1 565.89	-1 150.74
铁路、船舶、航空航天和其他交通运输设备制造业	1 012.43	-1 815.62	1 172.05	-2 965.85	-21.82	-2 987.67
有色金属冶炼和压延加工业	799.11	-114.23	378.52	248.68	-741.43	-492.75
黑色金属矿采选业	631.29	-346.55	405.25	-167.03	-584.77	-751.80
医药制造业	604.01	234.43	153.17	328.96	-247.7	81.26
计算机、通信和其他电子设备制造业	573.34	-293.20	359.13	235.53	-887.85	-652.33
食品制造业	441.95	-29.97	195.58	266.63	-492.18	-225.55
纺织服装、服饰业	353.31	-203.88	230.92	248.33	-683.25	-434.80
酒、饮料和精制茶制造业	338.02	-1.16	140.57	190.85	-332.58	-141.73
非金属矿采选业	316.89	47.40	111.69	117.29	-181.57	-64.29
煤炭开采和洗选业	257.19	-190.50	185.54	-201.03	-175.01	-376.04
纺织业	227.72	-133.40	149.66	-2.23	-280.83	-283.06
造纸和纸制品业	216.75	-70.36	118.99	-7.77	-181.58	-189.35
有色金属矿采选业	208.00	-23.13	95.79	69.88	-188.80	-118.92
石油和天然气开采业	204.86	-129.48	138.56	-199.05	-68.99	-268.04
仪器仪表制造业	160.21	-18.82	74.20	-3.30	-89.72	-93.02
烟草制品业	86.16	35.18	21.13	11.78	2.27	14.05
化学纤维制造业	40.62	1.50	16.21	3.50	-18.21	-14.71
金属制品业	34.90	-1 191.22	508.15	-1 672.77	-26.60	-1 699.37
合计	26 784.4	-6 284.94	13 705.16	-1 042.51	-18 947.60	-19 990.10

(2) 吉林省

2010~2015年吉林省产业发展的总体状况明显优于辽宁省,表现在仅5个行业工业销售产值出现负增长,仅有7个行业总偏离-份额为负值,竞争力份额合计值也为正。总偏离-份额的合计值为负，主要是由铁路、船舶、航空航天和其他交通运输设备制造业的快速衰落造成的，除去这一行业外，即正值（表8-9）。

表8-9　2010~2015年吉林省工业行业偏离-份额分析结果　　（单位：亿元）

行业	2015年工业销售产值	增长总量	增长份额	结构份额	竞争力份额	总偏离-份额
农副食品加工业	3 276.98	1 699.35	653.83	802.96	242.56	1 045.52
医药制造业	1 769.95	1 205.03	234.12	502.84	468.07	970.91
非金属矿物制品业	1 635.35	926.03	293.97	355.02	277.05	632.06
化学原料和化学制品制造业	1 522.42	463.43	438.88	383.85	-359.30	24.55
电力、热力生产和供应业	861.82	287.49	238.02	3.38	46.08	49.47
黑色金属冶炼和压延加工业	712.53	187.28	217.68	-114.11	83.71	-30.40
专用设备制造业	632.67	360.21	112.92	86.83	160.46	247.29
酒、饮料和精制茶制造业	546.48	265.65	116.39	158.02	-8.76	149.26
通用设备制造业	477.98	210.66	110.79	-10.06	109.94	99.87
食品制造业	460.30	257.44	84.07	114.61	58.75	173.37
电气机械和器材制造业	385.22	222.32	67.51	39.01	115.80	154.81
铁路、船舶、航空航天和其他交通运输设备制造业	379.24	-3 777.06	1 722.52	-4 358.82	-1 140.77	-5 499.58
石油和天然气开采业	319.49	-35.27	147.03	-211.21	28.91	-182.30
黑色金属矿采选业	263.91	142.12	50.47	-20.8	112.45	91.65
煤炭开采和洗选业	241.83	-49.50	120.74	-130.82	-39.42	-170.24
石油加工、炼焦和核燃料加工业	185.06	56.51	53.28	-29.24	32.48	3.23
有色金属冶炼和压延加工业	179.87	73.30	44.17	29.02	0.12	29.13
纺织业	163.26	94.26	28.60	-0.43	66.09	65.66
烟草制品业	150.74	54.60	39.84	22.22	-7.46	14.76
造纸和纸制品业	150.04	65.64	34.98	-2.28	32.95	30.66

续表

行业	2015年工业销售产值	增长总量	增长份额	结构份额	竞争力份额	总偏离-份额
有色金属矿采选业	135.48	65.15	29.15	21.26	14.74	36.00
纺织服装、服饰业	124.74	70.74	22.38	24.07	24.29	48.36
非金属矿采选业	107.25	35.06	29.92	31.42	-26.28	5.14
计算机、通信和其他电子设备制造业	88.58	15.52	30.28	19.86	-34.62	-14.76
化学纤维制造业	57.58	-21.04	32.58	7.03	-60.65	-53.62
仪器仪表制造业	53.23	23.87	12.17	-0.54	12.24	11.70
金属制品业	5.07	-170.70	72.85	-239.80	-3.75	-243.55
合计	14 887.07	2 728.09	5 039.14	-2 516.71	205.68	-2 311.05

农副食品加工业、医药制造业、非金属矿物制品业、化学原料和化学制品制造业等行业的2015年工业销售产值超过1500亿元的支柱型产业在全国的优势地位进一步提升，行业结构素质都较高，明显地促进了地区工业的增长。即使就竞争力份额而言，也仅化学原料和化学制品制造业增速低于全国同行业平均水平，其他三个行业在全国的竞争优势都进一步增强。事实上，各行业在全国竞争力下降的行业也仅有9个，仅铁路、船舶、航空航天和其他交通运输设备制造业下降明显。因此，总体上2010~2015年吉林省产业发展的优势是增加的，全国经济形势的变化对地区产业发展影响相对较小。

(3) 黑龙江省

2010~2015年，黑龙江省27个行业中有9个出现负增长，总偏离-份额为负的行业有14个，产业发展总体上好于辽宁省但差于吉林省。黑龙江省2015年工业销售产值超过1000亿元的行业仅有农副食品加工业和电力、热力生产和供应业两个行业，少于辽宁省的10个和吉林省的4个，表明黑龙江省工业产业整体实力较弱。

就具体行业而言，7个工业销售产值超过500亿元的行业中，3个行业总偏离-份额为负值，主要集中在石油开采、石油化工和电力，其中石油及相关行业工业销售产值也明显下降，其结构份额和竞争力份额也为负值。这表明石油开采及石油加工这一支柱型行业正在衰退（表8-10）。

表8-10　2010～2015年黑龙江省工业行业偏离-份额分析结果　（单位：亿元）

行业	2015年工业销售产值	增长总量	增长份额	结构份额	竞争力份额	总偏离-份额
农副食品加工业	2 691.78	1 527.63	482.47	592.51	452.65	1 045.16
电力、热力生产和供应业	1 146.10	261.65	366.55	5.21	-110.11	-104.90
石油加工、炼焦和核燃料加工业	976.01	-253.99	509.76	-279.79	-483.95	-763.75
石油和天然气开采业	933.57	-641.41	652.73	-937.66	-356.48	-1 294.14
食品制造业	649.73	235.15	171.82	234.23	-170.90	63.33
化学原料和化学制品制造业	517.85	207.83	128.48	112.37	-33.03	79.35
非金属矿物制品业	507.62	229.07	115.44	139.41	-25.79	113.63
通用设备制造业	344.41	-99.44	183.95	-16.71	-266.68	-283.39
酒、饮料和精制茶制造业	315.46	126.03	78.51	106.59	-59.07	47.52
医药制造业	301.12	89.83	87.57	188.07	-185.81	2.26
专用设备制造业	274.02	-32.65	127.10	97.73	-257.48	-159.75
煤炭开采和洗选业	272.66	-329.53	249.57	-270.41	-308.69	-579.10
电气机械和器材制造业	216.87	46.74	70.51	40.74	-64.51	-23.77
铁路、船舶、航空航天和其他交通运输设备制造业	196.49	-173.36	153.28	-387.87	61.23	-326.64
黑色金属冶炼和压延加工业	134.21	-130.59	109.74	-57.53	-182.81	-240.33
烟草制品业	104.31	40.67	26.37	14.71	-0.41	14.30
纺织业	95.04	64.05	12.84	-0.19	51.40	51.21
造纸和纸制品业	71.34	12.54	24.37	-1.59	-10.24	-11.83
黑色金属矿采选业	41.93	13.16	11.92	-4.91	6.15	1.24
非金属矿采选业	41.9	25.03	6.99	7.34	10.70	18.04
有色金属冶炼和压延加工业	36.01	-5.04	17.01	11.18	-33.23	-22.05
纺织服装、服饰业	31.02	19.87	4.62	4.97	10.28	15.25

续表

行业	2015年工业销售产值	增长总量	增长份额	结构份额	竞争力份额	总偏离-份额
仪器仪表制造业	28.11	0.57	11.41	-0.51	-10.34	-10.84
有色金属矿采选业	25.13	16.99	3.37	2.46	11.16	13.62
计算机、通信和其他电子设备制造业	22.75	4.73	7.47	4.90	-7.64	-2.74
金属制品业	4.79	-66.53	29.56	-97.30	1.21	-96.09
化学纤维制造业	1.98	1.44	0.22	0.05	1.17	1.22
合计	9 982.21	1 190.44	3 643.63	-492.00	-1 961.22	-2 453.19

3. 基于偏离-份额法优势产业识别

以工业销售产值为基础，采用偏离-份额法分析各行业在全国优势和竞争力的结果表明，2015年东北三省工业销售产值较高的支柱型行业（工业销售产值在2000亿元以上）包括农副食品加工业，石油加工、炼焦和核燃料加工业，非金属矿物制品工业，化学原料和化学制品制造业，黑色金属冶炼和压延加工业，电力、热力生产和供应业，通用设备制造业，医药制造业，专用设备制造业9个行业。近年来，优势地位不断提高的成长型行业包括农副食品加工业、非金属矿物制品工业、黑色金属冶炼和压延加工业、专用设备制造业、医药制造业；优势地位显著下降的衰退型行业包括石油加工、炼焦和核燃料加工业，计算机、通信和其他电子设备制造业，铁路、船舶、航空航天和其他交通运输设备制造业。医药制造业是近年来东北地区在全国优势地位和竞争力提升最为明显的行业（表8-11）。

表8-11 2015年东北地区在全国具有较强竞争力的行业

地区	支柱型行业	成长型行业	衰退型行业
东北三省	农副食品加工业，石油加工、炼焦和核燃料加工业，非金属矿物制品业，化学原料和化学制品制造业，黑色金属冶炼和压延加工业，电力、热力生产和供应业，通用设备制造业，医药制造业，专用设备制造业	农副食品加工业，非金属矿物制品工业，黑色金属冶炼和压延加工业，专用设备制造业，医药制造业	石油加工、炼焦和核燃料加工业，计算机、通信和其他电子设备制造业，铁路、船舶、航空航天和其他交通运输设备制造业

续表

地区	支柱型行业	成长型行业	衰退型行业
辽宁省	石油加工、炼焦和核燃料加工业，黑色金属冶炼和压延加工业，农副食品加工业，通用设备制造业，非金属矿物制品业、化学原料和化学制品制造业，电力、热力生产和供应业，专用设备制造业	医药制造业	黑色金属冶炼和压延加工业，通用设备制造业、电气机械和器材制造业
吉林省	农副食品加工业，医药制造业，非金属矿物制品业、化学原料和化学制品制造业，电力、热力生产和供应业，黑色金属冶炼和压延加工业，专用设备制造业，酒、饮料和精制茶制造业	农副食品加工业、医药制造业、非金属矿物制品业、化学原料和化学制品制造业	铁路、船舶、航空航天和其他交通运输设备制造业
黑龙江省	农副食品加工业，电力、热力生产和供应业，石油加工、炼焦和核燃料加工业，石油和天然气开采业，食品制造业，化学原料和化学制品制造业，非金属矿物制品业	农副食品加工业	电力、热力生产和供应业，石油加工、炼焦和核燃料加工业，石油和天然气开采业

辽宁省工业销售产值超过1500亿元的支柱型行业包括石油加工、炼焦和核燃料加工业，黑色金属冶炼和压延加工业，农副食品加工业，通用设备制造业，非金属矿物制品工业，化学原料和化学制品制造业，电力、热力生产和供应业，专用设备制造业8个行业。近年来，在全国优势地位不断提升的成长型行业是医药制造业；竞争力显著下降的衰退型行业包括黑色金属冶炼和压延加工业、通用设备制造业、电气机械和器材制造业（表8-11）。

吉林省工业销售产值超过500亿元的支柱型行业包括农副食品加工业，医药制造业，非金属矿物制品业，化学原料和化学制品制造业，电力、热力生产和供应业，黑色金属冶炼和压延加工业，专用设备制造业，酒、饮料和精制茶制造业8个行业。近年来，在全国优势地位不断提升的成长型行业包括农副食品加工业、医药制造业、非金属矿物制品业、化学原料和化学制品制造业；而竞争力显著下降的衰退型行业为铁路、船舶、航空航天和其他交通运输设备制造业（表8-11）。

黑龙江省工业销售产值超过500亿元的支柱型行业包括农副食品加工业，电力、热力生产和供应业，石油加工、炼焦和核燃料加工业，石油和天然气开采业，食品制造业，化学原料和化学制品制造业，非金属矿物制品业7个行业。近年来，在全国优势地位显著提升的成长型行业为农副食品加工业；而竞争力显著下降的衰退型行业包括电力、热力生产和供应业，石油加工、炼焦和核燃料加工业，石油和天然气开采业（表8-11）。

三、优势行业判别结果

综合来看，东北地区专业化程度长期维持较高水平且近年来工业销售产值高的优势行业主要集中在石油开采及石油化工、农副食品加工、医药、电力、装备制造和钢铁六大类，包括石油和天然气开采业，石油加工、炼焦和核燃料加工业，农副食品加工业，酒、饮料和精制茶制造业，医药制造业，电力、热力生产和供应业，黑色金属冶炼和压延加工业，通用设备制造业，专用设备制造业9个行业。

具体而言，东北地区整体上主要包括农副食品加工业，石油加工、炼焦和核燃料加工业，电力、热力生产和供应业3个行业；辽宁省主要包括石油加工、炼焦和核燃料加工业，黑色金属冶炼和压延加工业，通用设备制造业，专用设备制造业4个行业；吉林省主要包括农副食品加工业，饮料制造业，医药制造业，电力、热力生产和供应业4个行业；黑龙江省主要包括石油加工、炼焦和核燃料加工业，电力、热力生产和供应业3个行业。

近年来专业化程度和在全国竞争力都提升较快的成长型行业主要是农副食品加工业、医药制造业、黑色金属冶炼和压延加工业，而东北地区传统优势行业如通用设备制造业、专用设备制造业、汽车制造业、煤炭开采和洗选业等衰落得较快，尤其是铁路、船舶、航空航天和其他交通运输设备制造业。专用设备制造业、化学原料和化学制品制造业等行业尽管专业化程度不高，但是在全国竞争力增长较快，表明这些行业人均产值是提升的，因此未来也具有增长的潜力；而一些行业专业化程度提升较快，但在全国的竞争力却没有相应提升，表明这些行业可能存在人员过度集中的状况，这些行业主要集中在资源开采类行业中，如辽宁省的有色金属矿采选业、非金属矿采选业，吉林省的石油和天然气开采业、有色金属矿采选业，以及黑龙江省的石油加工、炼焦和核燃料加工业。

第三节　产业发展的创新需求与政策建议

一、优势行业与创新要素的行业耦合

2012~2017年，东北专利资源集中在仪器仪表制造业、专用设备制造业、通信设备制造业、化学原料和化学制品制造业、电气机械和器材制造业、金属制品业、医药制造业等行业，这些行业专利资源的占比超过70%（图8-8）。排名前十位的行业中，基本属于装备制造和医药食品两大领域。尽管目前东北地区的优势行业也包括装备制造和食品医药两大领域，但是由于缺少石油炼化、电力等，创新要素与优势行业的分布依然有一定偏差。

具体来看，目前东北地区优势行业为石油和天然气开采业，石油加工、炼焦和核燃料加工业，农副食品加工业，饮料制造业，医药制造业，电力、热力生产和供应业，黑色金属冶炼和压延加工业，通用设备制造业，专用设备制造业9个行业。与创新投入排名前十位的行业相比，仅医药制造业和专用设备制造业两个行业重合。石油开采与炼化、通用设备制造业等优势行业的创新要素投入很少，在农副食品加工、饮料、钢铁冶炼、电力热力等供应方面创新要素投入也不高；而仪器仪表制造业、通信设备制造业、电气机械和器材制造业、金属加工等创新要素大量投入的行业，却并没有发展成为东北地区的优势行业。

2007~2011年，东北地区专利均值排前十位的行业分别为专用设备制造业（13 781件）、仪器仪表制造业（12 957件）、通信设备制造业（5600件）、化学原料和化学制品制造业（3780件）、金属制品业（3709件）、电气机械和器材制造业（3702件）、文教、工美、体育和娱乐用品制造业（3135件）、汽车制造业（3022件）、医药制造业（2691件）和开采辅助活动（2597件）。与2002~2006年相比，2007~2011年专利资源均值有大幅增加，但是从专利资源集中的行业类型来说，基本保持稳定，仅汽车制造业专利资源均值跌出前十位，而食品行业则大幅提升。即使与2002~2006年创新资源分布对比，行业类型也基本没有变化。较弱的耦合关系表明东北地区的优势行业并非通过创新建立在全国的优势地位，很大程度上仍然依靠自然资源等优势，研发等新的发展要素仍然没有成为东北地区产业发展的主要动力。同时，长期大量创新要素投入的领域也并没有发展成为在全国具有显著优势的行业。

◎ 第八章 产业发展与创新需求

行业	专利资源量(件)
仪器仪表制造业	34 231
专用设备制造业	28 875
计算机、通信和其他电子设备制造业	18 408
化学原料和化学制品制造业	14 944
电气机械和器材制造业	11 087
金属制品业	10 449
医药制造业	9 546
文教、工美、体育和娱乐用品制造业	6 306
汽车制造业	5 226
食品制造业	5 104
开采辅助活动	4 548
铁路、船舶、航空航天和其他运输设备制造业	3 979
电力、热力及水生产和供应业	3 791
黑色金属冶炼和压延加工业	3 787
有色金属冶炼和压延加工业	2 815
非金属矿物制品业	2 707
家具制造业	2 364
农副食品加工业	2 214
酒、饮料和精制茶制造业	1 863
纺织业	1 553
橡胶和塑料制品业	1 249
木材加工和木、竹、藤、棕、草制品业	1 087
精炼石油产品制造	1 040
化学纤维制造业	814
皮革、毛皮、羽毛及其制品和制鞋业	723
纺织服装制造业	523
水的生产和供应业	503
通用设备制造业	461
造纸和纸制品业	405
燃气生产和供应业	380
印刷业	282
黑色金属矿采选业	158
石油和天然气开采业	151
煤炭开采和洗选业	123
烟草制品业	74
非金属矿采选业	56
有色金属采选业	40

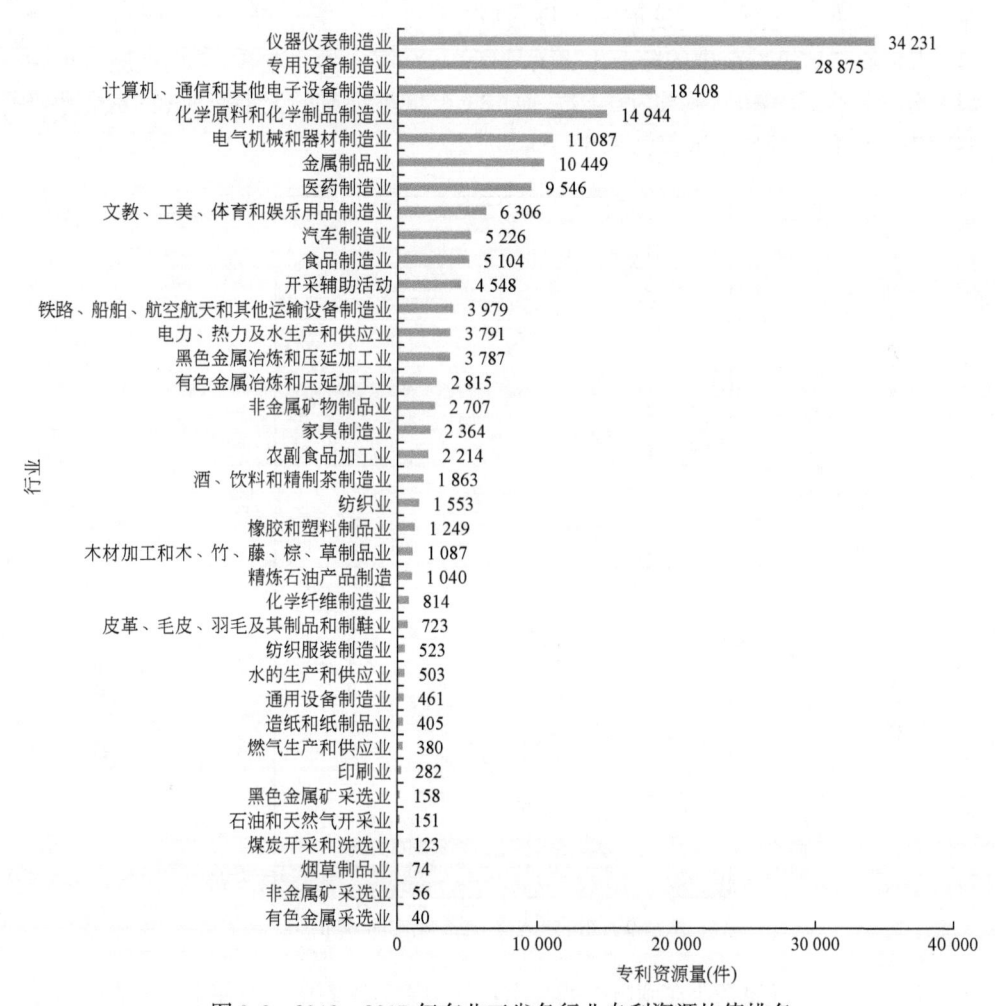

图 8-8　2012～2017 年东北三省各行业专利资源均值排名

二、产业发展与创新要素的空间耦合

　　笔者进一步收集了辽宁、吉林、黑龙江三个省份的百强企业相关数据，将百强企业的行业与地区优势行业进行对比，从而将 300 个大型企业分为优势行业企业和非优势行业企业（图 8-9）。结果表明，300 个大型企业中涉及食品、医药、石油开采冶炼、石油化工、钢铁、机械装备（包括电力装备、航空装备、船舶装备、铁路运输等）等地区优势行业的有 133 家企业，多数营收较高的地区大型企

223

业并没有聚焦到地区工业发展的优势领域。从空间分布来看，涉及优势行业的133家企业在地级城市中的分布也更为均衡。300家大型企业在34个地级城市中都有分布，但是其基尼系数为0.67，而133个优势行业的大型企业在28个地级城市中有分布，基尼系数仅为0.56。

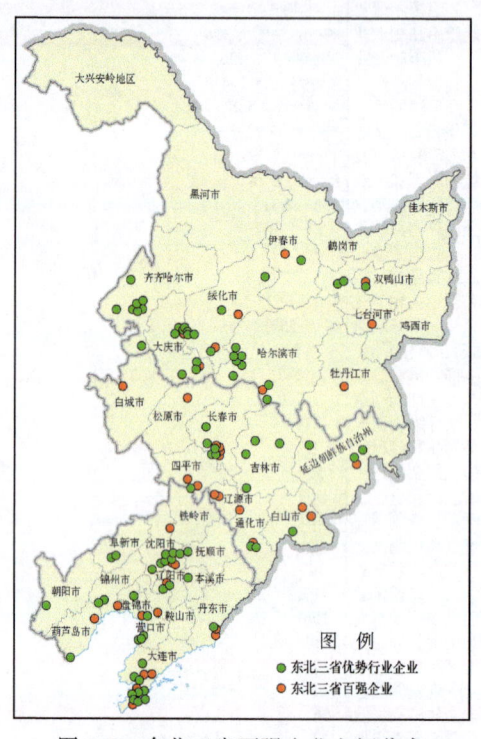

图8-9 东北三省百强企业空间分布

从东北三省百强企业在城市中的分布特征来看，沈阳市、大连市、长春市、哈尔滨市四个中心城市百强企业总计188家，占全部百强企业的62.67%，但是就优势行业百强企业来说，四个中心城市总计63家，占比仅为47.37%（图8-10）。沈阳市、长春市两个城市中，优势行业百强企业的数量分别仅为8家和6家，甚至少于齐齐哈尔市和大庆市，但是非优势行业百强企业分别达到21家和65家。这说明东北地区优势行业很大程度上分布在大量的非中心城市，尽管在沈阳市、大连市、长春市、哈尔滨市四个中心城市中也集聚了大量百强企业，但并未带动相关行业的发展。

就城市层面产业与创新要素的耦合关系来看，优势行业与创新要素在空间上的匹配程度依然不高。东北地区超过70%的专利资源都集中在四个中心城市，

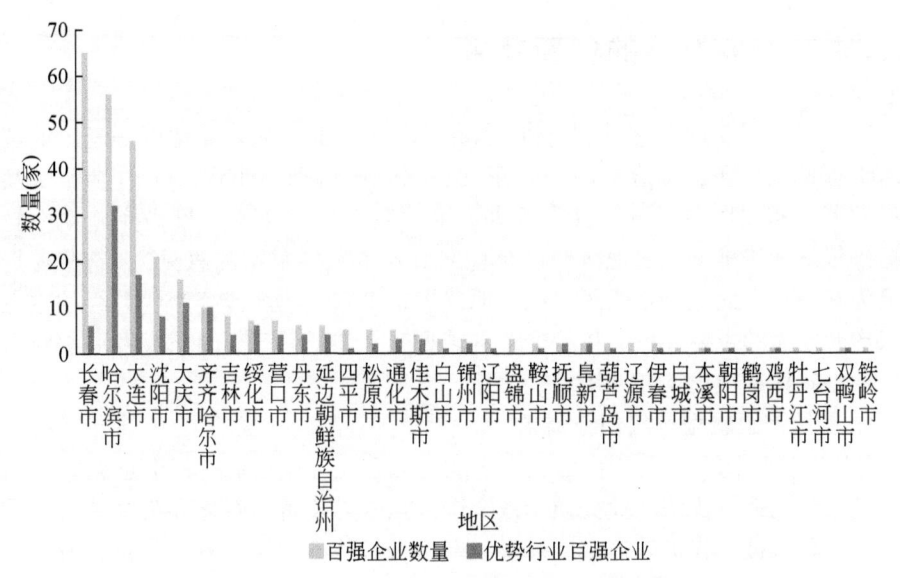

图 8-10 东北三省百强企业在城市中的分布特征

且集聚程度仍在不断提高（图 8-11）。如前所述，四个中心城市中优势行业的大型企业集中程度并不高。四个中心城市中，大连市和哈尔滨市优势行业与创新资源空间耦合相对较好；非中心城市中，大庆市、吉林市和齐齐哈尔市相对较好。但通化市等以医药制造业等新兴产业为主的城市中，优势行业中大型企业也有 3 家，但是年均专利资源存量不足 1000 件，处于东北地区创新要素最少城市行列。

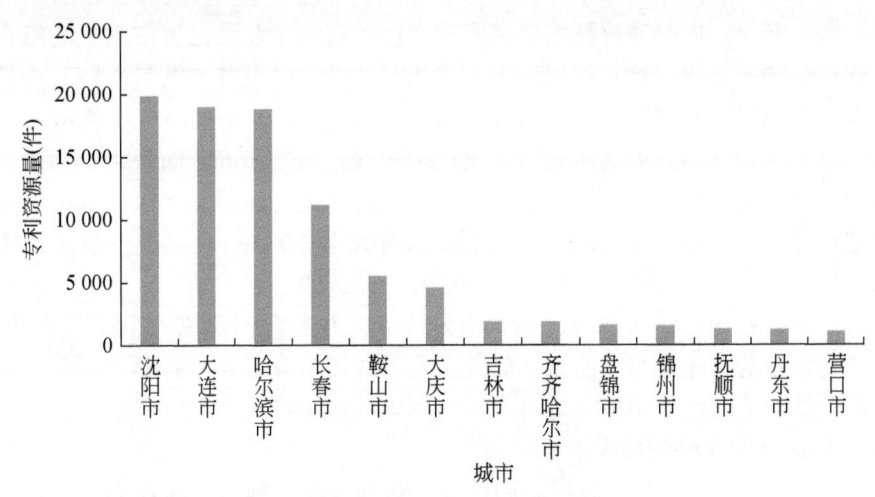

图 8-11 2002~2016 年东北三省主要城市年均专利资源存量

三、未来产业发展的创新需求

2016年4月26日,《中共中央 国务院关于全面振兴东北地区等老工业基地的若干意见》发布,标志着新一轮东北振兴全面启动。此后,11月国务院又相继批发了《东北振兴"十三五"规划》和《国务院关于深入推进实施新一轮东北振兴战略加快推动东北地区经济企稳向好若干重要举措的意见》。这些规划和意见为新一轮东北振兴指明了方向,明确了未来东北地区传统产业升级的重点和新兴产业发展的主要领域。传统产业的转型升级和新兴产业的培育发展都对东北地区的创新体系提出了新的需求。

1. 传统产业转型升级创新需求

《中共中央 国务院关于全面振兴东北地区等老工业基地的若干意见》的重点是促进装备制造等优势产业提质增效,围绕强电力装备、石化和冶金装备、重型矿山和工程机械、先进轨道交通装备、新型农机装备、航空航天装备、海洋工程装备及高技术船舶八大领域,着重提升重大技术装备及核心技术与关键零部件研发制造水平,并通过工业化与信息化的深度融合,推动装备制造的高端化、智能化;《国务院关于深入推进实施新一轮东北振兴战略加快推动东北地区经济企稳向好若干重要举措的意见》中加快传统产业升级,关注装备和农产品两个方面,一方面通过走出去拓展国际市场和引进来加强国际合作,重塑装备制造竞争力;另一方面通过品牌化,促进传统农业的发展。

总体来看,从国家层面来看,未来东北地区传统产业升级的重点领域依然是专用装备,升级方向是通过技术研发实现产业的高端化及强化与信息化的结合进而实现产业的智能化。这与仪器仪表、专用装备、通信设备、电气机械、金属制品等专利资源集中的产业领域看似较为吻合。但是专利集中的行业多为成套装备的配套行业,如仪器仪表制造业、电气机械和器材制造业等。而铁路、船舶、航空航天和其他交通运输设备制造业专利资源尽管也位居前列,但是相对于仪器仪表制造业等年均超过3万件的专利数量,其年均仅3000件,但航空航天、轨道交通及船舶、海工等装备无疑是东北地区装备制造的重点领域。因此,未来要围绕成套装备行业构建创新体系,加大研发投入,并结合仪器仪表、通信装备等,推动成套装备的高端化和智能化。此外,农业的转型升级要也需要农副食品加工业、酒、饮料、精制茶制造业等行业持续的创新资源投入。

2. 新兴产业发展创新需求

《东北振兴"十三五"规划》中新兴产业涉及民用航空、机器人、海洋工程装备、新能源汽车、生物医药、信息服务产业、集成电路设计与制造、高性能纤维复合材料、遥感卫星及应用产业、轨道客车制造、汽车电子、云计算、石墨新材料、清洁能源装备、高端石化装备、重型数控机床等行业，主要集中在先进装备、生物医药、电子信息、新材料四大领域；《中共中央国务院关于全面振兴东北地区等老工业基地的若干意见》除关注高档数控机床、工业机器人及智能装备、燃气轮机、先进发动机、集成电路装备、卫星应用、光电子、生物医药、新材料等新兴产业外，还强调了农产品精深加工、现代中药、高性能纤维及高端石墨深加工等特色产业和电子商务、互联网金融等服务业；《国务院关于深入推进实施新一轮东北振兴战略加快推动东北地区经济企稳向好若干重要举措的意见》对新动能的发展重点关注基于"互联网+"的新产业新业态及造制造业与互联网的融合。

总体来看，东北地区新兴产业培育面临的最大短板是信息化与服务化。生物医药、新材料等已经有一定的研发和产业基础，当然如化学纤维制造业等行业的创新资源依然较少，需要进一步强化。而对机器人、数控机床等机械部分的研发和产业基础也较强，行业发展面临的主要问题是与新一代信息技术及互联网等的融合，云计算、光电子、卫星应用等行业的发展更与信息服务业等软件系统的发展密切相关。因此，东北地区新兴产业的发展一方面要进一步强化仪器仪表、通信设备、电气机械、生物医药、化学纤维等硬件方面的研发投入，另一方面也要积极推动创新资源向工业互联网等软件方面集聚，将硬件优势与软件系统结合，从而实现工业化与信息化的深度融合。

四、促进产业创新发展的政策建议

从东北地区优势产业和创新资源耦合关系来看，产业分布和空间分布方面都有一定差异，空间耦合较差。从产业来看，耦合较好的是医药行业，其次为装备制造业的个别行业，但是在石油化工、钢铁、食品等优势领域创新要素投入较少；空间上，优势行业的大型企业多数并没有分布在沈阳市、大连市、长春市、哈尔滨市四个创新要素高度集聚的区域中心城市。同时，区域中心城市大力发展的行业和大量创新要素集中的行业都没有成为东北地区在全国的优势领域，而缺乏创新要素投入的优势领域则仅依靠东北地区良好的自然资源等要素支撑。针对东北地区产业与创新耦合过程存在的问题，提出以下建议。

1. 增强优势行业创新资源要素的投入

在创新要素投入中，除装备制造等相关行业外，要关注食品、医药、石油化工、电力、钢铁等优势行业，进一步提升行业在全国的竞争力。石油化工、钢铁、电力等重化工行业被认为是传统产业，一方面这些行业确实是东北地区具有发展优势的产业；另一方面这些行业与新材料等战略性新兴产业紧密相关，也是我国目前产业发展的重要瓶颈，因此加大在石油化工、钢铁等行业的创新资源投入也能够为东北地区产业发展探索新的发展方向。此外，医药、食品等优势行业也需要予以关注。这些行业在全国的地位逐步超过装备制造业成为东北地区在全国具有显著优势的行业，而且医药、食品等行业未来具有良好的发展前景，有潜力成为扭转东北地区产业结构过重的关键。

2. 促进地区创新优势向产业优势转变

东北地区创新活动集中的七大行业（专用设备制造业，仪器仪表制造业，计算机、通信和其他电子设备制造业，化学原料和化学制品造业，电器机械和器材制造业，金属制品业和医药制造业）中，多数没有发展成为地区具有竞争优势的行业，甚至电子信息设备等行业在东北地区发展出现明显的衰落。加之东北地区技术含量较高的行业以科研院所为主，表明地区创新优势与产业发展缺乏有效沟通和联系。因此，要积极搭建科技资源转化平台，加强科研院所与企业的联系，促进科研院所的科研成果走向产业化，将创新优势转化为产业发展优势。同时，要积极抓住军民融合的发展契机，加强东北地区具有技术优势、创新优势的军工企业与地方企业合作交流，围绕航空航天等战略性新兴产业，鼓励地方企业参与相关产业发展，依托核心军工企业，打造地方性产业集群，推进孤点式创新优势向区域性产业优势转变。

3. 推动核心城市创新要素与周边城市产业体系对接

整体上，东北地区创新要素集中行业与产业发展的优势行业有较大差异，但在沈阳市、长春市、哈尔滨市、大连市四个创新资源较为集中的城市中，创新要素与优势行业匹配较好，而且创新要素集中的行业都是新兴的前沿领域和传统的重点领域，表明核心城市中在创新要素推动下快速发展的新兴行业，缺乏与周边城市的互动，没有形成区域性的优势行业。因此，要加强东北地区核心城市与周边区域的产业联系，以四个副省级城市为区域创新中心和新兴产业发展龙头，构建区域性新兴产业的生产网络，将核心城市创新优势和产业优势，转变为区域的发展优势。同时，鼓励核心城市科研院所加强与周边城市优势产业的对接，增强核心城市创新资源对周边区域产业的支持力度，提升周边城市优势行业的竞争力。

参 考 文 献

刚晓丹, 韩增林. 2005. 东北地区产业结构相似性及布局调整. 国土与自然资源研究, （2）: 3-5.

焦敬娟, 王姣娥, 刘志高. 2016. 东北地区创新资源与产业协同发展研究. 地理科学,

36(9):1338-1348.

刘艳军.2006.东北地区产业结构演变的城市化响应机制与路径研究.东北师范大学硕士学位论文.

刘洋,金凤君.2009.东北地区产业结构演变的历史路径与机理.经济地理,29(3):431-436.

衣保中.2002.建国以来东北地区产业结构的演变.长白学刊,(3):90-93.

第九章　创新能力评估与战略途径

20世纪80年代以来，随着全球化和信息化的不断推进，世界发展逐渐步入知识经济时代。知识经济的到来使国家及区域之间的竞争都出现了新的变化。从全球层面看，世界各国都在寻求以新科技为支撑的国家竞争优势；从区域层面看，地区之间的竞争更多地体现在区域的科技创新和科技运用能力上；从中国发展看，改革开放40多年来，科技创新在经济社会发展中的作用越来越突出。对东北地区来说，如何提高创新能力更是改变东北老工业基地发展现状、转变经济发展方式、实现产业转型升级的关键所在。本章根据创新经济学和创新地理学理论，构建区域创新能力评价指标体系，从与全国其他地区、东北三省内部地级行政区两个尺度系统评估东北三省创新能力，分析其创新能力发展指数、创新贡献率及创新发展模式的时空演化过程，据此提出东北区域创新能力发展战略途径。

第一节　区域创新能力评价指标体系构建

一、指标体系构建的理论基础

约瑟夫·熊彼特在1912年出版的《经济发展理论——对于利润、资本、信贷、利息和经济周期的考察》一书中首先提出了创新的基本概念和思想，并运用创新理论解释了发展的概念。之后，熊彼特又在20世纪30年代和40年代相继出版了《经济周期循环论》和《资本主义、社会主义与民主》两部著作，进一步对创新促进经济增长的内部机制做出了解释，从而形成了以创新为基础的全新的理论体系。随着研究的细化，熊彼特的创新理论逐渐形成两个重要的分支：技术创新经济学和制度创新经济学，在经济全球化的背景下，区域创新系统理论逐步发育，成为创新能力评价的参考依据。

1. 技术创新经济学理论

技术创新经济学的发展对经济增长理论产生了重要影响。从亚当·斯密创立政治经济学理论体系以来，西方经济增长理论主要沿着他的古典经济增长理论体系一步步发展，以亚当·斯密和大卫·李嘉图为代表的古典经济增长理论充分肯定了资本积累、劳动分工、技术进步对经济增长的作用，建立了古典经济增长理论体系的研究框架；但技术进步被当作经济增长的外生变量，且没有注意到技术进步的持续性。而技术创新经济学的发展推动了新增长理论和内生经济增长理论的发展。新古典经济增长理论的理论基础是由美国学者索洛和澳大利亚学者斯旺在1956年同时提出的索洛-斯旺模型，简称索洛模型。该模型在生产函数中加入技术进步因素，将经济增长中不能被传统生产要素解释的部分从传统的生产函数中分离出来，并且该模型给出了测度技术进步在经济增长中贡献的方法。该理论的不足之处在于，尽管技术进步被当作经济增长的源泉，但技术进步在该经济增长模型中却是外生变量。

新古典经济增长理论将技术进步作为外生变量的观点很快就受到了不少学者的质疑，在随后的研究成果中，最具有代表性的是阿罗模型和罗默的内生经济增长模型。阿罗认为技术进步通过提高生产效率对产出产生影响，提出了著名的"干中学"（learning by doing）模型，将技术进步作为内生变量引入了经济增长模型中。但在阿罗模型中技术进步是渐进的，而且其技术进步只反映经验积累的部分，因此阿罗的"干中学"模型并不能全面反映技术进步的影响。随后保罗·罗默和罗伯特·卢卡斯提出了内生经济增长模型，该理论继承了阿罗的"干中学"的思想，将知识作为内生变量引入经济增长模型中，并且其强调知识积累和知识的溢出效应。在罗默的内生经济增长模型中，技术进步已经完全成为经济增长的内生变量，在以后的研究中，新经济增长理论作为一种主流理论经历了不断的完善和发展。

2. 制度创新经济学理论

制度创新学派就是将制度因素引入技术创新的相关研究中来，分析制度政策和制度安排对技术创新进而对经济增长的影响。新制度经济学的主要代表人物诺斯在其出版的著作《美国从1790年至1860年的经济增长》《制度变迁与美国经济增长》《西方世界的兴起》《制度、制度变迁与经济绩效》中逐步完善了制度创新学派的理论框架，重点研究了制度创新与制度安排对技术创新与经济增长的影响。他认为在技术创新过程中，不可避免的不确定性和外部性风险严重阻碍了技术创新的发展，只有依靠合理的制度创新和制度安排才能有效降低不确定性和外部性风险所带来的巨大成本，从而激励企业或个人的技术创新积极性，增加创新企业的创新利润，这样才能使技术创新活动和创新经济良好有效地开展下去。

市场结构的选择是制度设定过程中对经济发展具有重要影响的部分，美国经济学家卡米恩和施瓦茨以垄断竞争为视角对技术创新效果和效率进行了深入研究。他们认为竞争程度、企业规模和垄断力量是影响技术创新发展的重要因素，从市场结构的角度看，介于垄断和完全竞争之间的中等程度竞争的市场结构是最有利于技术创新活动开展的市场结构。在对诺斯等人相关理论加以总结和综合的基础上，拉坦提出了诱致性制度变迁理论，他认为技术创新和制度因素是互为动因的，应将它们作为一个整体放在一个逻辑框架中进行分析。导致技术变迁的新知识的产生是制度发展过程的结果，技术变迁反过来又对制度变迁有强烈需求。制度变迁和制度安排对技术创新、知识的积累和进步有着有力的推动作用，激励了技术创新活动的发生，而技术创新的发展和相关领域知识的不断积累也会使制度的制定和实施成本大大降低，使技术创新与制度创新互为动因，良性循环地发展下去。

3. 区域创新系统理论

在经济全球化的背景下，各区域和各国的竞争日益激烈，而知识经济的发展成为国家竞争力的重要组成部分。因此，很多学者将国家作为创新的主体对创新的组织、内容、结构进行了研究。1987年，英国学者弗里曼提出了国家创新系统（national innovation systems）的概念，从而开拓了创新经济研究的一个新领域。区域创新系统（regional innovation system，RIS）最早由 Cooke 提出，实际上它是在国家创新系统的基础上发展而来，在某种程度上可以视为国家创新系统在研究尺度上的细化。Cooke 认为区域创新系统主要是由地理上相互分工与关联的生产企业、高校、科研院所等构成的区域性的组织体系，其最大的特点是能够支持创新的产生。而从本质上来说，区域创新系统实际上也是熊彼特创新经济理论的延伸。Asheim 和 Isaksen 进一步将区域创新系统的主体分为两类：一是区域内产业集群企业及其相关支持企业；二是制度基础结构，主要包括科技支撑机构、职业培训组织、金融机构等，它们的作用是为区域创新的产生提供必要支持。王松等（2013）在梳理国内外文献的基础上认为，区域创新系统主要包括创新投入要素、创新内容要素、创新产出要素、创新主体要素。这些要素间通过相互联系，相互作用，共同形成了区域创新系统的层次结构，进而发挥区域创新系统的功能。

关于创新体系的运行机制，Cooke 认为，区域创新系统内的企业和相关机构通过以本地化的制度环境、社会网络为基础可以进行更加有效的交互学习，降低企业间知识信息交换的成本，能够有效克服市场失效带来的障碍。Doloreux 也持类似的观点，认为本地化网络、互动学习、社会根植及政府支持是区域创新系统进行高效创新的重要机制。区域创新系统与以往理论的不同之处在于，其将创新要素作为一个整体进行研究，认为在区域内有效地组织创新要素将有利于创新的产生。但创新系统理论作为一个新兴的理论体系，仍然存在很多问题，如一些基本概念依然界定不清，这也限制了区域创新系统的研究，目前大多数研究实际上还是处于探索阶段，完整的理论框架的建立还需要更多的研究进行支撑。

二、创新能力指标体系构建

根据创新经济学、创新地理学等相关理论，国内外提出了多种创新能力指标体系。其中，国际上主要采用经济合作与发展组织（Organization for Economic Co-operation and Development，OECD）的创新指数；国内主要是采用中国科技发展战略研究小组的指标体系。为了更好地分析东北地区创新能力，综合考虑上述两套指标，从创新投入、创新环境和创新产出3个方面构建创新能力指标体系，用以测算区域创新能力指数（innovation capacity index，ICI）。

1. 创新投入类指标

知识生产函数中最重要的投入包括R&D投入和人力资本投入。其一般形式往往采用柯布-道格拉斯生产函数（Cobb-Douglas production function）进行表示：

$$Q_i = AK_i^\alpha L_i^\beta \varepsilon$$

式中，Q_i为研发活动强度；K和L分别为R&D投入和人力资本投入；α、β分别为R&D和人力资本投入的产出弹性；ε为误差。尽管知识生产函数最初用来研究企业尺度上知识生产的影响因素，但在现实中，R&D或人力资本投入高的国家往往比R&D或人力资本投入低的国家有着更高的创新产出，同样R&D或人力资本投入高的产业往往比投入低的产业拥有更高的创新产出，因此知识生产函数的实际应用也逐渐延伸到以地理单元、大学、产业等研究对象的研究中。

在R&D投入方面，选用R&D全时当量（人年）、R&D经费投入（万元）和R&D项目数（项）三个子指标。其中，R&D全时当量指R&D全时人员（全年从事R&D活动累积工作时间占全部工作时间的90%及以上人员）工作量与非全时人员按实际工作时间折算的工作量之和；R&D经费投入指R&D活动投资规模，是GDP的重要组成部分；R&D项目数（项）体现了实际展开的R&D活动数量。国内外研究结果表明，市场规模和结构、科技资源、基础设施等因素都会影响R&D投入在某一地区或国家的空间集聚。同时，制度因素也受到不少学者的关注，根据王立平和王璐璐（2015）和蔡中华等（2014）的研究，影响R&D空间集聚的因素存在地区差异，在我国中部地区除了上述影响因素外，政府政策的影响非常显著，而西部地区则受到经济增长、产业结构升级等因素较大的影响。

在人力资本投入方面，选用科技活动人员数。科技活动人员数反映从事科技活动的人力资本强度，区域人才集聚的因素分为外部因素和内部因素，外部因素主要包括制度因素、技术因素、城市化水平、工资水平等，而内部因素则包括工作满意度和期望、个人价值观与偏好等。

2. 创新环境类指标

创新环境反映区域科研创新的整体支撑能力和服务质量，既包含社会支撑类要素，也包含经济支撑类要素，多样、包容、稳定的社会经济环境能够吸引创新人才的到来，有助于鼓励创新活动的进行，推动创新型区域或城市的建设。本研究重点从普通高校数（所）、高中入学率（%）、成人识字率（%）和规模以上企业数量（家）4个指标反映创新环境。其中，普通高校数（所）反映高学历人力资本储备机构的发展规模。高中入学率（%）和成人识字率（%）反映社会文化的支撑能力。高中入学率指某学年高中教育在校生数占相应学龄人口总数比例，反映教育相对规模和教育机会，是衡量教育发展水平的重要指标。成人识字率指15岁以上的人口中识字者的百分比，反映人口的综合文化素质。规模以上企业数量（家）则反映经济支撑能力，指年主营业务收入在2000万元及以上的法人工业企业，体现了区域或城市对创新活动的财力支撑能力。

3. 创新产出类指标

如何定量衡量创新活动产出在学术界尚未达成共识，目前主要使用的测量指标有专利数量、论文数量和被引用量、创新产品销售产值等。大部分研究采用上述某项指标进行研究，也有部分研究采用两种及以上指标进行综合分析。本研究重点从专利授权量、商标注册量和新产品销售收入3个方面构建创新产出类指标（表9-1）。

表9-1　创新能力发展指数指标体系结构及权重

总指数	分类指数	总权重	指标	权重
创新能力发展指数	创新投入指数	0.328	R&D全时当量（人年）	0.086
			R&D经费投入（万元）	0.085
			R&D项目数（项）	0.078
			科技活动人员数（人）	0.079
	创新环境指数	0.323	普通高校数（所）	0.081
			高中入学率（%）	0.085
			成人识字率（%）	0.077
			规模以上企业数量（家）	0.080
	创新产出指数	0.349	专利授权量（个）	0.129
			商标注册量（个）	0.108
			新产品销售收入（万元）	0.112

注：在地级市层面，部分地级市的新产品销售收入不能获取，故用各地级市的高新技术产品产值代替

专利授权量是测度创新产出最先使用的指标也是使用最多的指标。使用专利授权量作为测度指标具有以下几个优点：一是专利数据的可获取性比较高，几乎每个国家都有对专利数量的统计数据，而且专利数据的历史数据积累较好；另外，创新产出的数据共享情况也较好，不少机构和组织提供了免费的专利数据库，如美国专利商标局（United States Patent and Trademark Office）、欧洲专利局（European Parent Office）。二是由于专利数量申请程序规范严格，创新产出地区间和年际间的可比性较好，有利于对创新产出进行地区间和年际间的比较性研究。三是专利数据的信息量也比较丰富，如专利所属的研究领域、专利申请者、市场信息等，有利于研究者对创新活动进行更深入的研究。

商标是用来区别一个经营者的品牌或服务和其他经营者的品牌或服务的标记，品牌或品牌的一部分在政府有关部门依法注册后，称为商标。商标受法律的保护，注册者有专用权，注册商标是在政府有关部门注册后受法律保护的商标。商标注册量反映了一定时期内区域内企业等创新活动主体的创新产出。

新产品销售收入作为创新活动的最终产出被用作测度创新活动产出的指标。专利仅仅是创新活动产出的中间过程，而不是最终的产品，新产品销售收入可以反映最终状态。尽管新产品销售收入相较专利有其独特的优势，但在数据方面却存在一些问题，如地区之间对新产品的理解和定义不同，导致地区间数据不具备比较性；同时不同地区技术市场开放程度不同，发展中国家技术市场开放程度往往较低，成交额与成交项目数方面的数据并不是很准确和全面。因此这限制了这两个指标在创新活动测度中的使用。部分学者采用电话调查、实地调研的方式进行数据获取。但这种方式成本较高，而且只能在局部地区应用，限制了数据的使用和研究成果间的比较。还有基于文献调查的方法来获取企业创新活动的实际产出，这种方法最初由 Edwards 和 Gordon 使用，后来 Acs 和 Audretsch、Kleinknecht 和 Bain 在其基础上进行了进一步的拓展和延伸，这种方法在实际使用中同样存在一些限制。本研究中，在地级市层面，部分地级市的新产品销售收入不能获取，故用各地级市的高新技术产品产值代替。

三、创新能力指标测算与分析方法

本研究首先确定各指标的权重，根据全国各地区及东北三省各地级单元相关统计资料，对各指标数据进行标准化处理，计算全国各地区及东北三省各地级单元的创新能力发展指数。以柯布-道格拉斯生产函数为基础模型，计算各地区创新贡献率，并根据变异系数判断创新能力发展的空间差异。

1. 指标权重与数据标准化

依据 OECD 和中国科技发展战略研究小组的权重结构进行定性分析，确定指标的初始权重；在此基础上采用模糊层次分析法进行定量分析和修正，确定各指标权重。其中，创新产出类指标权重相对较高，专利授权量、商标注册量和新产品销售收入的权重分别为 0.129、0.108、0.112；创新投入类和创新环境类指标权重相对偏小，R&D 全时当量、R&D 经费投入、R&D 项目数和科技活动人员数的权重分别为 0.086、0.085、0.078 和 0.079，普通高校数、高中入学率、成人识字率和规模以上企业数量的权重分别为 0.081、0.085、0.077 和 0.080。需要指出的是，可以反映创新能力的指标很多，本研究选取这些指标，主要是考虑到全国各地区和东北三省各地级单元数据可获得性及指标代表性。

为了获取创新能力发展指数，需要对所有数据进行标准化处理，再利用标准化处理后的数据测算各地区及东北地区的创新能力发展指数，测算公式如下：

$$ICI = \sum_{i=1}^{n} Y_i \left(\sum_{j=1}^{m} Y_{ij} X_{ij} \right)$$

式中，ICI 为创新能力发展指数；X_{ij} 为 i 指数的 j 项指标标准化后的值；Y_{ij} 为 j 指标在 i 类指数中的权重；Y_i 为 i 分类指数在总指数中的权重；n 为创新能力发展指数分类的个数；m 为创新能力 i 类指标的指标个数。

2. 创新贡献率

首先以柯布-道格拉斯生产函数为基础模型，利用索洛余值法进行推导，以建立科技带动模型。科技贡献率是一个国际通用概念，其核心理念是把经济增长归结为资金、劳动力、科技三大因素，而科技贡献率就是 GDP 增长中减去资本贡献、劳动力贡献。

柯布-道格拉斯生产函数模型的原型为

$$Y = A_o e^{\lambda t} K^\alpha L^\beta$$

式中，Y 为产出；K 为资金投入量；L 为劳动投入量；α 为资金产出弹性；β 为劳动力产出弹性；A_o 为常数，表示基年的科技水平；λ 为常数，表示科技进步使产出增长的部分，即年科技进步速度；t 为时间；$A_o e^{\lambda t}$ 为综合科技进步水平。

结合索洛余值法进行推导，将上式线性化，并取对数，则演变为

$$R = Y - \alpha K - \beta L$$

式中，R 为科技进步增长速度；Y 为 GDP 增长速度；K 为资金增长速度，本书用全社会固定资产投资总额增长速度表示；L 为劳动增长速度，本书用就业人员数增长速度表示；α 为资金产出弹性系数；β 为劳动力产出弹性系数。

$$Er = R/Y \times 100\%$$

式中，Er 为科技进步贡献率；R 为科技进步增长速度；Y 为 GDP 增长速度。

本书用回归法确定 α、β 两个参数值。即对柯布-道格拉斯生产函数公式两边取自然对数进行多元线性回归，即

$$\text{Ln}Y = \ln A + \alpha \ln K + \beta \ln L$$

式中，Y 为产出，本书用 GDP 表示；K 为资金投入量，本书用全社会固定资产投资总额表示；L 为劳动投入量，本书用就业人员数表示；A 为基年的科技水平，为了变化计算，本书用专利申请授予量表示。

为了确定 α、β 值进行回归，本书用全国层面 1990~2014 年连续 25 年的 GDP、全社会固定资产投资总额、就业人员数、专利申请授予量等数据，利用 SPSS 软件进行回归分析，最终确定得出 α 值为 0.3546、β 值为 0.6454，α+β=1。在计算科技贡献率的过程中，无论全国、省级、市级层面，本书均用该回归结果。

其次是如何从科技贡献率中剥离出创新贡献率。本书先测算创新能力与经济增长之间的相关系数，并用这个系数乘以科技贡献率，得出创新贡献率。为了减少样本数据对估算系数的影响，本书用全国层面 1990~2014 年的创新能力发展指数与 GDP 来测算 c 值，在不同空间层面的分析均用此系数。

$$c = \frac{\sum_{i=1}^{n}(p_i - \bar{p})(y_i - \bar{y})}{\sqrt{\sum_{i=1}^{n}(p_i - \bar{p})^2 \sum_{i=1}^{n}(y_i - \bar{y})^2}}$$

式中，c 为中国创新能力发展指数（ICI）与 GDP 之间的相关系数；p 为 ICI 值；y 为 GDP；$\bar{p}$、$\bar{y}$ 分别为 ICI 均值、GDP 均值。

$$\text{ECI}_i = \text{Er} \times c$$

式中，ECI_i 为某省或地区的创新贡献率；Er 为某省或地区的科技进步贡献率；c 为 ICI 与 GDP 之间的相关系数。

3. 变异系数

利用变异系数 CV 来衡量东北各地级市之间创新能力的空间不均衡状况。

$$\text{CV} = S/\text{ICI}_a = 1/\text{ICI}_a \left[\sum_{\text{ICI}=1}^{n} (\text{ICI}_i - \text{ICI}_a)^2 / (n-1) \right]$$

式中，ICI_i 为 i 地区的创新能力发展指数；ICI_a 为东北地区 36 个地级市的创新能力发展指数的平均值；S 为标准差；n 为样本个数。从统计意义上讲，变异系数越大，表明数据越离散，内部创新能力差距越大。

4. 数据来源

本研究所引用的数据主要来源于国家统计局的《中国统计年鉴》（2004~2015 年），2004~2015 年黑龙江、吉林、辽宁三省的统计年鉴、教育事业统计公

报；国家知识产权局的《中国知识产权年鉴》（2004~2015年）；部分数据来源于实地调研及国家知识产权局。

第二节 区域创新能力格局及横向比较

一、基于全国省际尺度比较的东北创新能力格局

2003年国家开始实施东北老工业基地振兴战略，基于2003~2014年全国各省级单元创新指标数据，测算各地区各年份的创新能力发展指数及其创新贡献率，基于时序变化和空间差异两个角度，重点横向对比东北三省与全国其他地区的创新发展格局。

1. 创新能力格局

自2003年老工业基地振兴战略实施以来，东北三省的创新能力稳步提升，但其增长速度远低于全国平均水平。如图9-1所示，2003~2014年，东北三省的创新能力稳步提高，ICI值从0.268增长到0.355，年均增长2.59%。但东北三省的ICI增速低于全国增速，导致其创新能力在中国的地位有所下降。从四大板块看，东部地区始终高于全国平均水平，中部地区从低于全国平均水平逐步转为紧随全国平均水平，西部地区相对全国平均水平的差距也有所缩小，东北三省与全国平均水平呈现扩大态势。2003年，东北三省ICI值略高于全国平均水平；但2004年后其ICI值一直低于全国平均水平，且与全国平均水平的差距呈扩大态势，2014年其ICI值为全国平均水平的83.7%。从时间过程分析，东北三省创新能力发展进程主要经历了以下3个不同阶段：①快速增长阶段（2003~2007年）。随着振兴东北战略的实施及相关政策的陆续出台，东北三省的创新能力呈快速增长态势，ICI值从0.268增长到0.316，年均增长4.20%，但其增速仍低于全国增速4.18个百分点。2003年，东北三省的ICI值为0.268，仅低于东部地区排第二位；2007年，东北三省ICI值被中部地区超越排第三位，且这种空间格局一直延续到2014年。②低速徘徊阶段（2008~2010年）。受国际金融危机影响，中国整体创新能力增长放缓，东北三省的创新能力发展也有所受挫，但其增长速度高于全国增速。2008~2010年，东北三省ICI值从0.310增长到0.319，年均增长1.44%，比全国增速高0.13个百分点。在该阶段，四大板块的区域差异有所波动但总体呈缩小态势。③平稳增长阶段（2011~2014年）。随着中国政府一系列应对金融危机政策的实施，效果逐渐显现，中国整体及东北三省的创新能力发展重新步入正轨。2011~2014年，东北三省ICI值从0.323增长到0.355，

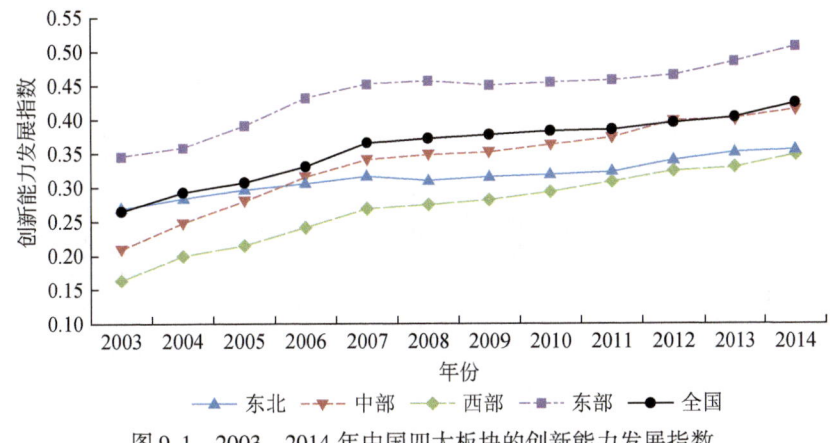

年均增长 3.27%，与全国平均增速基本持平，四大板块的区域差异呈缩小态势。

图 9-1　2003~2014 年中国四大板块的创新能力发展指数

如图 9-2 和图 9-3 所示，与全国其他各地区横向对比来看，随着各地区创新能力的提高，省际创新能力的空间格局有较大变化。主要表现在：①省际创新能力差异缩小。2003~2014 年，31 个省（自治区、直辖市）的 CV 值从 0.47 下降到 0.36，空间差异呈逐渐缩小态势。②2014 年 13 个省（自治区、直辖市）的位序上升，包括重庆市、内蒙古自治区、江苏省、安徽省、河南省、陕西省、云南省、浙江省、福建省、四川省、江西省、贵州省、宁夏回族自治区；14 个省（自治区、直辖市）下降，包括河北省、黑龙江省、山西省、湖南省、甘肃省、吉林省、北京市、上海市、海南省、西藏自治区、新疆维吾尔自治区、天津市、湖北省和广东省；4 个保持不变，包括山东省、辽宁省、广西壮族自治区和青海省。其中，辽宁省一直稳居全国第 7 位；吉林省、黑龙江省则分别从 17 位下降到 18 位，从 16 位下降至 21 位，整体上看东北三省整体呈现下降态势。③省际创新能力仍存在巨大空间差距，总体上自东向西呈逐渐降低的趋势，2014 年 9 个省（自治区、直辖市）的 ICI 值高于全国平均水平，其中江苏省、广东省、浙江省、上海市、北京市和山东省 6 个省（自治区、直辖市）相对较高，ICI 值均超过 0.5，均分布在东部地区；青海省、甘肃省、宁夏回族自治区、贵州省、海南省、西藏自治区、云南省、新疆维吾尔自治区、山西省、广西壮族自治区，ICI 值均低于 0.3，大多位于西部地区。纵观 2003~2014 年，东北三省中，辽宁省始终处于全国中上游水平，而吉林省和黑龙江省始终处于全国中下游水平，2008 年之前吉林省在东北三省中的创新能力最低，而 2008 年黑龙江省的创新能力变为最低。虽然辽宁省的创新能力居全国前列，但是东北三省整体的区域创新能力在 2004 年后始终低于全国平均水平。

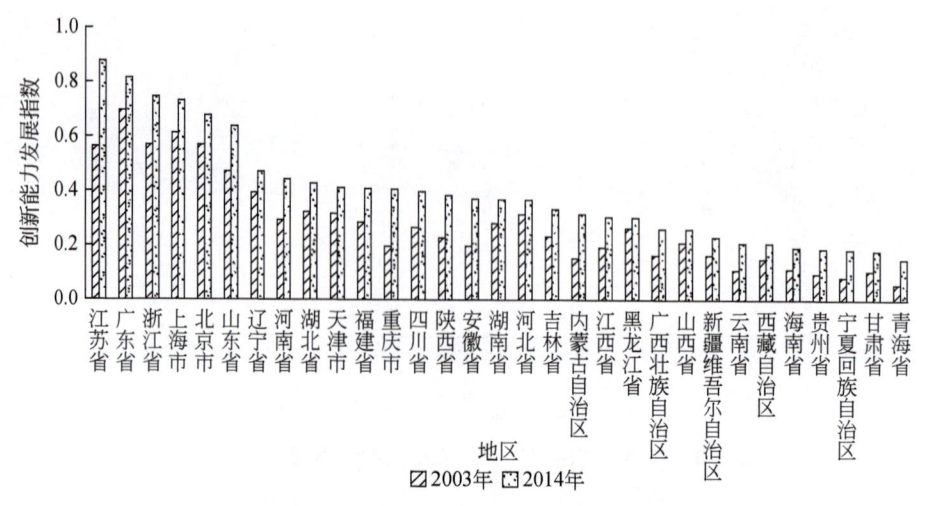

图 9-2 2003 年和 2014 年中国各地区创新能力发展指数分布
按照 2014 年创新能力发展指数由大到小排序

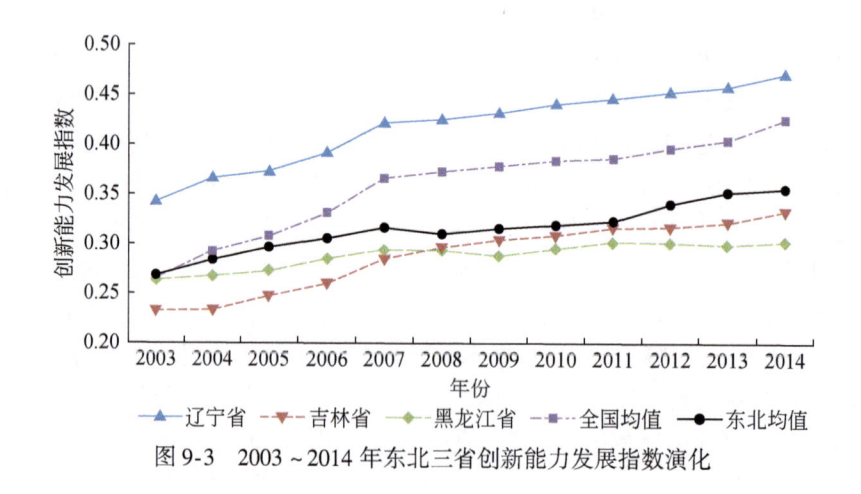

图 9-3 2003~2014 年东北三省创新能力发展指数演化

2. 创新贡献度格局

随着东北三省创新能力的逐渐提高，其创新能力对地区经济发展的带动作用也逐渐显现，但作用仍较弱。如图 9-4 所示，2003~2014 年，东北三省的创新贡献率从 16.41% 增长到 40.04%，年均增长 8.45%；低于全国增速。2003 年，东北三省创新贡献率高于全国平均水平 0.2 个百分点，仅次于东部地区，在四大板块中排第 2 位；2014 年，东北三省创新贡献率低于全国平均水平 3.77 个百分点，排名下降到第3位。究其原因，一方面是东北三省创新能力增长较慢，影响区域创新对经济发展的带动作用；另一方面是因为东北三省的投资增长率高于全国平均水平，投资对经济增长的贡献率相对较大，导致科技创新对经济增长的贡献率相对较小。可见，2003~2014年，东北三省经济发展主要是靠投资带动，科技创新的带动作用相对较弱。

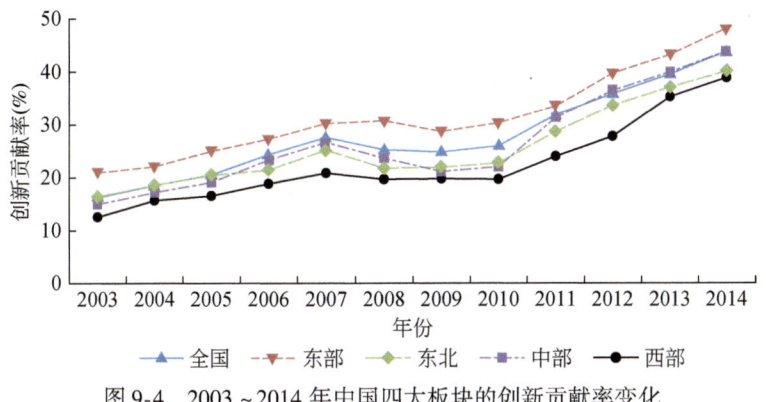

图 9-4　2003~2014年中国四大板块的创新贡献率变化

从三省内部来看，如图 9-5 所示，吉林省和黑龙江省的创新贡献率演变趋势相似，与东北三省整体趋势基本趋同，创新贡献率有所提高但在全国地位有所下降。2003~2007 年，吉林省、黑龙江省的创新贡献率稳步提升，分别从 16.04%、16.20% 提高到 26.60%、25.36%。2008~2010 年，受金融危机影响，其创新贡献率经历先下降后缓慢上升。其中，吉林省由 2007 年的 26.6% 下降到 2009 年的 24.73%，再上升到 2010 年的 25.42%；黑龙江省由 2007 年的 20.41% 下降到 2008 年的 23.94%，再上升到 2010 年的 25.09%。2011 年之后进入后金融危机时代，其创新贡献率开始逐渐提升。2011~2014 年，吉林省、黑龙江省的创新贡献率分别从 28.43% 和 28.21% 提高到 40.04% 和 39.5%。总体而言，2003~2014 年，吉林省、黑龙江省在全国的地位均有所下降，其排名分别下降 4 位、2 位。辽宁省创新贡献率在波动中呈显著上升态势（图 9-5）。2003~2008 年，辽宁省的创新贡献率在波动中提升，从 27.33% 上升到 29.65%；金融危机之后，辽宁省创新贡献率呈现逐年上升态势，2014 年达到 52.81%。2003~2014 年，辽宁省在全国的排名从第 7 位上升为第 6 位，可见其科技创新的转化能力对经济发展起到了带动作用。

图 9-5 2003~2014 年东北三省创新贡献率的变化

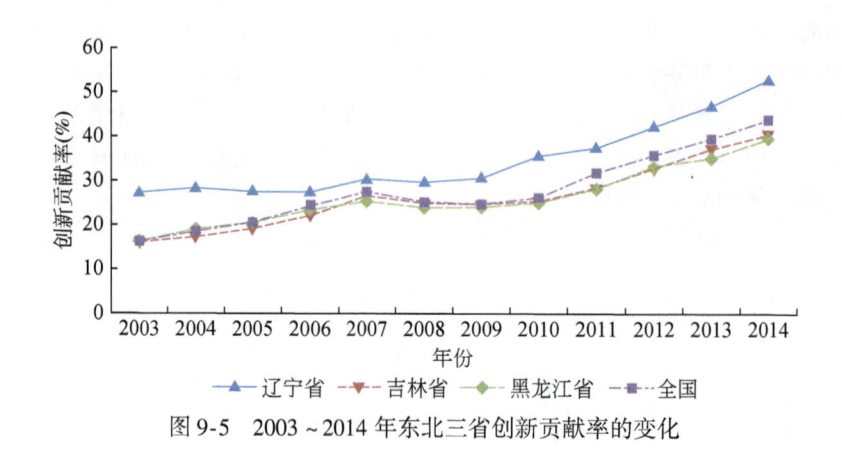

二、基于内部比较的东北创新能力格局

基于 2003~2014 年东北三省各地级单元创新指标数据，测算东北三省各地区各年份的创新能力发展指数及其创新贡献率，基于时序变化和空间差异两个角度，重点对比东北三省内部各地区创新发展的空间差异。

1. 创新能力格局

从东北地区内部看，一方面随着东北三省创新能力不断提升，其省际差异呈扩大态势。2003~2014 年，东北三省的 CV 值从 0.15 上升到 0.19；特别是 2011 年后，随着辽宁省创新能力发展指数逐渐增长，其 CV 值扩大态势更趋明显。另一方面随着吉林省创新能力不断提高，其创新能力发展指数在 2008 年超过黑龙江省居东北地区第 2 位，这个格局一直延续到 2014 年。另外，东北三省的创新能力发展速度均低于全国平均水平，在中国的地位均呈下降态势。2003~2014 年，吉林、辽宁、黑龙江三省创新能力发展指数年均增速为 3.32%、2.25%、1.35%，分别比全国平均水平低 0.98 个百分点、2.05 个百分点、2.95 个百分点。

1）创新能力较高的地级市主要分布在辽中南地区和哈长地区。如图 9-6 所示，重点分析 2009 年和 2014 年东北三省地级市尺度创新能力的空间分异格局，采用自然断点法，分别划分创新能力等级。2009 年，创新能力为Ⅰ级的地级市有 4 个，包括大连市、沈阳市、长春市和哈尔滨市；创新能力为Ⅱ级的地级市有 3 个，包括鞍山市、吉林市和齐齐哈尔市；创新能力为Ⅲ级的地级市有 14 个，多分布在辽宁省和吉林省的中东部；其他地区创新能力相对较低，为Ⅳ级，大多分布在黑龙江省北部。2014 年，创新能力为Ⅰ级的地级市仍然是 4 个，还是大连市、沈阳市、长春市和哈尔滨市；创新能力为Ⅱ级的地级市增长至 5 个，包括盘锦市、营口市、鞍山市、吉林市和齐齐哈尔市；创新能力为Ⅲ级的地级市有 14 个，个别位于辽宁省和吉林省西部的地级市也转变为该类型；创新能力较低的Ⅳ级仍然大多分布在黑龙江省北部。可见，近年来，东北三省创新能力最高的地级市集中分布在四大城市，创新能力为Ⅰ级和Ⅱ级的地级市主要分布在辽中南和哈长地区，黑龙江省北部是东北三省创新能力相对较低的集聚区。

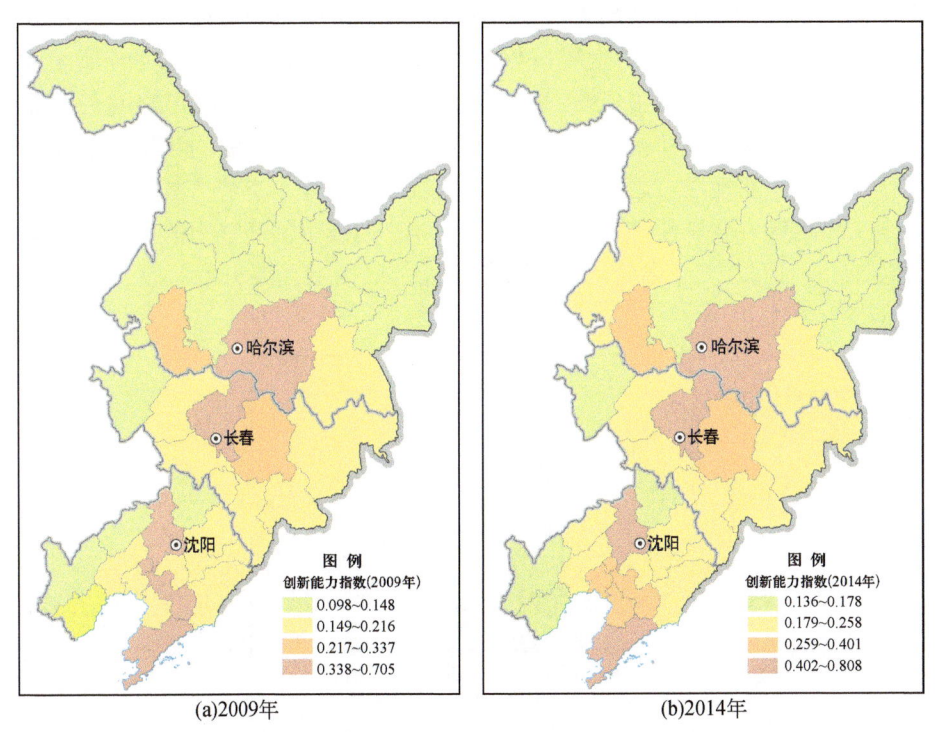

图 9-6　2009 年和 2014 年东北三省创新能力发展指数空间分布

2) 各地级市创新能力均有明显提高，空间格局变化较大。如图 9-7 所示，2009~2014 年，东北地区 36 个地级市的创新能力均有明显提高。其中，绝对幅度提高最大的依次是大连市、盘锦市、鞍山市、沈阳市、营口市和哈尔滨市，分别提高了 0.182、0.166、0.155、0.120、0.105 和 0.104；相对幅度提高最快的有盘锦市、阜新市、伊春市、营口市和齐齐哈尔市，分别提高了 1.72 倍、1.67 倍、1.56 倍、1.53 倍和 1.51 倍。随着各地级市创新能力的提高，其创新能力空间格局及其排序也有较大变化。一是 2009~2014 年，16 个地级市的位序上升，

13个地级市下降，7个保持不变。其中，位序上升较大的是阜新市、齐齐哈尔市、伊春市；位序下降较大的分别是双鸭山市、本溪市、鸡西市、四平市。二是东北地区创新能力空间格局呈现明显的省会城市及门户城市集聚效应。2009～2014年，创新能力发展指数最高的前5位一直是沈阳市、大连市、哈尔滨市、长春市、大庆市，均是东北三省的省会城市或门户城市。

3）各地级市创新能力两极差距较大，但区域差异明显缩小。如图9-7所示，2009～2014年，东北地级市创新能力的两极差距一直较大。2009年创新能力发展指数最高的沈阳市与最低的大兴安岭地区之间的绝对差距为0.606，相对差距为7.12；2014年，创新能力发展指数最高的沈阳市与最低的大兴安岭地区及双鸭山市之间的绝对差距为0.652，相对差距为5.910。虽然地级市之间创新能力发展指数的绝对差距有所扩大，但相对差距及变异系数CV的测算结果都显示，2009～2014年东北地级市之间创新能力的区域差异呈缩小态势。具体而言，相对差距与CV测算结果基本相似，2009～2011年，地级市创新能力的区域差距有较大幅度缩小；但2011年之后，地级市创新能力的区域差距开始呈现微弱增长态势，但变化不大。

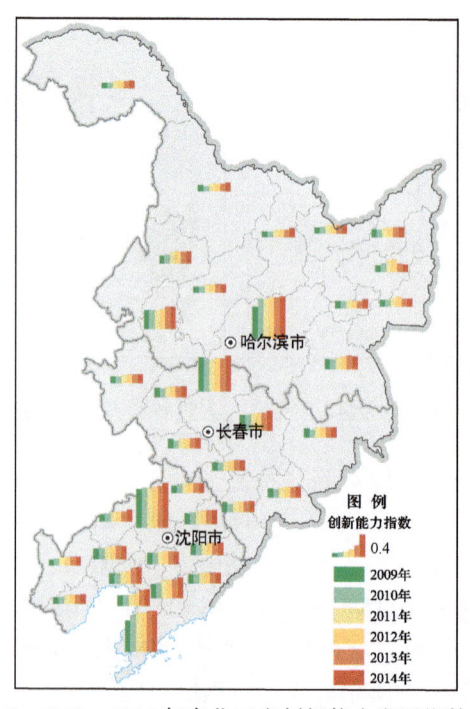

图9-7 2009～2014年东北三省创新能力发展指数演化

2. 创新贡献率格局

如图 9-8 所示，东北 36 个地级市之间的创新贡献率存在较大差距。同样采用自然断点法划分创新贡献率等级，考虑到其数值差距，共划分 5 级。

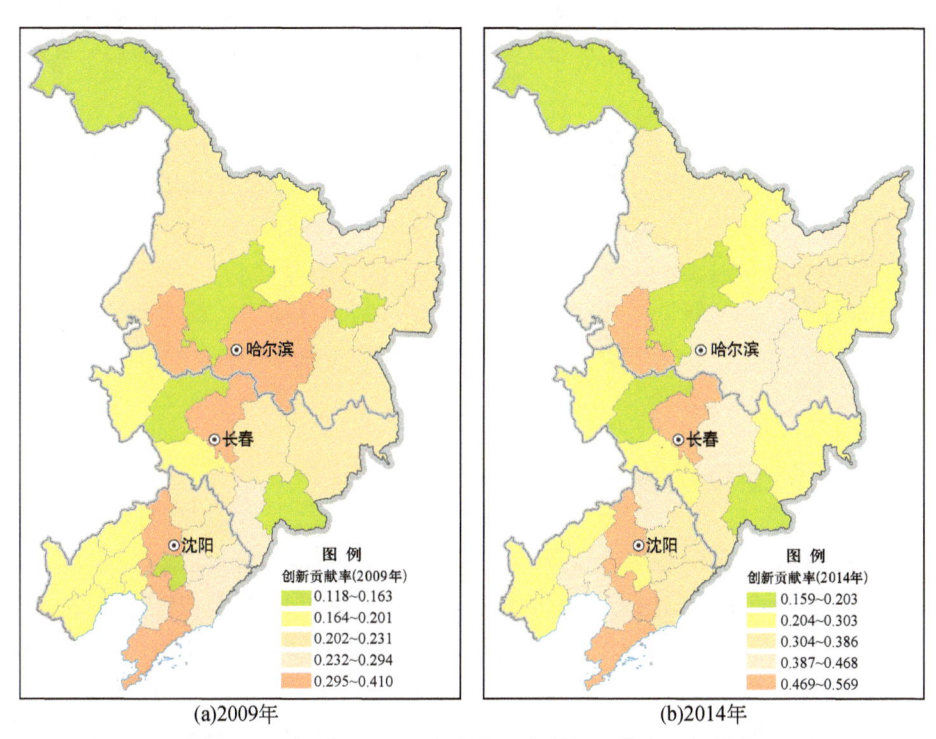

图 9-8 2009 年和 2014 年东北三省创新贡献率空间分布

1）各地级市创新贡献率的空间格局变化较大。2009 年，创新贡献率为Ⅰ级的地级市有 6 个，包括沈阳市、大连市、鞍山市、长春市、哈尔滨市和大庆市；创新贡献率为Ⅱ级的地级市有 5 个，包括营口市、丹东市、本溪市、通化市和鹤岗市；创新贡献率为Ⅲ级的地级市主要分布在辽宁省北部、吉林省东部、黑龙江省东部等；其他地区的创新贡献率多属于Ⅳ级和Ⅴ级，主要分布在辽宁省西部、吉林省西部和大兴安岭地区等。2014 年，创新贡献率最高的沈阳市（56.9%）是创新贡献率最低的白山市（14.98%）的 3.80 倍。创新贡献率为Ⅰ级的地级市有 5 个，包括沈阳市、大连市、鞍山市、长春市和大庆市；创新贡献率为Ⅱ级的地级市有 9 个，包括营口市、盘锦市、锦州市、铁岭市、吉林市、哈尔滨市、牡丹江市、鹤岗市和齐齐哈尔市；创新贡献率为Ⅲ级的地级市主要分布在辽宁省西部和黑龙江省东北部等，其他地区的创新贡献率多属于Ⅳ级和Ⅴ级。总的来看，东北三省创新贡献率较高的地区仍然相对较少，仍然以辽中南地区和哈长地区为主。2014年，仅沈阳市、大连市、长春市、大庆市、鞍山市、哈尔滨市、营口市、吉林市8个地级市的创新贡献率高于东北三省平均水平，是东北三省创新带动作用比较显著的地级市；而松原市、七台河市、绥化市、大兴安岭地区、白山市5个地区，其创新贡献率均低于23%，可见其科技创新对经济发展的带动作用很不明显。

2) 省会城市的创新带动作用较显著。金融危机后，随着中国经济发展方式的转变，2009~2014年，东北三省36个地级市的创新贡献率均有大幅提升。其中，锦州市、吉林市、盘锦市、铁岭市、牡丹江市、齐齐哈尔市、抚顺市7个地级市的年均增速超过10%，是创新贡献率增长最快的地级市，创新能力对地方经济发展的带动作用明显提升；而白山市、绥化市、辽源市、松原市、鸡西市5个地级市的增速较低，年均增速低于5%，创新能力增长对地方经济发展的带动作用较弱。

三、区域创新能力发展模式分析

在分析东北地区创新能力的空间格局及其经济带动作用的基础上，利用2009年和2014年东北36个地级市的创新能力发展指数（ICI）和创新贡献率指数（ECI），绘制象限图。将ICI和ECI分别作为横轴和纵轴绘制出散点图并划分为4个区域，如图9-9所示，即A区域（高创新能力-强经济带动）、B区域（低创新能力-强经济带动）、C区域（低创新能力-弱经济带动）和D区域（高创新能力-弱经济带动），其中，区分高低或强弱的断点采用当年东北三省相应水平，2009年，ICI和ECI断点分别取0.316和21.9%，2014年，ICI和ECI断点分别取0.355和40.04%。

如图9-9所示，2009年，创新能力对经济带动状态处于"高创新能力-强经济带动"的有沈阳市、长春市、哈尔滨市、大连市、大庆市5个地级市，东北三省的省会全部在内。发展状态处于"低创新能力-强经济带动"的有鞍山市、本溪市、丹东市、鹤岗市、黑河市、鸡西市、齐齐哈尔市、双鸭山市、通化市、延边朝鲜族自治州、营口市11个地级市或自治州。这类地区多为东北三省经济水平相对发达的地区，2009年创新能力水平还相对较低，然而其经济带动新资源投资的作用较强。其余20个地区均处于"低创新能力-弱经济带动"状态，这类地区在2009年不仅创新能力相对较低，对地方经济的带动作用也相对较弱。没有"高创新能力-弱经济带动"状态的地区。

◎ 第九章 创新能力评估与战略途径

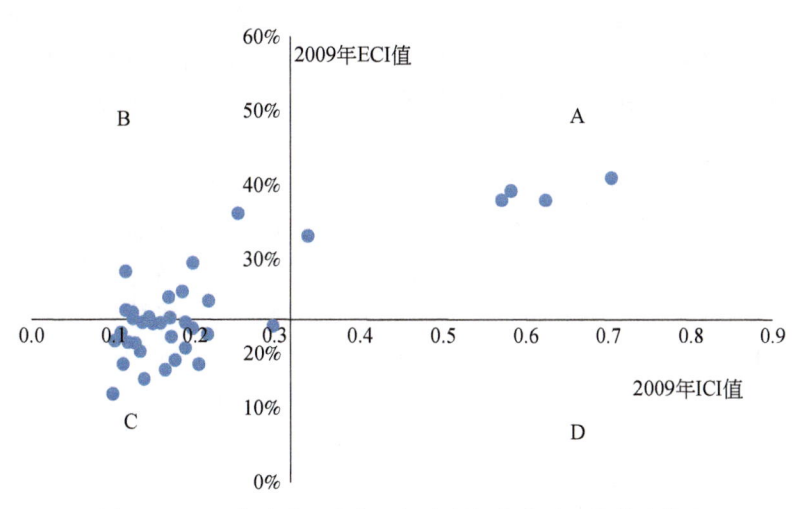

图 9-9 2009 年东北三省各地级市创新能力对经济带动模式

如图 9-10 所示，2014 年，创新能力对经济带动状态处于"高创新能力–强经济带动"的有沈阳市、哈尔滨市、大连市、长春市、大庆市、鞍山市、盘锦市、吉林市 8 个地级市，主要是东北三省的省会、门户城市，以及辽宁省经济发展较快的城市。其中，沈阳市、大连市、长春市是典型的创新能力高，且对地方经济带动作用较强的地区；而哈尔滨市的创新能力比较突出，但其经济带动作用相对较弱；大庆市则相反，其创新能力相对较弱，但其经济带动作用较突出。发展状态处于"低创新能力–强经济带动"的有营口市、鹤岗市、齐齐哈尔市、铁

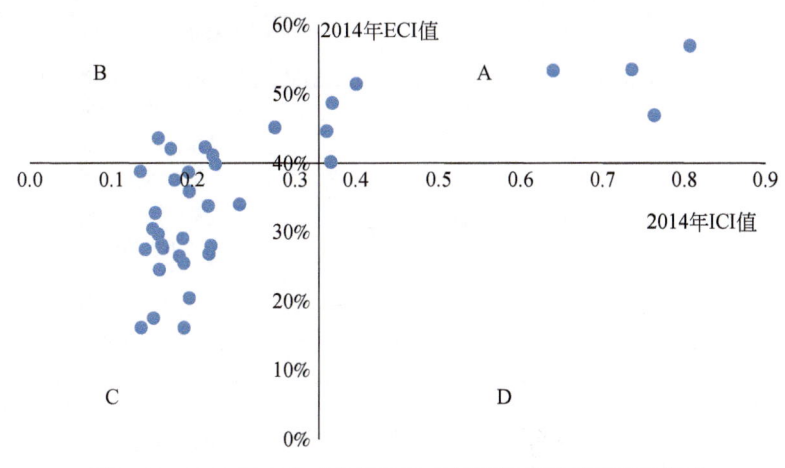

图 9-10 2014 年东北三省各地级市创新能力对经济带动模式

247

岭市、牡丹江市5个地级市。这类地级市目前的创新能力水平还相对较低，然而其创新资源投入对经济的带动作用较强，具有较大的回报率，应该加大对这类地级市的创新投入。其余23个地区均处于"低创新能力-弱经济带动"状态，这类地区的创新能力相对较低，对地方经济的带动作用也相对较弱。

对比2009年和2014年（表9-2），东北三省中，发展状态处于"高创新能力-强经济带动"状态的地级单元数量有所增加，鞍山市、盘锦市、吉林市为新增地区；发展状态处于"低创新能力-强经济带动"的地区减少，绝大部分则转变为"低创新能力-弱经济带动"，如本溪市、丹东市、黑河市、鸡西市、双鸭山市、通化市、延边朝鲜族自治州，少部分转变为"高创新能力-强经济带动"，如鞍山市。发展状态处于"低创新能力-弱经济带动"的地区数量增加，增加部分主要由"低创新能力-强经济带动"的地区转变而来，但也有少数"低创新能力-弱经济带动"的地区转变为"高创新能力-强经济带动"状态，如盘锦市和吉林市，部分转化为"低创新能力-强经济带动"，如牡丹江市。

表9-2 2009年和2014年东北地区创新能力发展模式类型划分

类型	2009年	2014年
A区域（高创新能力-强经济带动）	沈阳市、长春市、哈尔滨市、大连市、大庆市（5个）	沈阳市、哈尔滨市、大连市、长春市、大庆市、鞍山市、盘锦市、吉林市（8个）
B区域（低创新能力-强经济带动）	鞍山市、本溪市、丹东市、鹤岗市、黑河市、鸡西市、齐齐哈尔市、双鸭山市、通化市、延边朝鲜族自治州、营口市（11个）	营口市、鹤岗市、齐齐哈尔市、铁岭市、牡丹江市（5个）
C区域（低创新能力-弱经济带动）	白城市、白山市、朝阳市、大兴安岭地区、抚顺市、阜新市、葫芦岛市、吉林市、佳木斯市、锦州市、辽阳市、辽源市、牡丹江市、盘锦市、七台河市、四平市、松原市、绥化市、铁岭市、伊春市（20个）	白城市、白山市、本溪市、朝阳市、大兴安岭地区、丹东市、抚顺市、阜新市、黑河市、葫芦岛市、鸡西市、佳木斯市、锦州市、辽阳市、辽源市、七台河市、双鸭山市、四平市、松原市、绥化市、通化市、延边朝鲜族自治州、伊春市（23个）
D区域（高创新能力-弱经济带动）	无	无

总体而言，2009~2014年，处于A区域创新能力和创新贡献率均高的地区数量有所上升，同时处于C区域创新能力和创新贡献率均低的地区数量也有所上升，而且处于C区域的仍然最多。创新发展对经济带动水平处于"低创新能力-

弱经济带动"和"高创新能力-强经济带动"的地级市相对较多，说明东北三省各地级单元的创新发展及其对经济带动的两极分化较严重。另外，处于"低创新能力-强经济带动"的地级单元发展潜力大，创新资源投入回报率较高，从空间分布上看其空间差异较大且多为经济发展相对落后地区。另外，没有任何地级单元处于"高创新能力-弱经济带动"，在一定程度上说明地区创新能力对经济发展具有带动作用。

第三节 区域创新能力发展战略途径

一、区域创新能力特征总结及启示

进入 21 世纪，各国政府越来越清楚地认识到科技创新在经济发展中的作用，科技资源日益成为国家发展的战略性资源，创新能力日益成为国际竞争的核心要素。随着中国经济发展进入"新常态"，特别是"人口红利"和"外贸红利"的逐渐消失，科技创新逐渐成为经济发展的主旋律。对东北三省来说，如何提高创新能力更是改变东北老工业基地发展现状、转变经济发展方式、实现产业转型升级的关键所在。本研究通过构建指标体系及测算模型，分析了东北三省的创新能力及其创新贡献率的时空演变格局。分析结果显示：2003 年实施东北振兴战略以来，东北三省的创新能力及其对经济发展的带动作用都得到了明显提升，但其在全国的地位却呈下降态势，主要特征总结如下。

1）从创新能力看，东北三省发展经历快速增长、低速徘徊和平稳增长三个阶段呈逐渐提高态势。省级层面上，全国省际差异逐渐缩小，但东北三省内部差异呈扩大态势，吉林省、辽宁省的创新能力增长较快而黑龙江省相对较慢；地级市层面上，36 个地级市的创新能力均明显提高，仍然主要聚集在省会及门户城市，但区域差异呈逐渐缩小态势。

2）从创新贡献率看，吉林省和黑龙江省的创新贡献率演变趋势基本相似，在全国的地位有所下降；辽宁省的科技创新能力及其对经济发展的带动相对较强，在全国的地位有所上升；地级市层面上，各地级市创新贡献率的空间格局变化较大，2014 年仅沈阳市、大连市、长春市、大庆市、鞍山市、哈尔滨市、营口市、吉林市 8 个地级市的创新贡献率高于东北三省平均水平，其中，沈阳市、大连市、长春市、大庆市的创新贡献率比较突出。

3）从发展模式看，2009~2014 年，创新能力和创新贡献率均高的地区数量增加，但大部分地级市的创新发展对经济带动模式处于"低创新能力-弱经济带动"，只有少部分地级市处于"高创新能力-强经济带动"状态，包括沈阳市、哈尔滨市、大连市、长春市、大庆市、鞍山市、盘锦市、吉林市等，东北三省各地级市的创新发展及其对经济带动的两极分化严重。

在未来发展中，东北三省应该从地方发展实际需求出发，实施适合东北三省的创新驱动发展战略。一是重视对创新投入。特别是重视对"低创新能力-强经济带动"类型地级市的创新资源投入，发挥其高创新投入回报率的优势，加强对其教育、研发、技术转化的经费投入，加强各类科研人才和技术人才的培养，积极设立并鼓励企业设立各种创新发展基金，进而促进地方经济发展。二是营造良好的创新环境。特别是针对"低创新能力-弱经济带动"类型地级市，急需建立透明的体制机制，加强创新研发服务，完善技术市场和产权交易制度，加强知识产权法律法规的规范与完善，推动服务与中介机构的建设，从而提高其地方创新能力。三是积极提高创新产出。特别是针对"高创新能力-强经济带动"类型地级市，需要发挥其已有的地方创新能力，加强产学研联系，促进科技创新的转化与应用，充分发挥区域间技术溢出的作用，消除影响创新转化为经济发展动力的薄弱环节，进而提高其经济带动作用。

二、区域创新提升的外部发展战略途径

1. 依托"一带一路"东北亚对外门户，积极展开海外创新合作

国家《推动共建丝绸之路经济带和21世纪海上丝绸之路的愿景与行动》指出"发挥内蒙古联通俄蒙的区位优势，完善黑龙江对俄铁路通道和区域铁路网，以及黑龙江、吉林、辽宁与俄远东地区陆海联运合作，推进构建北京-莫斯科欧亚高速运输走廊，建设向北开放的重要窗口"。东北地区毗邻俄罗斯、蒙古国、朝鲜、韩国和日本等国家，具有良好的创新合作发展的地缘和人缘优势。一是加强与周边国家的高校合作往来，鼓励东北地区高校主动与日本、韩国、俄罗斯等著名高校发展学术合作，建立专门的联培专业计划和科研合作项目，走高校和人才国际化发展路径；二是加强与周边国家的创新企业对接，积极向日本、韩国、俄罗斯等国家的创新企业学习，把握国际创新发展方向，主动学习制造业、互联网服务业、物联网服务业等多行业的先进经验；三是加强与周边国家的地方政府合作，建立友好城市的创新合作网络机制，积极组织跨境创新交流论坛和会议，将东北地区从国家向北经济贸易门户提升为跨境创新合作门户。

2. 依托东北地区与东部地区对接合作，主动学习创新发展经验

《国务院办公厅关于印发东北地区与东部地区部分省市对口合作工作方案的通知》指出形成辽宁省与江苏省、吉林省与浙江省、黑龙江省与广东省、沈阳市

与北京市、大连市与上海市、长春市与天津市、哈尔滨市与深圳市的三省四市对口合作关系，旨在充分发挥中央和地方两个积极性，形成共同推进东北地区实现全面振兴的合力。东北地区应当充分把握与东部地区对接合作契机，全面提升创新发展能力。一是主动引进东部地区管理、科研、医疗、教育等领域领军型人才，支撑领军型人才形成"种子人口"，在东北地区就地搭建合作团队；二是面向东北三省本地的产业需求和产业发展潜力，积极搭建东部地区企业创新研发中心在东北的分中心，而不仅仅是承接东北地区产业转移；三是积极组织学习活动，驻地式学习东部地区企业的创新管理经验，探索东部地区创新发展模式在东北地区的本地化。

3. 依托在外东北人的地缘联系，丰富东北地区创新资源

东北地区是我国城镇化发展较早较快的地区之一，也曾是我国人口净迁入的活跃地区。然而，2000年以来，东北地区呈现持续人口流失，既包括外出务工的劳动力，也包含大量向海南等"阳光地带"或大城市迁徙的养老人口及年轻人才，导致东北地区人口增速放缓，但是在全国其他地区乃至海外保持了较多的东北人地缘联系。应当充分挖掘在外东北人优势，加强与在外东北人的创新合作，丰富东北地区创新资源。一是积极构建在外东北人人才计划，摸清在外东北人的分布特征及人力资本条件，积极搭建本地人与在外东北人的创新联系网络；二是充分利用在外东北人的企业资源、创业资源及技术资源，吸引在外东北人回乡投资，加强在外资源与本地资源的有效结合和本土化创新；三是瞄准东北地区在新一轮振兴中过程的战略产业，制定优惠政策吸引在外东北人回乡创业就业，特别是激励在外就读大学生和研究生毕业后回乡发展。

三、区域创新提升的内部发展战略途径

1. 点状突破，打造以核心城市为重点的创新中心

正如第一节、第二节研究显示，东北三省创新投入、创新环境和创新产出较好的地区都集中在少数地区，其中，沈阳市、长春市、哈尔滨市、大连市最为突出，而其他大多数地区的创新能力发展指数相对薄弱。作为创新资源本身，并不是所有的产业门类都适合在各地区发展人才和创新，东北地区的核心城市集聚了大量的优势产业和人力资本，其创新资源形成了在少数大城市高度集聚的特征。但是，相对于全国其他地区，东北地区的沈阳市、长春市、哈尔滨市、大连市等核心城市的创新能力并不突出，成长空间依然较大。在新一轮东北振兴中，提升创新能力是重要的助力引擎，应当集中推进东北地区核心城市的创新能力升级，瞄准国际创新发展前沿，进行点状突破，重点引导人才和创新型产业向沈阳市、

长春市、哈尔滨市、大连市等地区集聚，逐步发展成为全国乃至东北亚地区重要的创新节点和创新门户。

2. 以点带面，积极构建以城市群为载体的创新协作区

研究发现，除了沈阳市、长春市、哈尔滨市、大连市等核心城市，东北地区的吉林市、大庆市、鞍山市、盘锦市等地级市的创新能力发展指数和创新贡献率也高于东北地区均值，这些地级市毗邻省会等大城市，均处于辽中南地区或哈长地区的范围内，在东北地区同样具有一定的创新发展优势。依托良好的区位优势，沈阳市、长春市、哈尔滨市与大连市应当积极发挥创新龙头作用，以点带面，重视城市群其他地区形成分工合作，构建以城市群为载体的创新协作区。一方面，依托产业上下游联系，建立R&D上下游创新网络，结合各个地区的产业需求和优势条件，搭建创新孵化园，形成良性的地区间创新互动机制；另一方面，城市群地区其他地级市应当积极承接沈阳市、长春市、哈尔滨市、大连市等核心城市的创新型人力资本和研发机构优势，提升本地的人力资本水平，营造更好的创新环境和投资环境。

3. 特色发展，探索发展农林地区和边境地区创新型特色小镇

东北非城市群地区大多属于农牧地区和边境地区，创新能力发展指数和创新贡献率都相对较低，但不意味着完全没有创新活动。东北是中国粮食安全的重要支撑区域之一，大兴安岭地区也是中国北方生态安全的重要地带，依托良好的农林资源和农林产业优势，可以积极探索农林类创新创意特色小镇，延伸现代化规模化农林产业的产业链。同时，东北地区也是中国北疆重要的边境地区，与蒙古国、朝鲜、俄罗斯等国家陆界直接接壤，具有面向东北亚的丹东、集安、临江、长白、和龙、图们、珲春、黑河、绥芬河、抚远、同江、东宁、满洲里等口岸，应当支持边境地区建设创新创意特色小镇，发展边贸类创新创意产业，提升"一带一路"东北亚走廊的发展活力。

参 考 文 献

蔡中华，安婷婷，侯翱宇. 2014. 基于EBA方法的R&D投资影响因素稳健性研究——基于中国省际数据分析. 软科学, 28（11）: 119-122.

程叶青，王哲野，马靖. 2014. 中国区域创新的时空动态分析. 地理学报, 69（12）: 1779-1789.

吕拉昌，李勇. 2010. 基于城市创新职能的中国创新城市空间体系. 地理学报, 65（2）: 177-190.

王缉慈，等. 2001. 创新的空间——企业集群与区域发展. 北京: 北京大学出版社.

王松，胡树华，牟仁艳. 2013. 区域创新体系理论溯源与框架. 科学学研究, 31（3）: 344-

349，436.

王立平，王璐璐. 2015. 中国R&D强度区位分布条件因素的差异分析——基于稳健MM估计的EBA模型的实证研究. 工业经济技术，34（1）：49-59.

约瑟夫·熊彼特. 2011. 经济发展理论——对于利润、资本、信贷、利息和经济周期的考察.

Cohen W M, Klepper S. 1990. Firm size versus diversity in the achievement of technological advance. Carnegie-Mellon University.

Cohen W M, Levinthal D A. 1989. Innovation and learning: the two faces of R&D. The Economic Journal, 99 (397): 569-596.

Godin B. 2002. Measuring output: when economics drives science and technology measurements. Project on the History and Sociology of S & T Statistics.

Guerrero D C, Sero M A. 1997. Spatial distribution of patents in Spain: determining factors and consequences on regional development. Regional Studies, 31 (4): 381-390.

Jaffe A, Trajtenberg M. 2005. Patents, citations, and innovations: a window on the knowledge economy. Mit Press Books, 1 (2): 96-99.

OECD. 2014. Measuring The Digital Economy: A New Perspective. Paris: OECD Publishing.

Sirilli G. 1998. Old and new paradigms in the measurement of R&D. Science and Public Policy, 25 (5): 305-311.

第十章　科技成果转化路径与对策

本章重点考察东北科技成果转化情况。首先对东北科技成果转化的现状进行总结，可以看出东北振兴战略实施以来，东北大力推进科技成果转化体系建设，初步形成基本格局，但现有体系在本地的转化效果有限，东北地区大量科技成果"墙内开花墙外香"，多在南方各地区落地生根，并未成为推动东北创新发展的重要动力。其次从宏观、中观、微观三个层面总结分析东北地区制约科技成果转化的深层次原因。在此基础上，本章对国外老工业基地转型经验和国内促进科技成果转化的经验进行了总结，并提出推进东北科技成果转化的路径和政策建议。

第一节　科技成果转化现状

一、科技成果转化体系初步形成

当前，东北振兴急需从要素和投资驱动转向创新驱动，科技成果转化作为创新资源促进产业发展的重要环节，自然也就成为实施东北振兴战略的重要内容。东北三省政府高度重视科技成果转化工作，初步构建起科技成果转化体系框架。

1. 科技成果转化载体不断丰富

近年来，东北三省政府大力发展国家高新区、孵化器、技术交易市场等载体和中介服务机构，具体体现为：

一是积极参与各类国家级科技成果转化载体的建设。如图10-1所示，东北地区国家级科技企业孵化器数量实现稳步增长，从2013年的48家增长至2016年的64家，截至2016年，东北地区建成14家国家大学科技园、38家国家技术转移示范机构，以及83家国家备案众创空间。

◎ 第十章 科技成果转化路径与对策

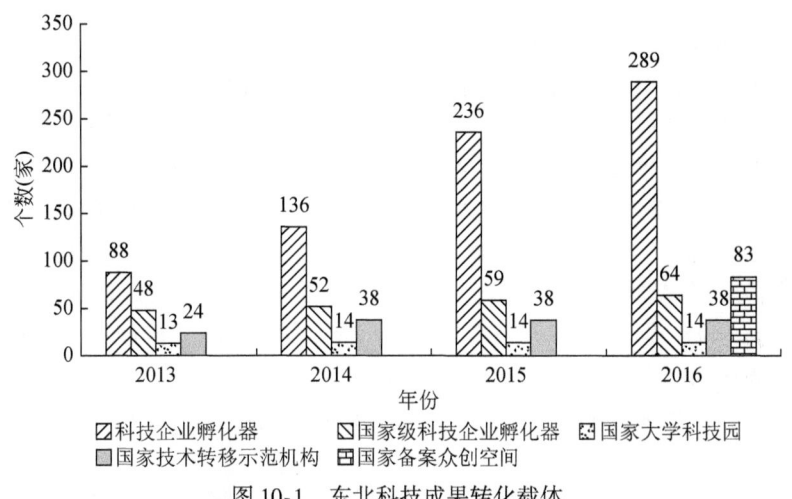

图 10-1 东北科技成果转化载体

资料来源：《中国火炬统计年鉴》（2014～2017 年）

二是根据本地情况发展科技成果转化载体。东北三省可统计的科技企业孵化器从 2013 年的 88 家快速增加至 2016 年的 289 家。辽宁省建立的技术转移中心、联合研发平台、技术创新中心三类平台共 128 家，全省备案众创空间 157 家，建立了 20 家省级大学科技园，设立了"辽宁省科技成果转化信息综合服务平台"，征集、分类、发布省内外应用型科技成果，并建立了覆盖省、市、县的科技成果转化工作专员体系，引导企业与高校、科研院所开展产学研合作。吉林省建立了以长春新区为核心，依托长春、吉林、延吉国家高新技术产业开发区的长吉图国家科技成果转移转化示范区，建设了科技大市场、集成创新综合体及一批高新技术特色产业基地、中试中心、科技企业孵化器等，加强产学研创新合作，促进科技成果转化。黑龙江省搭建了技术转移转化专业服务平台和科技成果交易展示大厅两个服务载体，创新七个服务发展路径、服务五大对象，打造成专业的第三方服务机构，以市场为导向，为各要素主体提供"科技成果转化全链条服务"。截至 2016 年，黑龙江省建立技术转移示范机构 25 家，大学科技园 6 家，科技企业孵化器及众创空间 161 家。

三是与中国科学院合作完善东北地区科技成果转化体系。近年来，中国科学院与东北地方政府共建了一批共性技术创新平台，建立了遍布沈阳市、长春市、哈尔滨市、大连市等 17 个主要城市的技术转移转化服务平台网络，并通过派遣科技副职、实施科技特派员行动计划、组织开展院士专家东北行及设立院士工作站等多种方式，建立起科技人员服务东北振兴的长效机制，极大地促进了东北地区科技成果转化体系的完善。

2. 科技成果转化政策不断完善

为促进科技成果的转化，国家部委和东北三省都出台了一系列的政策措施进行鼓励和支持，包括以下几方面。

一是加强国家政策贯彻落实。在我国修订《中华人民共和国促进科技成果转化法》，以及国务院发布《国务院关于印发实施〈中华人民共和国促进科技成果转化法〉若干规定的通知》后，东北三省都对本省的科技成果转化政策进行了修订和完善。辽宁省修订了《辽宁省实施〈中华人民共和国促进科技成果转化法〉规定》，颁布了《辽宁省人民政府关于进一步做好促进科技成果转化和技术转移工作的通知》等文件；吉林省制定了《吉林省促进科技成果转移转化实施方案》等政策；黑龙江省修订了《黑龙江省促进科技成果转化条例》等文件，贯彻落实国家政策法规。

二是不断完善地方配套政策。在国家政策总体框架下，各省不断完善相关配套政策。辽宁省出台了《辽宁省大学科技园创新驱动发展绩效评价暂行办法》等一系列政策，还率先出台了《辽宁省科技成果转化成绩优异人员专业技术资格评定暂行办法》，并积极探索完善国有技术类无形资产管理制度，推进赋予创新团队和领军人才更大的人财物支配权和技术路线决定权试点工作，开展科技成果权属混合所有制改革试点，建立健全发明人专利奖酬体系，允许项目承担单位和科研人员通过合同约定知识产权使用权和转化收益，探索赋予科研人员科技成果所有权或长期使用权等新制度。吉林省制定了《吉林省关于进一步激发人才活力服务创新驱动发展战略的若干意见》《国务院关于加快构建大众创业万众创新支撑平台的实施意见》《吉林省科技成果评价试点工作方案》等政策，支持科研人员领办创办科技型企业，支持职务发明人技术入股企业，鼓励企业采取股票期权形式奖励相关人员，建立产学研利益共享、风险共担新机制，并和中国科学院长春光学精密机械与物理研究所、中国科学院长春应用化学研究所、吉林大学、东北师范大学、长春理工大学、长春大学、东北电力大学（简称"两所五校"）开展科技成果转化试点工作。黑龙江省制定了《黑龙江省科技成果使用、处置、收益管理改革的实施细则》《黑龙江省支持重大科技成果转化项目实施细则》《黑龙江省人民政府关于深化体制机制改革加快实施创新驱动发展战略的实施意见》《中共黑龙江省委黑龙江省人民政府关于大力促进高新技术成果产业化的意见》等政策，为科技人员创业和转化成果"松绑"，通过大力实施"千户科技型企业三年行动计划"，推动高校、科研院所科技成果转化成立新公司，并大力加强科技金融建设，引导社会资本投资初创企业。

三是给予东北地区重点政策支持。2018 年，科学技术部、国家发展和改革委员会、教育部、工业和信息化部等部门共同制定了《振兴东北科技成果转移转化专项行动实施方案》，明确通过设立科技成果转化引导基金、技术转移基金，开展投贷联动、知识产权证券化试点，大力建设双创示范基地、特色产业小镇、专业化众创空间，完善东北区域技术转移服务体系，加强科技创新平台基地建设，加强人才培养和团队建设，加强科技园区合作共建等措施，进一步给予东北地区政策倾斜，促进科技成果转化。

二、科技成果本地转化不尽如人意

尽管东北地区拥有丰富的科教资源，近些年科技成果转化体系也不断完善，但东北地区高校和科研机构科技成果的本地转化情况并不乐观，东北大学校长赵继在 2017 年第二届东北振兴论坛上指出"东北高校和科研院所的成果中有 70%~80% 没有在本地转化，未给东北地区带来效益"。[1]

1. 高校、科研机构与企业研发合作增长较快，但与当地企业研发合作相对较少

当前，东北地区高校、科研机构与企业之间的研发合作不断增强，高校和科研机构的研发费用中来自企业的研发经费从 2012 年的 41.07 亿元增加到 2016 年的 47.12 亿元。而同期，东北地区企业研发经费的外部支出却没有增加，从 34.24 亿元下降到 32.57 亿元，这一差额从 2012 年的 6.83 亿元扩大到 2014 年的 14.6 亿元，2015 年和 2016 年，这一差额基本维持在 15 亿元左右（图 10-2）。这虽不是东北地区高校、科研机构和企业开展合作研发的直接证据，但从中亦可以看出双方在合作方面存在一定差距。

以中国科学院在东北地区的研究机构为例，中国科学院金属研究所、中国科学院沈阳自动化研究所、中国科学院沈阳应用生态研究所、中国科学院大连化学物理研究所、中国科学院长春应用化学研究所、中国科学院长春光学精密机械与物理研究所、中国科学院东北地理与农业生态研究所等（分属沈阳分院和长春分院）都具有较强的应用研究能力。2012~2016 年，两分院科研机构用于应用研究和试验发展的科研经费比例在 74%~91%，远高于同期中国科学院总体的比例。中国科学院在东北地区主要的 7 所研究机构也与企业合作密

---

[1] 毕玉才，刘勇. 2016-9-26. 七八成科技成果未在本地转化，"卡"在哪儿了——访东北大学校长赵继. http://epaper.gmw.cn/gmrb/html/2016-09/26/nw.D110000gmrb_20160926_3-05.htm [2018-9-30]。

切，2012~2016年，7所研究机构来自企业的技术性收入所占比例在60%~91%，远高于中国科学院整体水平，尤其是中国科学院大连化学物理研究所、中国科学院金属研究所、中国科学院沈阳自动化研究所来自企业的技术性收入大部分年份都在90%以上。但中国科学院在东北地区的科研机构与本地企业的合作相对较少，据中国科学院长春应用化学研究所提供的信息，"十二五"期间该所与企业合作研发经费达3.2亿元，主要来自长三角、珠三角、环渤海区域的企业，与吉林省企业的合作研发经费仅占22.2%。

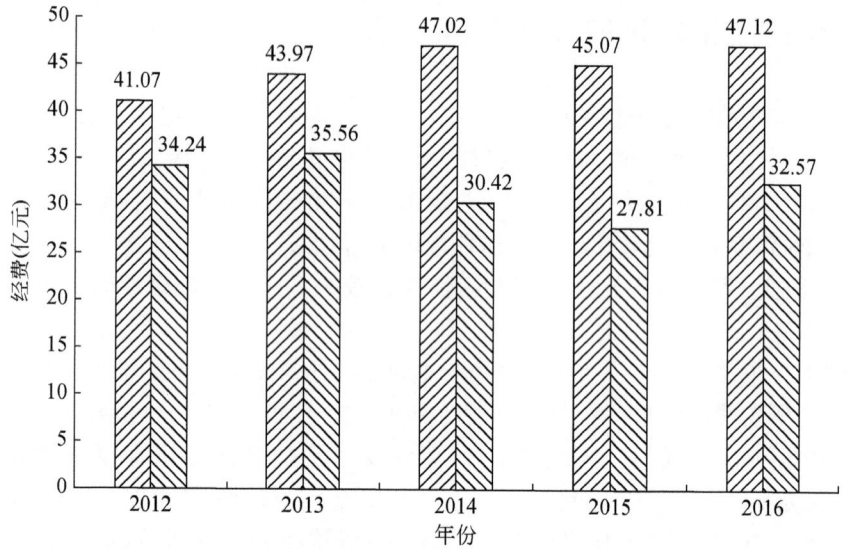

图 10-2 东北三省科研机构、高校与企业研发合作情况

资料来源：《中国科技统计年鉴》（2013~2017年）

2. 高校、科研机构有效发明专利快速增长，发明专利本地许可、转让少

近年来，东北三省各机构专利活动总体呈现出增长态势，2012~2016年专利申请授权量从47 421件增长至53 145件（图10-3）。高校和科研机构尤为明显，2012~2016年有效发明专利量实现了快速增长，从16 002件增长至31 631件，仅2016年就比2015年就增长了6810件。

但东北地区高校和科研机构的发明专利大多许可、转让至发达地区，本地许可相对较少。国家专利局发明专利许可、转让的备案统计显示，2012~2016年中国科学院在东北地区的研究所发明专利许可共57件，许可至辽宁、吉林两省的发明专利有28件，约占49.12%，同期，东北地区以外中国科学院研究所发明

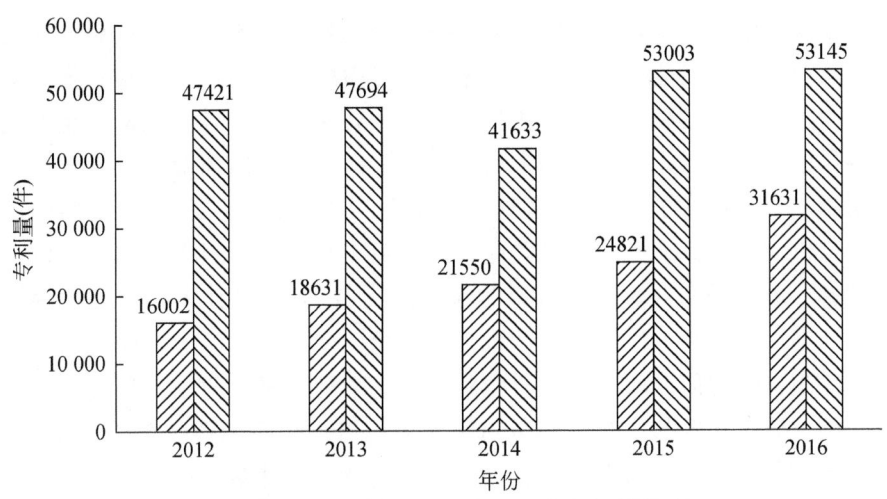

```
          60 000
                                                                53003        53145
          50 000      47421      47694
                                           41633
          40 000
专
利
量    30 000                                                                 31631
(件)
                                                       24821
          20 000                           21550
                      16002      18631
          10 000

               0
                      2012       2013      2014        2015        2016
                                           年份
                      ▨ 高校、科研机构有效发明专利量    ▧ 专利申请授权量
```

图 10-3 东北三省专利申请

资料来源：《中国科技统计年鉴》（2013～2017 年）

专利许可至东北地区的仅有 3 件；东北地区大学发明专利许可共 70 件，许可至辽宁省、吉林省、黑龙江省的发明专利有 26 件，约占 37.14%，同期，东北地区以外高校发明专利许可至东北地区的仅有 23 件。2012～2016 年，中国科学院在东北地区的研究所发明专利许可至东北以外地区主集中在长三角地区，共 25 件，其中江苏省有 16 件；东北地区高校发明专利许可至东北以外的地区相对分散，其中河北省共 15 件，江苏省共 13 件。东北地区的高校及中国科学院在东北地区的科研院所发明专利绝大部分转让至江苏省等发达地区，本地转让极少。2012～2016 年，中国科学院在东北地区的研究所发明专利转让共 630 件，转让至辽宁、吉林、黑龙江三省的发明专利有 159 件，约占 25%，同期，东北地区以外中国科学院的研究所发明专利转让至东北地区的仅有 20 件；东北地区高校发明专利转让共 130 件，转让至辽宁、吉林两省的发明专利有 4 件，约占 3%，同期，东北地区以外高校发明专利转让至东北地区则相对较好，有 141 件。2012～2016 年，中国科学院在东北地区的研究所发明专利转让至东北以外的地区主要集中在江苏省，共 427 件，约占整体的 68%；东北地区高校发明专利转让至东北以外的地区主要集中在长三角地区，其中江苏省共 28 件，浙江省共 23 件，上海市共 10 件，转让到京津冀共 26 件，其中北京市共 24 件。

3. 中国科学院与地方政府深度合作助推产业转型发展，但规模却难以扩大

近年来，中国科学院在东北地区的科研机构发挥技术和组织优势，转变以往单点式科技成果转化方式，着手探索以科技引领创新产业链构建，推动产业链向创新集群转化的新模式。一是探索集群式转化，中国科学院衍生企业北京中科科仪股份有限公司、沈阳拓荆科技有限公司、沈阳芯源微电子设备股份有限公司等在沈阳形成了IC装备制造产业集群，集聚和整合了沈阳IC装备的研发资源与供应链资源，共同开展关键技术攻关，联手开拓国内外市场，PECVD薄膜设备、ALD设备、新一代闪存领域薄膜设备3D NAND系列产品等填补了国内多项空白。二是尝试沿产业链系统性转化，中国科学院金属研究所、中国科学院沈阳自动化研究所、中国科学院长春光学精密机械与物理研究所、中国科学院软件研究所等与中车长春轨道客车股份有限公司及相关配套企业合作，在"转向架材料、转向架制造执行系统、新一代半导体激光加工装备、高速列车车体弯曲型材、制动软件分析和故障诊断系统"等方面开展了一系列核心技术联合攻关，实现了我国高速列车核心技术突破和产业化，系统性提升了产业链整体的创新能力。

但中国科学院与地方的深度合作规模较为有限。一是产业规模难以扩大，沈阳市早在2004年就建立了全国第一个IC装备制造产业基地，但在我国国内的IC产业不断扩大的背景下，直到2016年，沈阳IC装备产业销售收入仅实现19.4亿元[①]。二是沿产业链开展研发的合作寥寥无几。

整体来看，东北地区大量科技成果"墙内开花墙外香"，正在成为我国重要的技术输出地区。从科技成果技术交易的情况来看，东北地区吸纳技术合同金额在2012~2013年出现大幅下降，从517.74亿元降至379.26亿元，虽然随后出现了缓慢回升，并于2016年达到468.65亿元，但由于东北地区技术输出整体呈现出上升趋势，东北地区在2015年后成为技术净输出区域，输出技术合同金额和吸纳技术合同差额为27.76亿元，2016年这一差额进一步扩大，已经达到了95.76亿元（图10-4）。

---

① 金晓玲，郭星.2017-3-8.2016年沈阳IC装备产业实现销售收入19.4亿元. http：//ln. people. com. cn/n2/2017/0308/c378317-29818848. html ［2018-9-30］。

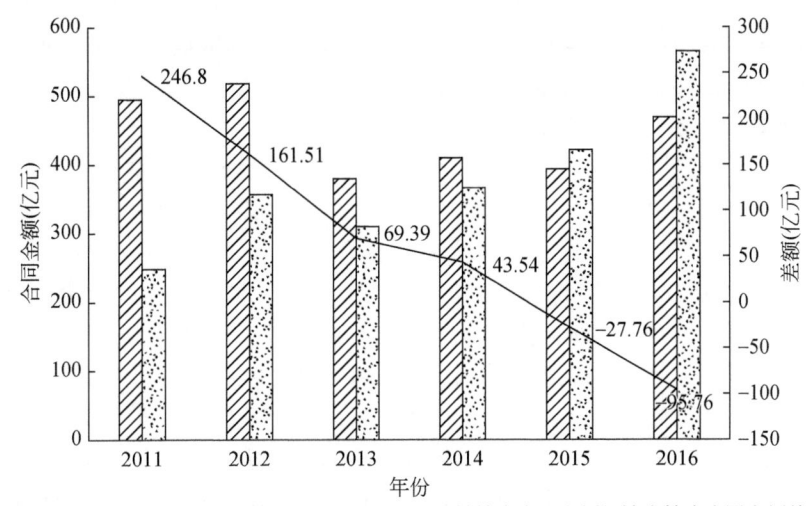

图 10-4　东北三省吸纳和输出技术合同金额
资料来源：《中国科技统计年鉴》（2012～2017 年）

第二节　科技成果转化影响因素分析

科技成果转化指为提高生产力水平而对科技成果所进行的后续试验、开发、应用、推广直至形成新技术、新工艺、新材料、新产品，发展新产业等活动，科技成果转化包括自行实施、向他人转让或许可、与他人共同实施等多种形式。因此，科技成果转化受到主体能力及其所处环境等多重因素的影响。目前，国内外学者已经从企业、科研机构、创新系统等多个视角对科技成果转化行为进行了较为深入的研究，本节从区域系统的角度，对东北地区科技成果转化影响因素进行总结，主要有以下三方面。

一、宏观上，受到全球经济发展长波的影响

从全球经济发展周期来看，区域的兴衰与产业结构密切相关。每一次的技术革命都会形成具有广泛用途的关键要素（是技术–经济范式中的"一个或一组特定投入"，表现为某种重要的自然资源或工业制成品），并从根本上影响生产消费乃至经济社会的运行组织模式，形成新的技术–经济范式。而且，每一次技术革命都是从核心产业开始向其他产业扩散，其他产业则逐渐采用关键要素，实现

技术体系和发展模式的调整以适应这种新的技术-经济范式,那些率先聚集关键要素并实现社会一系列调整和适应的区域也就成为经济发展长波中的核心区域,知识的创造、转移及创新创业活动都非常活跃。

1. 传统产业占比大,产业链僵化

当前,全球经济正处于由信息和通信技术引发的第五次经济长波中,此轮经济长波以计算机、微处理器、软件、互联网、移动电话、控制仪表和生物技术为引领,以弹性生产、网络化组织、金融自由化等为特征,并对第四次浪潮中石油、汽车等产业和批量生产方式造成严重冲击。而东北地区的产业主要是钢铁、化工、能源等重工业,传统产业占比较大,客观上讲,东北处于这轮经济周期的外围,一定程度上制约了创新活动和科技成果转化。在传统产业领域,东北地区大部分以国有企业为主导,并已经形成了自身配套产业链条。但国有企业的自主创新能力不强,造成产业链僵化,市场经济不活跃,也挤压了民营企业创新发展的空间。例如,长春一汽股份有限公司产品设计中很多指标由国外企业制定,国外企业不准许使用全球产业链条外其他企业的材料,进一步限制了配套民营企业的创新发展。

2. 新兴产业产业链不完善,配套能力弱

在新兴产业领域,民营经济比例低、产业配套能力较弱,制约了科技成果的快速转化和发展壮大。一是企业配套能力较弱,如沈阳IC装备制造产业集群所需要的小批量、高精尖的配套加工企业均在南方;东软医疗系统股份有限公司从南方采购配套零部件,零部件的质量和成本都优于本地采购的零部件;长春辰芯光电技术有限公司(中国科学院衍生企业)在CMOS图像传感器方面具有国内领先的设计能力,但在吉林本地却找不到适合的流片和封装企业。二是专业人才缺乏,东北地区虽然是我国重要的制造业基地,但主要集中了大量传统制造业工人,而满足新兴产业发展的制造业技能人才较为缺乏,如沈阳IC装备制造业发展需要的大量技能工人在本地难以找到,只能从其他地区招聘。

二、中观上,受到区域技术转移情境和创业环境的影响

任何组织都是深深嵌入在经济、社会系统中,科研机构的技术转移和创立企业等行为受到整个区域经济、社会系统的约束和界定。科研机构的技术转移受到制度距离的影响,包括文化、结构、技术体系、人际交流环境等。科研机构衍生企业同样受到本地工业体系、创新资源、中介组织、文化氛围等的影响。例如,Saxenian探讨了硅谷的创业环境,指出以地区网络为基础的工业体系、密集的社会网络、开放的人才市场和社会文化氛围等促进了创业;Howells认为中介组织

在创新过程中具有预测与诊断、知识加工与合并、筛选与传导、测试与确认、生成与校准、商业化、结果评价等 10 项功能。

1. 政策扶持机制不完善

当前,全国各地纷纷制定优惠措施支持创新活动。纵观全国,东北各地政府政策存在两方面问题,一是支持力度偏低,例如,一项科技成果如果拿到国家 500 万元资金支持,在长三角或珠三角地区大都可以给予相同数额的配套支持,但是东北财力不足以提供有竞争力的配套支持,难以吸引好的企业和项目在东北地区落地;二是具有本地特色的政策较少,东北地区政府目前主要是在跟踪模仿发达地区的政策经验,对本地科技成果转化问题的针对性政策较少,如黑龙江省虽然出台了《关于大力促进高新技术成果产业化的意见》,并重新制定了《黑龙江省促进科技成果转化条例》,但在完善科技成果转化的激励机制和分配机制,调动科技人员科技成果转化积极性等方面并没有结合实际情况进行政策突破,科技成果转化的机制依然不完善。于是,中国科学院东北地理与农业生态研究所、中国科学院长春应用化学研究所、中国科学院长春光学精密机械与物理研究所等在农业、工业领域的不少创新成果选择了在南方落地转化。

2. 创新投资等资源相对匮乏

与国内发达地区相比,东北地区创业投资、专业化转移转化服务人才等资源较为匮乏,减缓了成果转移和创业活动。在创业投资方面,目前与各技术转移转化平台合作的投资机构主要注重于创业后端的投资,注重前端的天使投资较少,尚不能满足从 0 到 1 的创新创业需求(即原创性、突破性的创新),不利于东北地区新兴产业培育和民营经济的快速发展。在科技成果转化人才方面,东北地区高校和科研院所的科技成果转化人员数量较少,而且体制约束和激励不足等导致其在科技成果推广应用过程中难以较好地发挥作用。企业性质的中介服务机构由于难以提供南方发达城市的工资待遇,有经验的科技成果转化人员跳槽严重,人才队伍建设较为困难。

3. 中介机构服务能力相对较弱

东北地区技术转移机构、孵化器等中介机构的服务能力也明显弱于国家其他区域。从国家级技术转移示范机构来看,2014 年全国平均促成项目成交总数为 252 项,平均促成项目成交金额 4.06 亿元,而东北地区平均促成项目成交总数为 134 项,平均促成项目成交金额 1.17 亿元;2016 年,全国国家级技术转移示范机构能力进一步提升,平均促成项目成交总数为 289 项,平均促成项目成交金额 5.79 亿元,而东北地区则出现下降,平均促成项目成交总数为 122 项,平均促成项目成交金额 1.18 亿元(表 10-1)。从国家级科技企业孵化器来看,2014～2016 年,东北地区国家级科技企业孵化器多数指标低于全国水平。2016 年,全国平均在孵企业 85 家，在孵高新技术企业 6 家，当年新增在孵企业 26 家，当年毕业企业 9 家；东北地区平均在孵企业 80 家，在孵高新技术企业 7 家，当年新增在孵企业 24 家，当年毕业企业 8 家。尤其是当年获得风险投资金额更是远低于全国水平，2016 年约为全国平均水平的 31.44%（表 10-2）。

表 10-1　国家级技术转移示范机构比较

年份	区域	促成项目成交总数（项）	促成项目成交金额（亿元）	服务企业数量（家）
2014	全国平均	252	4.06	742
	东北平均	134	1.17	187
2015	全国平均	281	3.95	709
	东北平均	134	1.41	218
2016	全国平均	289	5.79	852
	东北平均	122	1.18	221

资料来源：《中国火炬统计年鉴》(2015~2017 年)

表 10-2　2014~2016 年国家级科技企业孵化器比较

项目	2014 年 全国平均	2014 年 东北平均	2015 年 全国平均	2015 年 东北平均	2016 年 全国平均	2016 年 东北平均
在孵企业数（家）	87	81	86	77	85	80
在孵高新技术企业数（家）	6	6	6	5	6	7
当年新增在孵企业数（家）	24	16	23	18	26	24
当年毕业企业数（家）	9	7	9	8	9	8
当年获得投融资企业数（家）	5	2	5	4	6	4
当年获得风险投资金额（亿元）	0.16	0.07	0.23	0.09	0.28	0.09

资料来源：《中国火炬统计年鉴》(2015~2017 年)

三、微观上，受到科技成果转化主体转移意愿及能力的影响

在技术转移过程中，科研机构和个人由于担心失去技术的所有权或得不到充分回报，而不愿意投入精力进行技术转移。同样，科研机构的知识积累水平和对知识的编码能力及表达知识的能力也影响技术转移的绩效高低。企业对技术的吸收、应用和创新是技术转移的重要环节，企业接受技术转移则受自身意愿和吸收能力的影响。接受外部技术并将其应用于产品生产需要投入时间、资本等资源，因此，在缺乏相应激励的情况下，企业往往不愿意接纳外部技术。即便企业愿意

获取外部技术，如果企业本身并不具备认识、消化和运用外部新知识的能力，也无法完成技术的转移，Pavitt 曾指出即使只是知识的借用者，也必须有自身的技能，不可能无偿地使用别人开发的技术，而必须付出相应的代价。而企业的吸收能力与之前开展的 R&D 工作积累的知识和经验密切相关。

1. 企业的技术吸收能力相对较弱

东北地区的多数企业研发投入不强，造成技术吸收能力较弱，影响了科技成果转化和吸纳。从研发情况来看，东北三省规模以上工业企业有 R&D 活动的企业比例较低，虽然近几年这一比例已经从 2012 年的 4.96% 提升到 2016 年的 10.12%，但依然远低于全国水平。而且，东北三省规模以上工业企业 R&D 经费内部支出占全国的比例则是持续下降，从 2012 年的 6.12% 下降到 2016 年的 3.85%（图 10-5）。这也就造成东北大学、中国科学院长春应用化学研究所、中国科学院长春光学精密机械与物理研究所等大学和科研机构的不少创新成果选择了在南方落地转化。

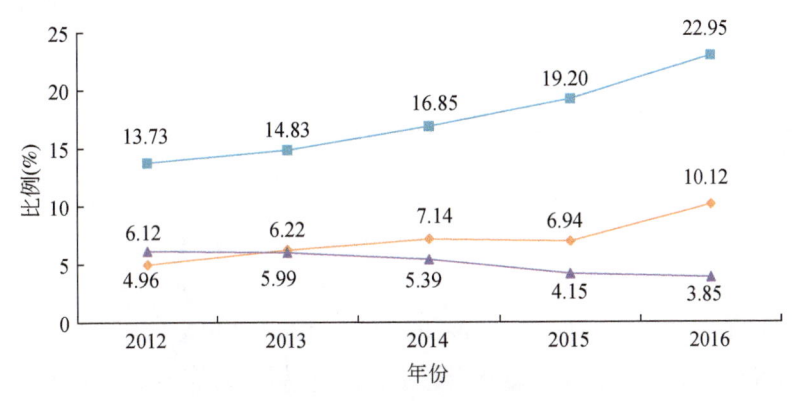

图 10-5　东北三省规模以上工业企业研发情况
资料来源：《中国科技统计年鉴》（2015～2017 年）

2. 中国科学院科技成果转化服务能力有待提升

虽然近年来中国科学院不断完善东北地区的科技成果转化体系，但仍存在两大主要问题。

一是院-所两级技术转移服务的协同力度不够。各分院、研究所都构建了与科技成果转化相关的服务部门，但各自开展业务，没有形成有效合作，不少实力较强的研究所如中国科学院大连化学物理研究所等，不断探索整合各类社会资源的技术转移服务体系，构建自身的创新创业生态。

二是非法人单元的制度约束日益明显。技术转移中心、产业技术创新与育成中心、研发与产业化中心等非法人单元曾经作为机制创新的"四不像机构"，在科技成果转化中发挥了一定的积极作用，但当前却面临内外交困的发展瓶颈。由于缺乏市场法人主体地位，非法人单位拓展业务和落实地方优惠政策时的协调成本较高，错失发展时机。

第三节　国内外科技成果转化和转型发展经验借鉴

从上节的分析可以看出，当前东北地区科技成果转化难并不仅仅是主体的能力和意愿问题，涉及更为广泛的区域转型和系统重构问题。因此，在总结借鉴国内外先进经验时，也不能仅仅考虑科技成果转化体系的构建，更要考虑老工业基地转型发展的经验和区域创新系统构建的经验。这两者虽然有很多重叠的地方，但从国内外实践来看，在不同的发展情境下，两者依然各有侧重，可以为东北地区的发展提供有益借鉴。

一、国外老工业基地转型发展经验

20世纪80年代以来，国外的一些老工业基地通过塑造区域创新动力，实现了转型发展，焕发了新的生机。从转型的方式来看，主要有两种：一是大力发展新兴产业，重塑区域发展活力，如美国的匹兹堡、德国的鲁尔等地区；二是大力运用新兴技术改造传统产业，实现产业复兴，如芬兰的坦佩雷等。虽然这些区域转型的方式不同，但从转型的过程来看，依然可以总结出以下几方面的经验。

1. 加强多主体的协调沟通，重塑区域发展机制

老工业基地在前期发展中形成了适合钢铁、煤炭、机械工程等传统工业发展的稳定制度，也就是技术-经济的范式。当传统工业陷入危机后，这种制度依然会发挥作用，从而限制新兴产业发展和传统产业转型，也正因如此，区域发展会形成制度的路径依赖，而无法转型。转型成功的老工业基地往往都通过引入新组织、进行"自上而下"和"自下而上"的广泛协调及合作等手段，重塑区域社会网络和协调机制，转变市场配置资源的机制，从而建立适合产业发展的制度体系。

德国鲁尔区在20世纪60~70年代，就已经开始谋求转型发展，德国联邦和北威州政府相继推出了多个计划，推动产业转型和创新，但由于缺乏统一的地方政府，以及煤钢复合体的影响，早期的转型发展并不成功。直到80年代后，鲁尔区的组织协调机制发生了重大变化，才真正走上了复兴之路。一是建立区域统一协调机制。早在1962年，北威州《规划法》赋予鲁尔煤矿区聚落联盟在鲁尔区境内的土地管理与城市规划权，并在1979年将其更名为鲁尔乡镇联盟（2004年，已更名为鲁尔地区联盟），促进区域的一体化规划，鲁尔乡镇联盟于2002年发布《鲁尔前景——鲁尔区结构政策项目》，对12个产业领域进行扶持，促进区域发展模式的重塑。二是发展"自下而上"的合作模式。80年代末，德国政府意识到"自上而下"的集中化资源配置方式虽然能够弱化产业衰退带来的经济和社会影响，但难以催生新产业，因此，一些地方政府和非政府组织发起了针对本地问题的转型计划，联邦和州政府则对优质的项目进行资助。这种转型计划更具有针对性，也摆脱了对政府制度架构的过度依赖，更加有利于不同组织之间的沟通和协调，重新塑造科技、产业和城市发展的良性互动机制。例如，博特罗普的"创新城市鲁尔区"计划，就包括了西门子、罗伯特·博世有限公司在内的62家企业、26所高校和科研机构，以及21个跨政府部门工作小组，为城市转型带来了实实在在的项目和资金。

美国匹兹堡复兴过程中，政府部门通过阿莱格尼社区发展会议（ACCD）发展的公私合作关系发挥了重要作用。早在1943年，匹兹堡市长戴维·劳伦斯和商界领袖理查德·金·梅隆意识到必须依靠合作才能解决发展问题，共同成立了阿莱格尼社区发展会议，建立了公私合作的组织平台，该机构为非营利机构，通过与公、私部门建立伙伴关系，调查研究企业和市民的需求，提出解决方案，并游说各方主体。ACCD成立早期，匹兹堡通过这种公私合作关系，成功解决了环境污染和基础设施建设问题。进入20世纪80年代中期以后，ACCD吸引高校、医院、社区邻里组织及基金会等非营利机构加入，针对匹兹堡转型发展问题，共同制订了"21世纪发展战略"。通过ACCD这个平台，政府和私人部门提出方案和议程，经过立法机构批准之后，由政府机构负责实施，优先发展医疗、生物技术、机器人及金融服务业等产业，特别是高新技术和服务业企业，逐渐形成了产业聚集，组建产业网络，从而改变了匹兹堡百年来以钢铁工业为支柱的单一经济结构，医疗保健、计算机、机器人等产业取得了长足发展。

芬兰坦佩雷机械工程行业的复兴与其独特的社会基础有着密切的关系。坦佩雷是协调型市场经济，企业更为倚重非市场关系协调与其他组织的行动，以获得核心竞争力。机械工程行业复苏过程中，来自当地高校、政府、企业、商会等不同组织的代表经常组成小范围的联盟或小组，讨论未来发展的方向和可能性，并启动新的计划。例如，坦佩雷的专家中心就建立了由来自产业、教育、科研和政府的35名成员组成的咨询委员会，促进不同部门的知识和信息的交流。这种协调方式鼓励不同机构之间的合作，也促进了本地的长期投资和机构的专业化发展。

2. 发展高校和科研机构，打造创新发展引擎

在工业衰退的情况下，高校和科研机构作为区域中重要的知识创造者，保证了区域持续的知识、技术和人才要素的生产，从而为产业创新和区域转型发展奠定了坚实的基础，而且，高校和科研机构作为人才培养的重要载体，往往也是重构产业创新网络的重要纽带。因此，欧美"锈带"城市在转型中大多大力支持本地区高校、科研机构的发展。

德国鲁尔区直到20世纪60年代才建立了第一所高校。目前，鲁尔区已经成为德国高校最密集的区域之一，拥有多特蒙德工业大学、杜伊斯堡内河航运学院等22所高校。鲁尔区的综合性大学以跨学科的交叉研究为主要方向，与地区产业转型发展相适应，促进新思想、新方法、新技术的产生，培养创意人才。鲁尔区还建立了大学联盟等协作机制促进跨学科、跨团队的合作研究，并建立了许多研究中心和科技中心，服务经济发展，如多特蒙德技术大学的新技术中心为后来建立的科技园区孵化了大量的企业。到2013年，该新技术中心和多特蒙德科技园区共有近300家公司，提供了8500个就业岗位[①]。

美国匹兹堡拥有30多所高校和学院，其中包括两所全美甚至是世界知名的大学——匹兹堡大学和卡内基梅隆大学，匹兹堡政府在培养高科技人才、参与城市褐地开发、高新技术创业等方面通过公私合作方式，在城市发展中积极引入大学因素，使高校真正成为转型发展的引擎。匹兹堡大学医疗中心不断扩张使匹兹堡成为医学研究及临床治疗的国际性中心，到2005年匹兹堡大学医疗中心已经拥有超过20家不同类型的医院、400多个诊所和14个慢性病诊疗中心及其他相关设施，业务范围涉及爱尔兰、意大利和卡塔尔等国家，2016年，该中心雇员数量达到6.5万人，直接和间接产生的经济效益超过265亿美元。卡内基梅隆大学不断完善技术转让政策促进科技成果转化，在匹兹堡创立了超过300家公司，并大力建立联合创新中心，吸引科技公司来匹兹堡落户，成为计算机科学及机器人研究的国际性中心，英特尔、苹果和迪士尼等知名企业都在该校设立联合研究实验室，在计算机应用、生物技术、先进材料、机器人智识系统和环境技术等领域创造了大量的就业机会。

坦佩雷在转型初期的教育资源并不丰富，20世纪60年代，政府和产业界都意识到传统制造业的衰退不可避免，转型已迫在眉睫，开始着手构建教育、科研

---

① 国务院发展研究中心赴德国考察团．2017-8-2. 德国鲁尔地区转型发展的经验与启示．http：//www.sohu.com/a/161658024_275005 ［2018-9-29］。

和产业的互动体系。坦佩雷从赫尔辛基引进了私立的社会科学学院,并于1966年更名为坦佩雷大学;引进了阿尔托大学理工学院的一个分支机构,并于1972年使其独立成为坦佩雷理工大学。目前,坦佩雷主要的教育机构有超过23 000名大学生,为当地产业的发展提供了大量熟练工人,同时,坦佩雷的大学从建立之初就强调与产业的合作,通过教育和科研项目,将不同理论和实践结合起来,提高跨学科的整合能力,为产业发展提供技术诀窍和问题解决方案,如1995～2002年,坦佩雷理工大学获得的外部资金从2500万欧元增长到4600万欧元。而且,大学教育体系也进一步促进了产业之间的联系,很多龙头企业的负责人和工程师都是坦佩雷理工大学的校友。

3. 完善基础设施建设和政策体系,发展新兴产业

老工业基地转型过程中,大多进行了环境改造和基础设施完善,改变传统工业城市形象,同时,针对新兴产业发展需求,不断完善政策体系,从而吸引创新资源聚集,促进新兴产业发展。即便是坦佩雷这样的传统产业区,也通过发展新兴产业,实现了传统产业的升级。

德国鲁尔区在转型中加大了环境治理力度,如治理了曾是德国污染最严重的埃姆舍尔河。同时,政府通过改善投资环境,提供经济和技术支持等方式,大力发展生物技术、环保技术、微电子、医药科技、信息技术、物流、自动控制技术、机械设备等新兴产业。而且,鲁尔区在产业结构调整过程中着力扶持有创新能力的中小企业发展,1989～1999年,北威州实施了"北威州-欧盟-目标-2号计划",为各种促进项目提供了150亿欧元的支持,中小企业也涉及其中。此外,鲁尔区还通过改造发展老工业基地的第三产业,在炼钢厂旧址建造购物中心,将废弃的矿井和炼钢厂改造成工业历史博物馆、餐厅、音乐厅等,带动鲁尔区的设计产业、旅游服务产业发展。

美国匹兹堡复兴过程中,政府一方面推行禁烟令,解决困扰匹兹堡近百年的烟雾问题,并与阿莱格尼社区发展会议等私人组织共同推进建立污水厂、高速公路和新机场等基础设施,积极引导大学对城市褐地(老的重工业企业搬走后留下的废弃工业区)进行改造等,极大地提升了城市的吸引力;另一方面制定和施行了一系列政策措施,帮助本地区的企业获得联邦和本州的资金和政策支持,降低企业税收负担。在此背景下,匹兹堡地区还涌现出一批基金,为小企业提供早期资金和管理咨询,匹兹堡的大学也相继建立了技术转让办公室,促进科技成果转化。而且,匹兹堡为发展新兴产业还成立了匹兹堡高科技委员会,在生物医药、信息通信、环境产品和服务及化学/高级材料四个领域中,充当各公司的联络枢纽。例如,1991年,从匹兹堡高科技委员会中独立出了非营利公司——技术发展和教育公司,协助生物医药研究人员将成果商业化。

坦佩雷机械工程行业的复苏有赖于机械工程技术、ICT等知识的整合。20世纪80年代后，在诺基亚的推动下，坦佩雷的ICT产业获得了快速发展，该地区引进和新建了一批ICT企业，到2002年时，坦佩雷大约有300家ICT企业。在机械工程行业复苏的过程中，坦佩雷建立了技术研究中心，搭建了跨产业技术平台，促进了大学与产业的技术转移；建设了Hermia科技园，帮助中小企业发展；实行了专家中心计划，在企业、大学和科研机构之间建立合作，促进技术的开发与交流，重点支持机械工程和自动化、ICT、卫生保健和媒体服务等产业发展；实施Tekes技术项目，与芬兰国家技术创新局（Tekes）共同支持新技术领域发展等。在20世纪90年代，工程机械领域和ICT产业的同步发展，促进了自动化和控制系统的成功整合。

二、国内发达地区促进科技成果转化经验

改革开放以来，我国沿海城市和地区经济与社会获得了长足发展，尤其是进入21世纪后，随着创新在经济发展中的地位愈发凸显，很多发达地区都构建起了有利于科技成果转化的政策环境，并取得了显著效果。总结来看，这些区域的经验主要是较好地解决了政府与市场、科技与经济的关系问题。

1. 明确政府和市场边界，激发民营经济创新活力

制度重于技术，环境高于投入。我国浙江、江苏、广州、上海等发达地区在改革开放过程中逐渐明确了政府和市场的边界，政府着重营造良好的创新创业生态环境，激发民营经济的创新活力，促进科技成果转化，推动区域创新发展。例如，深圳在创办特区前，只是广东省最落后的县城之一，既无大学又无科研机构，但经过30多年的发展，深圳已经拥有众多具有较强创新能力的企业，并吸引着越来越多的大学、科研机构在此落户或进行科技成果转化。究其原因，这得益于深圳在改革开放过程中形成的"小政府，大社会"的发展格局，政府大力营造创新发展环境，同时也对政府权力进行有效约束，"政不扰企，企不媚政"，从而极大地解放和发展了生产力。改革开放以来，深圳市就发布了《深圳市人民政府关于鼓励科技人员举办民间科技企业的暂行规定》《深圳经济特区民间科技企业登记注册办法》《关于发展特区私营企业的若干规定》《关于加快发展个体、私营经济的意见》等政策，解决了民营企业面临的实际问题，推动民营经济发展驶上快车道。在"三来一补"难以持续的情况下，深圳市政府一是营造有利于创新的市场环境，通过行政和立法手段规范市场行为，支持企业依靠创新获得持续发展动力；二是着力降低企业创新门槛，通过完善财政资金支持、加强社会环境综合治理、大力引进人才等方式，推动企业创新；三是构建创新支持体系，通

过建立实验、检测、论证等公共技术平台，发展技术、产品和产权等多种交易平台，建立风险投资退出机制等，吸引全国乃至全球的科技成果在深圳转化。深圳市通过一批市场化的创新政策，有效降低了企业研发的直接成本和综合社会成本，提高企业研究开发的收益，也进一步弘扬了创新文化和企业家精神，加快了人才、技术、资金等创新要素的聚集，激发了各类主体的创新试错行为。

2. 发展新型科研组织，建立市场导向机制

我国自改革开放以来，长期存在科技和经济"两张皮"的问题，发达地区在促进产学研合作和科技成果转化时，大力发展深圳清华研究院、中国科学院苏州生物医学工程技术研究所等新型科研组织，以此来突破原有体制机制束缚。这些新型科研组织在市场环境中，不断调整和明确自身定位，建立以市场需求为导向的研发、转化机制，建立广泛的合作网络，整合创新链各类资源，构建科技创新孵化体系，从而成为区域创新发展的重要节点。例如，深圳市在与清华大学共建深圳清华大学研究院（简称深研院）时，就确立了"扶上马，送一程"的策略，在给予资金、编制等支持的同时，也明确只提供三年事业津贴，要求"三年后完全走向市场"。也正是在此背景下，深研院从需求对接出发，逐渐形成了"四不像"发展模式（既是大学又不完全像大学，既是科研机构又不完全像科研机构，既是企业又不完全像企业，既是事业单位又不完全像事业单位），利用各类型机构的长处，充分整合政府、企业、高校、金融机构等各方资源，构建投融资和孵化体系。在20多年的发展过程中，深研院建立了第一家新型科研机构的创业投资公司、科技金融平台、海外创新创业中心，形成了研发平台、人才培养、投资孵化、科技金融、创新基地、国际合作六大板块，建立了较为完善的全要素融合、各主体协同的转化机制，通过自主技术孵化、投资培育、招租引入三种方式促进了科技成果转移、转化，培育了大量高技术企业，截至2016年，深研院累计投入6亿多元，成立了26个实验室，累计孵化高科技企业1508家，培养上市公司20家。

3. 聚集完善的产业系统和充足的创新资源

科技成果转化是技术链、资金链、产业链的三链联动，我国发达地区转型发展中，往往在完善产业体系、聚集创新资源和实现科技成果的大量转化之间构建良性循环，通过聚集产业和创新资源实现科技成果大量转化，通过科技成果转化促进产业体系的完善和创新资源的进一步聚集。例如，苏州高新区在将医疗器械产业作为发展重点后，于2012年与中国科学院共建苏州生物医学工程技术研究所（简称苏州医工所），开展前沿研究，促进科技成果转化。近些年来，苏州高新区通过一系列政策措施，不断引进创新平台和企业，形成了以中国科学院苏州医工所为龙头的创新平台，以江苏省医疗器械检验所苏州分所为核心的检测平台，以医疗器械产业园为主要载体的产业化平台，以及以江苏省医疗器械产业技术创新战略联盟为核心的产业链整合平台，苏州高新区内医疗企业的数量和产值也不断增长。在此背景下，苏州医工所的创新网络不断完善，与美国约翰·霍普金斯大学、塔夫茨大学、德国慕尼黑工业大学等高校建立了全面的战略合作关系，并在硅谷设立了成果转化海外中心；联合深圳分享投资有限公司和苏州高新创业投资集团有限公司共同发起设立了"苏州分享高新医疗器械产业发展投资基金"；牵头发起了中国科学院先进医疗器械产业孵化联盟；与国内知名三甲医院开展多方位合作，推动医、工结合。苏州医工所的科技成果转化能力也不断增强，目前苏州医工所已成功孵化项目公司44家，注册资本5.3亿元，吸引社会投资2.5亿元。

第四节　推进东北科技成果转化的路径与建议

当前，推进东北地区科技成果转化既要解决老工业基地转型发展的问题，也要解决科技和经济"两张皮"的问题。基于国内外经验，推进东北地区科技成果转化的重点在于围绕创新驱动发展重塑区域的体制机制，构建有利于科技成果转化的环境，打破发展的路径依赖。

一、推进东北科技成果转化的路径

1. 通过深化体制改革，激发各主体科技成果转化动力

东北地区受计划经济和传统产业的双重影响，现有体制已经不能适应创新驱动发展的需要，推动东北地区科技成果转化，需要进一步深化体制改革，激发各类主体的活力和动力。

一是构建服务型政府，大力发展民营经济。切实转变政府职能，坚持"有所为，有所不为"，政府政策措施的作用点更加聚焦于整体环境的打造，大胆探索，先行先试，充分发挥市场机制和其他非政府组织的作用，构建"小政府，大社会"模式，加强各级政府公务员培训，提升创新意识和服务意识，转变工作方式，加强政策落实，通过"放水养鱼"，提升营商环境，大力发展民营经济。

二是探索新型科研组织方式，释放科教资源创新动能。在国家的政策框架下，探索"去行政化""去预算化"方式，进一步激发科技人员转化成果的动力。借鉴国内发达地区新型科研组织发展经验，充分发挥东北地区科教资源丰富的优势，引导高校和科研机构通过自建、共建等方式在东北地区建立以市场需求为导向的研发组织，政府部门改变原有科研项目支持方式，通过市场化运作方式，建立产学研紧密合作的新模式。

三是引导国有企业创新，提高吸纳科技成果转化的动力。深化国有企业改革，加大创新绩效评估，完善创新导向的考核、激励机制，提升国有企业的创新动力。完善国有企业技术人员的职业晋升通道，营造鼓励创新的文化氛围，支持国有企业员工创新、创业，提升国有企业创新活力，进而增强国有企业吸纳科技成果转化的动力和能力。

2. 通过开展广泛协商，重塑区域发展的协调机制

东北地区市场经济不发达，仅仅依靠市场或现有政、产、学、研的联系，难以有效协调各方力量，动员各种资源，加快科技成果转化，推动区域转型发展。因此，东北地区需要重塑区域发展的协调机制。

一是建立转型发展协商平台，推动政、产、学、研形成广泛共识。在东北地区，围绕产业创新发展，建立中央和地方相关政府部门政策制定者、企业负责人、高校和科研机构专家共同参与的协商平台，针对产业创新发展问题进行深入的交流和沟通，确立发展方向和难点，提出解决方案，推动各方形成共识，充分整合各方资源，提高计划执行的协同性。

二是支持企业、高校和科研机构进行深度合作，探索"自下而上"的转型方式。鼓励企业、国内外高校和科研机构，围绕区域和产业发展的关键环节，共同发起系统性科技成果转化行动，构建产业创新网络，推动应用研究和示范推广，开展教育培训，支持中小企业创新，提升产业链协同、整合能力。政府综合运用科研项目资助、后补贴等政策手段择优给予支持，并采用"退坡"支持方式，增强其活力，最终提升区域和产业整体的创新能力。

3. 通过发展新兴产业，增强产业配套和协同能力

东北地区新兴产业相对较弱制约了科技成果转化和传统产业转型升级。因此，东北地区需要大力发展新兴产业，聚集创新要素，促进产业的协同发展，推动形成与经济周期相适应的技术–经济范式。

一是完善新兴产业链条，增强产业发展配套能力。围绕东北地区已经形成的新兴产业，开展招商引资、招商引智，完善产业链条，针对新兴产业发展面临的人才、资金等问题，着力完善教育培训、金融等系统，营造有利于新兴产业发展的环境，综合运用多种措施大力促进上下游企业的紧密合作。

二是与发达地区开展深入合作，聚集创新资源。充分发挥东北地区科研和教育资源相对丰富的优势，利用高校、科研机构在发达地区已经建立的科技成果转移、转化网络，引进新兴产业发展急需的新型研发机构、中介组织、创业投资机构，使东北地区的新兴产业发展和科技成果转化活动深深嵌入到全国的创新体系中。围绕本地高校、科研机构的科技成果和企业需求，整合相关资源，推动科技成果本地转化，构建利用东北区域外资源转化的新机制。

三是搭建跨产业技术平台，促进产业协同创新。针对传统产业转型需求，充分利用企业、高校、科研机构的研究力量，搭建跨产业技术平台，坚持市场化运作，切实推动技术融合，促进传统产业转型升级和新兴产业发展。

二、推进东北科技成果转化的建议

目前，东北地区已经出台了大量政策促进科技成果转化，国家各部委也给予了相应的政策倾斜。当前的关键问题是东北地区政府如何根据自身的实际情况，进行政策探索和完善。一是做好既有政策落实，加强对基层政府工作人员的培训和考核监督，转变工作作风，使企业、高校和科研机构能够切实享受到政策支持。二是大胆开展政策探索，在国家整体框架下，结合东北地区的实际情况，开展针对性的政策试验。三是建立政策的总结、评估和完善机制，对已经大范围执行的政策定期开展总结评估，发现问题及时调整；对开展的政策试点，适时总结经验，完善推广。

中国科学院与东北地区政府开展的"院地合作"受到了国家的高度重视。2016年，中共中央、国务院颁布《中共中央 国务院关于全面振兴东北地区等老工业基地的若干意见》，明确提出深化中国科学院与东北地区"院地合作"，组织实施东北振兴科技引领行动计划。结合东北振兴的实际需求，中国科学院一方面要加强院内组织，围绕东北地区的产业链条，提高转化的系统性、协同性，另一方面要积极参与区域社会协调机制重构过程，推动东北地区新型科研组织、金融机构和新兴业态发展，促进东北地区形成适合新技术–经济范式的制度体系。

参 考 文 献

胡琨. 2014. 德国鲁尔区结构转型及启示. 国际展望, 6（5）：61-75, 152.

金旼旼. 2016. 从鲁尔区看德国老工业基地转型. 中国证券报, A08.

李文硕. 2017. 医疗产业与城市复兴：美国工业城市匹兹堡的转型之路. 求是学刊, 44（6）：160-166.

李振营. 2009. 美国"钢都"匹兹堡转型战略及政策初探. 泉州师范学院学报, 27（3）：76-80.

徐旸. 2014. 德国鲁尔区产业转型中创意人才的培养. 教育评论,（10）：162-164.

张秀娥, 孙建军. 2009. 从鲁尔区振兴看东北地区资源型城市经济转型. 学习与探索,（3）：151-153.

张远凤, 赵丽江. 2011. 公私伙伴关系：匹兹堡的治理之道. 中国行政管理,（9）：86-90.

Cohen W M, Levinthal D A. 1989. Innovation and learning: two faces of R&D. The Economic Journal, 99 (397): 569-596.

Cohen W M, Levinthal D A. 1998. Absorptive capacity: a new perspective on learning and innovation. Administrative Science Quarterly, 35: 128-152.

Cummings J L, Teng B S. 2003. Transferring R&D knowledge: the key factors affecting knowledge transfer success. Journal of Engineering and Technology Management, 20 (1-2): 39-68.

Freeman C. 1988. Structural crises of adjustment, business cycles and investment behaviour//Dosi G, et al. Technical Change and Economics Theory. London: Francis Pinter.

Hamel G. 1991. Competition for competence and interpartner learning within international strategic alliances. Strategic Management Journal, 12 (S1): 83-103.

Howells J. 2006. Intermediation and the role of intermediaries in innovation. Research Policy, 35 (5): 715-728.

Kostova T. 1999. Transnational transfer of strategic organizational practices: a contextual perspective. Academy of Management Review, 24 (2): 308-324.

Pavitt K. 1987. The objectives of technology policy. Science and Public Policy, 14 (4): 182-188.

Perez C, Johnson L, Kleiner A. 2017. 我们处于全新黄金时代的边缘吗？IT 经理世界,(23): 58-65.

Perez C. 2010. Technological revolutions and techno-economic paradigm. Cambridge Journal of Economics, 34 (1): 185-202.

Saxenian A. 1999. Silicon Valley's new immigrant entrepreneurs. San Francisco: Public Policy Institute of California.

Szulanski G. 1996. Exploring internal stickiness: impediments to the transfer of best practice within the firm. Strategic Management Journal, 17: 27-43.

附　　录

附表1　IPC及其相关含义

IPC分类号	含义	IPC分类号	含义
A61	医学或兽医学；卫生学	G08B	信号装置或呼叫装置；指令发信装置；报警装置
E21	土层或岩石的钻进；采矿	H02J	供电或配电的电路装置或系统；电能存储系统
A01	农业；林业；畜牧业；狩猎；诱捕；捕鱼	F21S	非便携式照明装置或其系统
B21	基本上无切削的金属机械加工；金属冲压	F21V	照明装置或其系统的功能特征或零部件；不包含在其他类目中的照明装置和其他物品的结构组合物
A23	农业领域中其他类不包含的食品或食料；及其处理	F21Y	涉及光源的构成的与小类F21L，F21S和F21V相结合的引得分类表
B01	用于作业或运输的一般的物理或化学的方法或装置	H01M	用于直接转变化学能为电能的方法或装置，例如电池组
B25	手动工具；轻便机动工具；手动器械的手柄；车间设备；机械手	H02K	电机
B22	铸造；粉末冶金	H02P	电动机、发电机或机电变换器的控制或调节；控制变压器、电抗器或扼流圈
A47	家具；家庭用的物品或设备；咖啡磨；香料磨；一般吸尘器	F24J	不包含在其他类目中的热量产生和利用
E01	道路、铁路或桥梁的建筑	H01F	磁体；电感；变压器；磁性材料的选择
G06	计算；推算；计数	G01	物理测量；测试
G08	信号装置	H05	其他类目不包含的电技术
G09	教育；密码术；显示、广告；印鉴	H02	发电、变电或配电
H01	基本电气元件	G05	物理控制；调节
H04	电通信技术		

附表2 装备制造业行业代码和名称对应表

行业代码	行业名称	细分行业代码	行业名称
33	金属制品业	331	结构性金属制品制造
		332	金属工具制造
		333	集装箱及金属包装容器制造
		334	金属丝绳及其制品制造
		335	建筑、安全用金属制品制造
		336	金属表面处理及热处理加工
		337	搪瓷制品制造
		338	金属制日用品制造
		339	其他金属制品制造
34	通用设备制造业	341	锅炉及原动设备制造
		342	金属加工机械制造
		343	物料搬运设备制造
		344	泵、阀门、压缩机及类似机械制造
		345	轴承、齿轮和传动部件制造
		346	烘炉、风机、衡器、包装等设备制造
		347	文化、办公用机械制造
		348	通用零部件制造
		349	其他通用设备制造业
35	专用设备制造业	351	采矿、冶金、建筑专用设备制造
		352	化工、木材、非金属加工专用设备制造
		353	食品、饮料、烟草及饲料生产专用设备制造
		354	印刷、制药、日化及日用品生产专用设备制造
		355	纺织、服装和皮革加工专用设备制造
		356	电子和电工机械专用设备制造
		357	农、林、牧、渔专用机械制造
		358	医疗仪器设备及器械制造
		359	环保、社会公共服务及其他专用设备制造

续表

行业代码	行业名称	细分行业代码	行业名称
36	汽车制造业	361	汽车整车制造
		362	改装汽车制造
		363	低速载货汽车制造
		364	电车制造
		365	汽车车身、挂车制造
		366	汽车零部件及配件制造
37	铁路、船舶、航空航天和其他运输设备制造业	371	铁路运输设备制造
		372	城市轨道交通设备制造
		373	船舶及相关装置制造
		374	航空、航天器及设备制造
		375	摩托车制造
		376	自行车制造
		377	非公路休闲车及零配件制造
		379	潜水救捞及其他未列明运输设备制造
38	电气机械和器材制造业	381	电机制造
		382	输配电及控制设备制造
		383	电线、电缆、光缆及电工器材制造
		384	电池制造
		385	家用电力器具制造
		386	非电力家用器具制造
		387	照明器具制造
		389	其他电气机械及器材制造
39	计算机、通信和其他电子设备制造业	391	计算机制造
		392	通信设备制造
		393	广播电视设备制造
		394	雷达及配套设备制造
		395	视听设备制造
		396	电子器件制造
		397	电子元件制造
		399	其他电子设备制造

行业代码	行业名称	细分行业代码	行业名称
40	仪器仪表制造业	401	通用仪器仪表制造
		402	专用仪器仪表制造
		403	钟表与计时仪器制造
		404	光学仪器及眼镜制造
		409	其他仪器仪表制造业

附表3 国民经济行业分类代码（仅大类）

代码	行业名称
C26	化学原料和化学制品制造业
C35	专用设备制造业
C34	通用设备制造业
C38	电气机械和器材制造业
C27	医药制造业
C33	金属制品业
C40	仪器仪表制造业
C36	汽车制造业
C37	铁路、船舶、航空航天和其他运输设备制造业
C31/32	黑色/有色金属冶炼和压延加工业
C15	酒、饮料和精制茶制造业
C30	非金属矿物制品业
C39	计算机、通信和其他电子设备制造业
I63	电信、广播电视和卫星传输服务
C24	文教、工美、体育和娱乐用品制造业
D46	水的生产和供应业
C41	其他制造业
E48	土木工程建筑业
C13	农副食品加工业
C23	印刷和记录媒介复制业
C14	食品制造业
C20	木材加工和木、竹、藤、棕、草制品业
C25	石油加工、炼焦和核燃料加工业

续表

代码	行业名称
C19	皮革、毛皮、羽毛及其制品和制鞋业
C16	烟草制品业
C17	纺织业
C29	橡胶和塑料制品业
C21	家具制造业
E50	建筑装饰和其他建筑业
C22	造纸和纸制品业
C18	纺织服装、服饰业
E49	建筑安装业
A01	农业
D44	电力、热力生产和供应业
C42	废弃资源综合利用业
A04	渔业
C28	化学纤维制造业
E47	房屋建筑业
B08/09	黑色/有色金属矿采选业
A01/02	农业/林业
A03	畜牧业
A02	林业